Kohlhammer

Holger Bertrand Flöttmann

Angst

Ursprung und Überwindung

6., überarbeitete Auflage

Verlag W. Kohlhammer

Dieses Werk einschließlich aller seiner Teile ist urheberrechtlich geschützt. Jede Verwendung außerhalb der engen Grenzen des Urheberrechts ist ohne Zustimmung des Verlags unzulässig und strafbar. Das gilt insbesondere für Vervielfältigungen, Übersetzungen, Mikroverfilmungen und für die Einspeicherung und Verarbeitung in elektronischen Systemen.

6., überarbeitete Auflage 2011

Alle Rechte vorbehalten
© 1989/2011 W. Kohlhammer GmbH Stuttgart
Gesamtherstellung:
W. Kohlhammer GmbH + Co. KG, Stuttgart
Printed in Germany

ISBN 978-3-17-021784-3

Vorwort zur 6. Auflage

Die sechste Auflage habe ich eingehend überarbeitet. Neu sind die Kapitel »Infantilität« und »Prüfungsangst«. Diese nehmen im vielfältigen Symptombild der Angststörung einen wichtigen Platz ein.

H. B. Flöttmann, Kiel, im Frühjahr 2011

Anschrift des Autors
Dr. med. Holger Bertrand Flöttmann
www.wilhelm-griesinger-institut.de

Inhaltsverzeichnis

Vorwort zur 6. Auflage 5

Einleitung 13

1 Was ist Angst? 15

2 Was berichten Menschen, die unter Angst leiden? 17

3 Definition der Angstneurose und der Phobie 20

4 Auswirkungen der Angst 23
    4.1   Veränderungen der Verstandesfunktionen 23
    4.2   Veränderungen der Körperfunktionen 25
    4.3   Veränderungen des Verhaltens 26
            a) Angst bewirkt Angriff 26
            b) Angst bewirkt Flucht 26
            c) Angst bewirkt Bindung 27

5 Äußere Entstehungsbedingungen der Angstneurose 30

6 Auslösende Situation der Angstsymptomatik 33

7 Symbiose 35
    7.1   In der Kindheit 35
    7.2   Im Erwachsenenalter 36

8 Bindungsmechanismen 40
    8.1   Bindung auf der Über-Ich-Ebene 40
    8.2   Bindung auf der Ich-Ebene 44
            a) Mangelnde Unterscheidung zwischen Ich und Du 45
            b) Fehllaufende Kommunikation 45
            c) Umdefinierung der Gefühle 46
            d) Mangelnde Sozialisation 47
            e) Mangelnde Konzentrationsfähigkeit 47

8.3		Bindung auf der affektiven Ebene	48
	a)	Bindung durch Angst	48
	b)	Bindung durch Verwöhnung	49
	c)	Bindung durch Sexualität	51
	d)	Bindung durch Trauer	53
	e)	Bindung durch Gewalt	53

9 Symbiotisches Verhalten 57

9.1	Angst	57
9.2	Passives Verhalten	58
9.3	Überanpassung	61
9.4	Innere Unruhe und Anspannung	61
9.5	Ungeduld	62
9.6	Kränkbarkeit und Wut	62
9.7	Grandiosität	65
9.8	Abwertungen	66
9.9	Depressivität	68
9.10	Sucht	70
9.11	Suizidalität	70

10 Bulimie 72

10.1	Vorbemerkungen		72
	a)	Definition	72
	b)	Diagnostische Kriterien der Bulimie	72
	c)	Häufigkeit	72
	d)	Körperliche Störungen bei Bulimie	73
10.2	Zwei Fallbeschreibungen		73
10.3	Bulimie als Ausdruck einer Suchtproblematik		74
10.4	Bulimie als aggressives Symptom		76
10.5	Bulimie als Symptom unterdrückter Sexualität		78
10.6	Bulimie als Symptom von Trauer		80
10.7	Bulimie als Angstäquivalent		80
10.8	Das Erbrechen		81
10.9	Psychodynamik des Symptoms Erbrechen		81
10.10	Weitere psychische Symptome bei Bulimie		82
10.11	Therapie der Bulimie		83

11 Kritische Thesen zur Borderline-Störung 87

11.1	Zur Genese der Borderline-Störung		87
11.2	Das Symbiosekonzept		88
11.3	Typische Symptomenkomplexe der Borderline-Störung		89
	a)	Angst	89
	b)	Polysymptomatische Neurosen, Phobien	89
	c)	Zwangssymptome	89

		d)	Bewußtseinsstörungen, Entfremdungserlebnisse	90
		e)	Hypochondrie	90
		f)	Paranoide Symptome	90
		g)	(Polymorph-perverse) Sexualität	90
		h)	Erhöhte Aggressivität	91
		i)	Charakterstörungen von niederem Strukturniveau	91
		j)	Selbstdestruktivität	91
		k)	Depression	92
		l)	Identitätsstörung	92
		m)	Minipsychose	92
		n)	Ich-Schwäche	92
		o)	Triebhafter Charakter oder mangelnde Impulskontrolle	93
		p)	Spaltungsmechanismen	93
		q)	Primitive Idealisierung	94
		r)	Projektive Identifikation	94
		s)	Grandiosität und Allmacht	95
		t)	Abwertungen	95

12 Prüfungsangst 97

	12.1	Definition	97
	12.2	Ursachen	97
		a) Prüfung gleich Reifung	97
		b) Minderwertigkeitsgefühle	98
		c) Prüfer gleich Elternfigur	98
		d) Passivität	98
		e) Zerstreutheit	98
		f) Abwesende Eltern	99
	12.3	Überwindung der Prüfungsangst	99

13 Infantilität 100

	13.1	Definition	100
	13.2	Zeichen kindlichen Verhaltens	101
	13.3	Fallbeispiele	101
		a) Ach, Kind	101
		b) Ich möchte ein Kind sein	101
		c) Ich bin schnell beleidigt	102
		d) Ich kuschel mit meinem Tier	102
		e) Ich habe fünf Katzen	102
		f) Ich stampfe mit dem Fuß	103
	13.4	Das Verbleiben in der Infantilität	103
	13.5	Wege aus dem infantilen Verhalten	103

14 Alles verstehen heißt nicht alles verzeihen 105

| | 14.1 | Empathie und Mütterlichkeit .... | 105 |

14.2	Konfrontation und Väterlichkeit	106
14.3	Psychotherapieverfahren mit Abgrenzung	107
14.4	Folgen einer übersteigerten empathischen Haltung	107
14.5	Konfrontation in der Therapie	108
14.6	Träume und Konfrontation	109
14.7	Formen der Konfrontation	110
14.8	Ich gehe wieder arbeiten	110
14.9	Sitzungen mit Ärger waren am intensivsten	110
14.10	Gefahren der Konfrontation	111
14.11	Wann ist Konfrontation nicht angezeigt?	111
14.12	Konfrontation und therapeutischer Erfolg	112

15 Auflösung der Symbiose und Therapie der Angstneurose ... 114

15.1	Stärkung der Ich-Funktion	115
15.2	Der Zweifel	117
15.3	Das Auftreten von Symptomen als Ausdruck einer bevorstehenden psychischen Entwicklung	118
15.4	Strukturiertes Verhalten	120
15.5	Überwinden der Kontaktstörungen	120
15.6	Der Prozeß der Trennung und des Abschiednehmens	120
15.7	Ursprung und Überwindung der Minderwertigkeitsgefühle	123
15.8	Gestalttherapeutische Methoden	124
15.9	Verhaltenstherapie	125
	a) Das Aufsuchen der angstauslösenden Situationen (Überflutungsmethode)	125
	b) Positives Denken	125
	c) Das Unterbrechen von Grübel- und Angstphantasien	126
	d) Die Korrektur infantiler Verhaltensmuster	127
	e) Hausaufgaben	128
	f) Verträge	129
	g) Arbeitsstörungen	129
	h) Verhaltenstherapeutische Aspekte der Sexualität	129
15.10	Einzel- oder Gruppentherapie	130
15.11	Dauer der Therapie	130
15.12	Vorzeitiger Abbruch der Therapie	131
15.13	Medikamentöse Behandlung von Angstzuständen	132

16 Symbiose und Angst vor Sexualität ... 134

16.1	Angst und Ekel vor Sexualität und Nähe	135
16.2	Sexualität und Aggressivität	138

17 Symbiose und Suizid ... 144

17.1	Psychodynamik	144
17.2	Therapie	146

18 Traumanalyse ... 150

- 18.1 Der Umgang mit dem Traum ... 150
- 18.2 Träume als diagnostischer Wegweiser ... 150
- 18.3 Träume und Verhaltensänderung ... 151
- 18.4 Träume und Hausaufgaben ... 151
- 18.5 Typische Traumsymbole des Reifungsprozesses ... 151
- 18.6 Die Symbolik des Wassers ... 152
- 18.7 Das Traumsymbol des Parasiten ... 154
- 18.8 Die Angst vor dem Mond ... 156

19 Zur Psychoanalyse der Atomangst ... 159

- 19.1 Das Traumsymbol der Atomexplosion ... 161
- 19.2 Die Atomkraft als Symbol der Wandlung ... 164
- 19.3 Das Traumsymbol der Radioaktivität ... 164

20 Die Angst vor dem Tod ... 169

- 20.1 Die Angst vor dem Tod in der Kindheit ... 170
- 20.2 Die Angst vor dem Tod anderer ... 170
- 20.3 Die Angst vor dem gewaltsamen Tod ... 170
- 20.4 Die Angst vor dem Tod als der Angst vor der allmächtigen und verschlingenden Mutter ... 170
- 20.5 Der vermeintliche Sieg über den Tod in der Allmacht ... 172
  - a) Im Sport ... 172
  - b) In der darstellenden Kunst ... 173
  - c) In der Medizin ... 174
  - d) In der Verherrlichung des Krieges ... 174
- 20.6 Die Aufgabe des eigenen Selbst und die damit verbundene Angstlosigkeit vor dem Tod ... 174
- 20.7 Der Tod als Symbol der Wiedergeburt und Wandlung ... 175
- 20.8 Die Angst vor dem Tod als Ausdruck von Trennungsangst ... 177
- 20.9 Die Angst vor dem Tod als Angst vor dem orgastischen Erleben ... 179

21 Symbiose und Ehe ... 184

22 Die Rolle des Vaters ... 187

- 22.1 Das Bild der Eltern lebt ... 187

23 Die Angst vor Nähe im Leben des Revolutionärs und Dichters Harro Harring ... 188

- 23.1 Tod und Trauer in Harrings Kindheit ... 189
- 23.2 Harrings Beziehung zu seinen Eltern ... 194
- 23.3 Harrings Beziehungen zu Frauen ... 202

23.4 Harrings Suizidalität 205
23.5 Harring als missionarischer Revolutionär 207

24 Was berichten Patienten über Therapieerfolge? 215

24.1 Wie zeigt sich, daß mein Zug des Lebens
      in Schwung kommt? 215
24.2 Wie zeigt sich, daß ich abgrenzungsfähiger geworden bin? 216
24.3 Wo entwickle ich im Moment meine männliche Seite?
      Sexualität und Schuldgefühle? 217
24.4 Was ich erreicht habe 217
24.5 Was ich noch erreichen will 218
24.6 Wir haben besseren Sex 218
24.7 Das Wichtigste in der Therapie 219
24.8 Die aufrechte Haltung 220
24.9 Wie zeigt sich, daß ich immer noch zu sehr an meinem
      Sohn hänge? 221
24.10 Mehr Lebensfreude 221
24.11 Ich besiegte meine Ängste 222
24.12 Die Gruppe schafft Vertrauen 224
24.13 Früher war ich so passiv 225
24.14 Ich mag mich leiden 227
24.15 Ich kämpfe 227
24.16 Es klappt wieder ohne Angst 229
24.17 Der Nebel lichtet sich 231
24.18 Der Horizont erweitert sich 234
24.19 Ich fühle mich als Mann 234
24.20 Ich lege Wert auf Sexualität 236
24.21 Menschen kommen auf mich zu 236

Stichwortverzeichnis 238

Einleitung

Das Buch gibt Ärzten und Psychotherapeuten wie auch Betroffenen einen theoretischen und praktischen Bezugsrahmen für die Behandlung von Angst, Angstsymptomen und Angstneurosen. Da die Angststörung als eine der häufigsten neurotischen Störungen gilt, ist es für die Helfer und Hilfesuchenden wichtig, diese Krankheit in ihren vielfachen Erscheinungen und Schattierungen zu kennen.

Unter Angst leiden viele Menschen. Sie suchen den Arzt wegen unterschiedlicher Beschwerden auf, die Ausdruck von Angst sind. Angst führt zu zahlreichen psychosomatischen Symptomen. Vor Angst »wird einem schwindelig«, vor Angst kriegt man »Herzklopfen« oder »Durchfall«. Angst macht »kopflos«, sie sitzt einem »im Nacken und auf den Schultern«. Vor Angst wird einem »mulmig und flau«. Angst kann sich hinter diesen Symptomen verbergen. Sie muß sich nicht immer direkt in einem Angstanfall äußern. Oft ist Schwindel allein schon ein Zeichen für Angst. Die Angst und ihre körperlichen Erscheinungen führen wegen der Hartnäckigkeit der Symptome und ihrer Dauer häufig zum Arzt. Der Betroffene selbst weiß meistens nicht, daß hinter seinem Schwindel oder Herzrasen Angst steckt. Es kommt dann für den Haus- oder Facharzt darauf an, den Patienten in einem Gespräch über eine Psychotherapie zu informieren und ihn dazu zu motivieren.

1   Was ist Angst?

Angst ist ein Gefahrensignal. Sie signalisiert, daß eine Gefahr droht. Die Gefahr kann real sein oder sich lediglich in unserer Phantasiewelt befinden. Bei fast allen Menschen, die sich in ärztliche Behandlung wegen Angst oder wegen ihrer Angstsymptome begeben, handelt es sich um eine *nicht reale Angst*. Die Angst, die sie haben, entspringt bewußt oder unbewußt einer Vorstellung, die angsterzeugend ist. Es können alle Situationen des Lebens Angst erregen. Alles kann uns Angst machen, so lange wir einer Person oder einem Ding soviel Macht und Kraft zuschreiben, daß sie über uns überhandgewinnen und uns ängstigen. Angst ist bei vielen Menschen ein Produkt ihrer Phantasie. Jedem vernünftigen Menschen leuchtet ein, daß eine Spinne von wenigen Millimetern Durchmessern in Mitteleuropa völlig ungefährlich und harmlos ist. Dennoch gibt es bei uns Menschen, die beim Anblick derartiger Geschöpfe vor Angst weglaufen und schreien.

Reale Angst dagegen tritt in lebensgefährlichen Situationen auf: Geht ein Mensch in ein Kaufhaus, in dem ein Feuer ausbricht, so wird er Angst um sein Leben haben. Er hat die Gefahr des Feuers wahrgenommen, mit den Augen, mit der Nase, vielleicht hat er auch einen Knall gehört. Er wird sich nicht lange überlegen, wie er aus dem Kaufhaus entrinnen kann. Draußen angelangt, werden ihm vor Angst die Knie zittern, sein Herz wird vor Angst pochen. Er wird feststellen, daß er schwitzt, ihm der Angstschweiß ausgebrochen ist. Vielleicht wird er in den folgenden Nächten Angstträume haben, in denen er vor dem Feuer flieht. Der gesunde Mensch wird ein solch einmaliges Erlebnis ohne Schaden überstehen. Dieser Mensch hat reale Angst erlebt. Wir werden Mitleid haben, Mitgefühl empfinden, selber etwas Angst empfinden und denken: »Zum Glück ist mir das nicht passiert.« Niemand käme auf die Idee, zu sagen: »Da brauchst du doch keine Angst zu haben!« Im Gegenteil, hier Angst zu haben, ist lebenswichtig und normal.

Anders verhält es sich mit der Angst, über die ich in diesem Buch spreche. Sie macht uns krank, weil sie ein Produkt unserer Innenwelt, unserer Phantasie ist.

Hier ein **Beispiel**: Eine junge Frau freut sich schon darauf, daß sie bald stolze Besitzerin eines hübschen Hutes sein wird, den sie vor einer Woche im Kaufhaus gesehen hat. Lange hat sie überlegt, ob sie sich diesen teuren Hut leisten kann und hat sich nun zum Kauf entschlossen. Gerade ist sie dabei, die Rolltreppe zum ersten Stock des Kaufhauses zu betreten. Plötzlich fängt ihr Herz an zu rasen, ihr wird schwindelig, sie wird ängstlich, tritt von der Treppe zurück, sieht sich nach anderen Menschen um und hält sich an einer Säule fest. Doch nichts ist geschehen im Kaufhaus, was auch anderen Menschen Angst eingejagt hätte. Kein Feuer, kein Bandit.

Ab dem heutigen Tag hat die Frau Angst, in Kaufhäuser zu gehen. Sie selber weiß nicht, warum sie Angst bekommen hat und warum sie jetzt vor Angst Kaufhäuser meidet. Ihre Antwort wird vielleicht sein: »Ich habe einfach Angst. Ich habe Angst vor Menschen.«

Diese Frau hat eine *nicht-reale* Angst erlebt. War doch alles im Kaufhaus ganz normal gewesen.

Unbewußte Gedanken, Vorstellungen oder Phantasien haben ihr plötzlich Angst gemacht. Den Inhalt dieser unbewußten Phantasien, die das Leben der Frau beeinflussen, die Ursache und ihre Entstehungsgeschichte kennenzulernen, werden Ziel ihrer Psychotherapie sein, in die sie sich inzwischen begeben hat.

Die Trennung zwischen realer und nicht-realer Angst ist nicht immer eindeutig möglich. Dennoch gibt es Ängste, die als krankmachend einzustufen sind, während die Einschätzung von realen oder nicht-realen Gefahren gerade in der Zeit der Technik und der sog. Klimakatastrophe sehr komplex geworden ist.[*]

---

[*] Siehe Kapitel 19: Zur Psychoanalyse der Atomangst

2 Was berichten Menschen, die unter Angst leiden?

Eine 36jährige Friseuse erzählt: »Ich leide seit meiner Kindheit unter Schwindel. Der Schwindel ist immer in mir. Es ist wie eine Benommenheit. Wegen des Schwindels habe ich sogar meinen Beruf aufgegeben. Manchmal zittere ich am ganzen Körper, dann wackelt das ganze Bett. Letzte Woche hatte ich zwei Mal deswegen den Notarzt da. Ich habe auch Angst vor Spinnen, Mäusen und Schlangen. Ich ekel mich furchtbar vor ihnen.«

Ein 30jähriger Bankkaufmann leidet seit über 10 Jahren unter seiner Angst: »Ich habe seit 10 Jahren Angstzustände. Die Angst ist auf einmal da. Ich zittere, habe Unruhe, der Puls geht schnell. Dann rast mein Herz. Die Luft geht weg. Ich habe Atemnot. Ich habe Schweißausbrüche, Stuhlgang und manchmal auch Urinabgang. Ich liege dann da und schreie um Hilfe. Die Angst hat mich seit 10 Jahren immer wieder eingeholt. Zeitweise bin ich frei davon gewesen. Keiner hat mir bisher helfen können.«

Hier schildert ein junger Mann seine Angstzustände, denen er sich hilflos ausgeliefert fühlt. Zehn Jahre lang verfolgt ihn die Angst, sein bisheriges Mittel dagegen besteht aus Schreien um Hilfe. Wie ein kleines Kind liegt er auf der Erde in seinen Ausscheidungen und ruft: »Hilfe, Hilfe.« Das Hilfeschreien nach einem Arzt oder einem Angehörigen gilt letztlich seiner Mutter, die den 30jährigen Sohn bitte beschützen möge.

Eine 24jährige Bürogehilfin hat Angst umzukippen: »Ich bin so zittrig. Das kommt ganz plötzlich. Das ist seit dem Tod meiner Mutter so. Ich habe auch ein Druckgefühl, vom Nacken bis in die Stirn und leide unter unklarem Sehen. Zuerst ist die linke Gesichtshälfte taub. Ich habe auch Angst, unter vielen Menschen zu sein. Dann wird mir ganz heiß. Dann schwitze ich. Das tritt jetzt fast täglich auf.«

Auch ein 23jähriger Schüler hat Angst umzufallen. Auf einer Klassenfahrt in Süddeutschland hätten seine Herzbeschwerden plötzlich angefangen. Es habe plötzlich ganz schnell geschlagen. Ihm sei übel dabei geworden. Die Beine seien weich geworden. Seitdem leide er unter Kopfschmerzen. Besonders stark seien sie hinter der Stirn. Das habe nach dem Urlaub in der Schule wieder angefangen. Zeitweise habe er flaue Beine. Er habe Angst umzufallen. Sein Mund werde ganz trocken. Er verspüre einen Druck im Kopf. Er verkrampfe sich dann total.

Auch hier stellen wir neben der Angst umzufallen eine Fülle von körperlichen Symptomen fest. Oft wird über die Angst berichtet, daß das Herz nicht mehr funktioniere.

Eine 36jährige Sozialpädagogin hat Angst, daß ihr Herz nicht mehr schlägt. »Ich habe Angst zu sterben. Ich habe Angst, daß mein Herz versagt. Ich habe Angst vor

Menschen. Ich habe Angst vor Frauen. Ich habe Angst, allein zu sein. Ich habe alle Kontakte abgebrochen. Ich habe oft das Gefühl zu sterben.«

Wir spüren die Einsamkeit und die Enge, in der die Frau lebt. Ihre Angst hat sie vollkommen eingeschnürt. Kontakte zu den Mitmenschen hat sie abgebrochen. Sie lebt mit ihrem Freund allein.

Eine 23jährige Arzthelferin klagt über folgende Beschwerden: »Ich bin seit Monaten nicht mehr ich selber. Ich bin ein anderer Mensch. Ich habe wirre Gedanken. Ich frage mich oft, ist das richtig, was ich mache? Ich glaube, ich bin verrückt. Alles kommt mir so komisch vor, so verändert. Wenn ich rede, denke ich, das bin nicht ich, die da redet. Ich kann nicht mehr normal denken. Ich denke immer nur daran, irgendwelche Menschen umzubringen oder ich denke nur Blödsinn. Mein Körper und mein Gesicht sind mir auch so fremd. Ich mag mich selber nicht mehr anfassen. Manchmal habe ich das Gefühl, ich beiße mir selber in den Finger oder ich verschlucke eine Zigarette beim Rauchen. Ich bin auch so gleichgültig, ich kenne keine Freude, Angst und keine Trauer. Ich weiß auch überhaupt nicht, was ich will.

Ich vergesse auch immer alles. Wenn mir etwas einfällt, was ich machen will, muß ich es gleich tun, sonst habe ich es wieder vergessen. Ich sehe mich immer von außen, als wenn ich neben mir sitze. Ich kann auch nicht in die Zukunft denken, das ist alles so weit weg. Wenn ich irgendwelche Gegenstände angucke, kommen sie mir auch so komisch vor. Manchmal denke ich, daß die anderen Menschen froh sein können, daß ich ihnen nichts tue. Es kommt immer alles so phasenweise. Manchmal denke ich, ich bin verrückt, dann wieder, daß ich normal bin, oder, wenn ich verrückt bin, daß mir doch niemand helfen kann. Ich kann mir auch keine Sorgen machen, z. B. über meine Eltern oder über die Arbeit. Manchmal habe ich das Gefühl, ich muß dauernd auf Toilette, früher habe ich das auch öfter gehabt, aber da habe ich mir immer Gedanken darüber gemacht und habe gedacht, ich habe irgendeine Krankheit und jetzt kümmere ich mich gar nicht mehr darum. Es ist mir ja sowieso egal, was mit mir passiert. Manchmal denke ich, es ist besser, wenn ich tot bin. Ich weiß überhaupt nicht mehr, wer ich bin. Ich mag auch manchmal nicht mehr reden, weil ich denke, das ist ja sowieso nur Blödsinn, was ich sage. Mir ist auch manchmal so, als wenn das, was ich gerade getan habe, gar nicht wirklich ist. Ich habe auch das Gefühl, ich mag nicht mehr reden oder irgendetwas tun, sondern nur schlafen, aber schlafen kann ich auch nicht. Ich fühle mich so unwohl in meiner Haut, ich möchte gerne anders sein. Ich bin so launisch, mal denke ich so und fünf Minuten später wieder anders. Auch wenn es mir mal ganz gut geht, zweifle ich schon daran, ob das wirklich ich bin. Ich habe auch das Gefühl, ich lasse mich von anderen beeinflussen. Ich habe auch manchmal das Gefühl, ich kann nicht mehr Autofahren und, wenn ich fahre, ist es wie ein Traum. Ich bin auch so zerstreut, z. B. lege ich Dinge irgendwo hin, wo sie gar nicht hingehören. Oder ich will irgendwas machen, was schon längst vorbei ist. Ich denke oft, ich bin ein ganz anderer Mensch, alles was ich tue, ist nicht für mich. Ich glaube auch, die anderen Menschen müssen es doch merken, daß ich anders bin. Ich habe manchmal das Gefühl, als wenn ich aus zwei Menschen bestehe. Ich glaube, ich merke nicht, wenn mein Körper mir irgendwelche Signale gibt. Ich habe Sehstörungen, Zucken in der linken Hand, taube Beine, Schweißausbrüche, tränende Augen, blaue Füße und Herzklopfen. Ich habe mich irgendwo schon selbst aufgegeben, als wenn es mich gar nicht mehr gibt. Ich weiß auch gar nicht mehr so genau, wie ich früher einmal war. Ich mache mir auch keine Illusionen mehr, weil ich doch immer enttäuscht werde. Ich denke auch oft, daß die anderen Menschen mich ablehnen und daß mich keiner richtig mag. Als ich von meinem Freund weggezogen bin, habe ich gedacht, jetzt geht das Leben richtig los und da bin ich auch nur enttäuscht worden.

Ich möchte wieder gerne einen Sinn sehen in meinem Leben. Ich glaube manchmal, wenn ich zurück zu meinem Freund gehe, dann geht es wieder besser. Aber ich nehme an, das stimmt nicht. Ich versuche, normal zu denken, aber das geht nicht immer. Manchmal kommen dann wieder diese irren Gedanken. Und dann kann ich mich auch nicht konzentrieren. Auch wenn ich das Gefühl habe, nicht ich selber zu sein, sage ich mir immer: »Das ist Quatsch!« Aber wenn ich erst einmal darüber nachdenke, wird es noch schlimmer, weil ich auch immer nicht weiß, sind das meine Gedanken oder nicht.«

Bei der Frau, die unter einer Angstneurose und einer Identitätsstörung litt, erkennen wir typische Symptome der Angstneurose:

- Körperliche Störungen
- Die Angst, verrückt zu werden
- Aggressive Regungen, die sich gegen andere und sich selbst richten
- Depressivität und Leere
- Unsicherheit über sich selbst, die fehlende Identität
- Mangelnde Realitätsbezogenheit

Auffällig an den Schilderungen ist, daß die Patienten über die Hintergründe ihrer Angst wenig sagen. Sie wissen über die psychosomatischen Zusammenhänge nicht Bescheid. Sie beschreiben ihre Angstzustände bis in jede Einzelheit und beobachten hypochondrisch Veränderungen ihres Körpers. Die Angst, bzw. die Angstsymptome können einen großen Raum im Leben der Angstpatienten einnehmen. Sie vermeiden Situationen, in denen Angst bisher aufgetreten ist. Die Angst neigt dazu, sich auszuweiten und zu generalisieren. Die Angst ist ein Mechanismus, mit dem sich der Betroffene so manipuliert, daß er sich mehr und mehr vom Leben zurückzieht. Unbewußt dient sie dem Rückzug aus dem Leben. Depressivität, Kontaktstörungen, Störungen der Ich-Funktion treten auf und verstärken sich, solange keine psychotherapeutische Behandlung erfolgt.

3 Definition der Angstneurose und der Phobie

Bei der Angstneurose kommt aus bedrohlichen Vorstellungen heraus oder ohne erkennbaren Grund plötzlich Angst auf. Die Angst kann sich so weit steigern, daß sie als Todesangst erlebt wird. Die Angst tritt häufiger oder in größeren Abständen auf. Die Angst kann im Vordergrund des Erlebens stehen, sie kann aber auch weitgehend zurücktreten, sogar unbewußt bleiben und sich allein in Form von körperlichen Störungen äußern. Angst geht mit einer Vielfalt körperlicher und seelischer Beschwerden einher. Von frei flottierender Angst wird gesprochen, wenn die Angst ohne erkenntlichen Grund plötzlich und überwältigend auftritt.

Das klinische Bild der angstneurotischen Symptomatik ist diffus und vielfältig. Dementsprechend zahlreich sind Versuche, diese Zustände zu klassifizieren und zu definieren. Es konkurrieren miteinander verschiedene Begriffe, die teils historisch sind, teils heute noch gebräuchlich: neurotischer Angstzustand, Angstneurose, depressiv-ängstlicher Verstimmungszustand, Hyperventilationssyndrom, Paniksyndrom oder Herzphobie.

Ich verwende den Begriff der Angstneurose bei den neurotischen Erkrankungen, in denen die Angst und Angstsymptome eine zentrale Rolle spielen. Hierbei ist es unwesentlich, ob sich die Angst auf ein Körperorgan richtet oder sich auf eine Phantasie oder einen Zwangsgedanken bezieht. Innerhalb weniger Wochen können sich die Angstsymptome verändern und miteinander vermischen. Neben der lärmenden Angstsymptomatik zeigt sich bei genauerer Betrachtung eine Fülle von Symptomen, die ich im Kapitel »Symbiotisches Verhalten« geschildert habe.

Unaufgelöste Symbiose verursacht eine Vielzahl neurotischer Symptome, die sich sowohl beim Narzißten, beim Angstneurotiker als auch beim Phobiker nachweisen lassen. Die Angst des Narzißten verbirgt sich hinter einer stärkeren Abwehr, die des Phobikers offenbart sich in seiner phobischen Fehlhaltung, die Angst des Angstneurotikers tritt offen zutage. Doch die Grenzen zwischen diesen Neuroseformen sind fließend, da auch der Narzißt in der Regel eine Fülle von Angstsymptomen entwickelt, wenn er sich dem Individuationsprozeß stellt.

Phobien werden Ängste genannt, die sich auf einen bestimmten Gegenstand oder ein Tier oder eine ganz bestimmte Situation richten. Die Angst tritt nur auf, wenn der Phobiker dieser Situation begegnet. Daher meidet er, sich der angsterregenden Situation auszusetzen.

Eine eindeutige und scharfe Trennung zwischen Angstneurose und der Phobie ist jedoch nicht immer möglich. Es gibt sowohl schwere Angstneurosen als auch schwere

3 Definition der Angstneurose und der Phobie

Phobien, die zu wesentlichen Einschränkungen der Lebensbezüge und der Ich-Funktion führen können. Die Phobien weisen bei näherer Betrachtung und im Verlauf der Psychotherapie die gleichen pathogenetischen Mechanismen auf, wie sie für die Entstehung der Angstneurose gültig sind. Die phobische Fehlhaltung ist lediglich ein an der Oberfläche liegendes Symptom, hinter dem sich regressive Wünsche, Loslösungskonflikte und aggressive Gehemmtheit verbergen.

Folgende Phobien sind zu nennen:
- Agoraphobie (Platzangst)
- Klaustrophobie (Angst in engen Räumen)
- Erythrophobie (Angst vor Erröten)
- Zoophobie (Angst vor verschiedenen Tieren, z. B. Schlangen, Mäusen, Ratten, Käfern, Ameisen und Spinnen)
- Sozialphobie (Die Angst in der Gegenwart anderer Menschen)
- Dysmorphophobie (Zwanghafte Vorstellung, daß ein Körperteil verunstaltet ist)
- Prüfungsangst

Die *Häufigkeit* der Angstneurose: Die Angstneurose gilt als eine der häufigsten neurotischen Störungen. Wegen der zahlreichen und erheblichen körperlichen Beschwerden werden vorwiegend der Allgemeinarzt oder der Internist aufgesucht. Die Diagnose einer Angstneurose wird in der psychiatrischen Praxis zwischen 6 und 15 % gestellt[1].
Erkrankungsalter: 14.–40. Lebensjahr
Verlauf und Prognose: Im Einzelfall sind über Verlauf und Prognose keine verläßlichen Voraussagen möglich. Nach meinen Erfahrungen ist die Angstneurose mit ihren vielfältigen körperlichen und seelischen Erscheinungen eine Krankheit, die – unbehandelt – bestehen bleibt. Eine Spontanheilung ist nur in bezug auf die Symptome möglich. Der unbewußte, neurotische Konflikt muß gelöst werden. Anderenfalls besteht die Gefahr einer chronischen Verlaufsform oder des Wiederauftretens im mittleren Lebensalter.

Es gibt Patienten mit einer angstneurotischen Symptomatik, die berichten, sie hätten jahrelang gedacht, die Krankheit würde sich von selber bessern. Nicht selten sind es ungefähr zehn Jahre, in denen eine Angstsymptomatik ihr Leben belastet.

Es gibt leichte und schwere Verläufe. Bei den leichteren Erkrankungen ist die Angst nur gering ausgeprägt oder die körperlichen Symptome werden nicht als so gravierend erlebt. Angstzustände mit erheblichen Einschränkungen der Ich-Funktionen, die durch das Überfluten des Ichs mit Angst hervorgerufen werden, erfordern klinische Behandlung.

Die Frage nach der Spezifität der Symptomwahl ist bis zum heutigen Zeitpunkt ungeklärt[2,3]. Es ist nicht zu beantworten, wieso ein Patient lediglich körperliche Angstäquivalente beklagt, während andere unter mannigfaltigen, körperlichen und psychischen Symptomen leiden. Wahrscheinlich spielen auch anlagebedingte, hirnphysiologische, individuell unterschiedlich angelegte Funktionen eine Rolle.

Zum Begriff des Paniksyndroms

Einzelne Autoren versuchen, die Vielfalt der angstneurotischen Symptomatik in einzelne, festumrissene Krankheitseinheiten aufzuteilen[4,5,6]. Im ICD-10 ist diese Einteilung durchgeführt[7]. Für das Verständnis und für die psychotherapeutische Behandlung hat die symptomorientierte Diagnostik jedoch keinen Vorteil, da die unbewußten Konfliktkonstellationen der Patienten nicht berücksichtigt sind. Die Diagnose »Paniksyndrom« entbehrt eines psychodynamischen Ansatzes: »Leitsymptom der Diagnostik und Zielsymptom der Behandlung wurde die Panikattacke, nicht ein hinter der Symptomatik vermuteter Konflikt«[8].

Nach dem ICD-10 werden im wesentlichen folgende Angsterkrankungen unterschieden:
1. die phobische Störung
2. die Agoraphobie
   a) Agoraphobie ohne Panikstörung
   b) Agoraphobie mit Panikstörung
3. soziale Phobien
4. spezifische (isolierte) Phobien
5. andere Angststörungen
   a) Panikstörung
   b) generalisierte Angststörung
   c) Angst und depressive Störung
   d) andere gemischte Angststörungen

Die frühere Diagnose der Angstneurose wird nun unter deskriptiven Gesichtspunkten in Einzeldiagnosen unterteilt. Dies mag ein Fortschritt für die Diagnostik und Forschung der biologisch orientierten Psychiatrie sein. Für die Psychotherapie der Erkrankungen ergeben sich keine neuen Gesichtspunkte, da die unbewußten Konfliktkonstellationen der Patienten die gleichen bleiben.

Literatur

[1] Strian, F.: Angst, Springer-Verlag, Berlin, Heidelberg, New York, Tokyo (1983), S. 121
[2] Bräutigam, W.: Ursachenfragen bei neurotischen und psychosomatischen Erkrankungen, Zsch. psychosom. Med. 36 (1990), S. 195–209
[3] Rad, M.: Psychoanalytische Konzepte psychosomatischer Symptombildung, Nervenarzt 51 (1980), S. 512–518
[4] Hand, J., Wittchen, H. U. (Hrsg.): Panic and Phobias, Springer-Verlag, Berlin (1986)
[5] Buller, R., Philipp, M.: Panik-Erkrankungen, Münch. med. Wschr. 126, Nr. 36 (1984), S. 1013–1015
[6] Panikattacken – ein eigenständiges Krankheitsbild? Schleswig-Holstein. Ärzteblatt 7 (1987), S. 463–464
[7] Dilling, H. (Hrsg.): ICD-10: Internationale Klassifikation psychischer Störungen ICD-10, Kapitel V (F), klinisch-diagnostische Leitlinien, Weltgesundheitsorganisation, Hans Huber Verlag Bern, Göttingen, Toronto (1991)
[8] Buller, R.: Panik-Syndrom und Agoraphobie, Klinik Aktuell: Neurologie/Psychiatrie, 3, Upjohn Companie, S. 1

4 Auswirkungen der Angst

Jede Art von Angst ruft Symptome hervor. Angst bewirkt:
1. Veränderungen der Verstandesfunktionen
2. Veränderungen der Körperfunktionen
3. Veränderungen des Verhaltens
    a) Angriff
    b) Flucht
    c) Bindung

4.1 Veränderungen der Verstandesfunktionen

Unter Verstandesfunktion ist die Aufgabe unseres Gehirns zu verstehen möglich realistisch wahrzunehmen aufzunehmen und wiederzugeben. In der Sprache der Psychoanalyse ist dieser Begriff der »Ich-Funktion« gleichzusetzen. Die Transaktionsanalyse verwendet für die Aufgaben des Verstandes den Ausdruck des »Erwachsenen-Ich«. Die Verstandesfunktionen, die in der Kindheit erlernt werden, können durch Angst beeinträchtigt werden.

Redeweisen wie: »Vor Angst kopflos werden«, oder »vor Angst den Verstand verlieren« geben uns bereits Hinweise darauf, daß ein ängstlicher Mensch Schwierigkeiten haben kann, seine Verstandeskräfte zu benutzen. Bekannt ist das Beispiel des Tauchers, der in 20 Meter Tiefe plötzlich feststellt, daß die Sauerstoffversorgung mangelhaft ist. Natürlich wird er sofort heftigste Angst haben. Während seiner Ausbildung hat er jedoch gelernt, diese Angst nicht übermächtig werden zu lassen, sondern nach einem genau festgelegten Plan zu prüfen, was zu dem Sauerstoffmangel geführt haben könnte. Prüft er trotz zunehmender Luftnot nicht planmäßig seine Apparatur, so ist er rettungslos verloren. Plötzliches Aufsteigen und panikartiges nach oben Schwimmen könnten für ihn genauso den Tod bedeuten wie heftiges Einschlagen auf die Sauerstoffflaschen. Hier gilt es: bewahre den Verstand! Dies Beispiel einer lebensbedrohenden Situation macht uns deutlich, wie sinnlos und lebensbedrohlich panikartige Angst sein kann.

Andere Beispiele für »das Verlieren des Verstandes« sind das kopf- und sinnlose Davonlaufen aus brennenden Kinos oder Fußballstadien, wobei sich die Menschen zu Tode treten. Hier empfinden die Menschen reale Todesangst, die Panik-Reaktionen auslösen kann.

Angst, die nicht genügend verdrängt wird, gelangt in das Bewußtsein und beeinflußt die Wahrnehmung und die Konzentrationsfähigkeit. Die Minderung der intellektuellen Funktionen kann z. B. bei einem Schüler die Leistung deutlich verschlechtern, obwohl er sich sehr bemüht. Wir nennen dieses Verhalten Prüfungsangst oder Blackout.[*]

Angst schränkt das Gesichtsfeld, den Beobachtungsradius ein. Sie führt zu einem »röhrenförmigen« Wahrnehmen der Umwelt. Als Konversionssymptomatik begegnen wir dieser Erscheinung bei der psychogenen Sehstörung, die bis zur Blindheit führen kann[1].

Solange ein junger Mann Angst vor Sexualität hat, nimmt er erotische Signale beim anderen Geschlecht einfach nicht wahr. Eine junge Frau kann sich noch so sehr um diesen Mann bemühen und sich aller weiblichen Verführungskünste besinnen. Sie wird dennoch bei ihm scheitern, falls seine Angst vor ihren Annäherungsversuchen zu groß ist. Anstatt auf ihre Angebote einzugehen, wird er ein sachliches Gespräch führen, ihre Reize aber übersehen.

Ein beunruhigendes Symptom stellen die aggressiven, zwanghaft erlebten Phantasien von Angstneurotikern dar. Die Phantasien können derartig übermächtig werden und drängen so sehr in das momentane Erleben, daß eine Unterscheidung zwischen aggressiver Phantasie und gerade ablaufendem realen Geschehen nur schwer möglich ist. Vor allem werden die Phantasien als angsterregend und bedrohlich erlebt, da sie aggressiven Inhalts sind.

Ein 23jähriger Gärtner, der wegen einer Angstsymptomatik kurz vor seiner Heirat meine Praxis aufsuchte, ängstigte sich wegen seiner aggressiven Vorstellungen:

»Morgens beim Frühstück sehe ich das Küchenmesser auf dem Tisch liegen und stelle mir vor, daß ich es meiner Frau zwischen die Rippen stoße. Ich weiß, daß ich es nicht tue, doch fürchte ich mich vor diesem Gedanken. Die Mordvorstellungen sind furchtbar für mich und unerträglich. Ich weiß nicht, was ich dagegen machen soll. Ich fürchte mich vor ihnen.«

Eine 35jährige Mutter erwähnte, daß sie durch plötzlich auftretende Vorstellungen verunsichert sei, ihre 2jährige Tochter umbringen zu müssen. Unwillkürlich und zwanghaft drängen sich die aggressiven Phantasien in das bewußte Tageserleben ein, so daß sie die Verstandesfunktion irritieren. Einige Patienten berichten, sie haben Angst, verrückt zu werden. Die Angst vor dem »Verrücktwerden« ist durch die Lockerung der Ich-Funktionen, zu erklären. Lockerung der Ich-Funktion bedeutet Lockerung der Abwehr der massiven aggressiven Impulse und der aufkommenden Angst vor diesen Impulsen.

Bei akuten Psychosen kommt es unter der Überflutung mit unbewußten und angsterregenden Inhalten zu einem weitgehenden Erlöschen der Verstandesfunktionen. Der psychotisch Erkrankte kann zwischen Realität, welche die Außenwelt repräsentiert, und der Innenwelt, seinem Unbewußten nicht mehr unterscheiden. Voller Angst gegenüber der zur Realität gewordenen Innenwelt verliert der Psychotiker seine Entscheidungs- und Handlungsfähigkeit.

---

[*] Siehe Kapitel 9.1: Angst, S. 57.

4.2 Veränderungen der Körperfunktionen

Freud hat in seiner Arbeit aus dem Jahre 1895 »Über die Berechtigung, von der Neurasthenie, einen bestimmten Symptomkomplex, als ›Angstneurose‹ abzutrennen« die Vielfalt und Unspezifität der körperlichen Symptome eingehend beschrieben[2]. Auch heute haben wir dieser Symptombeschreibung kaum etwas Neues hinzuzufügen. Dilling bezeichnet »Angst als ein psychosomatisches Geschehen an sich [...] mit einer seelischen Erlebnisseite und einer körperlichen Manifestationsseite«[3]. Ebenso wichtig wie das Verständnis des akuten Angstanfalles ist die genaue Kenntnis der körperlichen Äußerungen von Angst.

Auch hinter einem einzigen Symptom, z. B. dem Schwindel kann sich die Problematik einer Angstneurose verbergen[4]. Meist treten mehrere Symptome zusammen auf. Freud berichtet hierzu: »Interessant und diagnostisch bedeutsam ist nun, daß das Maß der Mischung dieser Elemente im Angstanfalle ungemein variiert und daß nahezu jedes begleitende Symptom den Anfall ebensowohl allein konstituieren kann wie die Angst selbst«[5].

Folgende körperliche Angstsymptome, (Angstäquivalente) sind zu nennen:
a) Allgemeine Reizbarkeit und Überempfindlichkeit
b) Leichte allgemeine Mattigkeit, besonders in Armen und Beinen
c) Schwindel (Taumel, Gangunsicherheit, Benommenheit)
d) Innere Unruhe
e) Müdigkeit, die sich bis zur Ohnmacht steigern kann
f) Schlafstörungen (Ein- und Durchschlafstörungen)
g) Engegefühl im Hals
h) Brechreiz, verbunden mit Würgereiz und Übelkeit
i) Heißhunger
j) Mundtrockenheit
k) Schweißausbrüche
l) Vasomotorische Phänomene (niedriger Blutdruck, Kältegefühl in den Gliedern)
m) Zittern an den Gliedern
n) Muskelkrämpfe
o) Muskelverspannungen
p) Kribbelparästhesien (unangenehmes Gefühl auf der Haut, »als ob Ameisen darüber laufen«)
q) Herzschmerzen, Herzklopfen, Arrhythmie, Tachykardie
r) Störungen der Atmung (Hyperventilationssyndrom)
s) Magenbeschwerden (Druckgefühl im Oberbauch, ziehende Schmerzen)
t) Diarrhöe (Colitis mucosa)
v) Harndrang
w) Parametropathien (Unterleibsbeschwerden der Frau psychischen Ursprungs)
x) nichtentzündliche Reizungen der Urethra (Kribbeln, Schmerzen, Jucken)

Weitere körperliche Störungen bei ungelöster Symbiose sind:
a) Kopfschmerzen und Migräne[6]
b) Flatulenz (Blähbauch)

c) Gastritis und Ulcus duodeni (Zwölffingerdarmgeschwür)
d) Neurodermitis[7, 8]
e) Vaginale Pilzinfektionen
f) Herpes labialis

Während Kopfschmerzen, Migräne und Flatulenz als Symptom von Trennung und verdrängter Aggression aufzufassen sind, ist das Zwölffingerdarmgeschwür dem »Biß der bösen Mutter« gleichzusetzen. Auch andere psychosomatische Erkrankungen wie Asthma, Colitis ulcerosa, Infekte des Rachenraumes und der Harnorgane sind Folge unbewußter Aggressions- und Loslösungskonflikte.

Nicht allein die Wendung archaischer, destruktiver Aggressivität gegen das eigene Selbst spielt nach meinen Erfahrungen bei der Genese psychosomatischer Angstsymptome eine wesentliche Rolle, sondern die oben genannten Störungen sind auch Ausdruck unbewußter Trennungs- und Reifungskonflikte, die mit Ausbruchsschuld, Angst und Angstäquivalenten gekoppelt sind.

4.3 Veränderungen des Verhaltens

a) Angst bewirkt Angriff

Angst ist ein Gefahrensignal. Sie kann Flucht oder Angriff auslösen. Wir kennen alle den Begriff des Angstbeißers. Darunter verstehen wir einen Hund, der vor lauter Angst zubeißt. Menschen, die Angst empfinden, diese aber zu überspielen versuchen, bezeichnen wir als forsch, als übermütig oder tollkühn. Sie versuchen, ihre Angst zu kompensieren, indem sie sich besonders mutig verhalten. Diese Menschen nennt man Kontraphobiker. Ihre Angst ist ihnen nicht bewußt.

Ein typisches Beispiel hierfür ist das Märchen »Von einem der auszog, das Fürchten zu lernen«. Das Märchen will uns sagen, daß ein Mensch erst zu sich selber und zu einer Du-Beziehung findet, wenn er auch Angst empfinden kann und ihm bewußt wird, wovor er eigentlich Angst hat.

b) Angst bewirkt Flucht

Während Angst bei den einen das Überspielen von Angst hervorruft, löst sie bei anderen Vermeidensverhalten aus. Sie ziehen sich vor den angstauslösenden Situationen zurück. Bis weit zu den Einzellern können wir im Tierreich diese Reaktion es Vermeidens von unangenehmen Reizen beobachten. Eine Kette von psycho-physiologischen Reaktionen wird ausgelöst, die wir bei höher entwickelten Tieren und beim Menschen als Angst bezeichnen. Die Komplexität des menschlichen Hirnes mit seiner unerschöpflichen Vorstellungskraft hat die Reiz-Angstsituationen jedoch auch in das Reich der Phantasie gehoben, so daß es zuweilen nicht möglich ist, zwischen realer und eingebildeter neurotischer Angst zu differenzieren. Die Projektion innerer Angst nach außen führt innerhalb der Familien zu einer Überbetonung der Familie als Schutzsystem, das Geborgenheit und Vertrauen geben soll.

Fallbeispiel

Ein 16jähriges Mädchen war an einer schweren, angstneurotischen Symptomatik erkrankt. Beide Eltern standen im Berufsleben, litten weder Armut noch hatten sie andere schwere Schicksalsschläge hinnehmen müssen. Zwei Töchter hatten sie großgezogen, die jüngste macht jetzt allerdings Kummer wegen ihrer Angstzustände.

Bei näherer Betrachtung der Familienstruktur zeigte sich, daß die Familie Kontakte nach außen ablehnte. Man war sich als Familie genug, pflegte die Wochenenden in Gemeinsamkeit, lehnte aber fast jeglichen außerfamiliären Kontakt ab mit der Begründung, daß die anderen doch nur schlecht über einen reden würden. Es lohne sich nicht, mit anderen befreundet zu sein, man würde ja doch nur enttäuscht. Die Familie sei der einzige Ort auf der Welt, zu dem man Vertrauen haben könne.

Die 16jährige hatte keine Freundin und keinen Freund. Den ganzen Tag verbrachte sie entweder auf ihrer Lehrstelle oder zu Hause, auch das Wochenende. Die Tochter konnte sich aber nicht als Individuum erleben. Ständig schwebte das Gespenst von gegenseitiger »Liebe« und Füreinanderdasein über der Familie. Schon ihre Großeltern hätten nach diesem Motto gelebt, berichtete die Mutter. Nur die Familie sei nicht auf Sand gebaut.

Der Mythos der Familie als Burg vor einer angstauslösenden Welt spitzt sich im Laufe der Generationen zu und läßt schließlich eines der Familienmitglieder erkranken. Somit wird die Familie selbst zu einer Quelle der Angst[9].

In diesen familiären Strukturen ist eine der häufigsten Ursachen von Angst, Phobien, Panikattacken und frei flottierender Ängste zu sehen. Die Angst ist bei näherer Analyse immer gepaart mit Symptomen symbiotischen Verhaltens, wenn auch in unterschiedlichem Ausmaß.[*]

c) Angst bewirkt Bindung

Tritt Gefahr auf, so flüchten wir an einen sicheren Ort, wenn wir uns nicht für den Angriff entschieden haben. Sicherheit finden wir zunächst bei der Mutter, bei der Familie. Sie stellt einen Hort der Zuflucht dar, den man bei Gefahr aufsuchen kann. Die Verhaltensforscher kennen den Begriff der Angstbindung. Hierzu schreibt Eibl-Eibesfeldt in seinem Buch »Liebe und Haß«:

»Schutzsuche ist eines der mächtigsten Motive für den Anschluß an den Artgenossen ... Höhere Wirbeltiere suchen zunächst bei der Mutter Zuflucht. Bei Pavianen sucht das Junge in den ersten Lebensmonaten immer die Mutter auf, später Schutz auch bei anderen ranghohen Erwachsenen. Findet sich kein Ranghoher, dann können zwei Jungtiere oder zwei Erwachsene sich zueinander flüchten. Ursprünglich ist das Fluchtziel aber immer die Mutter, an sie klammert sich das Äffchen an und saugt

---

[*] Siehe Kapitel 9: Symbiotisches Verhalten.

bisweilen auch zur Beruhigung an ihrer Brust. Die Fluchtschwelle steigt dann deutlich an. Was eben noch Flucht auslöste, wird nunmehr von der sicheren Position aus interessiert betrachtet. Die beruhigende Wirkung der Mutter läßt sich auch durch Attrappen erzielen. Isoliert aufgezogene Rhesusäffchen flüchten, wenn man sie ängstigt, auf ein mit Stoff bespanntes Drahtgestell und klammern sich dort fest. Menschenkinder beruhigen sich, wenn man ihnen einen Schnuller gibt und sie halten zum Einschlafen gern weiche Gegenstände wie Teddybären oder Wolldecken in der Hand. Meist schreit ein Säugling, wenn er abgelegt wird. Er beruhigt sich sogleich, wenn man ihn aufnimmt. Sobald das Kind krabbeln oder laufen kann, strebt es, wenn es durch irgendetwas beunruhigt ist, zur Mutter und klammert sich an ihr fest.

In all diesen Fällen können wir eine von der Fluchtstimmung aktivierte Appetenz nach Geborgenheit feststellen. Was für die Maus das Mauseloch und für den Korallenfisch die Deckung im Riff ist, ist in diesen Fällen der Artgenosse. Er bietet Deckung und Schutz und gewinnt damit gewissermaßen Heimvalenz. Das ist ganz sicher eine Wurzel des Kontaktstrebens. Der Artgenosse wird zum Fluchtziel, seine Nähe bedeutet Geborgenheit. Daher gelingt es über eine Angstmotivierung, die Bindung an ein Gruppenmitglied zu festigen«[10]. »Bis zum Menschen hinauf ist die Angst eine starke verbindende Kraft geblieben ...«[11].

In Zeiten, in den Katastrophen die Menschen bedrohen, rücken sie aus ihrer Anonymität heraus, werden plötzlich vertraut miteinander und rücken zusammen. Die Bedrohung läßt auf erstaunliche Weise die Menschen zueinanderfinden und übliche Kontaktschranken fallen. Bei Politikern ist es ein bewährtes Mittel, die Angst vor dem Feind zu schüren, der das Chaos und den Untergang herbeiführen wird. Er verspricht Ordnung, Sicherheit und Orientierung, wenn wir uns mit ihm verbinden.

Weiter berichtet Eibl-Eibesfeldt: »Über die Angst wird zugleich ein Eltern-Kind-Verhältnis induziert, wobei der Ranghöhere sich mütterlich-väterlich, der Rangniedere sich kindlich-abhängig verhält«[12].

Wenn wir als Eltern unsere Kinder zu ängstlich erziehen, so bewirken wir, daß die Kinder übermäßig an das Elternhaus gebunden werden. Sie haben keine Erlaubnis, sich in die Welt zu begeben, sondern sie erleben die Welt als gefährlich und furchteinflößend. Nur das, was Vater oder Mutter erlaubt haben, dürfen sie tun. Täglich hören diese Kinder Warnungen der Eltern wie: »Paß gut auf!« »Mami hat Angst, wenn du so weit wegläufst.« Oder: »Geh nicht auf das Spielgerüst!« Die Kinder werden in ihrem Aktionsradius klein gehalten und verinnerlichen den Spruch: »Hänschen klein, ging allein in die weite Welt hinein, Stock und Hut stand ihm gut, ist auch frohen Muts. Aber Mutter weinet sehr, hat jetzt gar kein Hänschen mehr. Doch das Kind, sich besinnt, läuft nach Haus geschwind.«

Zusammenfassend ist festzuhalten, daß Angst zu Verhaltensänderungen führt, vor allem zu Flucht und Bindung. Sie löst eine Vielzahl von körperlichen Symptomen aus und schränkt die Verstandes- bzw. Ich-Funktion ein.

Literatur

[1] Freud, S.: Die psychogene Sehstörung in psychoanalytischer Auffassung (1919) GW VI, Studienausgabe, S. Fischer-Verlag, Frankfurt a. M. (1971), S. 211

[2] Freud, S.: Über die Berechtigung, von der Neurasthenie einen bestimmten Symptomenkomplex als »Angstneurose« abzutrennen (1895) GW VI, Studienausgabe, Fischer-Verlag, Frankfurt a. M. (1971), S. 25–49
[3] Dilling, H.: Körperliche Ausdrucksformen der Angst, Münch. med. Wschr. 126 (1984), S. 1004–1007
[4] Brandt, Th., Dieterich, M.: Phobischer Attacken-Schwindel, Münch. med. Wschr. 128 (1986), S. 247–250
[5] Freud, S.: s. 1, S. 30
[6] Sommer, M.: Psyche 9/10 (1979), S. 874–887
[7] Wirsching, M., Stierlin, H.: Krankheit und Familie, Klett-Cotta Verlag, Stuttgart (1982), S. 129–132
[8] Widmaier, J.: Hautkrankheiten. In: Psychosomatische Medizin, Hau, T. (Hrsg.), R. Oldenbourg Verlag, München (1986), S. 463–471
[9] Stierlin, H.: Angst in und durch Familien. In: Angst. Schultz, H.-J. (Hrsg.), Kreuz Verlag, Stuttgart (1987), S. 88–100
[10] Eibl-Eibesfeldt, I.: Liebe und Haß, Piper – Co Verlag, München (1970), S. 139
[11] ebenda S. 191
[12] ebenda S. 191

5 Äußere Entstehungsbedingungen der Angstneurose

Es gibt bestimmte Lebensumstände, die das Entstehen einer Angstneurose und pathologischer Symbiose fördern.

a) Das Kind wächst als *Einzelkind* auf. Wer kennt nicht den verwöhnten Jungen, der in unserer Kindheit unseren Neid geweckt hat, weil er mehr hatte als andere. Manchmal erregte er aber auch unser Mitleid; er mußte lange Hosen anziehen, wenn wir längst schon im Frühjahr Lederhosen anhatten, oder er saß brav bei den Schularbeiten und paukte, wie seine Eltern es wünschten. Das Einzelkind genießt gewöhnlich besondere Aufmerksamkeit seiner Eltern in Richtung Verwöhnung, Überängstlichkeit und Fürsorge.

b) Das Kind wird in der Geschwisterreihe als *erstes* oder *letztes* Kind geboren. Auch der Erste und der Letzte haben eine Sonderstellung in der Familie. Das Erstgeborene nehmen die Eltern besonders ernst, es wird ganz besonders auf der Welt begrüßt und somit gepflegt und oft auch überfürsorglich behandelt. Der Begriff des Nesthäkchens, das Schwierigkeiten hat, die Selbständigkeit zu erlangen, ist mit dem negativen Sinn des unselbständigen und verwöhnten Kindes verbunden. Beim Erstgeborenen richten die Eltern ihre ganze Aufmerksamkeit auf dieses, ebenso beim Nesthäkchen.

Gerade das Zuletzt-Geborene wird von den Eltern, oft vom gegengeschlechtlichen Elternteil, emotional ausgebeutet. Die Ehe stimmt nicht mehr so wie zu Beginn, Langeweile ist eingekehrt. Die emotionalen Bedürfnisse werden beim Partner nicht mehr befriedigt, weil die Eltern es nicht geschafft haben, das Problem der Nähe und Distanz zufriedenstellend zu lösen. Anstatt dessen soll das Neugeborene mit seiner Frische und Ursprünglichkeit die depressiven Verstimmungen seiner Eltern auffangen.

c) Das Kind wird in *erheblichem zeitlichen Abstand* zu seinen Geschwistern geboren und wächst somit wie ein Einzelkind auf. Ein sogenannter Nachkömmling, der zum letzten Geschwister im Abstand von z. B. 5 oder 10 Jahren geboren wurde, ist in der Geschwisterreihe wie ein Einzelkind zu betrachten.

d) Das Kind weist eine Behinderung auf, die von den Eltern besondere Aufmerksamkeit erfordert. Ein angeborener Geburtsfehler, z. B. eine Mundscharte, eine Anfallskrankheit, eine Spastik oder eine Stoffwechselerkrankung können zu einer ausgesprochenen Überfürsorglichkeit und Ängstlichkeit der Eltern führen, die das Kind in Richtung Selbständigkeit hemmen. Auch die anderen Geschwister kann die Überfürsorglichkeit treffen, wenn ein einzelnes Geschwister erkrankt ist. In diesen Fällen ist das Thema Krankheit Lebensinhalt, den sie einerseits von ihren Kindern fernhalten möchten, den sie aber andererseits durch ihre übergroße Anteilnahme und durch die Überbetonung der Krankheit auch den gesunden Kindern mitteilen, so daß diese später selber ängstlich werden.

e) Das Kind steht als *Ersatz* für einen *Ehepartner*. Der Tod eines Partners oder Scheidung werden nicht immer überwunden. Aus Treue, aus Angst vor neuem Verlust, aus einer tiefen Kränkung heraus oder aufgrund einer reaktiven, depressiven Verstimmung sucht sich der Alleingebliebene keinen neuen Partner, sondern schenkt seine »Liebe« den Kindern, die nun Ersatz für den Partner sind. Auf diese Weise erfahren Scheidungswaisen neben der Verunsicherung durch die Trennung ein Übermaß an Zuwendung.

f) Das Kind wird zum *Augapfel* der Eltern, nachdem ein vorheriges Geschwister oder gar mehrere gestorben sind.[*] Fast immer hat der Tod eines Geschwisters schwerwiegende Folgen für die verbleibenden Brüder oder Schwestern. Unverarbeitete Trauer und der Vertrauensverlust der Eltern in das Leben führen zu einer Überängstlichkeit, mit der das Kind täglich bedacht wird. Es wird wie ein Augapfel behütet. Überdankbar und überglücklich achten die Eltern auf das geringste Weh und Leid des Kindes, um es vor den Gefahren des Lebens zu schützen. Sie tun oft leider des Guten zuviel und halten das Kind so sehr in beschützender Abhängigkeit, daß es eines Tages krank wird oder glücklos leben wird.

g) Das Kind wird zum großen Teil mit *von den Großeltern* oder einer *Tagesmutter* erzogen. Großeltern neigen dazu, die Erziehung ihrer Enkel in verwöhnendem Stil zu handhaben. Die mühevolle und aufopfernde Zeit der Erziehung der eigenen Kinder liegt hinter ihnen. Sie wollen nun ihr Alter genießen und sehen den Enkeln mehr nach als den eigenen Kindern. Großeltern wollen gütige Großeltern sein und nicht die strengen Eltern, die sie selber einmal verkörpern mußten. Außerdem mag es ihnen an Energie fehlen, die zur Erziehung eines Kindes erforderlich ist. Es ist ja auch nicht ihre eigentliche Aufgabe, Kinder zu erziehen. Wenn jedoch die Mutter erkrankt ist oder das Kind Scheidungswaise geworden ist, werden die Großeltern gebeten, die Erziehungsaufgabe zu übernehmen. Häufig versorgen die Großmütter das kleine Kind, bis die Mama abends um 17.00 Uhr nach Hause kommt. Schuldgefühle von Seiten der Mutter, dem Kind nicht genügend Liebe entgegengebracht zu haben, führen dazu, daß dieses allzusehr verwöhnt wird. Nicht selten haben Eltern, die beide berufstätig sind, dem Kind gegenüber ein schlechtes Gewissen und gewähren ihm nach Feierabend ein Übermaß an Zuwendung.

Insbesondere die Mütter machen hier häufig den Fehler, da sie zwar einerseits karrierebewußt sind, andererseits aber auch ein schlechtes Gewissen haben, so viel für ihre Selbstverwirklichung zu tun.

h) Vernachlässigung eines Kindes spielt bei der Entstehung von Angst eine zunehmende Rolle. Die hohe Zahl der beidseits Berufstätigen, der Erziehungsunfähigen und der Scheidungsehen führt dazu, daß Kinder sich fehlentwickeln. Vernachlässigung heißt, einem Kind Erziehung vorzuenthalten. Zur Erziehung gehören: Bildung, Em-

---

[*] Siehe Kapitel 23: Die Angst vor Nähe im Leben des Revolutionärs und Dichters Harro Harring

pathie, Grenzziehung und Zuwendung. Der Aufbau von Über-Ich, Ich und der gekonnte Umgang mit Trieben und Bedürfnissen umschließen den Erziehungsauftrag reifer Eltern.

Eine 30jährige alleinerziehende Erzieherin mit Angstsymptomen und Partnerschaftsproblemen berichtet über ihre Kindheit: »Meine Eltern sind Restaurantbesitzer. Das ist mein Aufenthaltsort gewesen. Sie sind den ganzen Tag beschäftigt gewesen. Ich bin so nebenher gelaufen.« Eine Studentin sagt über ihre Kindheit: »Meine Eltern haben sich wenig um mich gekümmert. Ich habe mich selbst erzogen. Ich habe auf meine drei Geschwister aufpassen müssen.« Später leidet der Vernachlässigte unter Unsicherheit, sobald er sich in der Welt der Erwachsenen bewegt. Es können sich eine Angstsymptomatik, Angstattacken, depressive Verstimmungen, Sucht und andere Störungen entwickeln.

Eine 18jährige Frau ohne Berufsausbildung leidet unter täglich auftretenden Panikattacken, die mit Herzrasen und Schwindel einhergehen. Sie sagt über ihre Erziehung: »Ich bin neun Jahre alt gewesen, als mein Vater die Scheidung eingereicht hat. In der Erziehung ist so ziemlich alles schief gelaufen. Mir ist in schulischen Dingen nicht viel geholfen worden. Ich habe auch schon mit zwölf Jahren lange draußen bleiben dürfen. Ich habe früh angefangen zu rauchen. Das ist für meine Mutter auch nicht so von Bedeutung gewesen. Ich habe viel zu viele Freiheiten gehabt. Und wenn meine Mutter Nein gesagt hat, bin ich frech geworden. Sie ist einfach nicht konsequent genug gewesen. Ich merke heute, daß ich nicht viel auf die Reihe bekomme, was Arbeit und Ausbildung angeht.« Diese Frau hat nicht gelernt, sich in der Welt der Erwachsenen sicher zu bewegen. Ihr fehlt es an Erlaubnis, Struktur und an Leitbildern. Wesentlich für eine positive Entwicklung von Kindern und Jugendlichen ist eine gelungene Identifikation mit anwesenden Eltern, Vater und Mutter, die sich um die Erziehung kümmern.

6 Auslösende Situation der Angstsymptomatik

Besteht Angst nicht bereits seit der Kindheit, so wird sie im späteren Leben in bestimmten Situationen ausgelöst. Angstneurotische Symptome treten erstmals in oder nach Trennungssituationen auf.

Welchen Trennungssituationen begegnen wir typischerweise im Leben?
1. Tod oder Krankheit eines Verwandten, eines Freundes oder eines Bekannten
2. Auszug aus dem Elternhaus
3. Eingehen einer festen Freundschaft zum anderen Geschlecht
4. Verlobung, Heirat, Scheidung, Trennung
5. Ein Umzug
6. Prüfungen
7. Eine größere Reise
8. Beruflicher Aufstieg
9. Schwangerschaft

Ein 31jähriger Computerfachmann erlebte folgendes:
»Ich war mit meinem Auto geschäftlich unterwegs in Schleswig Holstein. Plötzlich fühlte ich in meinem Herzen Beklemmungen. Ich hatte wahnsinnige Angst, daß was mit dem Herzen nicht stimmt. Ich hatte auch Schwindel, ich dachte, es haut mich um. Ich fühlte mich, als ob ich einen Schleier im Kopf hätte.«

Auf genaueres Fragen hin, ob zur damaligen Zeit wichtige Veränderungen in seinem Leben aufgetreten seien, gab er zur Antwort: Seine Oma, an der er sehr gehangen habe, sei gestorben. Die Nachricht habe ihn damals auf der Reise erreicht. Jetzt, wo wir darüber sprechen würden, könne er sich genau daran erinnern, daß anschließend die Beschwerden aufgetreten seien. Bisher habe er da keinen Zusammenhang gesehen. Diese Antwort ist typisch. Die auslösende Situation ist oft nicht bewußt, sondern sie muß vom Arzt erfragt werden.

Während meiner klinischen Ausbildung behandelte ich eine junge Krankenschwester, bei der mir erst nach einer längeren Behandlung die Ursachen ihrer Angst klar wurden. Die 27jährige Krankenschwester berichtete: »Früher war ich so lustig gewesen, seit 3 Monaten bin ich so ängstlich, so unheimlich gehemmt. Ich traue mich nicht mehr unter die Menschen. Ich will zu viel für mich alleine sein. Ich habe Herzschmerzen und Atemnot, wenn ich das Haus verlasse. Ich habe Angst, umzukippen wie vor 4 Wochen. Damals bin ich im Dienst kollabiert und in das Krankenhaus gekommen, wo man aber nichts festgestellt hat. Dort hat man mir zu einem Psychiater geraten.«

6 Auslösende Situation der Angstsymptomatik

Auf die Frage, was denn vor ungefähr 3 Monaten Wichtiges geschehen sei, antwortete sie: »Im August habe ich eine Schwangerschaftsunterbrechung gehabt. Es war in der 8. Woche gewesen. Für den Abbruch gab es viele Gründe. Es war kein Wunschkind, das war der Hauptgrund. Ich habe auch die Beziehung zu meinem Freund abgebrochen, ich wollte lieber allein sein, es ist aber keine endgültige Trennung. Er kann mir nicht helfen bei meiner Angst. Ich fühle mich von meinem Freund eingeengt. Ich hatte den Gedanken schon lange, mich von ihm zu trennen. Ich war nur noch aus Mitleid mit ihm zusammen gewesen. Ich war für ihn der einzige Halt. Er ist nicht reif genug für mich. Ich möchte mich nicht an ihn fest binden.«

Die Krankenschwester sah eine zeitliche Verbindung zwischen dem Schwangerschaftsabbruch und dem Auftreten der Angst. Der ursächliche Zusammenhang, nämlich Trennungsangst von der Mutter, war ihr natürlich nicht bewußt.

Wenn wir die psychodynamischen Zusammenhänge zwischen der auslösenden Situation und dem bisherigen Lebensweg verstehen wollen, dann müssen wir uns mit den Begriffen der Symbiose, der Bindungsmodi und der Reifung beschäftigen. Die folgenden Kapitel werden uns hierüber Aufschluß geben.

7 Symbiose

Das Wort Symbiose stammt aus dem Griechischen und heißt: Zusammenleben. Ursprünglich wurde dieser Begriff in der Biologie verwandt und bezeichnet das Nebeneinanderleben zweier artfremder Lebewesen zu beidseitigem Nutzen und Vorteil.

7.1 In der Kindheit

Der Begriff der Symbiose beschreibt beim Menschen den ursprünglichen Zustand der Einheit zwischen Mutter und Kind. Die ursprüngliche Einheit ist der intrauterine Zustand, in dem Mutter und Kind fest miteinander verbunden sind. Der Embryo befindet sich in einer stets gleich gewärmten Umgebung. Er ist wie im Schlaraffenland versorgt durch die Nabelschnur, beschützt durch eine ihn umgebende Schicht von Wasser und Bauchwand. Alles um ihn herum ist dunkel, er ist allein mit seiner Mutter. Der wahrscheinlich paradiesische Zustand wird durch die Geburt jäh unterbrochen. Zum ersten Mal stößt die Mutter das Kind aktiv von sich weg. Doch sogleich nach der Geburt kümmert sich die gesunde Mutter in rühriger Art um das Neugeborene. Das Kind wird für lange Zeit zum König, zum Herrscher und Gebieter. Sobald es schreit, wird die Mutter hinlaufen und es hegen und pflegen. In den ersten Monaten bilden Mutter und Säugling weiterhin eine fast vollständige Einheit. Die Auflösung dieser Einheit geschieht allmählich, indem das Kind lernt, auf seine Umwelt zu reagieren und sie zu begreifen. Es entwickelt seine Motorik und gleichzeitig seine Ich-Funktionen. Das Kind vergewissert sich zwar immer noch nach der Nähe seiner Mutter, doch geht es auch eigene Wege, auf denen es seine Selbständigkeit ausprobiert. Die Phase der Loslösung dauert beim Menschen viele Jahre. In der heutigen Zeit, in der die Ausbildung sehr lange dauert, kann sie sich über das 25. Lebensjahr hinaus erstrecken.

Freud prägte den Begriff des »primären Narzißmus«, unter dem die völlige Selbstbezogenheit des Kindes zu verstehen ist[1]. Weitere Bezeichnungen für die ursprüngliche Mutter-Kindbeziehung sind »urnarzißtische Selbstsicherheit«[2] oder »objektlose Stufe«[3]. Jung übernahm von Lévy-Bruhl den Begriff der »participation mystique, die nichts anderes als eine unbewußte Identität ist« ...[4]. »Solange nämlich eine participation mystique mit den Eltern besteht, kann ein relativ infantiler Lebensstil beibehalten werden. Durch die participation mystique nämlich wird einem von außen Leben zugeführt in Form von unbewußten Motivationen, für die keine Verantwortlichkeit besteht, weil sie unbewußt sind. Infolge der infantilen Unbewußtheit ist die Last des Lebens leichter und scheint wenigstens leichter zu sein. ... Der Sohn ist immer mehr im Schoß der Mutter, geschützt vom Vater. ... Mit der Erweiterung und Steigerung des Bewußtseins fällt all dies dahin. Die damit erfolgende Ausdehnung der Eltern-Imagines über die Welt, oder vielmehr der Einbruch der Welt in den Kindheitsnebel, hebt das unbewußte Einssein mit den Eltern auf«[5].

Während Balint den Begriff der primären Liebe oder Urform der Liebe prägte, trugen Benedek und Maler zur Einführung des Begriffs Symbiose in die Psychoanalyse bei[6,7,8,9].

Für Mahler stellt die Bezeichnung Symbiose eine Metapher dar: »Sie beschreibt jenen Zustand der Undifferenziertheit, der Fusion mit der Mutter, in dem das Ich noch nicht vom Nicht-Ich unterschieden ist und Innen und Außen erst allmählich als verschieden empfunden werden. ... Das wesentliche Merkmal der Symbiose ist die halluzinatorisch-illusorische somatopsychisch omnipotente Fusion mit der Mutter und insbesondere die illusorische Vorstellung einer gemeinsamen Grenze der beiden in Wirklichkeit physisch getrennten Individuen«[10].

Indem sich die Mutter auf die Bedürfnisse des Säuglings einstellt, vermittelt sie ihm Geborgenheit und Urvertrauen. Für das Gelingen einer späteren Partnerschaft ist es wichtig, daß Mutter und Kind eine gesunde Symbiose miteinander eingegangen sind, die einerseits liebende Hingabe und Zuwendung beinhaltet, die andererseits mit dem Heranwachsen des Kindes Abgrenzung und Förderung der Autonomie erfordert.

»Symbiosis, Miterleben, Teilhabe an den intimsten Vollzügen einer psychosomatischen Existenz« ist nach Biermann »das kennzeichnende Charakteristikum neurotischer Mütter, denen das Kind, lebendiger Teil ihrer Selbst, immer wieder zur narzißtischen Selbstbestätigung wird. Eine Fülle von symbiotischen Verhaltensweisen ist aus den biographischen Anamnesen neurotischer Patienten, insbesondere in Mutter-Kind-Situationen, abzulesen ...«[11].

7.2 Im Erwachsenenalter

Beim Erwachsenen verstehen wir unter dem Begriff Symbiose auch das Füreinander-Dasein und das Ineinander-Verschmelzen. Es ist das Glücksgefühl, welches wir empfinden, wenn wir uns mit einem Partner gut verstehen und etwas besonders Schönes erleben. Wir Menschen brauchen zum gegenseitigen Nutzen diese Zustände des Glücklichseins miteinander, um neue Kraft zu schöpfen und um Freude am Leben zu haben. In derartigen Situationen fühlen wir uns geborgen und aufgehoben, wohlig und entspannt.

Wir können mit einem Freund, einer Freundin oder einem anderen geliebten Menschen tiefe, innige Gefühle empfinden, indem wir gemeinsame Naturerlebnisse haben, Musik zusammen hören, spielen, tanzen, zärtlich zueinander sind oder Sex miteinander haben.

Auch die Natur in ihren vielen Erscheinungsformen gibt uns das Gefühl der Geborgenheit und des inneren Friedens. Johann Wolfgang von Goethe hat uns hiervon, aber auch von seiner Sehnsucht nach Liebe, in seinem Gedicht »An den Mond« mitgeteilt[12]:

An den Mond

Füllest wieder Busch und Tal
Still mit Nebelglanz,
Lösest endlich auch einmal
Meine Seele ganz;

Breitest über mein Gefild
Lindernd deinen Blick,
Wie des Freundes Auge mild
Über mein Geschick.

Jeden Nachklang fühlt mein Herz
Froh- und trüber Zeit,
Wandle zwischen Freud und Schmerz
In der Einsamkeit.

Fließe, fließe, lieber Fluß!
Nimmer werd ich froh,
So verrauschte Scherz und Kuß,
Und die Treue so.

Ich besaß es doch einmal,
Was so köstlich ist!
Daß man doch zu seiner Qual
Nimmer es vergißt!

Rausche, Fluß, das Tal entlang,
Ohne Rast und Ruh,
Rausche, flüstre meinem Sang
Melodien zu.

Wenn du in der Winternacht
Wütend überschwillst,
Oder um die Frühlingspracht
Junger Knospen quillst.

Selig, wer sich vor der Welt
Ohne Haß verschließt.
Einen Freund am Busen hält
Und mit dem genießt,

Was, von Menschen nicht gewußt
Oder nicht bedacht,
Durch das Labyrinth der Brust
Wandelt in der Nacht.

Goethe schildert, wie die Nacht, die Natur und der Mond ihm den Frieden geben, den er unter Menschen nicht empfinden kann. Derjenige, der »keinen Freund am Busen hält und mit dem genießt«, neigt dazu, in der Natur den Frieden zu suchen und zu finden. Der Preis ist die Einsamkeit, das Verschlossensein im Haß auf die Menschen.

Häufige Ursache der Einsamkeit eines Menschen ist eine unaufgelöste Symbiose zu den Eltern, die eine Bindungsunfähigkeit, eine Liebesunfähigkeit und damit Einsamkeit bewirkt. In der Geschichte der Menschheit hat das Thema der Individuation, der Loslösung von den elterlichen Bindungen und aus der Symbiose immer wieder eine große Rolle gespielt. Viele Dichter haben sich mit diesem Thema beschäftigt, Mythen und Sagen geben uns Kunde hiervon.

Der Begriff des Narzißmus, mit dem wir die Selbstverliebtheit und die Unfähigkeit der echten Liebe zu einem anderen Menschen beschreiben, entstammt der Sage des Narziß, der – in sich selbst verliebt –, sich im Wasser anschaut und seinem Spiegelbild in Liebe verfiel. Unfähig zur Liebe zu einem anderen Menschen starb er[13].

Für das seelische Wohlbefinden ist es notwendig, einen Wechsel zwischen Nähe und Abstand herbeizuführen. Zuviel Nähe führt auf beiden Seiten zu einer Unzufriedenheit und zu einer mißmutigen Stimmung, die darin enden kann, daß das symbiotische Erleben auf irgendeine Art und Weise zerstört wird. Sucht ein Partner zuviel Nähe und ist er darin unersättlich, so klammert er sich an den anderen und begibt sich in eine kindliche Abhängigkeit. Er ist nicht in der Lage, Getrenntsein ohne innere Unruhe und Trennungsangst anzunehmen. Er fürchtet die Auflösung der symbiotischen Verschmelzung, die er krampfhaft aufrechtzuerhalten sucht und läßt sich dabei in infantile Verhaltensweisen fallen.

Es gibt Menschen, die in ihrer Suche nach der »unio mystica« und in ihrer Sehnsucht nach Harmonie nicht begreifen, daß diese Zustände endlich sind und daraufhin eine ernüchternde Realität folgt. Dies gilt sowohl für die Verliebtheit, als auch für die schönen Situationen des Lebens, die alle einmal ein Ende haben.

Im Faust lesen wir »Verweile doch du Augenblick, du bist so schön«[14]. Dieser Augenblick möge sich lang hinstrecken und ohne Ende sein. Wer nach dieser Maxime lebt, wird ein unzufriedener, depressiver Mensch werden, da er nie genug davon haben wird, was ihm gerade gefällt.

Die Auflösung der Symbiose ist ein schwieriges Stück Arbeit für die betroffenen Menschen. Sie kann mit Depression, Angst und psychosomatischen Symptomen verbunden sein. Es ist einerseits die Angst, sich zu entwickeln und sich von den Eltern und ihren einschränkenden Geboten zu trennen, andererseits ist es die Angst vor Nähe und Liebe, Aggressivität und Sexualität.

Literatur

[1] Freud, S.: Abriß der Psychoanalyse, Das Unbehagen in der Kultur, Fischer Bücherei, Frankfurt a. M., Hamburg (1953), S. 13

[2] Ferenczi, S.: Bausteine zur Psychoanalyse, 1, Hans Huber Verlag, Bern, Stuttgart, Wien (1984), S. 89

[3] Spitz, R., A.: Vom Säugling zum Kleinkind, Klett Verlag, Stuttgart (1972), S. 53

[4] Jung, C. G.: Die Archetypen und das kollektive Unbewußte, Walter Verlag, Olten und Freiburg im Breisgau (1976), S. 140

[5] Jung, C. G.: Zivilisation im Übergang, Walter-Verlag, Olten und Freiburg im Breisgau (1981), S. 52
[6] Balint, M.: Regression, Klett-Cotta Verlag, München (1987), S. 73–81
[7] Benedek, Th.: Toward the biology of the depressive constellation, J. Am. psychoanal. Ass. 4 (1956), S. 389–427
[8] Mahler, M. S.: On Child Psychosis and Schizophrenia: Autistic and Symbiotic Infantile Psychoses. The Psychoanalytic Study of the Child 7 (1952), S. 286–305
[9] Mahler, M. S.: Symbiose und Individuation, Psyche 29 (1975), S. 609–625
[10] Mahler, M. S., Pine, F., Bergmann, A.: Die psychische Geburt des Menschen, Fischer Verlag, Frankfurt a. M. (1978), S. 65
[11] Biermann, G.: Symbiotische Mutter-Kind-Beziehungen, Psyche 22 (1968), S. 875–895
[12] Goethe, J. W. In: Deutsche Gedichte. Echtermeyer, B., von Wiese (Hrsg.), August Bagel Verlag, Düsseldorf (1965), S. 211–212
[13] Sugerman, Sh.: Narzißmus als Selbstzerstörung, Walter-Verlag, Olten und Freiburg im Breisgau (1978)
[14] Goethe, J. W.: Faust, Wilhelm Goldmann Verlag, München (1964), S. 50

8 Bindungsmechanismen

Bindung an die Eltern geschieht auf verschiedenen Ebenen der Persönlichkeit. Die Bindungen sind zumeist unbewußt, enorm stark und auch etwas Natürliches[1]. Der Mensch ist in seiner frühen Kindheit sehr prägsam. Die frühen Erfahrungen stellen für ihn Richtlinien dar, vergleichbar mit dem Programm eines Computers, das nicht ohne weiteres geändert werden kann. Nach den Erfahrungen der Kindheit ist die Fähigkeit des Erwachsenen entstanden, sich und seine Umwelt nach einem bestimmten Verhaltens- und Denkmuster wahrzunehmen. Ein Übermaß an Bindung führt zu Loslösungskonflikten, die von Angst begleitet sind. Stierlin unterscheidet die Bindung auf der Über-Ich-Ebene, auf der Ich-Ebene und der Es-Ebene[2].

8.1 Bindung auf der Über-Ich-Ebene

Das Über-Ich, das Gewissen oder das Eltern-Ich in der Sprache der Transaktionsanalyse spielt eine wesentliche Rolle bei der Aufrechterhaltung der Symbiose und dem Auftreten von Angst. Derjenige, der versucht, die Gebote seiner Eltern zu übertreten, wird von Gewissensangst befallen. Gewissensangst kann in Form von Schuldgefühlen auftreten, sich in Angst oder in körperlichen Symptomen äußern. Stierlin prägte den Begriff der Ausbruchsschuld, die dann auftritt, wenn sich der Jugendliche oder der Erwachsene von seinen Eltern lösen möchte. Schuldgefühle melden sich, wenn Gebote der Eltern nicht befolgt werden. Die Gewissensangst kann alle Lebensbereiche betreffen, für deren Erziehung die Eltern zuständig waren.

Ein Medizinstudent

Ein 30jähriger Medizinstudent mit einer chronifizierten Angstneurose und hypochondrisch gefärbten, diffusen, körperlichen Beschwerden beschrieb treffend sein »schlechtes Gewissen:
- wenn ich nicht mindestens einmal wöchentlich bei meiner Mutter anrufe.
- wenn ich nicht an alle Verwandten denke und bei Geburtstagen anrufe, bei Krankheit usw.
- wenn ich nicht dafür sorge, daß mein Sohn zum Friseur geht, obwohl er bei meiner geschiedenen Frau lebt.

- wenn ich meine Mutter nicht alle zwei Monate besuche.
- wenn ich die Wohnung nicht vorher einwandfrei aufgeräumt habe, da ich meine Mutter erwarte. Von mir liegengelassene Hausarbeiten erledigt sie selber.
- wenn ich nicht alles von mir und meiner Familie erzähle. Meine Mutter verfolgt mein Leben in allen Einzelheiten.
- wenn ich bei einem Besuch nicht sogleich Tante und Onkel unten im Hause begrüße und leise im Treppenhaus spreche.
- wenn ich meine Mutter alleine in den Urlaub fahren lasse.«

Er hatte ihre symbiotischen Wünsche erfüllt, da er sich ihrer zerstörerischen Macht nicht bewußt war.

Ein Herz-Angstneurotiker

Ein Herz-Angstneurotiker konnte sich gut an die Gebote seiner Eltern erinnern. »Meine Eltern haben mir ständig gezeigt, was ich zu tun und zu lassen habe«:

- Sei andächtig in der Kirche.
- Geh zur Kinderbeichte.
- Du mußt doch einmal dankbar sein.
- Du mußt mit uns kommen! Was sollen sonst die anderen Gäste denken?
- Denke an das vierte Gebot!
- Steh auf und gehe in den Gottesdienst, gestern Abend warst du ja auch nicht müde!
- Mach keine Dummheiten.
- Das gehört sich nicht. Das macht man nicht!
- Du schaffst es nicht, wenn du so weiter machst!
- Bei deiner Faulheit wird nie etwas aus dir!
- Sei nicht so laut!
- Spielt hier nicht auf dem Rasen, sonst schimpfen die Nachbarn!
- Da sei dir man nicht so sicher, daß du den Schulabschluß schaffst!
- Da sei dir man nicht so sicher, daß du nach dem Studium eine Anstellung bekommst!
- Wenn du dich nicht zusammenreißt, passiert etwas.
- Sei vorsichtig!
- Geh ruhig aus, aber mach keine Dummheiten, und um 12 Uhr bist du wieder hier, verstanden?

Eine Krankenschwester

Folgende Bindungsmechanismen auf der Über-Ich-Ebene wurden einer Krankenschwester, die an Angstzuständen nach einem Schwangerschaftsabbruch erkrankt war, im Laufe ihrer Therapie bewußt:

»Geh nicht so weit weg! Bleib in Rufweite! Fahr nicht so weit weg, allein! Melde dich, wenn du heil angekommen bist. Sag mir, wo du zu erreichen bist.«

»Meine Mutter hat mir den Umgang mit Freunden verboten, als ich größer war. Es hieß: ›Die haben einen schlechten Einfluß auf dich!‹ Sie sagte: ›Sieh dich vor Männern vor! Heirate nicht so früh!‹ Meine Mutter hat hinter mir herspioniert, sie hat mich kontrolliert. All ihre Aufmerksamkeit hat sie mir als Einzelkind gegeben. Meine Mutter war auch ständig um mein allgemeines Wohlergehen besorgt. Sie fragte, wenn ich in den Urlaub fahren wollte: ›Wie weit willst du denn fahren? Wenn du doch erst nur heil wieder zurück wärst!‹ Sie erwartet von mir, daß ich ihr Grundstück in bestimmten Abständen in Ordnung halte. Sie erwartet von mir, daß ich einen Teil meines Urlaubes bei ihr zuhause verbringe. Sie erwartet von mir, daß es mir schlecht geht, damit sie mich trösten kann und wir uns bald wiedersehen. Heute leide ich unter meinen Angstzuständen und unter meiner Antriebsschwäche.«

Eine Biologiestudentin

Eine 28jährige Biologiestudentin leidet unter Panikattacken und Schlafstörungen. Sie ist stark an ihre Familie gebunden. Sie schreibt zu der Hausaufgabe: »Alle meine Schuldgefühle, sobald ich mich von meinen Eltern löse:

- Meine Eltern sind unglücklich, wenn ich mich nicht um sie kümmere. Bei ihnen anrufen ist alles, was sie sich von ihren Kindern wünschen.
- Meine Mutter findet es schade, daß wir nicht mehr so ein inniges Verhältnis haben wie früher.
- Wenn ich gehe, bricht es ihr das Herz.
- Ich bin eine schlechte Tochter.
- Sie ist allein.
- Ich gebe ihr nicht das, was sie sich wünscht und verdient.
- Meine Mutter ist immer für meinen Bruder und mich da gewesen Sie hat für uns gelebt und jetzt lasse ich sie allein.
- Meine Mutter hat keine Freunde, weil sie immer nur für die Familie da war. Ich muß für sie da sein.

Wie haben meine Eltern mir die Schuldgefühle eingeimpft?
- Meine Eltern sind sehr streng gewesen; ich habe ihre Erlaubnis und Bestätigung in allem gebraucht, was ich getan habe. Ich habe keine eigenen Werte entwickelt, sondern orientiere mich stark an ihrer Bewertung oder der anderer.
- Meine Eltern haben mir Freunde verboten, weil die nichts für mich gewesen sind. Sie haben immer gesagt, wer gut für mich ist: Ärzte-, Landwirt-, Apothekerkinder.
- Meine Mutter klagte neulich: »Ich habe dich unter Schmerzen geboren. Ich habe dich unter dem Herzen getragen. Und nun willst du mich verlassen.«
- »Paß schön auf.« »Sei schön vorsichtig.«
- Meine Mutter weint, sobald mein Bruder und ich nach dem Wochenende nach Hause fahren.
- Mein Vater setzt mich heute noch als Ersatz für sich bei meiner Mutter ein, damit er kein schlechtes Gewissen hat, wenn er sie allein läßt. »Kannst du nicht mit deiner Mutter in den Urlaub fahren, wenn ich segeln gehe, dann ist sie nicht so allein. Sie wünscht es sich doch so und hat es doch verdient, glücklich zu sein.«
- Mein Vater vermittelt mir das Gefühl, daß ich und nur ich für das Glück meiner Mutter und meines Vaters verantwortlich bin.
- »Ihr werdet uns bestimmt auch mal ins Heim abschieben.

– Mein Vater ist viel depressiv. Wir haben immer alles getan, um ihn wieder fröhlich zu machen, obwohl wir es unbeherrscht und unhöflich fanden, wie er sich aufgeführt hat.«

Eine Bürokauffrau

Schuldgefühle und eine Identitätsstörung, hervorgerufen durch ständige Bevormundung und Infantilisierung, zeigen sich in den Aufzeichnungen einer 28jährigen Bürokauffrau:

»Ich habe Angst vor Beeinflussung und kein Vertrauen zu meinen eigenen Gefühlen. Meine Eltern haben mich sehr unselbständig erzogen. Sie ließen mich nicht an Geräte, usw. heran, weil ich etwas hätte kaputt machen können. Meine Mutter war für mich eine Art Gott, als Kind habe ich, wenn ich mich mit jemanden unterhalten habe, anschließend an meine Mutter gewandt und ihr das Gespräch wiedergegeben bis ins Detail, aus dem Grunde, ob ich nicht etwas Dummes gesagt haben könnte. Ich leide viel unter Schuldgefühlen. Ich glaube, mein größtes Schuldgefühl ist, daß ich kein Recht auf eigene Wünsche habe. Sofern jemand mit meinen Wünschen nicht konform geht, bin ich völlig verunsichert und rechtfertige die Wünsche des anderen, weil ich anderen mehr zutraue als mir. Irgendwann habe ich vor meinen unerfüllten Wünschen resigniert und gesagt: ich will es nicht mehr. Daher weiß ich heute nicht genau, was ich will. Ich lasse mich jedesmal durch Schuldgefühle schocken und lasse es zu, daß mein Wille sozusagen vergewaltigt wird.

Ich habe den Eindruck, daß ich meine Schuldgefühle herrschen lasse. Warum mag ich keine Comics lesen? Weil ich es als Kind nicht durfte oder ist es meine eigene Entscheidung? Meine Eltern haben mich ewig beobachtet, wie ich mich verhalte, besonders bei Tisch. Mutter hat mir keine eigene Identität gelassen, sie hat mir sogar erzählt, welchen Typ ich leiden mag.«

Fehlende Erlaubnis

Eine Studentin
Eine 30jährige Studentin der Kunstgeschichte berichtet, daß sie sich nach einer gelungenen Party am nächsten Morgen irgendwie schlecht fühle. Es sei ein unbestimmtes Gefühl, das ihr die Freude an dem Fest vergälle. Im nachhinein könne sie sich gar nicht mehr freuen, obwohl sie am Abend noch viel Spaß gehabt habe.

Ein Medizinstudent
Schuldhaft erlebte Freude schildert treffend ein Medizinstudent: »Wenn ich mich mit Freunden abends in der Kneipe wohlfühle, stellt sich bei mir regelmäßig um 22.00 Uhr eine unerklärliche Müdigkeit ein. Sie zwingt mich dazu, aufzuhören und das Gespött der anderen auf mich zu ziehen. Ich gehe dann nach Hause ins Bett und weiß nicht, warum ich so müde geworden bin.« Hier steht das Wort »nach Hause« symbolisch für »zurück zur Mutter.«

Ein Ehemann
Die geringe Lebensfreiheit und der kleine Lebensraum innerhalb des Hauses offenbaren sich auch in den Worten eines verheirateten Mannes mit Angstzuständen: »Ich

durfte als Kind eigentlich gar nicht den Hof verlassen. Der Gartenzaun war die Grenze gewesen. Mein Vater war recht streng. Ich glaube, er hat viel zu meiner Ängstlichkeit beigetragen.«

Der Angstneurotiker leidet unter Angst- und Schuldgefühlen. Ausbruchsschuld kerbt sich tief in die Seele des Reifenden. Angst, Depression, Beziehungsstörungen, Scheidung, Kinderlosigkeit, Therapieabbruch – die Zeichen der Ausbruchsschuld sind zahlreich. Sie vergällen Erfolg und Fortschritt. Wenn der Neurotiker sich entwickelt, melden sich in ihm zumeist unbewußte Schuldgefühle. Deshalb schreckt er vor seiner Entwicklung zurück. Schuldgefühle oder Gewissensangst manifestieren sich nicht immer als solche, sondern werden auch als »schlechte« Gefühle oder als körperliche Symptome wahrgenommen. Schuldgefühle äußern sich auch in zerstörerischen oder delinquenten Handlungen, die durch das unbewußte Schuldgefühl gesteuert sind.

Krankheit und Bindung

Ein subtiler Bindungsmechanismus auf der Über-Ich-Ebene besteht in der Manipulation durch Krankheit. Chronische Krankheiten können dazu eingesetzt werden, die Familienmitglieder zu manipulieren und sich gefügig zu machen. Ferenczi spricht bereits 1933 vom »Terrorismus des Leidens«, der zu einer Bindung an die Eltern führt: »Kinder haben den Zwang, alle Unordnung in der Familie zu schlichten, sozusagen die Last aller anderen auf ihre zarten Schultern zu bürden; natürlich zu guter Letzt nicht aus reiner Selbstlosigkeit, sondern um die verlorene Ruhe und die dazugehörige Zärtlichkeit wieder genießen zu können. Eine ihre Leiden klagende Mutter kann sich aus dem Kinde eine lebenslängliche Pflegerin, also eigentlich einen Mutterersatz schaffen, die Eigeninteressen des Kindes gar nicht berücksichtigen«[3].

Neben den Schuldgefühlen entstehen auch Trennungsängste in den Kindern, die ihrerseits zu einer Bindung an die Eltern beitragen. Der Wunsch der Eltern, daß das Kind ein Abbild ihrer Selbst zu sein habe oder unerfüllte Ideale zu verwirklichen habe, ist von Richter als »narzißtische Projektion« bezeichnet worden[4].

8.2 Bindung auf der Ich-Ebene

Die Ich-Ebene oder der Bereich der Ich-Funktionen umfaßt die Fähigkeit des Menschen, sich selbst und andere wahrzunehmen, Informationen aufzunehmen und wiederzugeben. Eine einigermaßen realitätsbezogene Auffassung von sich und der Welt gehört zu einer funktionierenden Ich-Leistung[5]. Zu einer Ich-Bindung kommt es, wenn die Familie dem Kind eine falsche Definition von sich selbst gibt. Es findet eine mystifizierende und fehllaufende Kommunikation statt[6,7]. Das wahrnehmungsfähige Ich des Kindes wird durch die Eltern verfälscht und verzerrt. Ein eigenes Ich kann nicht genügend geübt und benutzt werden, da der bindende Elternteil das Kind in dessen Auffassung von der Welt zu sehr einbezieht.

a) Mangelnde Unterscheidung zwischen Ich und Du

In Familien mit stark symbiotischem Verhalten ist zu beobachten, daß die Worte Ich und Du seltener gebraucht werden als in Familien, in denen klare Abgrenzungen bestehen. Beim Frühstück fragt die Mutter z. B.: »Noch Marmelade?« Hier weiß keiner aus der Familie, wer gemeint ist; auch nicht, ob überhaupt jemand gemeint ist. Es ist unklar, ob Mutter noch Marmelade haben will, oder ob sie Marmelade anbieten möchte. Es fehlen eine klare Anrede und ein Verbum, aus dem hervorgeht, was mit der Marmelade geschehen soll.

Auch der Schriftstil derartiger Familienmitglieder verrät oft die mangelnde Differenzierung zwischen Du und Ich, aber auch das mangelnde Selbstvertrauen zu sich selbst. »Dank für den Anruf. Haben einen schönen Tag gehabt. Morgen geht es in die Toscana. Wollen mal sehen, ob es gefällt. Gruß und Kuß, Papa.«

Der Leser spürt die mangelnde Abgrenzung der einzelnen Familienmitglieder und das Unvermögen, das Wort »Ich« auszusprechen und zu sich selber zu stehen.

b) Fehllaufende Kommunikation

Stark symbiotisch gebundene Menschen haben es schwer, sich auf ihre Umwelt einzustellen und situationsentsprechend zu reagieren. Immer wieder erlebe ich es bei den Patienten, daß ich auf klare Fragen unklare und ausweichende Antworten erhalte.

Fehllaufende Kommunikation besteht z. B., wenn ich frage: »Wo sind Sie geboren?« und zur Antwort erhalte: »In meiner Kindheit habe ich es gut gehabt.«

Aus dieser inadäquaten Antwort wird ersichtlich, daß der Antwortende nicht bereit ist, auf das Kommunikationssystem des Gegenüber einzugehen. Eine derartige Antwort ist verwirrend und stiftet Ärger, der meist unterdrückt wird.

Schweigen oder das Erraten von Gedanken und Wünschen führen gleichfalls zu einer ungenügenden Ausbildung der Ich-Funktionen. Ob für den anderen mitgedacht wird, indem seine Gedanken vorausgeahnt werden, oder ob dessen Gedanken umdefiniert werden – beide symbiotischen Verhaltensweisen führen zu einer starken Verunsicherung, die sich später im Umgang mit Gleichaltrigen bemerkbar machen wird.

Eine junge Frau schreibt in ihr Tagebuch: »Ich habe das Gefühl, ein offenes Buch für alle Menschen zu sein. Ich denke, die anderen könnten meine Gedanken und Wünsche aus mir herauslesen. Das kommt daher, daß meine Mutter mir genau sagte, was ich dachte. Wenn ich nicht ihrer Meinung war, widersprach sie mir solange, bis ich es selbst glaubte. Meine Mutter sah mir auch grundsätzlich an, wenn ich log. Ich mußte ihr dann immer in die Augen sehen.« Diese Frau konnte ihr eigenes Selbst nicht genügend entfalten, ihre Beeinflußbarkeit und ihre Unselbständigkeit des Denkens, des Wollens, Fühlens und Handelns sind offensichtlich. Sie ist Ich-schwach.

Bereits im frühen Säuglingsalter beginnt die Erziehung zur Unmündigkeit: Ein sieben Monate altes Kind entwickelt die Fähigkeit, Nahrung selbständig in sich aufzunehmen. Mit noch recht ungeschickten Bewegungen seiner Finger versucht es, sich Nahrung in den Mund zu stopfen. Das geht natürlich nicht ohne Schmiererei ab.

Grund genug für manche Mutter einzuschreiten. Die Sauberkeit der Kleidung und der Einrichtungsgegenstände hat Vorrang gegenüber beginnender Selbständigkeit und Selbsterfahrung. Es bekommt den frühen Zugriff einer infantilisierenden, das Selbstvertrauen behindernden Erziehung zu spüren. Der fehlende Glauben in die eigenen intellektuellen und sonstigen Fähigkeiten entsteht durch die elterliche Strenge, die wenig Raum läßt für Lob und Stärkung des Größen-Selbst. Die Introjektion der strengen Gebote führt zu einer sich selbst herabsetzenden, depressiven Haltung und damit zu einer Störung des Selbstwertgefühls. Die Gebote der Eltern, auch ihre Zweifel und ihre depressiv-herabsetzenden Äußerungen werden übernommen und später auf sich selbst angewandt.

Hierzu ein Beispiel: »Wenn ich irgendetwas anfangen will und ich bin dabei, dann denke ich, ich schaffe das nicht. Meine Zweifel, die bremsen mich. Früher habe ich die Dinge dann gar nicht erst weitergemacht. Jetzt mache ich sie, aber mit reichlich Schwierigkeiten. Ich fange an zu zittern, mir wird schwindelig, mir wird übel und dann muß ich mich dadurchquälen. Nach anderthalb Stunden wird es besser. Dann bin ich obenauf.«

c) Umdefinierung der Gefühle

Nicht nur die eigenen Fähigkeiten werden in Zweifel gezogen und nicht wahrgenommen, sondern auch eigene Gefühle. Wenn die Eltern Aggressivität zum Tabu erhoben haben und die Harmonie der Familie vorrangiges Ziel ist, werden Wut und Ärger »wegdefiniert«. Dieser sucht sich seinen Weg nach innen und schlägt sich als Krankheitssymptom nieder. Kopfschmerzen, Schulter-Armschmerzen, Magenschmerzen, Gallenbeschwerden, Oberbauchbeschwerden unklarer Art können z. B. an die Stelle von unterdrücktem Ärger treten. Eine streitvermeidende und besorgte Großmutter pflegte zu ihren Enkeln zu sagen, wenn sie mal wieder laut und ungehorsam gewesen waren: »Eure Mutti bekommt noch einen Herzinfarkt, weil ihr euch immer streitet und nicht gehorsam seid.«

Die Eltern können alle Gefühle und Triebregungen des Kindes umdefinieren, wie z. B. Trauer, Schmerzen, Freude oder das Bedürfnis nach Zärtlichkeit:

Der kleine Peter kommt zu seiner Mutti gelaufen und freut sich über ein gelungenes Bild: »Mutti, guck mal, was ich Schönes gemalt habe!« Mutters Reaktion ist: »Hast du das mit Filzstiften oder mit Kreide gemalt?« Natürlich ist der Kleine tief enttäuscht darüber, daß seine Mutter nicht gleich lobend auf seine Malkunst eingeht, sondern erst einmal eine sachliche Frage zu der Maltechnik stellt. Hier ist die Mutter nicht in der Lage, auf das eigentliche Bedürfnis – die Suche nach Lob und Anerkennung – einzugehen. Es wurde von der Mutter nicht wahrgenommen und unbefriedigt gelassen. Ein mangelndes Selbstwertgefühl mit erhöhter Kränkbarkeit wird im späteren Leben die Folge sein, wenn diese Situationen sich häufiger ereignen.

Hat der Kleine den Mut und die Möglichkeit, seine Enttäuschung zu äußern und weist seine Mama auf das fehlende Lob hin, so wird er zur Antwort erhalten: »Das habe ich ja nicht so gemeint! Du weißt doch, daß ich dich lieb habe.« Daß die Mutter ihre Zuneigung nicht offen ausdrückt, ist ihr nicht bewußt. Auch ihre Eltern hatten sie zu wenig gelobt und ihr depressives, ängstliches Weltbild auf sie übertragen.

d) Mangelnde Sozialisation

Eine starke Bindung an das Elternhaus führt zu einem eingeschränkten Umgang mit Gleichaltrigen und einer unentwickelten Fähigkeit, mit ihnen umzugehen. Die Ängstlichkeit der Eltern gestattet keinen Kontakt zu anderen, so daß das Kind es nicht genügend lernt, Kontakte zu knüpfen und sie zu halten. Es hat zu wenig Möglichkeiten und Erlaubnis, sein Durchsetzungsvermögen zu erproben und seine geistigen und körperlichen Kräfte, um sich in der Welt zu behaupten. Es wird zwar gute Fähigkeiten haben, auf Menschen einzugehen und ihre Bedürfnisse zu erfüllen, eine gesunde Abgrenzung wird ihm jedoch nur unter Schwierigkeiten gelingen.

e) Mangelnde Konzentrationsfähigkeit

Zu einer Störung der Ich-Funktion mit mangelnder Konzentrationsfähigkeit, die Welt aufmerksam wahrzunehmen und sich in bestimmten Situationen auf das Gegenüber zu konzentrieren, kommt es aus verschiedenen Ursachen:
- Ängstlichkeit führt zu einer Minderung der Verstandesfunktion.[*]
- Die innere Unruhe als Symptom von unterdrückter Wut setzt gleichfalls die Verstandesfunktion herab, da dieser Triebimpuls ständig die Ich-Funktion zu stören versucht.
- Das Versponnensein in die eigene Welt läßt wenig Raum für das Aufnehmen der Außenwelt. Die Bindung an die Eltern ist so stark, daß nicht genügend Energie übrigbleibt, um eine gute Ich-Funktion zu gewährleisten.

Die Konzentration auf die Außenwelt und deren realistische Wahrnehmung wird in symbiotischen Familien vermieden. Die Beschäftigung mit sich selbst und der eigenen Familie hat Vorrang, so daß das Wahrnehmen und das Beschäftigen mit der Umwelt einerseits zu wenig geübt wird, andererseits schuldhaft und angstbesetzt erlebt wird.

Beispiel: »Ich kann mich so schlecht konzentrieren. Manchmal ist mir das schon ganz peinlich, wenn ich in der Konferenz den Ausführungen meiner Kollegen nicht folge. Ich neige dazu, meinen eigenen Gedanken nachzuhängen und nur ab und zu mal zuzuhören. Die Gedanken weichen einfach so ab. Ich fühle mich in derartigen Situationen wie benommen. Ich halte mich mit meiner Meinung dann lieber zurück, weil ich nur zur Hälfte zugehört habe. Ich kann auch schlecht zuhören, wenn ich mich mit jemand unterhalte. Ich denke dann einfach an was anderes.« Die 30jährige Lehrerin, die unter derartigen Situationen litt, war an einer leichten angstneurotischen Symptomatik erkrankt.

---

[*] Siehe Kapitel 4: Auswirkungen der Angst.

Eine Art Schleier schilderte ein 28jähriger, lediger Beamter: »Ich fühle so einen Schleier zu anderen Menschen. Ich höre anderen nicht zu. Meine Gedanken gehen einfach weiter. Ich habe keinen richtigen Kontakt zu meiner Umwelt.« In einer Phantasie, zu der ich ihn aufforderte, identifizierte er sich mit dem Schleier: »Der Schleier ist wie ein Brautschleier. Ich – die Mutter – umgebe ihn, er sieht durch mich hindurch, aber wie durch einen Schleier eben. Ich will ihn behüten. Er soll an diese Welt, die so schlecht ist, nicht heran. Hier ist er sicher und geborgen. Er erlebt die Welt mehr als Beobachter, aber dafür ist er eben sicher. Er muß auf Niederlagen und Höhen verzichten. Er wird alt. Dann wird er unter dem Schleier begraben. Manchmal versucht er auszubrechen. Dann gebe ich nach. Er bräuchte stärkere Hände zum Boxen. Aber ich will das nicht.

Das mit dem Schleier scheint eine Kernsache zu sein. Er ist der Grund dafür, daß ich nicht richtig zuhöre, daß ich so träge bin und mich so gebremst fühle.«

Eine 29jährige Büroangestellte hatte über sich gesagt: »Am wenigsten mag ich an mir, daß ich mich oft nicht genügend konzentrieren kann, wenn mir etwas gesagt wird. Schreibe ich es nicht gleich auf, ist es weg oder nur noch stückweise ohne erkennbaren Zusammenhang im Geist vorhanden. Ohne Schriftstück bin ich furchtbar unsicher. Dann erröte ich und fühle mich wie ein doofes, kleines Schulmädchen, dem man alles ein paar Mal sagen muß und das auf der Erwachsenenebene noch nichts zu suchen hat. Manchmal denke ich, daß ich gar nicht in Wirklichkeit in der betreffenden Situation bin. Ich fühle mich dann auch körperlich wie weggetreten. Dieses Gefühl hatte ich schon als kleines Kind. Ich sagte damals zu meiner Mutter: Erst dreht es sich um mich und dann ist mir, als ob ich gar nicht bin.«

8.3 Bindung auf der affektiven Ebene

Die affektive Ebene oder die Es-Bindung erfolgt im Bereich der Gefühle, wobei verschiedene Gefühlsbereiche eine Bindung bewirken können:

a) Angst
b) Verwöhnung
c) Sexualität
d) Trauer
e) Gewalt

a) Bindung durch Angst

Das Ausnutzen der angeborenen Ängstlichkeit eines Kindes ist ein wesentlicher Mechanismus, mit dem Eltern ihre Kinder an sich binden. Dem Kind wird die Welt als ein gefährlicher Ort dargestellt. Die Eltern übertragen eigene, unbewältigte Ängste auf das Kind, das im Hause zu bleiben hat, damit es sich den Gefahren, auch den Todesgefahren in der Welt, nicht aussetzen muß. Typische Botschaften einer überschützenden und ängstlichen Mutter sind: »Paß auf! Sei vorsichtig!« Als Projektionsfeld verdrängter Ängste eignen sich alle Lebensbereiche. Schon bald erfährt das Kleinkind, daß es Blumentöpfe nicht anfassen darf, den Schallplattenapparat nicht berühren darf, ebenso wenig den heißen Ofen oder Dinge, die im Schmutz liegen. Daß die Erziehung zur Angst immer auch eine Erziehung zu einem überstrengen Gewissen ist, habe ich bereits im Kapitel »Bindung auf der Über-Ich-Ebene« erläutert.

Die Angst wird zur Gewissensangst, sofern sie nicht eine reale Angst darstellt. Eine überfürsorgliche, ängstliche und einschränkende Erziehung verursacht Angst vor dem Leben.

Die Eltern selbst haben Angst vor dem Leben und übertragen ihre Angst auf das Kind. Sie sind ängstlich, sobald sie ihre eigenen vier Wände verlassen, sie haben Angst vor Krankheiten und fürchten Bakterien. Sie haben Angst vor offener Auseinandersetzung mit sich, mit der Welt und ihren Gefahren.

Die Angst des Säuglings und des Kleinkindes, von seiner Mutter entfernt zu sein, wird im späteren Leben beibehalten, wenn eine gesunde Symbiose zur Mutter oder zum Vater nicht gelungen ist. Meine Beobachtungen sprechen dafür, daß die Mehrzahl der Angstneurotiker unter einem zuviel an »Liebe«, Emotionalität und Überfürsorglichkeit aufgewachsen ist.

b) Bindung durch Verwöhnung

Verwöhnen bedeutet, ein Kind nicht streng genug zu erziehen, zu nachgiebig zu behandeln oder dem Kind jeden Wunsch zu erfüllen. Orale Wünsche des Kindes nach Geborgenheit, Abhängigkeit, nach Versorgtsein und Zärtlichkeit, aber auch nach materieller Zuwendung werden in einem Übermaß erfüllt, so daß dem Kind Selbständigkeit und eine eigenständige Eroberung der Welt nicht ermöglicht werden. Kinder, die dermaßen verwöhnt worden sind und nicht genügend Grenzen kennengelernt haben, werden später unersättlich und monströs in ihren Forderungen.

Eine 32jährige Lehrerin, Mutter von zwei Kindern, war völlig verzweifelt, weil ihr Sohn nicht mehr in die Schule wollte. Sie suchte die Hilfe des Psychiaters auf, damit er den Sohn wieder auf den rechten Weg bringe. Doch dieser war seiner Familie völlig entglitten: Vater und Mutter standen hilflos diesem Tyrannen gegenüber. Die Mutter hatte das meiste auszuhalten, weil der Vater wochenlang beruflich unterwegs war. Der Sohn war neun Jahre alt, er tat, was er wollte. Er tanzte ihr auf der Nase herum. Völlig entsetzt war die Mutter darüber, daß er ihr neulich mit der Axt gedroht hatte. Er hatte vor ihr gestanden und ihr zugerufen: »Ich schlage auch zu!« Er hatte sich damit seinen abendlichen Ausgang erpreßt.

Die Mutter war nicht reflektionsfähig. Sie erkannte nicht ihr Unvermögen, sich gegenüber diesem ungebändigten Kind zu wehren und abzugrenzen.

Zur Verwöhnung schrieb Freud in »Hemmung, Symptom und Angst«: »Die einfache Verwöhnung des kleinen Kindes hat die unerwünschte Folge, daß die Gefahr des Objektverlustes – das Objekt als Schutz gegen alle Situationen der Hilflosigkeit – gegen alle anderen Gefahren übersteigert wird. Sie begünstigt also die Zurückhaltung in der Kindheit, der die motorische wie die psychische Hilflosigkeit eigen sind«[8].

8 Bindungsmechanismen

Fühlen sich Eltern aus irgendeinem Grund schuldig, dem Kind nicht genügend Liebe zu geben, neigen sie schnell dazu, mit materiellen Gütern ihr schlechtes Gewissen zu beruhigen. Auch nach dem Motto »meine Kinder sollen es mal besser haben als ich« oder »warum soll mein Kind weniger haben als die anderen?« werden die Wünsche der Kinder erfüllt. Das Kind braucht sich nicht mehr anzustrengen, wenn es etwas erreichen will. Es braucht sich nichts mehr vom Taschengeld abzusparen, sondern ruft: »Ich will!« Die hilflosen Eltern erfüllen in ihrer Güte den Wunsch. So entsteht eine Riesen-Anspruchshaltung an eine immer nährende Welt, von der es sehr schwierig ist herunterzukommen. Die Haltung, alles haben zu wollen und das möglichst schnell, wird auf die Welt übertragen.

Einer meiner Patienten mit einer Suchtproblematik hatte Schwierigkeiten im Umgang mit Geld. Er sagte über sich, daß er sich kaum einen Wunsch abschlagen könne. Sehe er zum Beispiel einen Videorecorder, so habe er ihn bald auch gekauft, auch wenn er dafür einen Kredit bei der Bank aufnehmen müsse. Er habe von Mutter und Großmutter immer alles bekommen, was er gewollt habe.

Ein 36jähriger Handelsvertreter war wegen einer Herz-Angstsymptomatik von seinem Hausarzt zu mir überwiesen worden. Im Laufe des Gespräches erzählte er: »Nein, ich glaube nicht, daß Mutter mich verwöhnt hat. Mein Vater hat mir sehr viel abgenommen. Er hat mich während der gesamten Lehrzeit zur Arbeit hingebracht und abends wieder abgeholt. Es war so umständlich gewesen, mit dem Bus zu fahren. Er hat mich auch immer zum Sport begleitet. Er war überall dabei gewesen. Er war ein Rückhalt für mich gewesen, eine Hilfe und eine Stütze. Er hat mich auch in Schutz genommen, wenn ich Ärger hatte. Er ist immer für mich vorgegangen. Heute bin ich bequem, schiebe meine Frau oder jemand anders vor, wenn ich etwas erkundigen soll. Ich gehe vieles nicht so gerne an. Ich habe Hemmungen und zu wenig Selbstvertrauen.«

Ein 24jähriger Student der Mathematik mit einer schweren, zu Beginn der Bundeswehrzeit aufgetretenen Angstsymptomatik hatte folgendes zu der Frage »Was haben meine Eltern mir alles abgenommen?« aufgeschrieben:

- Alle häuslichen Arbeiten in meinem persönlichen Bereich (mein Zimmer wurde jede Woche geputzt, Schuhe geputzt, Wäsche war ja sowieso klar, daß sie gemacht wird.
- Ich bekam kein festes Taschengeld. Von meiner Oma bekam ich immer jeden Morgen mein Portemonnaie zu ca. 2 € aufgefüllt, später mehr.
- Morgens wurde mein Brot geschmiert und das Essen auf den Tisch gestellt, ferner wurden mir die Schulbrote eingepackt.
- Die Kleidungsstücke, die ich morgens anzog, lagen schon bereit auf einem Stuhl im Schlafzimmer.
- Kleidungsstücke wurden zwar mit mir gekauft, aber erinnern, daß ich wirklich entschieden habe, was ich haben möchte, kann ich nicht.
- Es war ungeschriebenes Gesetz, daß ich gleich nach der Schule lernen sollte bis 5 oder 6 Uhr. Ich habe nie gelernt, meine Zeit nach Lust einzuteilen.
- Ich brauchte nie zu sparen für etwas, kam auch nie auf die Idee: Dinge für mich persönlich habe ich praktisch nie gekauft. Einmal hatte ich einem Briefmarkenver-

sand geschrieben und mir daraufhin über längere Zeit Briefmarken im Wert von 5 € pro Monat gekauft. Ich hatte dabei großen Druck im Bauch mit der immer drängenden Frage: ob ich so etwas wohl darf? Ich habe es so gut verheimlicht, wie es nur ging.
- Bezahlen des Führerscheines und Kauf eines Autos.

Ihr kindlich-abhängiges, egozentrisches Verhalten schildert eine junge Frau, die mit 28 Jahren an einer diffusen Angstsymptomatik erkrankt war. Auf die Frage, wo sie sich überall kindlich verhalte, schreibt sie:

- Das Bedürfnis, ständig in den Arm genommen zu werden.
- Mich stets anlehnen zu wollen.
- Immer auf der Suche nach Trost zu sein.
- Alles durchsetzen zu wollen.
- Nicht allein sein zu können.
- Ungeduldig sein.
- Immer das Verlangen zu haben, die Hand des Partners halten zu wollen.
- In jeder Beziehung unsicher zu sein.
- Sich nicht den Tatsachen zu stellen.
- Immer nur Forderungen zu stellen.
- Wenig Rücksicht zu nehmen.
- Stets beschützt werden zu wollen.
- Furchtbare Angst zu haben.
- Immer zusprechend gestreichelt zu werden.
- Immer nach dem »WARUM« zu fragen.

Sie war als einziges Kind von einer depressiv-ängstlichen und anklammernden Mutter daran gehindert worden, erwachsen zu werden und frei von Angstsymptomen zu sein. Ihre Mutter hatte versucht, es ihr immer recht zu machen und ihre Wünsche jeglicher Art zu erfüllen.

Eine Mutter berichtete mir, daß ihre Tochter 3 Lehrstellen abgebrochen habe, zuhause nicht einmal die notwendigen Hausarbeiten mehr verrichte und sich völlig passiv verhalte. Die Einsicht, daß die Mutter selbst dieses junge Mädchen zur Unselbständigkeit und Passivität erzogen hatte, war ein schwieriger Schritt für diese Mutter gewesen.

Meistens zeigen die Mütter keine Einsichtsfähigkeit. In ihrer Angst, etwas falsch gemacht zu haben, wehren sie jede Mitarbeit ab. Lieber lassen sie sich von dem Jugendlichen tyrannisieren, unfähig, sich abzugrenzen.

c) Bindung durch Sexualität

Ca. 3 % der Frauen berichten über Inzesterlebnisse[9]. Sexueller Mißbrauch findet zumeist in den Familien statt und betrifft in 75 % der Fälle Mädchen, wobei die Täter ganz überwiegend aus der Familie oder dem sozialen Nahraum des Kindes stammen[10].

Bereits Freud äußerte sich zur Häufigkeit inzestuösen Geschehens: »Auch wirkliche Verführung ist häufig genug, sie geht entweder von anderen Kindern oder von Pflegepersonen aus, die das Kind beschwichtigen, einschläfern oder von sich abhängig machen wollen. Wo Verführung einwirkt, stört sie regelmäßig den natürlichen Ablauf der Entwicklungsvorgänge; oft hinterläßt sie weitgehende und andauernde Konsequenzen«[11]. Inzwischen ist eine Fülle wissenschaftlicher Literatur über die Folgen und die Therapie sexuell mißbrauchter Kinder erschienen[12,13,14].

Sexuelle Handlungen an Kindern bedeuten immer massive Grenzüberschreitungen. Sie kränken und demütigen das Kind. Es erlebt sich als ohnmächtiges Opfer, das sich gegenüber dem Erwachsenen nicht wehren kann. An Kindern ausgeübte Sexualität, aber auch erotisch gefärbtes Verhalten bewirken außerdem eine tiefe Bindung und Fixierung an die Verführer. In der Psychotherapie von Inzest-Opfern spielen Abgrenzung und die Loslösung von dem Täter eine wichtige Rolle.

Sexuell getönte Spiele oder auch erotische Anspielungen führen selbstverständlich nicht immer zum Inzest, der zumeist von Männern begangen wird. Es sind jedoch auch Mütter, insbesondere alleinstehende Mütter, die der Versuchung erliegen, erotisch gefärbte Phantasien zu ihrem Sohn auf irgendeine Art und Weise, wenn auch sehr versteckt, auszuleben. Wie sieht das Ausleben von inzestuösen Phantasien aus?

Eine Mutter will ins Theater. Sie hat ihr Abendkleid an und fragt ihren 8jährigen Sohn: »Magst du das Kleid auch leiden?« Nicht der Ehemann, sondern der Sohn, mit dem sie sich viel besser versteht, wird zu erotisch gefärbten Spielen herangeholt. Später, als er 18 Jahre alt war, sagte sie zu ihm: »Wenn du noch mal auf die Welt kommst, werde ich dich heiraten.« Eine falsch verstandene, freie Sexualerziehung ist manchmal Deckmantel von inzestuösen Handlungen. »Mein Sohn soll alles wissen und erfahren. Er geht schon ziemlich weit. Er ist jetzt 6 Jahre alt. Neulich wollte er mein Genitale untersuchen. Da wurde mir doch etwas unheimlich.« Dies berichtete mir eine junge Mutter freimütig über ihr Verhältnis zum Sohn.

Die Ursache für das Ausleben inzestuöser Phantasien liegt in unausgelebter Sexualität der Eltern, in mangelnder Grenzziehung und in Beziehungsstörungen zwischen den Eltern. Die Grenzen zwischen einer normalen Zuneigung eines Vaters zu seiner herzerfrischenden, verführerischen Tochter und dem Beginn eines inzestuösen Verhaltens sind fließend. Sie sind jedoch bei eindeutigen sexuellen Praktiken überschritten.

Hirsch erwähnt einen weiteren Aspekt des ausagierten Inzests, dessen Funktion es ist, »die Trennungsangst der Familienmitglieder zu vermeiden, da alle Bedürfnisse, auch gerade die sexuellen, innerhalb der Familie befriedigt werden«[15].

In der Pubertät werden inzestuöse Wünsche auf Seiten des Kindes erneut wach, so daß die Familie unter enorme Spannungen gerät, falls eine zu starke Bindung an das Elternhaus besteht. Die Gebundenen fühlen sich wie unter einer »Glasglocke«. Ihr Aktionsradius ist stark eingeschränkt, er endet an den Grenzen zur Außenwelt, die jenseits der Glasglocke liegt. Unsichtbare Wände – die Bindungsmodi – hindern die Gebundenen daran, sich frei nach außen zu bewegen und sich Freunde und Freundinnen zu suchen. »Es ist, als werde er (der Jugendliche) mit ihnen in einem inzestuösen Treibhaus eingesperrt, wo sich die Ambivalenzen nur um so heftiger entwickeln«[16].

d) Bindung durch Trauer

Trauer ist ein ausdrucksstarkes Gefühl, das sich auf andere Menschen leicht überträgt. Trauer wirkt bedrückend, traurig stimmend. Tränen der Trauer können im anderen eine traurige Gestimmtheit hervorrufen, ohne daß dieser im Moment Anlaß dazu hätte. Wie die Freude, so ist die Trauer ansteckend.

Auch in der Eltern-Kind-Beziehung kann unverarbeitete Trauer sich von der Mutter z. B. auf ein Kind übertragen. Mir ist eine Patientin bekannt, die als einzige von drei Kindern überlebte. Ihre beiden Geschwister waren sehr früh gestorben. Die Patientin wurde besonders behütet und vor den Gefahren der Welt bewahrt. Die Trauer der Mutter um die verstorbenen Kinder hat das Neugeborene im Laufe seiner Entwicklung geprägt: es sah nicht nur Freude in den Augen seiner Mutter, sondern auch Trauer, die einen tiefen Eindruck in ihr hinterlassen hatte. Sie spürte, daß in ihrer Mutter etwas Besonderes geschehen war, das Trauer auslöste. Vielleicht hat sie mit besonders großer Empfindsamkeit auf die Regungen ihrer Mutter geachtet, in dem Glauben, ihr helfen zu können. Oder sie fühlte sich gar selber schuldig darüber, daß ihre Mutter manchmal so traurig schaute.

Nach Rank erinnert der Tod eines Geschwisters das Überlebende an die Urtrennung von der Mutter und die schmerzliche Aufgabe, die psychische Energie von dieser Person abzulösen. »An den verschiedenen Trauerriten der Menschen wird unzweifelhaft klar, daß der Trauernde sich mit dem Toten zu identifizieren trachtet, was zeigt, wie er ihn um die Rückkehr zur Mutter beneidet. Die bedeutungsvollen Eindrücke, die tatsächlich früh verstorbene Geschwister im Unbewußten des Überlebenden, später oft neurotisch Gewordenen zurücklassen, zeigen deutlich die unheimlichen Nachwirkungen dieser Identifizierung mit dem Verstorbenen, die sich nicht selten darin äußert, daß der Betreffende sein Leben sozusagen unbewußt in später Trauer, d. h. in einem Zustande verbringt, der dem supponierten Aufenthaltsort des Verstorbenen verblüffend angepaßt ist. Manche Neurose läßt sich geradezu in ihrer Gänze als eine solche embryonale Fortsetzung der unterbrochenen Existenz eines früh verstorbenen Geschwisters verstehen und die Melancholie zeigt denselben Mechanismus häufig als Reaktion auf einen aktuellen Todesfall«[17].

Es ist zwar nicht zu belegen, daß sich in einem kleinen Kind derartige Gedanken und Reaktionen durch Trauer ausbilden können, jedoch ist es vorstellbar. Eine vertiefte Bindung an die Mutter entsteht also nicht nur durch eine verstärkte Ängstlichkeit, Überfürsorglichkeit und Projektion der Eigenschaften des Verstorbenen auf das neue Kind, sondern auch durch das Gefühl der Trauer selbst. Die unterschiedlichen Bindungsarten sind oft gleichzeitig anzutreffen.

e) Bindung durch Gewalt

Gewalt schafft Bindung an den Gewaltausübenden. Er gräbt sich auf gewaltsame Art und Weise tief in die Seele des Geschlagenen ein, da Gewalt eine massive, schmerzhafte Demütigung und Grenzüberschreitung darstellt. Wird Gewalt als Züchtigungsmittel eingesetzt, um Ziele in der Erziehung zu erreichen, treten enorme Schuldgefühle auf, sobald das Opfer sich nicht nach den Vorschriften des Täters verhält. Das Kind übernimmt einerseits das strenge und grausame Über-Ich des Täters, andererseits unterwirft es sich ihm. Das übermächtige Gewissen führt entweder zu extremer Schüchternheit oder zur Identifikation mit dem Täter, so daß das Opfer später selbst Gewalt ausübt. Gewalt schafft Angst vor dem Täter, Angst, dessen Forderungen nicht erfüllen zu können. Stets ist der Mensch später darauf bedacht, nicht aus dem Schatten des Täters zu treten, er bleibt ihm tief verbunden.

Fallbeispiel. Eine 23jährige Medizinstudentin berichtet:
»Ich leide unter Ängsten und sehr starken Gefühlsschwankungen. Manchmal habe ich vor lauter Panik das Gefühl, nicht mehr atmen zu können. Die Angst trat das erste Mal auf, als ich mich vor einem halben Jahr verliebte. Ich habe ein starkes Gefühl der Einsamkeit. Ich kann mich nicht mehr auf mich verlassen. Das, was ich gestern gut fand, stört mich heute. Ich bin oft so unzufrieden und unsicher. Ich laufe nachts herum und schreie um Hilfe. Ich weiß selbst nichts davon. Ich komme aus Jugoslawien. Wir sind nach München gezogen, als ich 7 Jahre alt war. Ich bin zum Studium nach Kiel gekommen. Ich studiere Jura. Ich habe keinen Freund. Den letzten Freund hatte ich, als ich 18 Jahre alt war. Ich bekomme oft Panik. In einer Situation, die ich vorher als normal empfunden habe, bekomme ich plötzlich Angst. Ich spüre sie im Magen und habe das Gefühl, daß ich keine Luft mehr bekomme. Es ist ein Gefühl, als ob ich plötzlich in einem Käfig bin. Mein Vater ist 53 Jahre alt und arbeitet bei Mercedes. Meine Mutter ist 50 Jahre alt und Sekretärin. Mein Bruder studiert. Ich telefoniere dreimal in der Woche mit meinen Eltern. Meine Eltern haben meinen Bruder und mich als Kinder oft geschlagen, auch mit dem Kochlöffel oder dem Hosengürtel. Ich hatte in den Momenten, in denen sie mich schlugen, immer die Gewißheit gehabt, daß sie mich lieben. Ich habe mich nur unheimlich gedemütigt gefühlt.«

In der Therapie erlebt die Patientin Höhen und Tiefen, fühlt sich vom Therapeuten hypnotisiert, um ihn in den nächsten Wochen wieder zu bejahen. Immer, wenn es ihr gut geht oder ein neuer Entwicklungsschritt bevorsteht, melden sich Schuldgefühle in Gestalt von massiver Angst, Magenschmerzen und feindlichen Gedanken anderen Menschen gegenüber. Zu Beginn ihrer dreijährigen Therapie erzählt sie folgenden Traum: «Ich komme mit meinem Gepäck bei meinen Eltern an. Ich fühle mich schlecht und mir ist übel. Meine Mutter will ihren Geburtstag feiern. Auch mein Bruder, mein Onkel und meine Tante sind da. Als mich meine Mutter umarmen will, stoße ich sie weg. Sie geht daraufhin in das Schlafzimmer und weint. Mein Bruder legt sich neben sie und streichelt ihr tröstend über den Kopf.

Ich empfinde nichts dabei. Ich habe überhaupt kein Mitgefühl mit ihr, auch kein schlechtes Gewissen.

Auf einmal fängt mein Vater an, mir verbissen lächelnd ins Gesicht zu schlagen. Zuerst nur ganz leicht, dann immer stärker. Der Rest der Familie sitzt am Tisch nebenan. Ich schreie ihn an, daß er sich nie mehr trauen soll, mich anzufassen. Mein Schreien ist nicht besonders laut, weil ich fast keine Luft bekomme.

Mein Vater sagt in flüsterndem Ton drohend zu mir: ›Wenn diese Vorwürfe das Ergebnis deiner Therapie in Kiel sind, werde ich dafür sorgen, daß in Zukunft nicht einmal mehr 20 km zwischen uns liegen. Du hättest hier in der Klinik eine Therapie machen können. Aber nein, du gehst dorthin, wo du lernst, wie du deine Mutter und mich fertigmachen kannst. Ich werde es nicht mehr zulassen, daß du uns immer wieder vorhältst, was wir dir angeblich alles angetan haben.‹ Obwohl ich weiß, daß er mich körperlich nicht an der Rückreise nach Kiel hindern kann, fühle ich mich plötzlich wie im Gefängnis. Der einzige »befreiende« Gedanke im Traum ist der, daß ich bald nicht mehr finanziell auf ihn angewiesen bin.«

Traumdeutung: Die Studentin befindet sich im Kreis ihrer Familie, deren Nähe sie jedoch ablehnt, wie die Symptome des Sich-schlecht-Fühlens und der Übelkeit zeigen. In ihr steigt als Abwehr Ekel auf, sobald sich die Mutter ihr nähert. Der Vater wirft ihr vor, daß sie sich von zu Hause entferne und ablöse. Er duldet keinerlei Selbständigkeit und Widerspruch der Tochter. Seine Schläge in ihr Gesicht stehen für Grenzüberschreitung, enorme Nähe und gewaltsames Fesseln der Tochter an die Familie. Über ihre Seele haben ihre Eltern noch Gewalt, ihren Körper aber kann sie abspalten und Tausend Kilometer weit in Sicherheit nach Kiel bringen.

Später hat die Patientin einige Träume, in denen ihr Vater sie sexuell belästigt und mißbraucht. Einen realen Inzest oder Grenzüberschreitungen sexueller Art verneint die Patientin jedoch eindeutig. Der sexuelle Übergriff symbolisiert hier die zu große, auch gewaltsam geschaffene Nähe zwischen Tochter und Vater[18]. Sie träumt mehrfach vom Konzentrationslager, das einerseits ihr grausames, verbietendes Über-Ich symbolisiert, andererseits auch für das familiäre Gefängnis steht. Es gelingt der Studentin, sich von ihrem einengenden, zu strengen Gewissen zu befreien, welches ihr weder Freunde noch Lebensfreude gestattet hat. Ihr Studium hat sie sehr erfolgreich vollendet, nachdem sie ihre Ängste und Schuldgefühle überwunden hat.

Literatur

[1] Bowlby, J.: Bindung, eine Analyse der Mutter-Kind-Beziehung, Fischer Taschenbuchverlag, Frankfurt a. M. (1984)
[2] Stierlin, H.: Eltern und Kinder, Suhrkamp-Verlag, Frankfurt a. M. (1980)
[3] Ferenczi, S.: Sprachverwirrung zwischen den Erwachsenen und dem Kind. In: Bausteine zur Psychoanalyse, III, Hans Huber Verlag, Bern, Stuttgart, Wien (1938), S. 523
[4] Richter, H.-E.: Eltern, Kind und Neurose, Klett-Verlag, Stuttgart (1963), S. 75–80
[5] Freud, S.: Das Ich und das Es (1923) GW III, Studienausgabe, S. Fischer-Verlag, Frankfurt a. M. (1975), S. 293
[6] Stierlin, H.: s. 2, S. 55
[7] Laing, R.: Phänomenologie der Erfahrung, Suhrkamp-Verlag (1977), S. 50–60
[8] Freud, S.: Hysterie und Angst, GW VI, Studienausgabe, Fischer-Verlag, Frankfurt a. M. (1971), S. 304
[9] Finkelhor, D., Hotaling, G., Lewis, I. A., Smith, C.: Sexual abuse in a national survey of adult men and women: prevalence characteristics and risk factors, Child Abuse and Neglect 14 (1990), S. 19–28
[10] Deutsches Ärzteblatt, 21 (1987), S. 1473–1477
[11] Freud, S.: Über die weibliche Sexualität (1931) GW V, Studienausgabe, S. Fischer-Verlag, Frankfurt a. M. (1972), S. 282
[12] Fegert, J. M.: Sexueller Mißbrauch von Kindern, Prax. Kinderpsychol. Kinderpsychiat. 36 (1987), S. 164–170
[13] Heigl-Evers, A., Kruse, J.: Frühkindliche gewalttätige und sexuelle Traumatisierungen, Prax. Kinderpsychol. Kinderpsychiat. 40 (1991), S. 122–128

[14] Vugt, G., Besems, Th.: Psychotherapie mit inzestbetroffenen Mädchen und Frauen, Acta Paedopsychiatrica 53 (1990), S. 318–338
[15] Hirsch, M.: Realer Inzest, Springer-Verlag, Berlin, Heidelberg, New York, London, Paris, Tokyo (1987), S. 7
[16] Stierlin, H.: s. 2, S. 128
[17] Rank, O.: Das Trauma der Geburt und seine Bedeutung für die Psychoanalyse, Internationaler psychoanalytischer Verlag, Leipzig, Wien, Zürich (1924), S. 27–28
[18] Flöttmann, H. B.: Träume zeigen neue Wege – Systematik der Traumsymbole, BOD Verlag, Norderstedt, 4. Aufl. (2010), S. 403–412

9 Symbiotisches Verhalten

Die Einordnung bestimmter Symptome in das Konzept der Symbiose ermöglicht es zu beurteilen, ob sich ein Mensch in einem bisher ungelösten, symbiotischen Beziehungsmuster befindet. In Anlehnung an Schiff[1] lassen sich zehn charakteristische Merkmale von symbiotischem Verhalten aufzeigen:

Ungelöstes symbiotisches Verhalten zeigt sich in:
1. Angst
2. Passivität
3. Überanpassung
4. Innerer Unruhe und Anspannung
5. Ungeduld
6. Kränkbarkeit und Wut
7. Grandiosität
8. Abwertungen
9. Depressivität
10. Sucht
11. Suizidalität[*]

9.1 Angst

Angst bewirkt in vielen Menschen Angst vor der Angst. Dementsprechend ziehen sie sich vor der Angstsituation zurück. Angst neigt dazu, sich auszuweiten und immer weitere Kreise zu ziehen, die zu einer Einengung im Sinn einer Spirale führen. Das Zentrum der Spirale ist der todbringende, häufig mütterliche Schlund. Eingeengt durch Angst ruft der angstneurotische Mensch nach Hilfe.

Die Angst ist ihm die Rechtfertigung für sein Handeln und Denken. Die Angst dient der Aufrechterhaltung der Symbiose dadurch, daß sie ihn immer zurückhält, wenn der Symbiotiker Autonomie wagen will. Die Angst steht für den Ruf der Mutter, seltener des Vaters: »Du wirst doch bei mir bleiben und dich nicht entwickeln!«

Was Angst macht, wird gemieden. Der Angstneurotiker zieht sich zurück. Wohin zieht er sich zurück? Mehr und mehr in Richtung Heimat. Er zieht sich in sein Haus

---
[*] Siehe Kapitel 17: Symbiose und Suizid.

zurück, schlimmstenfalls sucht er das Bett auf und wird lebensuntauglich. Das Ziel der Angstneurose ist: zurück in den Mutterleib. Der Kranke wird hilflos. Er übernimmt keine Verantwortung mehr, weder für sich noch für andere. Seine Angstanfälle nebst den dazugehörigen Symptomen überfallen und beherrschen ihn. Er ist ihnen hilflos ausgeliefert. Er klammert sich in seiner Angst an die nächsten Partner. Er hängt an seiner Mutter, an seiner Ehefrau oder auch am Arzt. Sie fallen anderen zur Last. Die Hilfe wird immer lauter und schreiender.

Der Angstneurotiker regrediert auf die Stufe eines Kleinkindes und übt dadurch eine enorme Macht auf seine Umwelt aus. Er manipuliert seine Umwelt mit seiner Ängstlichkeit. Solange der Ehepartner oder die Mutter ihm seine Wünsche und seine Hilferufe erfüllen, ist der Angstneurotiker stark, während die anderen Diener spielen. Eine solche Situation hat es ja tatsächlich gegeben im Leben eines Angstneurotikers, nämlich während des Säuglings- und Kleinkindalters. Der Angstneurotiker hat die Rolle des hilflosen Kleinkindes nicht aufgeben können, nicht aufgeben dürfen und schließlich nicht wollen.

Auch die Prüfungsangst hat den Sinn, das Band zur Mutter fester zu schnüren: unbewußte Trennungsangst und Schuldgefühle lösen in dem Prüfling Störungen der Verstandes- und Körperfunktionen aus, so daß er in der Prüfung plötzlich versagt. Examens- und Prüfungssituationen stellen für Symbiotiker eine Barriere dar, die nicht schuld- und angstfrei überschritten werden kann. Die objektiv nachweisbare Intelligenz des angstvollen Prüflings hilft ihm bei der Bewältigung der Prüfungsangst wenig, solange er nicht imstande ist, seine unbewußten, ihn blockierenden Elternbindungen abzustreifen.

9.2 Passives Verhalten

Passives Verhalten dient dazu, die symbiotische Beziehung aufrechtzuerhalten. Es drückt sich nicht nur in motorischer Passivität in Form von energielosen Bewegungen aus, sondern auch in der Erfolglosigkeit in bezug auf Denken und Handeln.

Eine 29jährige, verheiratete Frau wird von ihrer Hausärztin mit der Diagnose »Nervöses Magenleiden« überwiesen. Die Patientin berichtet, daß sie unter Übelkeit leide, innerer Unruhe und geringer Belastbarkeit. Schon bei den geringsten Aufregungen fange sie an zu schwitzen, ihr Herz klopfe, ihr Magen schnüre sich zu. Sie könne dann nichts mehr essen. Während die Patientin berichtet, beobachte ich an ihr einen Schmollmund. Sie spricht mit einer kindlich-vorwurfsvollen, klagenden und auch hilflosen Stimme. Sie bringt ihre Beschwerden vor, als sei sie beleidigt und verstehe nicht, wieso sie hier sei. Ihr Blick ist hilfesuchend, anklammernd und fordernd zugleich. Eine eigentlich depressive Mimik zeigt sie jedoch nicht. Ihre Bewegungen sind etwas schlaff und energielos. Sie beschreibt sich selbst als »unglücklich, weil es mir nicht gelingt, ohne diese Angstgefühle zu leben. Außerdem bin ich unzufrieden, weil die Angst mich oft lähmt, obwohl ich sehr viel vorhabe und erledigen möchte. Ich liege viel auf dem Bett, sehe Fernsehen oder höre Musik mit Kopfhörern.«

Angst lähmt den eigenen Willen, aber auch den Verstand, mit dem es möglich wäre, Probleme zu lösen. Um die Einheit mit der Mutter nicht zu gefährden, werden die Probleme weder erkannt noch beseitigt. Passivität ist an mangelndem Interesse zu erkennen, an einer bevorzugten Neigung, sich »hinzulümmeln« und schlaff dazuliegen. Diesem äußeren Verhalten entspricht die Unfähigkeit, Probleme zu reflektieren und aktiv anzugehen.

Der typische Symbiotiker löst seine Probleme nicht, er spielt »hilflos und dumm«. Eine der häufigsten Antworten der symbiotisch gebundenen und angstneurotischen Menschen ist: »Weiß ich nicht.« Es ist erstaunlich, wie häufig in der Einzel- oder Gruppentherapie auf Problemlösungsfragen diese Antwort gegeben wird. Die Unfähigkeit und der fehlende Glaube in die eigene Selbständigkeit werden mit dem Satz »Weiß ich nicht« bekundet. So hilflos wie er sich in seinen Angstanfällen fühlt, so hilflos führt er sich auch auf, wenn er aufgefordert ist, selbständig zu handeln und zu denken. Er hebt verständnislos die Schultern oder weicht beim Sprechen mit dem Blick nach oben aus als Ausdruck seiner mangelnden Realitätsbezogenheit.

Immer wieder versucht er, die alte Symbiose einzugehen: »Mama, du kannst das doch viel besser. Ich schaffe es nicht. Du hast mir doch tausendfach gezeigt, daß du mir immer alles abgenommen hast. Ich kann das nicht!«

Sowohl in der therapeutischen Beziehung als auch in der Ehe finden derartige Hilflosigkeits-Angebote statt, die für beide einen Vorteil haben: der »Hilflose« fühlt sich in seiner Rolle bestätigt, er braucht die Anstrengung der Selbständigkeit nicht auf sich zu nehmen, während der andere, der »Stärkere«, der Retter, sich in der Rolle des Gebenden und Mächtigen gefällt und seinen Nutzen daraus zieht.

Ein Beispiel: Ein Student der Geschichte und Philosophie hatte folgende Zeilen über seine Passivität, seine Unruhe und über seine Angst vor Nähe niedergeschrieben:
»Ich war unter dauernder Spannung kompensativ getrieben, meine Handlungen und Vorhaben waren von kompensativen Kräften und Phantasien bestimmt. Ich konnte das nicht dosieren, habe es aber zunächst bewußt akzeptiert. Ich dachte ununterbrochen über große Dinge nach, entwickelte aus dem Nichts eine Menge Strohfeuer-Interessen.

Ich lebte da für eine Art Befriedigung meiner Phantasien in der Zukunft; diese narzißtischen Phantasien wurden ziemlich konkret und ich hechelte sie öfter in ein und derselben Form durch.

Ich habe zwar, was die Entwicklung zu einer echten Veränderung meiner inneren Haltung angeht, kaum Fortschritte gemacht, aber die äußeren Bedingungen meines Lebens zügig verändern können:

– Seit einem Monat bin ich in der Lage, meinen Lebensunterhalt ohne Beihilfe meiner Mutter zu bestreiten.
– Ich habe meinen Lebensradius und Gesichtskreis erweitert. Hin und wieder werde ich eingeladen, jemand kommt vorbei, ich habe feste Termine usw.
– Insgesamt bin ich vom Tiefpunkt, an dem ich versucht war, aufzugeben, ein ganzes Stück entfernt; es ist aber mit meinen Anfängen des Wachsens insgesamt schwieriger geworden.

Ich spüre es deutlich, daß echte Gefühlstiefe, Nähe ohne Mißtrauen für mich selten sind. Ich kann registrieren, wie ich innerlich arbeite, mir die Welt und ihren Eindruck auf mich vom Leib zu halten. Das Hineingleiten in einen entspannteren, wirklichkeitsnäheren Zustand ist von Trauer begleitet. Dies Gelöstsein will sich spontan in Tränen entladen.

Im übrigen folgen in einigem zeitlichen Abstand verstärkte Angst und ein Erleben von Angst und Hilflosigkeit. Angst als solche erlebe ich selten, dann nur kurz oder gedämpft als Unbehagen. Ich verfüge wohl über Mechanismen, mit denen ich sie schnell niederkämpfe oder mich um ein Erleben der Angst drücke. Wenn ich mich im letzten halben Jahr in Konflikten zu aktiven Lösungen durchringen wollte, war schnell hinderliche Angst da.

Angst habe ich im sozialen Bereich, mich bloßgestellt zu sehen oder als minderwertig wahrzunehmen. Wenn Angst auftaucht, gebe ich ihr schnell nach, tue häufig nicht das, was ich vorhatte.

In den Phantasien, die meinen Alltag begleiten, die Leere und Unzufriedenheit abwehren und ersetzen, sitzt die Kraft, die ich brauche, um mich im tatsächlichen Leben zu behaupten. Ich muß gegen diese Absorption von Kräften angehen, mit Konzentration, Aufmerksamkeit, mit Eindrücken anderer Denkstrukturen; auch mit einer echten Bereitschaft, die Bindungen des Lebens, wie sie für mich bestehen und ich sie nur begrenzt wahrnehme, anzunehmen.

Ich muß meine Veränderungsunwilligkeit überwinden – die Trägheit überwinden lernen. Mein früheres Verhalten zu meinem inneren Ungleichgewicht bestand darin, Konflikten so lange auszuweichen, bis ich mich in einer Erschöpfungsverhärtung befand und mich willenlos von inneren Destruktivkräften, die ja auch Bestandteil meiner Persönlichkeit sind, umwerfen ließ und mich zu masochistischer Zimmerhaft verurteilte. Ich muß jetzt frühzeitig dagegen angehen und mir diese mir entzogenen Kräfte Zug um Zug verfügbar machen.«

Der träumerische Blick

Manche, die unter Angst leiden, sind große Träumer. Ihre Augen verschwimmen, sie haben den Glanz eines träumenden Kindes in sich. Diese Augen schauen durch einen hindurch. Sie blicken ins Leere. Der glasige Blick zeugt vom Haften in versunkenen, schönen Tagen. Der verträumte Augenausdruck verrät uns, daß die Welt des Erwachsenen, des Wach- und Hellseins für diesen Menschen in weiter Ferne liegt. Das Grenzenlose dieser Augen spürt der psychologisch geschulte Beobachter sofort, indem er eine große, diffus anmutende Nähe spürt. Der Symbiotiker lebt innerlich mit seiner Mutter oder seinem Vater verschmolzen. Er hat sich noch nicht von ihnen getrennt. Er kann keine Grenzen setzen. Von Menschen mit einem glasigen Blick geht eine eigentümliche Ausstrahlung aus. Das Gegenüber versinkt mit ihnen, es wird in den Strudel der mangelnden Abgrenzung und Klarheit hineingezogen.

Wenn die Symbiose aufgelöst ist, klären sich die Augen. Sie strahlen Helligkeit, Leben, Freude und Klarheit aus.

9.3 Überanpassung

Eigene Ziele und Wünsche werden nicht genügend erkannt und verwirklicht. Ein Kind, das seine Antennen stets auf die Eltern ausrichtet und deren Grenzüberschreitungen täglich ertragen muß, schafft es in wesentlichen Bereichen seines Lebens nicht, zu seiner Identität und zu sich selbst zu finden. Es wird eigene Ziele und Wünsche über lange Zeit nicht erkennen und sich somit auch nicht erfüllen. Diese Patienten verhalten sich nach außen schüchtern, zuvorkommend. Sie sitzen auf der Stuhlkante, beugen sich dem Gegenüber zu, um so zu bekunden, daß dieser seine volle Aufmerksamkeit genießt und er sich ganz auf ihn einstellt. Es fällt ihnen schwer, den eigenen Raum abzugrenzen und auszufüllen.

9.4 Innere Unruhe und Anspannung

Innere Unruhe ist ein Zeichen von Angst. Ein 30jähriger Computerfachmann, der unter schweren Angstzuständen litt, schilderte treffend seine Unruhe:
»Ich bin so unruhig. Ich laufe immer nur rum und weiß nicht, was ich tun soll. Abends, wenn ich allein bin, ist es besonders schlimm. Ich kann mich dann nicht konzentrieren, die Gedanken schweifen immer ab. Dann springe ich auf und muß irgendetwas tun. Ich ruf dann jemand an oder geh jemand besuchen. Ich leide sehr unter meiner Unruhe.«

Unruhe wird auf unterschiedliche Art und Weise abreagiert. Auch Freßanfälle ereignen sich aus einer plötzlich auftretenden Unruhe heraus. Andere Formen der Bewältigung der inneren Unruhe sind: Autorasen, Rennradfahren, aggressive Sportarten, Bergsteigen und rastloses Suchen nach der Nähe von Menschen, die jedoch nicht lange ertragen wird.

Der Ursprung der inneren Unruhe beim Angstneurotiker ist vielfältig. Sie entsteht aus der Angst vor Individuation, aus Trennungsangst heraus und aus dem andrängenden Impuls nach Gesundheit und Selbständigkeit.

In den Patienten ist Bewegung gekommen, die in Richtung Autonomie und Individuation drängt. Die Gesundungskräfte sind in der Angstneurose wachgerufen, sie kämpfen gegen die regressiven Strebungen, es kommt zu Siegen und Niederlagen. Der Mensch möchte sich in Richtung Autonomie verändern und bäumt sich gegen die Fesselung und Unterdrückung seiner selbst auf. Auch unverrichtete Trauer und unterdrückte Wut, die sich während des Ablösungsprozesses von den Eltern in das Bewußtsein und nach Verwirklichung drängen, verursachen innere Unruhe und Anspannung.

9.5 Ungeduld

Eine Mutter von 3 Kindern, die seit 5 Jahren unter Angstzuständen leidet, erzählte in der Gruppe, daß sie gegenüber ihren Kindern oft ungeduldig und unbeherrscht sei. Ihr reiße leicht der Geduldsfaden, schon wenn die Kinder nur eine Kleinigkeit von ihr haben wollen. Sie wisse genau, daß sie ungerecht und unbeherrscht sei, könne sich jedoch nicht bessern. Manchmal sei die Stimmung im Hause unerträglich. Ihr würden die Kinder wahnsinnig auf die Nerven gehen. Schon bei einer Geringfügigkeit neige sie zur Gereiztheit, manchmal explodiere sie auch und schimpfe die Kinder ungerechtfertigter Weise aus. Anschließend bereue sie ihr Verhalten.

Derartige Worte höre ich oft von Müttern mit Angstsymptomen. Sie schämen sich ihrer Ungeduld und Gereiztheit, die sie auch gegenüber ihrem Ehepartner an den Tag legen.

Die Erklärung für das gereizte und auch unbeherrschte Verhalten liegt darin, daß die Mütter selbst noch »große Kinder« sind. Sie haben zwar ein oder auch mehrere Kinder in die Welt gesetzt, sind jedoch nicht in der Lage, sich abzugrenzen und zu geben, ohne unbewußt zu denken: »Und wer gibt mir was?«

Nur derjenige, der sich seiner eigenen Kräfte und Grenzen sicher ist, kann sich gegenüber den ständigen Forderungen von Kleinkindern durchsetzen oder auf sie einlassen, ohne sich gleich an die Wand gedrückt zu fühlen. Kommt zu dem Gefühl der Ohnmacht und Hilflosigkeit noch die eigene Anspruchshaltung nach Versorgtwerden hinzu, so ist es verständlich, daß diese Mütter sich überfordert fühlen. Sie reagieren ungeduldig und gereizt. Die Mütter klagen zwar oft, daß sie überfordert seien. Die Überforderung ist jedoch subjektiv und resultiert zusammen mit dem Gefühl der Ohnmacht aus der Riesenanspruchshaltung heraus. Wer innerlich noch ein großes Kind ist und erwartet, von seiner Mutter versorgt zu werden, hat Schwierigkeiten, genügend zu geben, ohne zu »maulen«. C. G. Jung bemerkt hierzu: »Ungeduld mit Gegenständen, Ungeschicklichkeit in der Handhabung von Werkzeugen und Geschirr« wird durch »die Mutter als Materie veranlaßt« ...[2].

9.6 Kränkbarkeit und Wut

Von der Ungeduld und Gereiztheit ist es zur Wut und zum Jähzorn kein großer Schritt. Wut, die sich auch in Gewalttätigkeit zeigen kann, spielt in Familien häufiger eine Rolle als allgemein geglaubt wird.

Welche bewußten und unbewußten Beweggründe hat ein Mensch, der zu Jähzornsanfällen und Wut gegen Menschen oder Sachen neigt?

In der psychoanalytischen Literatur beinhaltet der Begriff der narzißtischen Wut das Wiedererleben archaischer Wut aufgrund von Kränkungen, die durch mangelnde Empathie, Frustration oder Verlusterlebnisse in der Kindheit entstanden sind[3]. Kohut spricht von alten traumatischen Zurückweisungen, die die narzißtische Wut verur-

9.6 Kränkbarkeit und Wut

sachen[4]. Auch Kernberg beschreibt »das Bild eines ausgehungerten, wütenden, innerlich leeren Selbst in seinem ohnmächtigen Zorn über die ihm zugefügten Frustrationen und in ständiger Furcht vor der Welt der anderen, die der Patient als genauso haßerfüllt und rachsüchtig empfindet wie sich selbst ... Was den Familienhintergrund dieser Patienten anbetrifft, so stößt man sehr häufig auf kaltherzige Elternfiguren mit einem starken Maß an verdeckter Aggression. ... In manchen Fällen gingen solche Entwicklungen überwiegend von einer kalten feindseligen Mutter aus, die ihr Kind zu eigenen narzißtischen Zwecken mißbrauchte, indem sie immer »etwas Besonderes« aus ihm machen wollte, die Sucht nach Größe und Bewunderung in ihm weckte und die typische, charakterliche Abwehrhaltung einer verächtlichen Entwertung anderer unterstützte«[5].

Es wurde bisher zuwenig beachtet, daß narzißtische Wut nicht nur durch frühkindliche Kränkungen entsteht, sondern auch der Aufrechterhaltung der Symbiose dient. Der Wunsch des Patienten »nach Verschmelzung mit einem archaisch-omnipotenten Selbst-Objekt«[6] und die an der Realität entstehende Kränkung und Wut haben ihre Wurzeln in dem Bestreben, aus dem mütterlichen Einssein nicht heraustreten zu wollen und zu dürfen. Auf die Forderung der Realität reagiert der Symbiotiker gekränkt, da er sich als Individuum nicht erfahren durfte und die Vereinigung im Anderen erstrebt.

Entsprechend der vielschichtigen Determinierung menschlichen Verhaltens sind auch die narzißtische Kränkbarkeit und Wut mehrfachen Ursprungs.

Manche Eltern grenzen sich gegenüber der Wut ihres Kindes nicht genug ab oder neigen selber zu Wutanfällen. Sie heißen insgeheim oder auch offen die Wutanfälle des Kindes gut. Das Kind behält die Wutanfälle über die Kleinkindphase hinaus bei, da ihm nicht genügend Grenzen gesetzt worden sind. Der Erwachsene glaubt, durch sein Verhalten etwas erreichen zu können, wie es ihm damals als Zweijährigem gelungen ist. Es ist der Wutausbruch des Kleinkindes, das seine Eltern zu etwas bewegen will. Mit dem Jähzornsanfall manipuliert der Erwachsene seine Umwelt, nach dem Motto: »Wenn du nicht willst, wie ich will, dann kriege ich eben einen Wutanfall und du wirst schon sehen, daß ich meinen Willen durchsetze!«

Bei jeder Beziehung zwischen zwei Menschen stehen sich Kommunikations- und Erlebenssysteme gegenüber, bei deren Austausch es zwangsläufig zu Reibungspunkten kommt. Der Symbiotiker neigt dazu, sich selbst mitsamt seiner Vergangenheit, seiner Art des Denkens und Spielens, des Handelns und Fühlens zu verabsolutieren. Was er sagt, tut und fühlt ist richtig. Der Symbiotiker zeigt Enttäuschungen und beleidigtes Verhalten immer dann, wenn seinen Wünschen nicht entsprochen wird. Der Symbiotiker ist häufig gekränkt und beleidigt. Er mault, stunden- oder tagelang, je nachdem wie tief er sich gekränkt fühlt. Er sieht sich von seinem Partner, an den zu große Erwartungen und Wünsche gestellt werden, enttäuscht. Diese Enttäuschung besteht häufig auch zu recht. Dennoch ist er über das für den anderen verstehbare Maß hinaus gekränkt.

Der Gekränkte zieht sich zurück. Er ist nicht in der Lage, sich mit einem Partner über die Kränkung zu unterhalten oder seinen Ärger zu verbalisieren. Schweigen als Strafe und als Ausdruck der Unfähigkeit, Ärger zu äußern, sind die Folge. Nachdem sich genügend Wut in dem gekränkten Partner angestaut hat und er ausreichend

9 Symbiotisches Verhalten

Punkte gesammelt hat, um zu einem großen Wutanfall zu gelangen, explodiert er aus einem geringen Anlaß heraus und zeigt einen infantilen Wutausbruch.

Eine weitere Quelle der Wut besteht darin, daß mit dem Eingehen einer Partnerschaft der symbiotisch gebundene Partner Abschied vom Vater oder von der Mutter nimmt. Der Abschied ist mit Trauer und Wut verbunden, die um so stärker sind, je fester die Bindung an die Eltern gewesen ist. Das Festhalten an der Vergangenheit führt zur Ablehnung der Gegenwart und der Bezogenheit zum Partner. Aus der Trauer und der Enttäuschung heraus, daß der Partner einem nicht alle Wünsche erfüllt, entsteht Wut, die die Nähe zum anderen zerstört.

In Phasen der psychischen Entwicklung verstärkt sich als Ausdruck von Trauer und verstärktem Festhalten an der Symbiose nicht selten die Neigung zu aggressiver Gereiztheit und Wutanfällen. Der Individuationsschritt geht mit erhöhter Kränkbarkeit, Ungeduld und Wut einher, wie auch andere, vor allem depressive Symptome vermehrt auftreten.[*]

Typische Kränkungssituationen bestehen zwar, es kann jedoch jede Gelegenheit Anlaß zur Kränkung geben. Während die Kränkungen den Abstand zum Gegenüber vergrößern und Nähe verhindern, kann ein Wutanfall auch Nähe schaffen. Manchmal ist die Wut der letzte Versuch, zum Gegenüber Kontakt herzustellen und ihn aus seiner Arroganz und seiner eigenen Symbiose herauszuholen. Daß sich die beiden dann nahegekommen sind und wieder zueinander gefunden haben, zeigt sich in der Redewendung »Gewitter reinigt die Luft«.

Kommt jedoch Gewalt gegen eine Person hinzu, sind diese Wutanfälle ernst zu nehmen. Sie können eine Gefahr für das Leben des Partners und für die Partnerschaft darstellen.

Erhöhte Kränkbarkeit und Wut sind Zeichen von Symbiose und infantilem Verhalten. Je stärker sich ein Elternteil aus welchen Gründen auch immer des Kindes bemächtigt hat, desto größer wird die Ambivalenz und die verdrängte Wut gegen eine grenzüberschreitende und verschlingende Mütterlichkeit sein. Vom Vater fühlt sich der Symbiotiker verlassen, da dieser oft eine schwache Position in der Familie einnimmt. Eine häufige Antwort der Patienten auf die Rolle des Vaters in ihrer Familie ist: »Mein Vater hat wenig Zeit für mich gehabt und sich wenig um mich gekümmert.« Aus der mangelnden Zuwendung des Vater zum Kind resultiert einerseits eine ungenügende Fähigkeit, auf die Welt zuzugehen und diese aktiv zu erobern, andererseits sind die Kinder gekränkt und enttäuscht über die fehlende Liebe des Vaters. Aus dieser Enttäuschung entspringen gleichfalls erhöhte Kränkbarkeit und narzißtische Wut.

Fanatismus, Ideologien, ein vermehrtes Bedürfnis nach Rache und ein erhöhtes Streben nach Harmonie und Gerechtigkeit haben ihre Wurzeln auch in einer infantilen symbiotischen Haltung und stellen den Versuch dar, sich aus der kindlich erlebten Ohnmacht zu befreien und sich und andere zu erlösen. Elementare Wut richtet sich gegen die elterliche Bindungsgewalt und gegen das Familiengefängnis, aus dem Ideologien und Fanatismus nur scheinbar herausführen[7, 8, 9].

---

[*] Siehe Kapitel 15.3: Das Auftreten von Symptomen als Ausdruck einer bevorstehenden psychischen Entwicklung.

Ausbruchsschuld und gegen sich selbst gewandte Aggressionen lassen symbiotische Menschen Opfer, Sühne und masochistisches Verhalten aufsuchen, nicht selten den Märtyrertod.*

9.7 Grandiosität

Ein weiteres Verhaltensmerkmal für Symbiose ist Grandiosität. Sie dient wie die anderen symbiotischen Verhaltensweisen der Aufrechterhaltung der Symbiose. Grandiosität beinhaltet großartiges, großspuriges Auftreten, das wir auch Arroganz nennen. Grandiosität zeigt sich in einer Art Aufgeblasensein, in einer Überzogenheit von Redewendungen oder Meinungen, die unverrückbar und unantastbar sind.

In folgenden Redewendungen findet sich zum Beispiel Grandiosität:
- Nie werde ich heiraten.
- Das werde ich niemals tun.
- Das ist immer schon so gewesen.
- Das schaffe ich nie.
- Ich interessiere mich für nichts.
- Keiner kann mir helfen.
- Du hörst mir nie zu.
- Ich habe schon alles versucht.
- Kein Therapeut ist gut genug für mich.
- Keiner versteht mich.
- Keiner liebt mich.

Die letzten Sätze: »Keiner versteht mich und keiner liebt mich«, treten entweder in therapeutischen Situationen auf, in denen der Patient dem Therapeuten vorwirft, daß ihn dieser nicht genügend beachte und auf ihn eingehe, oder aber in Partnerbeziehungen.

»Mein Mann liebt mich nicht« – dieser Satz ging häufig einer verheirateten Frau durch den Kopf, wenn sie Streit mit ihrem Ehemann hatte. Sie zog sich dann beleidigt von ihm zurück. Sie dachte fortwährend: »Ich habe es immer gewußt, daß mein Mann mich nicht gerne hat. Er hat es nun mal wieder bewiesen. Wenn ich ihn doch bloß nicht geheiratet hätte! Es ist doch wohl besser, wenn ich mich von ihm trenne. Nur die Kinder halten uns zusammen! Das kann doch keine Liebe sein!« Ihr war es nicht gelungen, sich von ihrer Mutter zu lösen, sondern sie bildete mit ihr noch eine Einheit, die sich in dem ihr unbewußten Leitsatz zusammenfassen läßt: »Nur Mutter hat mich lieb!« Deswegen zweifelte sie so häufig an der Liebe ihres Mannes.

Sowohl in therapeutischen Beziehungen als auch in den Partnerschaftskonflikten ist es wichtig, darauf hinzuweisen, daß Sätze wie »Keiner hat mich lieb« oder »Keiner versteht mich« nur dazu dienen, die Symbiose mit Vater oder Mutter zu bewahren.

---
* Siehe Kapitel 23.5: Harring als missionarischer Revolutionär.

Der grandiose Mensch ist nicht bereit, aus seinem mütterlich-kindlichen Beziehungsmuster auszusteigen und sich auf die jetzige Beziehung zum Partner einzulassen. Es ist schwierig, an derartige Menschen heranzukommen und sie zu einem anderen Verhalten zu bewegen. Sie sind schnell gekränkt, ziehen sich entweder beleidigt zurück oder sie reagieren mit narzißtischer Wut.

Grandiosität findet sich beim Narzißten, der zu sehr in seine eigenen Ideen verliebt ist und überzeugt ist von seiner Großartigkeit in bezug auf seine Begabungen und seine Ideen. Er scheitert jedoch häufig in engen zwischenmenschlichen Beziehungen. Mit Groddeck erklärt sich die Grandiosität aus der unermeßlichen Liebe der Mutter zu ihrem Kind, das sie bewundert und abgöttisch liebt[10].

Grandiosität kann auch aus der Abwehr einer depressiven Grundstimmung entstehen. Anstatt die Depressivität und Trauer, die notwendigerweise im Loslösungsprozeß entstehen, zu ertragen, werden sie bei den Menschen, die sich grandios verhalten, verdrängt und in ihr Gegenteil verkehrt. Die Grandiosität kann sich bis zur hypomanischen Stimmung steigern, wenn das Ausmaß der Trauer zu groß ist und zur Aufrechterhaltung des Selbstwertgefühles nur dieser Weg möglich erscheint.

Das Selbstwertgefühl wird durch die Neigung, mit dem Partner in der Idealisierung zu verschmelzen, gesteigert. Das Teilhaben an den idealisierten Fähigkeiten des anderen hat einerseits den Sinn, die in der Kindheit erfahrene Dualunion mit ihren Größen- und Allmachtsphantasien wieder aufleben zu lassen, andererseits hat die Idealisierung neben dem regressiven Aspekt auch eine progressive Seite, sich nämlich für eine Person oder eine Sache zu begeistern und sich für sie einzusetzen. Der Idealisierende sucht die Symbiose mit Gleichgesinnten, so daß er in ihr stark und mächtig wird. Er neigt jedoch zu Abwertungen derjenigen, die seinem Ideal nicht entsprechen oder ihm zu nahe kommen.

9.8 Abwertungen

Herabsetzungen oder Abwertungen bestehen darin, daß der Symbiotiker sich selbst, andere Menschen oder Dinge kritisiert. Herabsetzendes Verhalten dient ebenfalls der Aufrechterhaltung der Symbiose, indem es die Nähe zum anderen zerstört.

In seinem Buch »Zur Funktion des Orgasmus« schreibt Wilhelm Reich: »Die Herabsetzung wird um so eher zu einer krankhaften Störung, je stärker die Fixierung an das Urobjekt und die Unfähigkeit zur echten Übertragung ist, je größer ferner der Energieaufwand ist, dessen es bedarf, um die Ablehnung des Partners zu überwinden«[11]. Der Symbiotiker versucht, das Weltbild der Kindheit zu erhalten, indem er die Realität umdeutet und herabsetzt.

Typisch herabsetzendes Verhalten können wir an folgender Begebenheit erkennen:
Ein junger Bayer macht während der Kieler Woche einen Bummel mit seinen Freunden in Kiel. Anstatt mitzumachen, mitzuspielen und zu einem gelungenen Abend beizutragen, meckert er herum, findet an allem etwas auszusetzen. »Das Bier schmeckt hier so fade! In München haben wir die Wiesen und hier steht bloß ein Bierzelt! Was sind das bloß für Menschen hier!«

Wenn er wüßte, daß er nicht in der Lage ist, sich auf neue Situationen und Menschen einzustellen, sondern stets versucht, die Vergangenheit wieder lebendig werden zu lassen und letzten Endes die Einheit zwischen Mutter und Kind wiedererleben möchte!

Ständige Kritik gegenüber sich selbst oder anderen kann aber auch Ausdruck eines überstarken Gewissens sein, das Anlaß zu depressiven Verstimmungen ist.

Abwertungen sind gleichzusetzen mit Zweifeln. Auch die Zweifel dienen dazu, die Symbiose zu erhalten. C. G. Jung sieht im Zweifel das Wirken der ungelösten Mutterbindung: »Jedes Hindernis, das sich auf seinem Lebenspfad türmt und seinen Aufstieg bedroht, trägt schattenhaft die Züge der furchtbaren Mutter, die mit dem Gifte des heimlichen Zweifels und des Zurückweichens seinen Lebensmut lähmt, und in jeder Überwindung gewinnt er die lächelnde Liebe und lebensspendende Mutter wieder«[12].

In der Partnerschaft sorgen Zweifel dafür, diese zu belasten oder zu zerstören. »Ob meine Frau mich auch liebt? Habe ich denn die Richtige genommen? Sie zeigt so wenig Zärtlichkeit und Gefühle! Ich glaube, ich liebe sie nicht mehr richtig. Wenn ich genau überlege, habe ich sie nie richtig geliebt.« Dies sind die Worte eines 29jährigen Jurastudenten, der sich wegen Partnerschaftsschwierigkeiten in psychotherapeutische Behandlung begeben hatte. Aus der Unfähigkeit heraus, sich einer Freundin zuzuwenden und sich von seiner Mutter zu lösen, hatte er seine Freundschaften zu Frauen abgebrochen, weil es nicht »die Richtige« gewesen war. Seine eigene Unfähigkeit, Liebe zu empfinden und zu geben, hatte er auf die Frauen projiziert und den Grund, die Freundschaften zu beenden, bei ihnen gesucht.

Der Symbiotiker versucht durch Umdeutung der Realität, die Welt der Kindheit wiedererstehen zu lassen. Zu dem Zweck, die Symbiose zu bewahren, wird die Welt in eine gute und böse gespalten. Die Außenwelt wird abgewertet, während die Familie, die das Gute verkörpert, idealisiert wird. Aggressivität wird nur gegen die Außenwelt zugelassen. Innerhalb der Familie wird zumeist die Aggressivität völlig ausgeblendet. Direkte, aggressive Äußerungen sind verpönt, so daß sie nach außen projiziert werden oder sich in Krankheitssymptomen manifestieren.

Der Mechanismus der Auftrennung zwischen einer guten und bösen Welt, zwischen Idealisierung und Abwertung findet auch beim späteren Partner statt oder in der Therapie. Abwertungen, Spaltungen in Böse und Gut mit einem plötzlichen Umkippen der Idealisierung in die Abwertung haben nur den einen Sinn: die Beziehung zum Partner, zur Berufswelt oder zum Therapeuten abzubrechen. Zweifel als Symptom eines allmächtigen Familienmythos führt zur Zerstörung der Außenweltbeziehungen.

Die Aufspaltung in eine gute und böse Objektwelt findet hiermit eine weitere Erklärung, während Kernberg und Rohde-Dachser allein in frühen Objektbeziehungsstörungen die Ursache von Spaltungsvorgängen erkennen[13,14].

9.9 Depressivität

Depressivität als Ausdruck gehemmter Lebensantriebe läßt sich regelmäßig bei symbiotisch gebundenen Menschen feststellen. Sie ist z. B. an herabgezogenen Mundwinkeln zu erkennen als Folge einer langdauernden Enttäuschung. Sie zeigt sich in der schon beschriebenen Passivität und in mangelnder Lebensfreude. Die Unfähigkeit, ein selbstbestimmtes Leben zu gestalten, führt zu depressiven Symptomen, die manchmal sehr ausgeprägt sind und die sich im Laufe einer Therapie verstärken können.

Fallbeispiel: Eine 38jährige Verwaltungsangestellte klagte: »Ich habe Unruhe, Angstgefühle und Migräne. Ich fühle mich so leer und lustlos. Ich komme über die Trennung von meinem Freund nicht hinweg. Er hat sich von mir getrennt, weil er sich nun doch für seine Frau entschieden hat. Ich trauere nun diesem Mann hinterher über das normale Maß hinaus. Er hat mir so viel versprochen, doch nun hat er mich plötzlich verlassen. Ich denke auch an Selbstmord. Ich habe viel Selbstmitleid. Ich denke oft, ich schaffe es nicht. Ich habe niemand. Ich bin ganz allein. Täglich telefoniere ich mit meiner Mutter. Alle 14 Tage fahre ich nach Hause. Seitdem mein Vater verstorben ist, verbringe ich meinen Urlaub bei meiner Mutter. Ich war das einzige Kind.«

Die Patientin hatte sich mit ihren 38 Jahren den sechsten Partner ausgesucht, zu dem die Beziehung von vornherein zum Scheitern verurteilt war. Eine erfüllende Partnerschaft erlaubte sie sich nicht, weil die Bindung an das Elternhaus zu stark war. Nach der Enttäuschung in der fünften Partnerschaft entwickelte sie schwere depressive Symptome als Reaktion auf ihr ungelebtes Leben.

Die Depressivität entsteht aber auch zu einem wesentlichen Anteil aus dem Blick in die Vergangenheit. Es wird die Kindheit herbeigesehnt. Die Sehnsucht nach dem »verlorenen Paradies« bleibt ungestillt, da kaum einer bereit und in der Lage ist, die Wünsche nach vollkommener Liebe zu erfüllen. Die Vergangenheit wird idealisiert, die Gegenwart verneint. Eine unbestimmte Sehnsucht, die Suche nach dem Anderen und eine innere Unruhe sind Symptome unverrichteter Trauer. Es ist die Trauer um die vergangene Kindheit, die als angenehm und harmonisch erinnert wird. Nach einer vergangenen Liebe und einem nicht erreichbaren Zustand der Harmonie und Geborgenheit sehnt sich der Mensch zurück. Lustvoll wird das Sehnsuchtsgefühl dadurch, daß es bekannt ist und Erfüllung verheißt. Dieser Spannungszustand zwischen Wunsch und Verheißung wird jedoch zur Qual, weil eine Lösung und eine Befriedigung in der Gegenwart nicht gefunden werden können.

Goethe teilt uns in seinem Gedicht »An den Mond« seine Sehnsucht nach einer vergangenen Liebe mit[15]:

> »Ich besaß es doch einmal,
> was so köstlich ist!
> Daß man doch zu seiner Qual
> nimmer es vergißt.«

Wir wissen, daß Goethe bis zum vierzigsten Lebensjahr seine Sehnsucht nach Liebe und Sexualität nicht gestillt hatte. Bis dahin hatte er sich nicht »zu den Müttern« gewagt.

Das Sehnsuchtsgefühl empfindet Goethe als qualvoll, da es keine Erfüllung in der Gegenwart gibt. Durch die überstarke Bindung an seine Mutter und eine ambivalente Beziehung zu seinem Vater wurde er lange daran gehindert, sein Bedürfnis nach Liebe in der Gegenwart zu stillen.

Auch der Revolutionär und Dichter Harro Harring war Zeit seines Lebens von der unerfüllten Sehnsucht nach Liebe erfaßt.[*] Sein Gedicht »Blicke ins Leben« gibt uns Aufschluß über den Zusammenhang zwischen der Suche nach der Vergangenheit und Depressivität[16]:

> Blicke ins Leben
>
> Des Leidens Irrlicht leidend nachgeeilt,
> versinkst du stets in stumme, bittre Tränen? –
> Verscheuch das Bild, auf dem das Auge weilt,
> bekämpfe kühn des Herzens ew'ges Sehnen.
> Vergangenheit sei eine stille Gruft,
> die Gegenwart des Lebens Blütenflur!
> Es hüll' die Zukunft uns in Balsamduft,
> der Götterfreuden sich're Spur!
>
> Das Hingewelkte ist so reich an Lust;
> Ein hoher Reiz liegt im vergangenen Leiden!
> Erinn'rung ist der Balsam unsrer Brust,
> Am Toten auch kann sich das Auge weiden!
>
> Das Tote ist dem Menschen hier verloren;
> und treu umschling es die Vergessenheit.
> Für diese Welt ist hier der Mensch geboren
> und schnell verrinnt des Daseins kurze Zeit.
> Nur einmal ziehn des Lebens rasche Fluten
> vorüber; und es hält sie keine Macht. –
> sie flammen lodernd auf, der Freude Gluten:
>
> und schnell umhüllt sie uns des Grabes Nacht.
> Wohl dem, dem sich das Bild des Lebens zeigte
> in blühender, in lächelnder Gestalt,
> der nie den Blick auf düstre Bilder neigte,
> bei denen schnell der Freude Ruf verhallt. -
> Ein jedes Aug' erblickt in anderm Licht
> des Lebens Bild. – In manchem Busen wohnet
> ein trauernd Herz und eint mit dem sich nicht,
> dem des Genusses hohe Fülle lohnet.«

---

[*] Siehe Kapitel 23: Die Angst vor Nähe im Leben des Revolutionärs und Dichters Harro Harring.

»Das Hingewelkte ist so reich an Lust: Ein hoher Reiz liegt im vergangenen Leiden!« Auch Harro Harring ist unfähig, seine Liebe aus der Vergangenheit zu lösen. Unverrichtete Trauer, eine symbiotische Beziehung zu seiner Mutter und eine negative Vateridentifikation haben ihn daran gehindert, eine dauerhafte und tragfähige Beziehung zu einer Frau einzugehen.

Der Symbiotiker wird einsam und depressiv, weil er Angst vor dem Leben hat und sein Lebenskreis durch das verinnerlichte »Gefängnis seines Elternhauses« stark eingeschränkt ist.

Die Depressivität kann sich bis zur Suizidalität steigern, indem regressive Phantasien übermächtig werden oder der Versuch, die Symbiose aufzulösen, scheitert. Der Befreiungsversuch wird schuldhaft erlebt, so daß er in Selbstbeschädigung oder Selbstmord münden kann.[*]

Trennung der Symbiose heißt auch für die *Eltern* Abschiednehmen und Trauer erleben, wie das nächste Beispiel zeigen mag:

Die Mutter eines 18jährigen Sohnes suchte meine Sprechstunde wegen schwerer Depressionen auf. Ihr Sohn war an einer unheilbaren Krankheit erkrankt. Da die Mutter mit diesem Sohn eine unbewußte, geistig-erotische Verbindung eingegangen war, bedeutete für sie der bevorstehende Tod ihres Sohnes den Verlust einer Intimität, die sie eigentlich mit ihrem Ehemann hätte haben sollen. Doch diesen bezeichnete sie als einen unausstehlichen Beamten, mit dem sie nur noch des Geldes wegen zusammen sei.

Während sie ihren Sohn idealisierte und mit ihm wie in einer uneingestandenen und unbewußten Verliebtheit lebte, wertete sie ihren Mann ab. Die Auflösung der Symbiose, nun durch den bevorstehenden Tod des Sohnes gewaltsam herbeigerufen, führte bei der Mutter zu einer tiefen Depression.

9.10 Sucht

Am Beispiel einer Suchtform – der Bulimie – werde ich im nächsten Kapitel auf die Entstehung und die Psychodynamik der Suchtpersönlichkeit eingehen. Die Bulimie ist wie die anderen Süchte auch ein vielschichtig determiniertes Symptom bei persistierender Symbiose.

9.11 Suizidalität

Siehe Kapitel 17: Symbiose und Suizid, S. 144.

---

[*] Siehe Kapitel 17: Symbiose und Suizid.

9.11 Suizidalität

Literatur

1. Schiff, J.: Cathexis Reader, Harper – Row Verlag, New York, Evanston, San Francisco, London (1975)
2. Jung, C. G.: Die Archetypen und das kollektive Unbewußte, Walter Verlag, Olten und Freiburg im Breisgau (1976), S. 106
3. Kohut, H.: Überlegungen zum Narzißmus und zur narzißtischen Wut, Psyche 6 (1973), S. 514–554
4. Kohut, H.: Die Heilung des Selbst, Suhrkamp Verlag, Frankfurt a. M. (1978), S. 268
5. Kernberg, O. F.: Borderline-Störungen und pathologischer Narzißmus, Suhrkamp Verlag, Frankfurt a. M. (1978), S. 268 u. 270
6. Kohut, H.: s. 3
7. Stierlin, H.: Eltern und Kinder, Suhrkamp Verlag, Frankfurt a. M. (1976)
8. Stierlin, H.: Adolf Hitler, Suhrkamp Verlag, Frankfurt a. M. (1975)
9. Flöttmann, H. B.: Zur Psychologie der Gewalt, Über den Ursprung von Fanatismus, Faschismus und Terrorismus, TW Neurologie Psychiatrie 5 (1991), S. 377–388
10. Groddeck, G.: Psychoanalytische Schriften zur Literatur und Kunst, Fischer-Verlag, Frankfurt a. M. (1978), S. 140–164
11. Reich, W.: Die Funktion des Orgasmus, Kiepenheuer – Witsch Verlag, Köln (1987), S. 87
12. Jung, C. G.: Symbole der Wandlung, Walter-Verlag, Olten und Freiburg im Breisgau (1981), S. 496
13. Kernberg, O. F.: s. 5
14. Rohde-Dachser, C.: Das Borderline-Syndrom, Hans Huber Verlag, Bern, Stuttgart, Wien (1979)
15. Goethe, J. W. In: Deutsche Gedichte. Echtermeyer, von Wiese, August Bagel Verlag, Düsseldorf (1965), S. 211–212
16. Harring, H.: Dichtungen, Schlesw.-Königl.Taubstummen-Institut, Schleswig (1821), S. 60–61

10 Bulimie

10.1 Vorbemerkungen

a) Definition

Das Wort Bulimie stammt aus dem Griechischen und bedeutet Ochsenhunger (Bous = Ochse, limos = Hunger). Unter Bulimie ist eine anfallsartige Eßsucht zu verstehen, die im Zusammenhang mit einer ungelösten symbiotischen Bindung an die Eltern auftritt. Die typischen Merkmale symbiotischen Verhaltens sind in unterschiedlicher Ausprägung zu finden.

b) Diagnostische Kriterien der Bulimie

Für eine Diagnose der Bulimie sind folgende Kriterien ausschlaggebend:

- Unbezwingbare Anfälle von Heißhunger
- Gewichtskontrolle durch Erbrechen, Hungern oder Laxantien
- Erkennen des abnormen Eßverhaltens und die Unfähigkeit, dieses bewußt zu beenden
- Depressive Verstimmungen und Selbstabwertung nach Heißhungerattacken
- Die Eßanfälle sind nicht auf eine Anorexie oder eine andere somatische Krankheit zurückzuführen.

c) Häufigkeit

Die Bulimie tritt bei etwa 1 bis 3 % der Frauen auf[1,2]. Auch Männer sind von dieser psychosomatischen Erkrankung betroffen: Das Verhältnis Männer zu Frauen beträgt 10 zu 90[3].

Manche Menschen schämen sich dieser Eßstörung, so daß sie zum Teil weder ihrem Arzt noch ihrem Partner davon berichten. Auch in der psychotherapeutischen Behandlung wird das Symptom manchmal aus Scham heraus verschwiegen.

d) Körperliche Störungen bei Bulimie

Es können im Verlauf einer Bulimie folgende Störungen auftreten:
- Störungen des Elektrolythaushaltes
  - Hypokaliämie (Kaliummangel)
  - Schwächegefühl, Müdigkeit
  - Konzentrationsmangel
  - Herzrhythmusstörungen
  - Tetanische Anfälle
  - Dehydratation (trockener Mund und trockene Lippen)
- Amenorrhoe, Ovulationsstörungen
- Neurotransmitterstörungen
- Hyperplasie der Glandula-Parotis (Übergröße der Speicheldrüse)
- Dilatation des Magens (Erweiterung)
- Sodbrennen
- Erosion des Zahnschmelzes
- Stearrhö (Fettdurchfall)

10.2 Zwei Fallbeschreibungen

Erstes Beispiel: Eine 30jährige Studentin

Eine 30jährige Studentin kam wegen anfallsartig auftretender Eßstörungen, Partnerschaftsschwierigkeiten und depressiver Verstimmungen in meine Behandlung.

Sie berichtete über sich: »Mein unkontrolliertes Eßverhalten begann in der Pubertät mit dreizehn Jahren. Für mich ist das Essen eine Art von Ersatzbefriedigung: Hauptsächlich steckt die Angst dahinter, nicht genug Liebe und Anerkennung zu bekommen bzw. mir selbst nicht genug Kraft durch Selbstvertrauen in die eigene Stärke und Fähigkeiten geben zu können. Mir fällt dazu ein, daß ich aber immer Mittelpunkt der Familie gewesen bin. Ich glaube, meine Eltern haben mich zu wichtig genommen, ich war zu oft und zu sehr Zentrum ihrer Aufmerksamkeit. Meine Eltern haben zuviel Wert darauf gelegt, daß ich ›lieb‹ bin, sie hätten mir mehr Grenzen setzen sollen und weniger Traumwelten vermitteln sollen. Bei uns wurde alles in Liebe gekleidet.«

Ich habe beobachtet, daß sich meine Freßanfälle bei folgenden Anlässen zeigen:
- In Situationen, die ich durchstehen muß, die unabänderlich sind (eine größere Hausarbeit, Verlust eines geliebten Menschen).
- Wenn ich Einsamkeit empfinde und Sehnsucht in mir spüre.
- Die Eßsucht tritt nach gesellschaftlichen Ereignissen auf, wenn ich eine Leere in mir fühle, die ich dann mit Essen füllen muß. Es ist ein furchtbares Gefühl, nach so einem schönen Fest wieder allein zu sein.
- Nach Enttäuschungen (z. B. eine Verabredung ist geplatzt) und nach Niederlagen
- Bei starker Anspannung esse ich zuviel, um mich zu beruhigen.

Meine Mutter ruft oft an und beklagt sich über die häufigen Streitigkeiten mit meinem Vater. Neulich sagte sie mir, daß sie sich sehr nach mir sehne und ihre Wochen ohne mich so einsam seien. Anschließend hatte ich Schuldgefühle, daß es mir im Moment so gut geht. Dabei will ich gar nicht mehr ›Kompensationsobjekt‹ sein für sie. Sie sollte ihre Liebe auf einen Mann richten.«

Bei dieser Patientin waren vier Merkmale besonders auffallend:
1. Die tiefe Bindung an die Eltern, aber auch an den Bruder
2. Die Beziehungsstörung zu Männern
3. Die Unsicherheit in der Rolle als erwachsene Frau
4. Die aggressive Gehemmtheit

Ihre Bindung an die Familie, ihre mangelnde Durchsetzungsfähigkeit in engen Beziehungen und ihr kindhaft-gefallenwollendes Verhalten führten zu immer wiederkehrenden Partnerschaftsschwierigkeiten. Sie litt an Einsamkeit, einer starken Sehnsucht nach Liebe, unter depressiven Verstimmungen, Minderwertigkeitsgefühlen und Arbeitsstörungen.

Zweites Beispiel: Eine 24jährige Studentin

24 Jahre alt war eine junge Studentin der Wirtschaftsakademie, als sie mich wegen ihrer quälenden Eßsucht aufsuchte. Diese war aufgetreten, nachdem sie eine Freundschaft mit einem jungen Mann begonnen hatte.

Sie beschrieb den Zustand vor dem Eßanfall als: »wachsende Unruhe, die sich bis zur völligen Unkonzentriertheit steigert. Meine Gedanken wandern immer ums Essen, so daß ich einen Kampf gegen diese Gedanken führe, bis jede geistige Kontrolle versagt. Oft habe ich vorher Depressionen, Unlust, Langeweile und Unzufriedenheit. Es ist wie ein Dahintreiben. Kurz vor dem eigentlichen Anfall überlege ich, was ich als ›Grundlage‹ essen könnte, damit die Kalorien nicht so anschlagen. Während des Essens fühle ich mich stark. Keiner kann mich kontrollieren. Ich esse so viel ich will! Jetzt habe ich endlich meine Ruhe. Jetzt bin ich nur für mich da. Alle können mich mal. Wo ist meine Schokolade, ›die Droge‹?«

Auch diese Frau litt unter mangelnder Selbständigkeit, Passivität, Depressivität, der Neigung, es allen recht zu machen und unter Selbstwertzweifeln. Sie fühlte sich gegenüber ihrer Mutter, ihrem Vater, der Großmutter und dem Bruder verpflichtet, indem sie versuchte, Konflikte von ihnen fernzuhalten und sich für sie aufzuopfern. Ihr Studentenleben war freudlos mit Vorlesungen und Lernen ausgefüllt, auch am Wochenende saß sie zusammen mit ihrem Freund zuhause, der ebenfalls lernte.

10.3 Bulimie als Ausdruck einer Suchtproblematik

Sucht ist definiert als »unabweisbares Verlangen nach einem bestimmten Erlebenszustand. Diesem Verlangen werden die Kräfte des Verstandes untergeordnet. Es beeinträchtigt die freie Entfaltung einer Persönlichkeit und zerstört die sozialen Bindungen und die Sozialchancen eines Individuums«[4].

Nach dieser Definition ist die Bulimie gleichfalls in die Reihe der Süchte einzuordnen[5], auch wenn leichte Formen der Bulimie nicht immer mit einer Zerstörung, sondern eher mit einer Einschränkung der Sozialchancen eines Individuums einhergehen.

Selbstzerstörung tritt ein, wenn sich z. B. körperliche Störungen nachweisen lassen, suizidale Tendenzen sich manifestieren oder Depressivität, Einsamkeit und Angstzustände vorherrschend werden[6,7]. Auch andere Suchtformen werden bei der Bulimie häufiger angetroffen[8,9].

Sucht ist immer auch eine Suche nach der Vergangenheit, dem narzißtischen Primärzustand, dessen Erreichen Zufriedenheit und Glückseligkeit verspricht[10]. Matussek spricht vom »Bedürfnis nach Wiederherstellung der ursprünglich an der Mutter erfahrenen Dualunion« ... und »den Versuchen, die durch die Welt ständig versagte infantile Begegnungseinheit wiederherzustellen«[11]. Das Bestreben nach Wiederherstellung der kindlichen Einheit mit der Mutter nimmt überhand und dient dem Rückzug aus der Welt, in der Eigenständigkeit und Verantwortung, entweder im beruflichen oder privaten Bereich, vermieden werden[12].

Fällt die Trennung von der Mutter, die Auflösung der Symbiose zu schwer und gelingt sie nicht, sind damit Schwierigkeiten verbunden: »Entwicklungshemmungen, Identitätsprobleme, Mangel an Kreativität, Depression, suizidale Tendenzen, Sucht. Bei extrem regressiven symbiotischen Tendenzen kann der Wunsch bestehen, in den Mutterleib zurückzukehren oder einfach zu sterben. Das kann sich in Suizidtendenzen äußern oder auch in psychosomatischen Problemen«[13].

Auch andere Autoren sehen in der Sucht den Versuch, auf die Stufe eines Säuglings zu regredieren und mit der Mutter zu verschmelzen[14,15,16,17,18,19].

Dem extrem regressiven und symbiotischen Verlangen nach dem narzißtischen Primärzustand entspringt teilweise auch die Eßsucht: einer der ersten Reflexe des Neugeborenen ist das Schreien nach der Mutterbrust. Hat es diese zur Genüge gekostet, ist es schlagartig zufrieden und erfreut uns mit einem seligen Lächeln der Zufriedenheit und des Glücks. Diesen Zustand versucht der an der Bulimie Erkrankte zu erreichen, um seine innere Unruhe loszuwerden, seine Unzufriedenheit, seine Einsamkeit, seine Trennungsängste und die Angst vor Aggressivität.

Er regrediert für Minuten auf die Stufe eines Säuglings, er sucht die vergangene Mutterbrust, Symbol der Mutter.

Der Bulimiker kann sich wie der Drogenabhängige zu jedem Zeitpunkt, an dem er durch erhöhte innere Spannung und Unruhe dazu getrieben wird, die Nahrung, die »spendende Mutterbrust« einverleiben.

»Mit der jederzeitigen Verfügbarkeit von Nahrung, die damit die Funktion eines Übergangsobjektes oder Fetisch bekommen kann, wird sich Unabhängigkeit von der Außenwelt verschafft. Nahrung ist als warme, weiche, süße Sache unbewußt von polyvalenter, symbolischer Bedeutung. So kann substitutiv realer und vermeintlicher Objektverlust aufgehoben, passager Verschmelzung mit einem idealisierten Objekt erreicht werden, mit der Erfahrung von Macht und Stärke«[20].

Das Suchen nach Nahrung – nach der Mutter – wird jedoch derartig vorherrschend und quälend, daß es von einem Besitz ergreift: der positive Aspekt der großen Mutter, die Nahrung[21], nimmt einen negativen Charakter an. Der Betroffene fühlt sich seinen Eßanfällen und dem ständigen Denken an das Essen hilflos und ohnmächtig ausgeliefert. Das Gefühl der Hilflosigkeit und der Ohnmacht stammt aus der Vergangenheit, in der die Mutter als zu beherrschend und besitzergreifend erlebt wurde, so daß Eigenständigkeit und Selbstbehauptung nicht erlernt werden konnten. Hilflos und ohnmächtig ist der Bulimiker den zwangs- und suchtartigen Gedanken an das Essen erlegen. Freiheit von den alimentären Zwangsgedanken besteht erst nach Auflösung der Symbiose.

Daß Zwang und Sucht miteinander verwandt sind, berichtet Simmel in seinem Artikel »Zum Problem von Zwang und Sucht«[22]. Auch Fenichel teilt mit, daß »manche der rauschmittellosen Süchte von Zwängen kaum zu unterscheiden sind«[23].

10.4 Bulimie als aggressives Symptom

Während vor dem Eßanfall zwanghaft erlebte Eßimpulse den Kranken beherrschen, verschlingt er anschließend mit vehementer, oraler Aggressivität die Nahrung. Aggressive Impulse, die sich ursprünglich gegen eine übermächtige Mutter richteten, die aber verdrängt wurden, wenden sich nun gegen die Nahrung[24,25]. Nach Zeiler »ist der Suchtstoff als Übertragungsobjekt aufzufassen, zu dem der Süchtige eine ambivalente, von verdrängtem Haß mitgeprägte Beziehung von Partialobjektcharakter entwickelt hat«[26].

Ziolko sieht in der Eßsucht eine Abwehrfunktion von aggressiven Impulsen: »Die in der oralen Ambivalenz aktivierten destruktiven Impulse – lassen Schreckenerregenderes vermeiden gemäß dem exemplarischen Kommentar einer Patientin: ›Ich wollte nur fressen, kotzen und kaputtmachen. Alles, was ich will, ist Zerstörung‹«[27].

Einen direkten Zusammenhang zwischen dem Symptom Bulimie und verdrängter Aggressivität läßt folgende Begebenheit erkennen, die eine 23jährige Mutter im Verlauf ihrer Psychotherapie erlebt hatte:

»Neulich ist mir etwas Furchtbares passiert. Ich las meinem Sohn etwas vor. Plötzlich überkamen mich das Bedürfnis und die Vorstellung, daß ich ihn mit einem Betttuch würgen muß. Ich bekam einen großen Schrecken, habe es dann aber nicht getan, sondern ihm nur die Hände gedrückt. Anschließend war ich sehr nett zu ihm. Ich bin sehr bestürzt über meine Gedanken und mein Handeln. Ich schäme mich sehr. Es ist furchtbar. Ich habe starke Schuldgefühle.«

Ich klärte sie über die psychodynamischen Zusammenhänge ihrer Handlung auf. Ich ermutigte sie, frei von Schuldgefühlen, aggressive Phantasien zuzulassen und Aggressivität in ihre Persönlichkeit zu integrieren, ohne sich und anderen zu schaden.

Eine Woche später berichtete sie spontan, daß sie seit dieser Therapiestunde ein deutliches Nachlassen ihrer Eßanfälle bemerkt habe. Dieser Erfolg ist jedoch nur kurzfristig gewesen.

10.4 Bulimie als aggressives Symptom

Mangelnde Abgrenzung von den Eltern zeigt sich immer wieder in den Träumen von Patienten mit Bulimie. In einem ihrer Träume entdeckt eine 25jährige Studentin ihre Selbständigkeit und den Mut, sich gegenüber der Mutter aggressiv zu behaupten:

»Ich war in einem Kaufhaus und wollte mir einen Schirm kaufen. Meine Mutter war dabei. Ich stand vor einem Wandregal voller Schirme in allen Variationen. Ich probierte alle möglichen aus. Meine Mutter gab mir dauernd Ratschläge und sagte: ›Nimm doch den oder den.‹ Ich wurde immer nervöser und unruhiger. Das ganze wurde zum Alptraum. Ich wußte nicht mehr, für welchen ich mich entscheiden sollte. Plötzlich fiel mir ein, daß ich mir ja bereits am Tag vorher einen schönen Schirm gekauft hatte. Ich wurde unheimlich wütend und schrie meine Mutter an, sie solle endlich ihren Mund halten und mich in Ruhe lassen. Ohne sie wäre ich viel ruhiger und wäre nicht so kopflos geworden.«

Nachdem die Patientin diese Problematik, die sich auch gegenüber ihrem Vater und ihrem Ehemann zeigte, durchgearbeitet hatte und sie ihre Aggressivität verbalisieren konnte, verschwand das Symptom Bulimie nach 2 Monaten Behandlungsdauer.

Im Verlaufe ihrer Therapie hatte die 30jährige Studentin vom ersten Fallbeispiel einen Traum, der ihre zunehmende Fähigkeit, sich aggressiv abzugrenzen, verdeutlicht:

»Ich träumte, daß ich beschließe, mit meinen Eltern und meinem Bruder zum letzten Mal in den Urlaub zu fahren. Ich tu's auch und habe ein schlechtes Gewissen. Schon nach zwei Tagen ist es unerträglich mit den Dreien. Sie wollen mich ständig dazu bringen, allen möglichen Kleinkram so zu erledigen, wie sie's gern hätten. Auf einmal reißt mir der Geduldsfaden und ich ohrfeige erst meinen Vater, dann meine Mutter, dann meinen Bruder und rufe: ›Mir reicht's jetzt! Laßt mich in Ruhe!‹ Ich fahre zurück nach Kiel.«

In ihr Tagebuch hatte sie folgendes geschrieben: »Ich wache ganz erstaunt auf, daß ich meiner Familie Ohrfeigen erteilt habe. Ich bin stolz darauf, denn ich sehe es als eine innere Befreiung an, zumal ich ja den geplanten, gemeinsamen Urlaub nun abbreche. Ich werde allein was unternehmen.«

Einen Reifungstraum berichtete die gleiche Studentin einige Wochen später:

»Zusammen mit meinem Bruder und meiner Mutter bin ich auf einem Friedhof: es ist dunkel und morastig. Überall sind Kreuze. Ich will aus dieser Gegend heraus.

Meine Mutter macht Pralinen. Ich esse ganz viele. Sie haben eine lähmende Wirkung auf mich. Doch dann gehe ich weiter. Vor mir liegt ein grauer, schlammiger Tümpel. Ich muß hier durch, um ans Tor auf der anderen Seite zu gelangen. Mein Bruder ist schon drüben und winkt. Als ich durchwaten will, tauchen riesige Echsen auf und schlagen mit den Schwänzen um sich! Ich habe große Angst durchzugehen.

Dann kommt ein Hund und bellt. Er riecht, daß ich schwanger bin und durch seine Laute versucht er, mich vor den Tieren zu beschützen.

Tatsächlich rollen sich die Echsen zur Seite und ich kann durch den Morast waten. Als ich drüben bin, fühle ich mich befreit und wundere mich, warum ich so viel Angst hatte, da es doch pflanzenfressende Mini-Dinosaurier und kleine Krokodile waren. Ich hätte zu ihnen rufen sollen, daß ich schwanger sei, dann hätten sie mich sofort durchgelassen.«

Der Friedhof hat eine vielfältige Bedeutung. Er ist der Ort des Todes, des Begrabenseins, des ewigen Friedens, der verschlingenden Erde, die die Menschen in sich aufnimmt, um sie für immer in einem Sarg einzuschließen. Die Symbolik des Verschlingend-Mütterlichen wird durch den Sumpf und das Kreuz verstärkt[28]. Die Frau will aus der Gemeinsamkeit mit ihrer Mutter heraus. Sie will die Symbiose zu ihr auflösen. Fast hätte die Mutter es geschafft, ihre Tochter weiterhin abhängig und passiv zu halten, indem sie ihr lähmende und süße Geschenke macht. Doch der Wille zur Trennung ist auf Seiten der Tochter stärker. Wieder tauchen Gefahrenmomente auf, die sie zurückhalten könnten: Der schlammige Tümpel, durch den sie hindurch muß, um durch das Tor, ebenfalls Symbol für Mutter, in die Freiheit zu gelangen. Ihr Bruder, der anstelle des Vaters steht, soll ihr einerseits helfen, sich aus der engen Verbindung zur Mutter zu befreien, andererseits offenbart die Bruderliebe, die eine verdrängte Liebe zum Vater darstellt, eine ödipale Problematik. Die Hinwendung zum Vater, zum Mann, ist ein notwendiger Schritt, damit sie sich von ihrer Mutter lösen kann. Sie hat es jedoch nicht leicht: riesige Echsen, die ihre oral-aggressive Triebangst symbolisieren, versperren ihr den Weg. Die Echse ist jedoch nicht nur Symbol für orale Aggressivität, sondern auch für phallisch-männliche Aktivität, wie das Bild von den schlagenden Schwänzen verdeutlicht. Die Echse ist Symbol für Kraft, Energie, Aggressivität, Macht und Sexualität. Vor diesen Bereichen hat die Frau so starke Angst, daß sie diese auf dem Weg zu ihrer Autonomie vermeiden möchte. Doch ein Hund, ein Symbol für das Fürsorgliche und Rettende in ihrer Persönlichkeit, aber auch für Aggressivität, kommt ihr zu Hilfe. Er schafft es, die Tiere von ihr fernzuhalten.

Sie hat den bisher verdrängten Aspekt des Negativ-Mütterlichen und des Verschlingenden in ihr Bewußtsein drängen lassen und die Angst davor zulassen können. Immerhin kann sie Aggressivität – zumindest im Bereich der Traumwelt – erleben, auch wenn sie die Krokodile und die Echsen anschließend verkleinern muß.

Die Schwangerschaft deutet an, daß in der Patientin etwas Neues wächst, das eines Tages eine Frau sein wird, die sich nicht mehr zu verniedlichen braucht, sondern die über ihre eigene Kraft und Stärke, ihre Aggressivität und Sexualität verfügen kann.

10.5 Bulimie als Symptom unterdrückter Sexualität

Hingabe der gesamten Persönlichkeit ist der Bulimikerin verwehrt, da sie sich aus Angst vor plötzlichem Autonomieverlust gar nicht oder nur teilweise fallen lassen kann. Habermas und Müller[29] beschreiben eine »interpersonale Abwehr« von sexuellen Wünschen und eine Abwehr von Intimität. Verstehen wir unter Sexualität nicht die reine Triebhaftigkeit, sondern auch sexuelle Hingabe im Sinne von Wilhelm Reich[30], so ist es richtig, bei der Bulimie von einer sexuellen Gehemmtheit zu sprechen.

Ödipale Konflikte und das schlechte Gewissen, Sexualität zu bejahen und sich in eine sexuelle Beziehung einzulassen, die Liebe, Zärtlichkeit und Hingabe einschließt, offenbaren die Träume von Bulimikerinnen, hier wieder am Beispiel der 30jährigen Studentin:

»Neben mir steht drohend eine mächtige Matrone mit bösem Blick und will mich verschlingen. Sie hat einen riesigen Busen und stemmt ihre Hände in die breiten Hüften. Ich stehe winzig klein und ängstlich da.«

Die Neigung der Studentin, sich gegenüber der Mutter klein zu machen und sich infantil in Gestik und Stimme zu verhalten, ist in diesem Traum zu erkennen. Die mächtige Matrone ist auch ihr eigener, verdrängter Persönlichkeitsanteil, vor dem sie sich immer noch fürchtet. Nachdem sie es geschafft hatte, sich von der Mutter zu lösen, selbstsicherer und auch fordernd aufzutreten, wagte sie erste Schritte in Richtung Freundschaft zu einem Mann, der ihre Liebe erwiderte. Während dieser Therapiephase träumte sie mehrmals von ihrem Vater:

»Meine Mutter ist gestorben und es gibt ein großes Durcheinander. Dann sehe ich mich mit einem schönen, zärtlichen Mann im Bett. Plötzlich kommt mein Vater an die Tür und will wegen der Beerdigung meiner Mutter mit mir reden. Ich reagiere nicht. Zu meinem Liebsten sage ich: ›Ein Glück, daß ich abgeschlossen habe!‹

Mein Vater ruft wieder nach mir. Er weiß ja, wo ich bin und fragt: ›Wo steckst Du bloß, was machst Du denn da?‹ Ich rufe: ›Ich ruhe mich aus!‹

Da tritt mein Vater die Tür ein. Er ist ganz verdutzt, zwei vorzufinden. Ich bin böse und sage: ›Was soll denn das! Ich habe doch gesagt, ich will meine Ruhe haben!‹ Er antwortet: ›Das kann ich doch nicht wissen.‹

Mein Vater ist entsetzt, daß ich gleich nach dem Tod meiner Mutter mit einem Mann schlafe.«

Hier erkennen wir die enge und erotisch gestaltete Bindung an ihren Vater. Von ihrer Mutter hat sich die Patientin im Verlauf der Therapie weitgehend gelöst. Es gelingt ihr im Traum, den ödipalen Konflikt zu überwinden, indem sie sich auch ihrem Vater gegenüber abgrenzt und trotz ihres schlechten Gewissens sich einem Mann zuwendet.

Nach Ziolko »liefert das heimliche Vielessen und Verschlingen in seiner alimentär-orgastischen Qualität lustvolle (Ersatz-) Befriedigung«[31]. Auch Wurmser ist der Meinung, daß die »Beschäftigung mit konflikthafter Sexualität« auf die Nahrung verschoben wird[32]. Das Konzept der Triebverschränkung läßt sich nach meinen Beobachtungen nicht bei allen Bulimikern nachvollziehen. Fünf der sechs Bulimikerinnen hatten regelmäßige, sexuelle Kontakte und litten dennoch unter Bulimie. Es bestanden bei ihnen ungelöste ödipale Konflikte und Angst vor Autonomieverlust, so daß sie ein volles Erleben ihrer Sexualität nicht erreichen konnten. Entweder gingen sie enge, symbiotisch gestaltete Beziehungen ein, in denen die Sexualität zeitweilig zum Erliegen kam oder aber sie suchten aus Angst vor Nähe außereheliche Verhältnisse.

Die Angaben in der Literatur unterscheiden sich in bezug auf die sexuellen Erfahrungen bulimischer Frauen. Während Habermas und Müller[33], ebenso Paul, Brand-Jacobi und Pudel[34] eher eine verminderte sexuelle Erlebensfähigkeit bei Bulimie-Patientinnen anführen, bezeichneten nach dem Umfrageergebnis von Brand-Jacobi und Pudel[35] mehr als zwei Drittel der Befragten ihren Sexualverkehr entweder als eher angenehm (27 %) oder sogar als uneingeschränkt angenehm (46 %). Es ist aber zu hinterfragen, inwieweit hier Wunschvorstellungen und eine Verleugnung sexueller Schwierigkeiten die Umfrageergebnisse beeinflußt haben. Hinzu kommt, daß tiefer liegende Konflikte mit Hilfe von Fragebögen kaum erfaßt werden können.

10.6 Bulimie als Symptom von Trauer

In der Phase der Ablösung vom Elternhaus und der Auflösung der Symbiose tritt Trauer in Form von unbegründetem Weinen und Depressivität auf. Auch Habermas und Müller verzeichneten in ihrem Artikel über das Bulimiesyndrom »bei allen Patienten ... die Angst vor Trennung und Verlust«[36]. Erhöhte Verletzbarkeit und Kränkbarkeit mit einer Neigung zu Wutanfällen begleiten den schmerzhaften Trennungsprozeß von den Eltern. »Diese Ablösung wird durch eine mit der Trauerarbeit vergleichbare Arbeit erreicht und sie wird als schmerzhafter Verlust erlebt. Dieser Schmerz der Adoleszenz ist genau der Grund, warum die Jugend so stark der Versuchung, Drogen zu nehmen, ausgesetzt ist, und gleichzeitig ist dies auch der Grund, warum Jugendliche es sich nicht leisten können, Drogen zu nehmen, ohne die Vollendung der Trauer- und Ablösungsarbeit der Adoleszenz zu stören«[37]. Trauer kann derartig hohe Spannung und Unruhe erzeugen, ebenso wie der Gewissenskonflikt zwischen Heteronomie und Autonomie, daß sich der Heranwachsende zu einem Suchtmittel flüchtet[38,39]. Bei der Bulimie versucht er, den Trennungsschmerz durch Nahrungsaufnahme zu lindern.

In dem nun folgenden Traum nimmt die 30jährige Bulimikerin vom ersten Fallbeispiel schweren Herzens von ihrer Mutter Abschied:
»Ich träume, daß ich mit zwei sehr alten Menschen in einem kleinen, mir unbekannten Zimmer bin, in dem aber mein Kinderbett steht. Ich habe Angst um die 92 Jahre alte Frau und schon bekommt sie einen Krampf im Herzen. Sie sinkt zu Boden. Ich schreie: Nein, nein, Mami, Mami! Nebenan ist eine Krankenschwester, nach der ich rufen möchte; aber ich weiß: es ist Zeit ist, daß meine Mutter stirbt.

Meine Mutter hat sich ein neues Zuhause gebaut mit neuen Stützpfeilern und Tiersäulen im Wohnzimmer. Alles ist lila mit Kissen und Decken ausgelegt. Anfangs nörgele ich herum. Am Ende gefällt mir alles sehr und ich schäme mich nur über mein Verhalten, daß ich ihrem Geschmack mißtraute und ihre Eigenständigkeit als schmerzhaft empfand. Dann sehe ich tolle Essensachen, denen ich widerstehen soll. Es fällt mir sehr schwer zu widerstehen. Ich gräme mich. Ich sage mir, daß ich mein Ziel (gesundes Eßverhalten) erreichen möchte und so schön schlank werden will, wie meine Mutter. Dann träume ich von einer wunderschönen, dunklen, sexy Frau.«

In diesem Traum widersteht die Patientin der Versuchung, bei ihrer Mutter – der Nahrung – zu bleiben. Zunächst ist sie traurig über die Trennung, doch ein neues Traumbild tritt in Erscheinung, eine schöne, sexuell attraktive Frau – sie selbst.

10.7 Bulimie als Angstäquivalent

Freud zählt in seinem Artikel »Über die Berechtigung, von der Neurasthenie einen bestimmten Symptomenkomplex als Angstneurose abzutrennen« Äquivalente des Angstanfalles auf, zu denen »Anfälle von Heißhunger, oft mit Schwindel verbunden«, gehören[40]. Freud geht aber nicht weiter auf die Ätiologie der Heißhungeranfälle ein. Bei der Bulimie bestehen typische Konfliktsituationen, die der Bulimiker aus Gewissensangst oder aus Triebangst heraus nicht bewältigt hat. Diese Ängste, die ich im vorherigen eingehend beschrieben habe, drücken sich auch als körperliches Angstäquivalent in innerer Unruhe und in dem Symptom Bulimie aus.

Zusammenfassend lassen sich folgende Ängste aufzeigen:
1. Die Trennungs- und Gewissensangst, sich vom Elternhaus zu lösen und die Selbständigkeit zu erlangen.
2. Die Angst, sich aggressiv gegenüber verschlingenden Eltern zu behaupten.
3. Die Angst vor Hingabe, Nähe und Sexualität.

10.8 Das Erbrechen

Das Erbrechen ist ein häufiges Symptom der Bulimie. Mehr als 64 % führen das Erbrechen immer herbei, 24 % erbrechen häufig[41]. Von den Betroffenen wird die Angst vor Gewichtszunahme als häufigster Grund für das Erbrechen genannt, aber auch ein Ekelempfinden durch intensives Völlegefühl[42]. Die Angst vor Gewichtszunahme ist durchaus gerechtfertigt: wenn man bedenkt, daß die tägliche Kalorienaufnahme der Bulimikerinnen bei 3 000–4 000 oder in 10 % der Fälle bei 9 000 Kilokalorien liegt[43], so sind das Erbrechen und der Laxantienabusus auch vom Verstand gesteuerte Verhaltensweisen. Der Bulimiker würde bald an enormer Fettsucht leiden, machte er nicht die Kalorienaufnahme nach dem Eßanfall wieder rückgängig. Er will das Ausmaß seiner Sucht nicht noch durch Fettsucht vergrößern. Er schämt sich seiner Sucht und spürt das Krankhafte an seinem Verhalten, dem er durch Erbrechen oder durch Laxantiengebrauch entgegensteuern will.

10.9 Psychodynamik des Symptoms Erbrechen

Es gehört zum Wesen der Sucht, daß sich nach dem Rausch ein schlechtes Gewissen und depressive Verstimmungen einstellen. »Die Reinigungs- und Bußzeit (Abstinenzkur) steht im Dienste eines überstrengen Über-Ichs. Dieses, durch die Abstinenzkur versöhnt, gibt – nach Neutralisierung des Schuldgefühles –, die Bahn für den autoerotischen Rauschexzeß wieder frei«[44].

Der Haß und die Verachtung gegen sich selbst gelten ursprünglich einer besitzergreifenden und omnipotenten Mutter, gegenüber der jedoch diese Impulse in der Kindheit unterdrückt wurden. Schuldgefühle, die diesen verdrängten aggressiven Triebimpulsen galten, beziehen sich nun auf die Nahrung. Anna Freud ist in ihrem Werk mehrfach auf die Ursache kindlicher Eßstörungen eingegangen[45, 46, 47]. »Obwohl Nahrung und Mutter vom zweiten Lebensjahr an im Bewußtsein aller Kinder auseinanderfallen, bleibt im Unbewußten des Kindes die Identität der beiden inneren Bilder erhalten. Ein Großteil der Störungen im Eßverhalten des Kindes beruht nicht auf Appetitverlust, vermindertem Eßbedürfnis usw., sondern auf einer gestörten Gefühlseinstellung zur Mutter, die auf die Nahrung, ihr symbolisches Äquivalent, übertragen wird. Ambivalenz gegenüber der Mutter mag sich im Hin und Her zwischen Überessen und Nahrungsverweigerung äußern; Schuldgefühle gegenüber der Mutter und damit verbundene Unfähigkeit, sich an ihrer Zuneigung zu freuen, als Unfähigkeit, sich am Essen zu freuen; Trotz und Feindseligkeit gegenüber der Mutter als Kampf gegen das Gefüttertwerden«[48].

Diese ungelösten, oralen Ambivalenzkonflikte aus der frühen Kindheit aktivieren in der Bulimikerin destruktive Impulse, die schuldhaft erlebt werden. Als Folge der Schuldgefühle erkennt Ziolko »im wesentlichen postmensale Verdrossenheit, vor allem die Gefühle von Schuld, Selbstverachtung und Selbstverurteilung, die das Freßelement ausmachen. Das konsekutive rigorose Hungern und die Eliminierung der aufgenommenen Nahrung durch Erbrechen, auch Abführung, erscheint als eine Art Ungeschehenmachen«[49].

Folgendermaßen beschrieb die 24jährige Studentin der Wirtschaftsakademie (vom zweiten Fallbeispiel) ihren Zustand nach dem Eßanfall: »Es ist wie ein Sprung zurück in die Realität. Nach dem Eßanfall erschrecke ich. Ich habe ein schlechtes Gewissen, daß ich soviel gegessen habe. Ich denke, bloß alles raus, nichts behalten! Kalorien sind tödlich! – Es ist wie eine Sucht.«

Das Erbrechen bedeutet auf der Symbolebene das Externalisieren der »bösen Mutter«. Der negative Aspekt der großen Mutter ist ein häufiges Traumsymbol bei den Bulimikern. Der Haß gegen die »böse Mutter« wird auf die Nahrung verschoben und äußert sich sowohl in dem hemmungslos-gierigen Freßakt als auch im Erbrechen. Die Nahrung wird erbrochen, um sich von ihr – dem negativ gewordenen Aspekt der Mutter – zu befreien. Die Nähe der Mutter – verkörpert durch Nahrung – wird auch als ekelerregend und abstoßend empfunden. Im Erbrechen findet der Bulimiker zunächst scheinbare Befreiung, bis der nächste Eßanfall erfolgt.

10.10 Weitere psychische Symptome bei Bulimie

Eine pathologische Bindung an die Eltern geht häufig mit Angst, Depressivität, Passivität, Kontaktstörungen, aggressiven Durchbrüchen, Selbstzerstörung und mit Minderwertigkeitsgefühlen einher[50, 51, 52, 53].[*] Auch bei Bulimikern kommen diese Symptome vermehrt vor. Gleichfalls treten Selbstwertzweifel, Passivität und Kontaktstörungen auf. Die Bulimie als Symptom eines Ablösungskonfliktes kommt sowohl bei Ich-starken als auch bei Ich-schwachen Patienten vor. Auch angstneurotische Symptome sind häufiger zu finden. Der Versuch, die Bulimie und die Magersucht nach dem äußeren Erscheinungsbild als zwei unterschiedliche Krankheiten zu diffe-

---

[*] Siehe Kapitel 9: Symbiotisches Verhalten.

renzieren, läßt sich von der Psychodynamik her nicht begründen. Sowohl der Bulimie als auch der Magersucht liegen Autonomie- und Beziehungskonflikte zugrunde, die sich lediglich in unterschiedlichen Symptomen äußern.

Die *Vielfalt* der Symptome bei *ungelöster Symbiose* läßt sich *bisher nicht* weiter auf ursächliche Faktoren zurückführen. Auch über die Ursachen der auffälligen Geschlechterverteilung bei der Bulimie sind keine gesicherten Aussagen zu treffen. Wahrscheinlich stehen dem männlichen Geschlecht andere Suchtformen und Bewältigungsstrategien zur Verfügung, den Ablösungsprozeß zu meistern oder ihm auszuweichen.

10.11 Therapie der Bulimie

Die Auflösung der Symbiose ist das therapeutische Ziel.[*] Die Bindung an das Elternhaus ist den Patienten mittels Traumanalyse und Verhaltenstherapie bewußt zu machen[54]. Der Weg aus der Symbiose beinhaltet das Überwinden der aggressiven und sexuellen Gehemmtheit, das Finden der Identität, eine Stärkung des Selbstvertrauens und die Annahme der Rolle als Erwachsener, nachdem Trauer und Trennung zugelassen wurden.

Es sind nicht allein der Widerstand oder die elterliche Bindungsmacht, welche die Therapie der Bulimie so schwierig machen, sondern auch die Vielfalt der anderen Miterkrankungen trägt dazu bei, die Bulimie den aufwendig zu behandelnden Leiden zuzuordnen. Angstzustände, ausgeprägte depressive Verstimmungen, auch Suizidgefährdung, andere Suchtformen, Kontaktstörungen und Störungen der Hingabe- und Bindungsfähigkeit lassen die Therapie der Bulimie langwierig werden. Wie auch andere Suchtkranke sind Bulimiker nicht kurzfristig und lediglich symptomorientiert zu heilen, sondern die Behandlung erfordert 1½ bis 2 Jahre, manchmal 3 Jahre.

Das quälende Symptom der unbeherrschbaren und zwangsartig auftretenden Eßanfälle wird den Patienten für längere Zeit nicht in Ruhe lassen. Dieses ist ihm mitzuteilen, aber auch, daß er das Symptom verlieren wird, wenn er ernsthaft und regelmäßig mitarbeitet. Auf seine Eßproblematik ist immer wieder einzugehen. Ich fordere die Patienten bereits zu Anfang der Therapie auf, die Eßanfälle zu bekämpfen, zu unterdrücken, soweit sie es können. Sie sollen sich loben für normales Eßverhalten, sich jedoch nicht hineinsteigern in Schuldgefühle, falls die Eßanfälle doch nicht beherrschbar waren. Das anfallsartige, zwanghafte Sich-Beschäftigen mit dem Essen und die Eßanfälle selbst sind als Symptom unbewältigter Autonomiekonflikte gegenüber einem zumeist mütterlichen Objekt aufzufassen. Die Macht der Bindung und der regressive Sog äußern sich als Widerstand und Festhalten an den Eßanfällen.

Bereits nach einigen Monaten wöchentlicher Gruppentherapie ist nicht selten zu hören, daß die Eßanfälle gänzlich oder deutlich nachgelassen haben. In diesem Moment spüren die Patientinnen wie auch der Psychiater eine deutliche Erleichterung und erhalten allein hierdurch eine Belohnung für ihr beidseitiges Bemühen.

---

[*] Siehe auch Kapitel 15: Auflösung der Symbiose und Therapie der Angstneurose.

Bulimikerinnen neigen dazu, Schwierigkeiten mit ihrem Partner allein auf dessen Unfähigkeit und Fehler zurückzuführen und sich selber als Opfer der Beziehung zu empfinden. Eigene Passivität, eigene Ohnmacht gegenüber einem verschlingenden und grenzüberschreitenden Objekt werden auf den anderen projiziert. Dieser erhält damit vorwiegend böse und dämonische Charakterzüge. Daher neigen Bulimikerinnen leicht zu Trennungsgedanken, die eine Flucht vor inneren, negativ besetzten Objektbildern darstellen.

Schwierigkeiten sich abzugrenzen, Abwertungen des Partners, Angst vor Nähe oder ein Zuviel an Harmoniebestreben und Störungen der Sexualität treten als Behandlungsthemen im Verlauf der Therapie auf. Sie sind oft als Symptom einer persistierenden Symbiose aufzufassen.

Dem Patienten ist der innere Machtkampf zwischen Autonomie und Heteronomie anhand von Verhaltens- und Traumanalyse immer wieder zu vergegenwärtigen, wobei auf Seiten des Therapeuten auch heftige Gegenübertragungsgefühle auftreten können. Diese richten sich gegen die pathologischen Symptome des Patienten und nicht gegen sein Selbst. Der Therapeut hat sich mit den gesunden Anteilen des Patienten zu verbünden und ihn in seinem Kampf gegen verschlingende und zerstörerische Objektbilder zu unterstützen und ihm Möglichkeiten aufzuzeigen, sich adäquat abzugrenzen oder hinzugeben.

Wenn die Angst vor Aggressivität, vor Nähe und Abhängigkeit und vor der eigenen Identität überwunden ist und die »Sehnsucht nach dem verlorenen Paradies«[55] nachgelassen hat, hat auch die Bulimie ihre Macht verloren.

Literatur

[1] Löwe, B., Herzog, W.: Anorexia und Bulimia nervosa. Eßstörungen aus internistisch-psychosomatischer Sicht. Klinikarzt 11 (1998) S. 295–299

[2] Walsh, B., Devlin, M.: Eating disorders: Progress and problems. Science 280 (1998), S. 1387–1390

[3] Löwe, B., Quenter, A., Wilke, S., Nikendei, C.: Diagnosekriterien und Psychodynamik. In: Herzog, W., Munz, D., Kächele, H. (Hrsg.): Eßstörungen – Therapieführer und psychodynamische Behandlungskonzepte. Schattauer Verlag, Stuttgart, New York, 2. Aufl. (2004), S. 16

[4] Wanke,K.: Zur Psychologie der Sucht. In: Kisker, K. P. (Hrsg.): Psychiatrie der Gegenwart Bd. 3. Springer-Verlag, Berlin, Heidelberg, New York, London, Paris, Tokyo (1987), S. 23

[5] Brand-Jacobi, J.: Bulimia nervosa: Ein Syndrom süchtigen Eßverhaltens, Psychother. med. Psychol. 34 (1984), S. 151–160

[6] Pyle, R. L., Mitchell, J. E., Eckert E. D.: Bulimia: A Report of 34 Cases, J. Clin. Psychiatry 42 (1981), S. 60–64

[7] Simmons, M., Graydon, S., Mitchell, J.: The Need for Psychiatric-Dental Liaison in the Treatment of Bulimia, Am. J. Psychiat. 143:6 (1986), S. 783–784

[8] Pyle, R. L., Mitchell, J. E., Eckert, E. D.: s. 18

[9] Weiss, S., Ebert, M.: Psychological and Behavioral Characteristics of Normal-Weihgt Bulimics and Normal Weight Controls, Psychosom. Med. 45 (1983), S. 293–303

[10] Henseler, H.: Narzißtische Krisen/Zur Psychodynamik des Selbstmords, Rowohlt Verlag, Reinbek (1974), S. 74

[11] Matussek, P.: Zwang und Sucht, Der Nervenarzt 10 (1959), S. 452–456

10.11 Therapie der Bulimie

[12] Weber, K.: Einführung in die psychosomatische Medizin, Hans Huber Verlag, Bern, Stuttgart, Toronto (1984), S. 174
[13] Kast, V.: Wege aus Angst und Symbiose, Walter-Verlag, Olten und Freiburg im Breisgau (1982), S. 111
[14] Rado, S.: Die psychischen Wirkungen der Rauschgifte, Int. Zs. Psychoanal., Bd. XII, Leipzig, Wien (1926), S. 540–556
[15] Simmel, E.: Zum Problem von Zwang und Sucht, 5. Allg. ärztl. Kongr. f. Psychother., Baden-Baden (1930), S. 113–126
[16] Matussek, P.: s. 11
[17] Lürßen, E.: Psychoanalytische Theorien über die Suchtstrukturen, Suchtgefahren 20 (1974), S. 145–151
[18] Fenichel, O.: Psychoanalytische Neurosenlehre, 2. Bd. , Walter-Verlag, Olten und Freiburg im Breisgau (1975), S. 258–265
[19] Krystal, H., Raskin, H.: Drogensucht, Vandenhoeck – Ruprecht, Göttingen (1983), S. 109
[20] Ziolko, H. U., Schrader, H. C.: Bulimie, Fortschr. Neurol. Psychiat. 53, (1985), S. 231–258
[21] Neumann, E.: Die Große Mutter, Walter-Verlag, Olten und Freiburg im Breisgau (1981), S. 269
[22] Simmel, E.: s. 15
[23] Fenichel, O.: s. 18, S. 265–267
[24] Ziolko, H. U., Schrader, H. C.: s. 20
[25] Guiora, Z.: Dysorexia: A. Psychopathological Study of Anorexia Nervosa und Bulimia, Amer. J. Psychiat. 124 (1967), S. 391–393
[26] Zeiler, J.: Ansätze zu einem integrativen Modell der Sucht: Zur Verschränkung von Charakterpathologie und süchtiger Symptomatik, Psychother. med. Psychol. 37 (1987), S. 105–110
[27] Ziolko, H. U., Schrader, H. C.: s. 20
[28] Groddeck, H.: Der Mensch als Symbol, Kindler-Verlag, München (1976), S. 161–162
[29] Habermas, T., Müller, M.: Das Bulimie-Syndrom: Krankheitsbild, Dynamik und Therapie, Nervenarzt 57 (1986), S. 322–331
[30] Reich, W.: Die Funktion des Orgasmus, Kiepenheuer und Witsch Verlag, Köln (1969)
[31] Ziolko, H. U., Schrader, H. C.: s. 20
[32] Wurmser, L.: Die schwere Last von tausend unbarmherzigen Augen, Forum der Psychoanalyse 2 (1986), S. 111–133
[33] Habermas, T., Müller, M.: s. 29
[34] Brand-Jacobi, J.: s. 5
[35] Brand-Jacobi, J., Pudel, V., Paul, Th.: Bulimia nervosa, Münch. med. Wschr. 126 (1984), S. 614–618
[36] Habermas, T., Müller, M.: s. 29
[37] Krystal, H.: s. 31, S. 19
[38] Stierlin, H.: Eltern und Kinder, Suhrkamp Verlag, Frankfurt a. M. (1980)
[39] Kast, V.: s. 13
[40] Freud, S.: Über die Berechtigung, von der Neurasthenie einen bestimmten Symptomenkomplex als Angstneurose abzutrennen. (1895) GW VI, Studienausgabe, Fischer Verlag, Frankfurt a. M. (1971), S. 31
[41] Brand-Jacobi, J., Pudel, V., Paul, Th.: s. 35
[42] Ebenda
[43] Ebenda
[44] Simmel, E.: s. 15
[45] Freud, A.: 54. Monatsbericht (1945) GW III, Kindler-Verlag, München (1980), S. 854–895

10 Bulimie

[46] Freud, A.: Die Entwicklung der Eßgewohnheiten (1947) GW V, Kindler-Verlag, München (1980), S. 1429–1443
[47] Freud, A.: Die pathologische Kinderentwicklung. II Teil. Infantile Vorstufen späterer Erkrankungen (1965) GW VIII, Kindler-Verlag, München (1980), S. 2275–2276
[48] Freud, A.: Neurotische Eßstörungen (1946) GW IV, Kindler-Verlag, München (1980), S. 1051
[49] Ziolko, H. U., Schrader, H. C.: s. 20
[50] Kast, V.: s. 13
[51] König, K.: Angst und Persönlichkeit, Vandenhoeck – Ruprecht Verlag, Göttingen (1986), S. 142
[52] Stierlin, H.: s. 38
[53] Weiss, S., Ebert, M.: s. 9
[54] Herzog, W., Munz, D., Kächele, H. (Hrsg.): Eßstörungen. Therapieführer und psychodynamische Behandlungskonzepte. Schattauer Verlag, Stuttgart, New York, 2. Aufl. (2004)
[55] Zoja, L.: Sehnsucht nach Wiedergeburt, Kreuz Verlag, Stuttgart (1986), S. 120

11 Kritische Thesen zur Borderline-Störung

Mit psychiatrischen Diagnosen ist vorsichtig und präzise umzugehen, da diese Diagnosen Aussagen über Schwere und Prognose der Krankheit machen. Zudem bedarf die Diagnose Borderline-Störung der Entstigmatisierung[1]. Hierzu trägt dieser Artikel bei. Auch Patienten wissen eine Krankheitsbezeichnung einzuschätzen. Sie ziehen aus ihr Schlüsse, die den therapeutischen Verlauf negativ beeinflussen können. Nach der Literatur bedeutet die Diagnose »Borderline-Störung« für den Patienten und den Arzt, daß eine schwerwiegende Erkrankung vorliegt, die in die Nähe der »Geisteskrankheiten« rückt. Diese Aussage ist nach kritischer Überprüfung der diagnostischen und therapeutischen Möglichkeiten nicht gerechtfertigt. Im Gegenteil: Patienten mit einer Angstsymptomatik, mit Beziehungsstörungen und den anderen Symptomen, die zur Borderline-Störung gehören, haben einen erheblichen Leidensdruck und sind durch ihre Nähe zum primärprozeßhaften Denken bereit und vor allem fähig, ihre Träume zu erinnern und sich tiefenpsychologischen Zusammenhängen zu öffnen. Begriff und Konzept der Borderline-Störung sind auch deswegen kritikwürdig, da ein sehr seltenes Symptom – die Minipsychose – den Namen dieser Diagnose prägt. Zudem sind wesentliche psychodynamische Erklärungsversuche wie Spaltung und projektive Identifikation verworren. Auch das Trauma steht in der Literatur über die Borderline-Störung zu sehr im Vordergrund der Genese.

Eine spezifische Traumagenese gibt es in dem von vielen Autoren angegebenen Ausmaß jedoch weniger. Es ist vor allem festzustellen, daß die Mehrzahl der Patienten nicht nur in Kindheit und Jugend auf vielschichtige Art und Weise an ein allmächtiges Objekt gebunden wurde, sondern daß sie auch als Erwachsene weiterhin von den Eltern umklammert und beeinflußt werden.

11.1 Zur Genese der Borderline-Störung

Als Entstehungsursachen nehmen in der Borderline-Literatur Trauma, frühkindliche Entbehrung, kaltherzige Mütter oder grenzverletzende Väter den weitaus größten Platz ein. Ich habe in 30 Jahren ca. 1 000 Angstpatienten behandelt. Die Ergebnisse der Traum- und Verhaltensanalysen zeigen, daß *die Mehrzahl der Patienten mit einer Borderlinepersönlichkeitsorganisation an einer langdauernden Symbiose mit einem* *elterlichen Objekt erkrankt ist.* Hierauf wird – auch in der neueren Literatur – zu wenig oder nur beiläufig eingegangen. Bei der Entstehung von Angst und infantilem Verhalten spielt auch Vernachlässigung eine zunehmende Rolle. In der Kindheit und Jugend Vernachlässigte verhalten sich genauso infantil und unerwachsen wie Symbiotiker.*

Forschungsergebnisse der Psychoanalyse und der Psychiatrie ergeben sich vorwiegend aus Angaben und Beobachtungen, die das Erwachsenenalter betreffen. Berichte der Patienten müssen nicht mit der früheren Wirklichkeit übereinstimmen, auch nicht ihre psychologischen Erklärungsversuche. Die Neigung vieler Angstpatienten, zu verzerren oder zu übertreiben, ist bekannt. Das, was ein Patient über sich sagt, stimmt nur bedingt mit der Aussage seiner Träume überein. Abwehr und Schuldgefühle hindern ihn an der Selbsterkenntnis. Hinzu kommt, daß die Sehnsucht nach dem Paradies, der erlebten oder entbehrten Einheit mit dem allmächtigen Objekt oder aber das Trauma die Ich-Funktionen, auch die Wahrnehmung der eigenen, inneren Vorgänge erheblich beeinträchtigen.

In den *Träumen* vor allem zeigen sich die Konflikte, unter denen Angst- oder Borderline-Patienten leiden: Sie haben Schuldgefühle und Angst, sich von der Familie zu lösen, ihren eigenen Weg zu gehen und sich gegen Nähe suchende und bindende Eltern abzugrenzen[2]. Sie können sich auch anderen gegenüber nicht angemessen durchsetzen. Sie sind fest gebunden an denjenigen, der sie geschlagen oder sexuell mißbraucht hat. Nicht das Trauma, welches durch sexuellen Mißbrauch oder durch Gewalt entstanden ist, steht zunächst im Vordergrund der Behandlung, sondern die Bindung an den Täter, und die Unfähigkeit der Mißbrauchten, sich abzugrenzen.

11.2 Das Symbiosekonzept

Viele Phänomene des Borderline-Syndroms lassen sich mit dem Konzept der Symbiose nachvollziehbarer erklären. Die Borderline-Störung ist eine komplexe Ausgestaltung der fehlenden Erlaubnis und Möglichkeit, erwachsen und reif zu sein. Hierzu gehören: Lebensfreude, Arbeit, Liebe, Treue, Ehe und Kinder. Das Haftenbleiben in der Infantilität, in der Welt der kindlichen Vorstellungen und Reaktionsweisen, die Spannungszustände, die durch den Gegensatz zwischen dem erreichten Lebensalter und den infantilen, regressiven Persönlichkeitsanteilen hervorgerufen werden, manifestieren sich im symbiotischen Verhalten. Die zahlreichen Symptome sind unterschiedlich bei den Einzelnen ausgeprägt. Angst und Schuldgefühle stehen im Vordergrund. Das Symbiosekonzept bietet eine klare und handhabbare theoretische Struktur, die sich auf Verhaltensmuster und tiefenpsychologische Konfliktbereiche bezieht.

---

* Siehe Kapitel 5: Äußere Entstehungsbedingungen der Angstneurose.

11.3 Typische Symptomenkomplexe der Borderline-Störung

a) Angst

Angst geht mit einer Vielfalt von körperlichen und seelischen Symptomen einher. Angst ist wesentliches Kennzeichen jeder Entwicklungskrise bei symbiotischer Bindung. Frei flottierende Angst, die für das Borderline-Syndrom typisch ist, kommt beim Angstneurotiker häufig vor. Auch Panikattacken, plötzlich aufkommende Angst vor bestimmten Gegenständen oder Begebenheiten mit Herzrasen, Schwindel und den typischen körperlichen Angstäquivalenten sind Symptome bei ungelöster Symbiose. Die Einteilung in verschiedene Ängste bringt weder für Diagnose noch für die Therapie einen Sinn, da die Psychodynamik die gleiche bleibt. Die Angst steht in den meisten Fällen für den Ruf der elterlichen Objekte: »Komm zurück, du hast Angst vor dem Leben, vor Sexualität, vor der Aggressivität, vor den Dingen, die Selbstverwirklichung bedeuten. Werde nicht erwachsen.« Es sind Über-Ich-Ängste und Trennungsängste zu nennen und Ängste vor aggressiven und sexuellen Impulsen, auch *Angst vor jeder Lebenssituation*, der man sich als Folge seiner Erziehung nicht stellen darf oder kann.

b) Polysymptomatische Neurosen, Phobien

Die Systematik der symbiotischen Verhaltensweisen ist übersichtlich, jedoch vielfältig[*] Das Symbiosekonzept umfaßt ein weites Spektrum neurotischer Symptome, die auch Kernberg beim Borderline-Syndrom beschreibt.

Phobien weisen die gleichen pathogenetischen Mechanismen auf, wie sie bei der Angstneurose auftreten. Die phobische Fehlhaltung ist lediglich ein an der Oberfläche liegendes Symptom, hinter dem sich regressive Wünsche, Loslösungskonflikte, aggressive und sexuelle Gehemmtheit verbergen. Bei den Phobien werden die aggressiven und angsterregenden Phantasien auf ein äußeres Objekt gerichtet mit dem Ziel der Verdrängung aggressiver Impulse gegenüber dem verschlingenden und bindenden Objekt. Die Phobien sind durch relativ stabile und zwanghafte Abwehrstrukturen gekennzeichnet.

c) Zwangssymptome

Die Entstehung von Zwangssymptomen ist komplex. Zwangssymptome sind einerseits Ausdruck von infantilen Allmachtsphantasien, andererseits sind Zwangssymptome verinnerlichte Elternbilder, die sich gegen das eigene Selbst richten. Zwangsneurotische Symptome hindern das Leben. Der zwanghafte Gedanke geht über in die Besessenheit, die auch für die Sucht kennzeichnend ist. Das Sich-Nicht-Lösen vom

---

[*] Siehe S. 57.

allmächtigen Objekt, das den Patienten auf einer archaischen Ebene beherrscht, schlägt sich in zwangsneurotischen Symptomen nieder. Die Besessenheit vom Zwangs- oder vom Suchtgedanken ist der Besessenheit durch das allmächtige Objekt gleichzusetzen.

d) Bewußtseinsstörungen, Entfremdungserlebnisse

Depersonalisations- und Derealisationserscheinungen treten auf, wenn sich der Patient entwickelt. Sie entstehen als Äquivalente von Schuld- und Angstgefühlen. Die Auflösung der Symbiose und die Integration abgespaltener, bisher fremder Persönlichkeitsanteile gehen mit einer Lockerung der Ich-Funktionen einher, hervorgerufen durch Schuldgefühle und ein übermächtiges Gewissen, das Loslösung und Autonomie erschwert.

e) Hypochondrie

Die Hypochondrie ist ein wesentliches Kennzeichen der Angstneurose. Das stete Sich-Beschäftigen mit dem eigenen Körper entspricht der zu geringen Beschäftigung mit der Außenwelt und spiegelt die vorwiegende Beschäftigung des allmächtigen Objekts mit dem Kind. Die Mutter hatte sich z. B. viel zu sehr um die Gesundheit, die Befindlichkeit ihres kleinen Augapfels gekümmert und versucht, es vor dem Übel und den Dingen der Welt zu bewahren. Die Hypochondrie ist eine ängstlich gefärbte Zwangsbesessenheit in bezug auf das Wohlergehen des eigenen Körpers. Hypochondrie resultiert auch aus Schuldgefühlen, die auftauchen, wenn der Patient versucht, sich vom allmächtigen Objekt zu lösen.

f) Paranoide Symptome

Paranoide Symptome sind als Projektion und Abwehr aggressiver und oraler Triebimpulse zu verstehen, die ursprünglich einem allmächtigen Objekt gelten. Paranoide oder wahnartige Phantasien kommen auch bei symbiotisch gebundenen Patienten vor, die ihre Ängste und den verdrängten Haß gegenüber dem zerstörerischen und verfolgenden Objekt auf die Außenwelt projizieren. Besonders in Entwicklungs- oder Belastungssituationen tauchen diese Symptome auf, sobald massive Schuldgefühle und Angst das Ich überfluten.

g) (Polymorph-perverse) Sexualität

Die Bindung an das elterliche Objekt führt nach meinen Beobachtungen nicht immer, jedoch häufig zu einer Bindungsunfähigkeit und einer starken Beimischung von Aggressivität zur Sexualität. Die weitgehende Verdrängung der Sexualität oder der kompensatorisch ausgeübte Don-Juanismus sind Merkmale einer Hingabestörung und Angst vor Nähe. Die Macht und der Sog der elterlichen Bindungen verhindern das Eingehen einer monogamen Partnerschaft.

h) Erhöhte Aggressivität

Vorwiegend wird in der psychoanalytischen Literatur der Begriff der narzißtischen Wut als das Wiedererleben archaischer Wut aufgrund von Kränkungen verstanden, die durch mangelnde Empathie, Frustration oder Verlusterlebnisse in der Kindheit entstanden sind[3,4,5]. Narzißtische Kränkbarkeit und Wut entstehen nicht nur durch traumatische Zurückweisungen und orale Frustrationserlebnisse, sondern auch durch den Wunsch nach Verschmelzung mit einem archaisch-omnipotenten Objekt. Das Streben nach symbiotischer Verschmelzung ist umfassend und so elementar, daß es in der Regel an der Realität scheitert und Enttäuschungen auftreten. Der symbiotisch gebundene Mensch reagiert auf diese Frustration mit einer Kränkungshaltung und häufig mit Aggressivität. Mit Hilfe aggressiven Schweigens oder eines Jähzornanfalls oder anderen aggressiven Verhaltens soll die ursprüngliche symbiotische Einheit wiederhergestellt werden. Die Wut des enttäuschten Kindes, das eine allgegenwärtige und umsorgende Mütterlichkeit vermißt, richtet sich im Erwachsenenleben gegen andere oder gegen sich selbst. Sie entspringt in beiden Fällen infantilen, symbiotischen Verschmelzungswünschen und dem Impuls nach Rache an einer enttäuschenden Realität. Übermäßige Wut im Erwachsenenalter ist primär ein infantiles Verhalten. Sie dient der Aufrechterhaltung und Wiederherstellung der Symbiose.

i) Charakterstörungen von niederem Strukturniveau

Die infantile Persönlichkeit kommt nach Kernberg häufig bei Borderline-Persönlichkeitsstörungen vor[3]. Dieser Befund unterstützt die These von der symbiotischen Bindung.

j) Selbstdestruktivität

Selbstdestruktivität oder Suizid treten auf als regressives Symptom und als Ausbruchsschuld bei dem Versuch, sich aus der Symbiose zu lösen[6,7]. Masochistische Verhaltensweisen prägen das Leben vieler Symbiotiker. Entweder schädigen sie sich direkt selbst oder aber ihr Lebensplan weist Abbrüche auf, die auf ungelöste symbiotische Bindungen an ein elterliches Objekt zurückzuführen sind. Zerstörung von privaten oder therapeutischen Beziehungen, Berufsabbrüche oder Scheitern in Prüfungen, unbewußt szenierte Ablehnungen von anderen im Beruf oder im privaten Bereich – all dies sind Zeichen einer allmächtigen Elternfigur, die ein Kind nicht aus ihren Bindungen entläßt.

k) Depression

Der symbiotisch gebundene Mensch, insbesondere der Angstneurotiker, lebt in seinem Familiengefängnis, das ihm wenig innere und äußere Freiheit gestattet. Auch wenn der Symbiotiker, – der Narzißt – beruflich erfolgreich ist und sich seine eigene Bühne, die von den narzißtischen Größenphantasien mitgestaltet wird, gebaut hat, so bleibt er dennoch im privaten Bereich häufig ein Opfer familiärer Bindung. Er ist nicht in der Lage, seine Aggressivität einem nächsten Partner gegenüber adäquat zu äußern und die Ambivalenz von Liebe und Haß gegenüber einer Person auszuhalten und zu empfinden. Er wird bei der unzureichenden Erlaubnis, zu lieben und zu leben, unterschiedlich ausgestaltete depressive Züge entwickeln.

Die depressiven Verstimmungen stammen auch aus der Suche nach dem verlorenen Paradies, nach dem mütterlichen oder väterlichen Objekt, das endgültig aus der Realität entschwunden ist. Die alles verstehende und verschlingende Mutter steht nur noch in der Welt der Phantasie zur Verfügung und wird herbeigesehnt mit dem Sehnsuchtsschmerz und der Depressivität, die das Aufsuchen vergangener paradiesischer Situationen mit sich bringt.

l) Identitätsstörung

Die Identitätsstörung ist ein typisches Symptom des symbiotisch gebundenen Menschen. Der Symbiotiker hat seine Antennen zu sehr auf Empfang gestellt, er hat eigene Vorstellungen und Antriebe bei den häufigen Grenzüberschreitungen seiner Eltern zu wenig äußern können. Er hat sich auf die Bedürfnisse eines anklammernden, an einer eigenen, persistierenden Symbiose leidenden elterlichen Objektes einstellen müssen, so daß er eine Identitätsstörung und eine nicht ausreichende Differenzierung des Selbst vom Objekt im späteren Leben aufweist.

m) Minipsychose

Das Wort Borderline besagt, daß die Störung zwischen Neurose und Psychose einzuordnen ist. Obwohl eine psychotisch anmutende Symptomatik oder Episode äußerst selten vorkommt, kennzeichnet das Seltene eine Diagnose. Das Ungewöhnliche gerät fälschlicherweise zur Hauptsache. Ich habe über 900 Therapien mit Angststörungen und anderen der Borderline-Störung zugezählten Symptomen durchgeführt. Hiervon waren lediglich fünf Patienten mit einer vorübergehenden wahnartigen Gedankenwelt dabei, welche in Belastungssituationen auftrat.

n) Ich-Schwäche

Nicht die Spaltung ist die Hauptursache der Ich-Schwäche[3], sondern Ich-Schwäche beruht auf einer fehlenden Möglichkeit, die Ich-Funktionen in der Kindheit zu entwickeln und einzuüben. Ein Kind kann durch unzureichende Wahrnehmung seiner selbst und der Außenwelt an ein elterliches Objekt gebunden werden. Es wird daran gehindert, diese Ich-Funktionen zu erlernen. Fehllaufende Kommunikation, mangelnde Unterscheidung zwischen Ich und Du und Umdefinierung der Gefühle sind einige Mechanismen, mit denen die Selbst- und Fremdwahrnehmung verzerrt werden kann. Auch vernachlässigte Kinder haben ihre Ich-Funktionen nicht ausreichend einüben und stärken können. Ich-Schwäche hat ihre Ursache zudem in einer diffusen Angst, die das Denken blockiert. Die stets mit der Symbiose einhergehende archaische Aggressivität gegen das bindende elterliche Objekt führt zu einer Beeinflussung der Ich-Stärke, indem die Wut, die Angst vor der Wut, Gewissensangst und Schuldgefühle das Ich überfluten. Die Verzerrung der Wahrnehmung und der Realität entspricht auch infantilen Denk- und Wahrnehmungsmustern, die sich mehr nach eigenen Vorstellungsbildern richten als nach der Außenwelt. Der symbiotisch Gebundene nimmt die Außenwelt aus der Perspektive des grandiosen, geliebten und narzißtisch besetzten Kindes wahr, das noch in einer Einheit von Mutter und Kind lebt und seine Ich-Funktion nur in Teilbereichen gut entwickelt hat.

o) Triebhafter Charakter oder mangelnde Impulskontrolle

Der triebhafte Charakter hat seine Ursachen in der Infantilität. Kinder verhalten sich triebhaft. Die fehlende Erwachsenenwelt dieser Menschen dokumentiert sich eben in der Triebhaftigkeit.

p) Spaltungsmechanismen

Die Spaltung des Denkens, Fühlens und Handelns, die E. Bleuler bei seinen Kranken beobachtete, hat ihn dazu veranlaßt, den Begriff der Schizophrenie zu prägen[8]. Freud beschrieb die Ich-Spaltung als eine Abwehrfunktion gegenüber einem Triebanspruch[9]. Mit Jaspers handelt es sich bei dem Erleben und Erfassen von Gegensätzlichkeiten, von Polarität und Dialektik »um eine universale Form des Denkens« und »allen Seins«[10].

Kernberg bezeichnet Spaltung als das aktive voneinander Trennen von Introjektion und Identifizierungen gegensätzlicher Art. Beim Borderline-Syndrom stellt die Spaltung nach Kernberg einen Abwehrmechanismus dar, der gegensätzliche Ich-Zustände voneinander getrennt hält, die an frühe, pathologische Objektbeziehungen gebunden sind[3].

Der Begriff der Spaltung, wie ihn Kernberg, Rohde-Dachser und Volkan definieren, ist verworren und in seiner Genese und Psychodynamik nicht nachvollziehbar. Aus diesem Grund lehnt auch Hoffmann den Begriff der Spaltung ab[11]. Die Literatur um den Begriff der Spaltung ist angefüllt mit abstrahierenden, wenig scharf umrissenen Begriffen der Klein'schen und Kernberg'schen Schulen, wobei sich vor allem Melanie Klein einer schweren, dunklen und daher unklaren Sprache bedient[12,13].

Ein spezifischer, primitiver Spaltungsmechanismus, den die oben genannten Autoren postulieren, spielt in meiner psychiatrisch-psychotherapeutischen Praxis nicht die zentrale Rolle, wie nach den Angaben der Literatur zu vermuten wäre. Eine wesentliche Ursache hierfür ist darin zu sehen, daß die typische, analytische Situation regressive und dissoziative Spaltungsvorgänge im Patienten entstehen läßt und fördert, so daß sie dem Psychoanalytiker als pathologische Phänomene erscheinen. Dabei reichen die von Sigmund und Anna Freud beschriebenen Abwehrmechanismen völlig dazu aus, Absprengungen oder Abspaltungen bestimmter Persönlichkeitsanteile oder Triebregungen verständlich werden zu lassen[14].

Wo das Empfinden von Gegensätzlichkeiten einen zu großen Raum einnimmt, haben wir es mit infantilen, dem Primärprozeß nahen, grandiosen Denk- und Verhaltensweisen zu tun. Die simplifizierende Verherrlichung der einen und die Verachtung der anderen Seite finden wir in den typischen angstneurotischen Familien, in Gruppen und Völkern, die durch Politiker und Ideologen in eine kollektive Regression geführt werden.

Als Psychiater sehen wir den Mechanismus der Auftrennung zwischen einer guten und bösen Welt, zwischen Idealisierung und Abwertung besonders in der Therapie. Die Trennung in Gut und Böse mit einem plötzlichen Umkippen der Idealisierung in die völlige Abwertung hat den Sinn und das Ziel, die Beziehung zum Partner, zur Berufswelt oder zum Therapeuten abzubrechen, wenn die Beziehung einerseits zu dicht wird oder aber den Idealvorstellungen nicht mehr entspricht. In diesem Moment bleibt von Zuneigung und Liebe wenig oder nichts übrig, sondern der bislang geliebte Mensch wird für kürzere oder längere Zeit verteufelt und abgewertet. Im Verlaufe von Stunden, Tagen oder Wochen weichen die Haßgefühle zumeist einem positiv getragenen Gefühl – der Liebe.

Die völlige Abwertung des geliebten Menschen über einen gewissen Zeitraum entspricht dem archaischen, aufgestauten Aggressionspotential, das enorm ist und keine positiven Seiten am anderen zuläßt. Es gelingt dem Symbiotiker in der Regel nicht, mit dieser enormen Wut umzugehen. Es gibt für ihn entweder den Weg des Rückzugs, der völligen Abwertung, wobei er Gefahr läuft, die Beziehung zu zerstören, oder aber er idealisiert seinen Partner weiterhin und verdrängt seine archaische Wut, die den Partner sonst treffen würde. Aufgabe des Erwachsenen ist es, seine infantilen Aggressionen zu überwinden, die inneren Gegensätze seiner Persönlichkeit bewußt werden zu lassen und zu integrieren.

q)   Primitive Idealisierung

Die Neigung, äußere Objekte übermäßig zu idealisieren, ist in ihrer starken Ausprägung eine infantile Haltung. Sie entstammt der Identifikation mit dem allmächtigen Objekt. Kernbergs Feststellung, daß die idealisierte Person »als Beschützer gegen eine Welt voller gefährlicher Objekte«[3] auftritt, stützt meine Beobachtungen über symbiotische Verhaltensweisen beim Borderline-Patienten.

r)   Projektive Identifikation

Die projektive Identifikation spielt in meiner Nomenklatur keine Rolle. Der Begriff wurde von der Klein'schen Schule entwickelt, deren unklaren Sprache ich bemängelt habe. Auch Hoffmann, Meissner, Porder und Wurmser haben sich kritisch zu diesem überflüssigen Begriff der Psychoanalyse geäußert[11, 15, 16, 17].

s) Grandiosität und Allmacht

Grandiosität und Allmacht sind symbiotische Verhaltensweisen. Sie sind nicht »direkte Manifestation primitiver Introjektion und Identifizierung zu Abwehrzwekken«[3], sondern sie stehen in einem direkten Zusammenhang mit der infantilen Symbiose. Ein Mensch, der in der Welt der Kindheit hängengeblieben ist, der seine infantilen Größenphantasien weiterhin nährt und verwirklichen will, der so sehr von seiner Mutter in diesen Größenphantasien bestärkt worden ist, durch ihre allumfassende Zuwendung und Liebe; ein Mensch, der in seinen Grenzen, in seiner Identität so sehr gestört worden ist, wie es bei symbiotisch gebundenen Menschen vorkommt, der wird kompensatorisch, aber auch gefüttert durch die narzißtische Liebe seines mütterlichen Objektes, Allmachtsphantasien hegen und verwirklichen wollen. Sie werden kompensatorisch gebildet infolge von Ohnmachtsgefühlen gegenüber allmächtigen Objekten.

t) Abwertungen

Der Symbiotiker wertet ab, wenn die Nähe unerträglich groß wird. Abwertungen haben den Sinn, die Symbiose zu den Eltern aufrechtzuerhalten, da Abwertungen zurück zum elterlichen Herd führen. Wer abwertet, fühlt sich nicht wohl in der Welt, sondern er mäkelt an vielem herum, um Beziehungen abzubrechen und eine Zugehörigkeit zu verhindern.

Der Abwertung oder dem Zweifel können sämtliche Lebenssituationen unterworfen werden, die Entscheidungen erfordern. Häufig sind die Abwertungen gegenüber dem Ehepartner oder in der therapeutischen Situation. Die große Nähe derartiger Beziehungen wird nicht ertragen oder als harmonisch erlebt, sondern als bedrohlich und verschlingend. Um diesem regressiven Sog und der gefürchteten Allmacht zuvorzukommen, wird die Nähe durch Abwertungen oder Zweifel zerstört.

Literatur

[1] Rahn, E.: Borderline verstehen und bewältigen. Balance Buch- und Medienverlag, Bonn (2007)
[2] Flöttmann, H. B.: Träume zeigen neue Wege – Systematik der Traumsymbole. BOD Verlag, Norderstedt, 4. Aufl. (2010)
[3] Kernberg, O. F.: Borderline-Störungen und pathologischer Narzißmus, Suhrkamp Verlag, Frankfurt a. M. (1978)
[4] Kohut, H.: Narzißmus, Suhrkamp-Verlag, Frankfurt a. M. (1975)
[5] Rohde-Dachser, Ch.: Das Borderline-Syndrom, Hans Huber Verlag, Bern, Stuttgart, Wien (1979, 4. Aufl. 1989)
[6] Kast, V.: Wege aus Angst und Symbiose, Walter-Verlag, Olten und Freiburg im Breisgau (1982)

11 Kritische Thesen zur Borderline-Störung

[7] Stierlin, H.: Eltern und Kinder, Suhrkamp Verlag, Frankfurt a. M. (1980)
[8] Bleuler, E.: Lehrbuch der Psychiatrie, Springer-Verlag, Berlin, Heidelberg, New York (1975)
[9] Freud, S.: Jenseits des Lustprinzips (1920) GW. III,S. Fischer-Verlag, Frankfurt a. M. (1975)
[10] Jaspers, K.: Allgemeine Psychopathologie, Springer-Verlag, Berlin, Heidelberg, New York (1973)
[11] Hoffmann, S. O.: Angst – ein zentrales Phänomen in der Psychodynamik und Symptomatologie des Borderline-Patienten. In: Kernberg, O. F., Dulz, B., Sachsse, U. (Hrsg.): Handbuch der Borderline-Störungen, Schattauer Verlag, Stuttgart, New York (2000)
[12] Klein, M.: Das Seelenleben des Kleinkindes und andere Beiträge zur Psychoanalyse, Klett-Cotta, Stuttgart (1983)
[13] Klein, M.: Die Psychoanalyse des Kindes, Psychoanalytischer Verlag, Wien (1932)
[14] Freud, A.: Das Ich und die Abwehrmechanismen, S. Fischer-Verlag, Frankfurt a. M. (1990)
[15] Meissner, W. W.: A note on projective identification, J. Am. Psychoanal. Assoc. (1980), S. 43–67
[16] Porder, M, S.: Projektive Identifikation: Eine Alternativ-Hypothese, Forum Psychoanal. (1991), S. 189–201
[17] Wurmser, L.: Die Übertragung der Abwehr, Forum Psychoanal. 4 (1988), S. 292–317

12 Prüfungsangst

12.1 Definition

Prüfungsangst besteht, wenn den Prüfling vor oder in der Prüfung Angst mit all ihren Symptomen überflutet und diese den Erfolg beeinträchtigt.[*]

12.2 Ursachen

Ein häufiger Grund für Prüfungsangst besteht in einer zu starken Mutterbindung und fehlenden Vater-Identifikation. Harte, auch herabsetzende Erziehung ist eine weitere Ursache von Versagensangst in der Prüfung. Weiterhin bedingt Vernachlässigung in der Kindheit und Jugend Ich-Schwäche und später Prüfungsangst.

a) Prüfung gleich Reifung

Jede Art von Prüfung stellt eine Reifungssituation dar. In ihr gilt es, sich zu bewähren. Wenn eine Botschaft lautet: »Werd nicht erwachsen! Kind, bleib bei mir!«, kann dieses bewirken, daß jemand seine Prüfungen nicht schafft. Angst, Trennungsangst und Schuldgefühle hindern den Prüfling am klaren Denken und am Erfolg.

Ein 43jähriger Verwaltungsangestellter berichtet zu seiner Prüfungsangst:
»Wenn ich in einem Stoff nicht 100 % sicher bin, habe ich schlimme Prüfungsängste. Ich weiß dann teilweise sogar schon Erlerntes nicht mehr und will nur noch, daß die Situation schnell zu Ende ist.

Während meiner gesamten Schul- und Ausbildungszeit habe ich gespickt. Ich habe zumindest ein Buch oder einen Spickzettel dabeigehabt, um mich sicher zu fühlen. Ein sicheres Gefühl hat mich fast immer gute Noten erzielen lassen.

Es gab ein paar Lehrer, die mich mochten, bei denen erzielte ich durchweg gute Noten, ohne viel lernen zu müssen. So habe ich ohne Probleme das Abitur geschafft.

---

[*] Siehe Kapitel 4: Auswirkungen der Angst

Doch im Medizinstudium habe ich vor Angst versagt. Ich bin Mutters Liebling gewesen. Vater hat viel gearbeitet, er war ein Sonderling.«

b) Minderwertigkeitsgefühle

Minderwertigkeitsgefühle entstehen dadurch, daß jemand keine Erlaubnis von seinen Eltern erhalten hat, erwachsen zu sein. Der Prüfling nimmt negative Gedanken über seine Leistungsfähigkeit in sich wahr, sobald er sich in Richtung Erwachsenenwelt bewegt: »Ich schaffe es nicht. Ich werde versagen. Ich kann nicht reden, wenn ich gefragt werde. Mir bleiben die Gedanken weg.« Negative Einstellungen zu seinem Selbst verursachen ein Sinken des Selbstvertrauens. Übrig bleibt ein ängstliches, angepaßtes Kind-Ich, das immer weniger in der Lage ist, sich seiner Verstandeskräfte zu bedienen.

c) Prüfer gleich Elternfigur

Der Prüfer stellt eine Elternfigur dar. Wenn Vater oder Mutter zu streng gewesen sind und das Kind herabgesetzt haben, sieht der Prüfling später in den Prüfern die strengen Eltern. Er fühlt sich in die Kindheit zurückversetzt, in der er sich ohnmächtig gefügt hat. Die alte Angst vor Schlägen oder Schimpfe kann in derartigen Augenblicken das Ich überschwemmen und zu einem Versagen der Verstandeskräfte führen. Die von den Eltern vermittelte, vernichtende Selbsteinschätzung »Du kannst nichts. Du bist zu dumm und zu faul zum Lernen«, läßt den Prüfling scheitern.

d) Passivität

Passivität ist ein Zeichen ungelöster Symbiose. Unzureichende Erziehung trägt gleichfalls zur Trägheit und Tagträumerei bei. Der faule Mensch erfüllt seine täglichen Pflichten nicht. Er trödelt und döst vor sich hin. Struktur und Lernen fallen ihm schwer. Statt seine Arbeit zu tun, vergeudet er seine Zeit mit unwichtigen Aufgaben. Ein Student sagt: »Das eigentliche Problem ist, daß ich meine Arbeit nicht tue. Sobald das Buch aufgeschlagen ist, wird der Drang, mich mit etwas anderem zu beschäftigen, unermeßlich. Ich habe Schwierigkeiten, mich zu konzentrieren. Meine Gedanken schweifen ständig ab.« Das Nichtstun oder das Ausweichen in Nebentätigkeiten bewirkt, daß die Botschaft der Eltern, sich nicht von ihnen, dem Paradies, zu lösen, Wirklichkeit wird.

e) Zerstreutheit

Wenn sich jemand von seinen Eltern nicht befreit hat, lebt er im elterlichen Gefängnis. Er ist ständig unbewußt damit beschäftigt, sich aus diesem Käfig zu befreien. Sätze wie: »Ich kann mich nicht konzentrieren, es fällt mir so schwer, ruhig sitzen zu bleiben«, zeugen von der Unfreiheit des Getriebenen. Er ist innerlich mit seinem ungelösten, ihn störenden Loslösungskonflikt beschäftigt. Seine elterlichen, verinnerlichten, ihn bindenden Botschaften hindern ihn, sich auf das Lernen zu konzentrieren. Das Sich-Hingeben an eine geistige Tätigkeit ist für den elterlich-gebundenen Menschen oft erschwert. Er ist den Eltern hingegeben, und eine Erlaubnis zur Ablösung durch eine erfolgreiche Arbeit besteht nicht. Dieser schwebende Konflikt sorgt für Angst und Unruhe.

f) Abwesende Eltern

Wenn beide Eltern arbeiten, wenn sich keiner richtig um das Kind kümmert, dann lernt dieses nicht, sich seiner Verstandeskräfte zu bedienen, ein gesundes Selbstvertrauen aufzubauen, das sich an den eigenen Kräften erfreut und an Vorbildern orientiert. Das Kind bleibt sich selbst überlassen. Lernen bedeutet, sich auf geschickte Art und Weise eines Stoffes zu bemächtigen. Hier entsteht ein Teufelskreis: Das Kind weiß nicht zu lernen. Sein Zweifel ist berechtigt. Er verstärkt die negative Haltung des Kindes und später des Prüflings gegenüber sich selbst.

12.3 Überwindung der Prüfungsangst

Aktives Wissen ist Voraussetzung für eine gelungene Prüfung. Erst wenn der Prüfling über einen genügend großen Wissensschatz verfügt, kann er beruhigt und gelassen in eine Prüfung gehen. Der Prüfling soll den Stoff, den er gerade gelernt hat, für sich wiederholen, ohne in den Text zu schauen. Das Erwerben des Wissens durch Sich-Selbst-Abfragen ist wichtig. So entdeckt der Lernende seine Lücken. Bei Nichtbeantworten wiederholt er den Text. Dann geht die gleiche Arbeit von vorne los: vor sich selbst erzählen, kontrollieren und verbessern. Bis der Text sitzt. Hierfür gibt es Lob: »Das hast Du gut gemacht!« Dann kommt das nächste Kapitel. Kontrolle und Vergleich durch eine Lerngruppe stärken die Freude am Lernen.

Pausen nach jeder Stunde von ungefähr zehn Minuten Länge, einer Viertel- oder halben Stunde sind notwendig zur Entspannung.

Die Angst, in einer Prüfung zu versagen, führt bei einigen dazu, daß sie mehr als normal lernen. Sie kehren sich vom Leben ab in der Angst, etwas vom Lernstoff zu verpassen. Es ist vorübergehend möglich, zehn Stunden täglich zu lernen, jedoch nicht auf Dauer. Jeder Mensch braucht den Wechsel, die Erholung durch Freude oder Nichtstun. Übermäßige Arbeit führt zu depressiven Verstimmungen, die Lebenskräfte versiegen. Der Lernende braucht Pause und Erholung. Der Abend gehört dem Vergnügen und den Freunden. Anschließend acht Stunden schlafen und um sieben Uhr aufstehen.

13 Infantilität

13.1 Definition

Infantilität steht für kindisches, unreifes Benehmen. Infans heißt auf Lateinisch Kind. Der Nervenarzt Lasègue prägte bereits 1864 den Begriff des Infantilismus, der in der wissenschaftlichen Literatur eine wichtige Rolle einnimmt[1,2,3,4,5,6].

Infantile Menschen verhalten sich wie Kinder oder Pubertierende, obwohl sie vom biologischen Alter her zur Welt der Erwachsenen gehören. Die Infantilität ergreift selten die ganze Persönlichkeit. Ein Mathematiker kann hervorragende berufliche Leistungen erbringen, als Mitarbeiter und im Privatleben sich jedoch kindisch benehmen. Häufig ist eine infantile Haltung bereits am träumerischen Blick zu erkennen, an der Kleidung, an der Frisur oder am egozentrischen, ungezügelten Benehmen.

Infantile haben den zentralen Konflikt eines jeden Menschen, nämlich die Ablösung von den Eltern und von der Kindheit nicht ausreichend bewältigt. Entweder sind sie an Vater oder Mutter zu stark gebunden, oder ihre Eltern haben sie vernachlässigt. Der Infantile lehnt die Welt der Erwachsenen mehr oder weniger ab, er ist in der Welt des Kindes steckengeblieben.

Der Infantile hat Schwierigkeiten, das Realitätsprinzip anzuerkennen. Es fällt ihm schwer, die Welt so zu sehen, wie sie ist. Die Realität ist ihm ein Greuel. Er gibt anderen gern die Schuld. Deswegen schimpft er auf diese Welt. Er verdreht sie nach seinen Harmonie- und Allmachtsvorstellungen. Er projiziert seine ihm gänzlich unbewußten Konflikte, seine tiefe Abhängigkeit vom mütterlichen oder väterlichen Objekt auf die Prüfer, auf die vermeintlichen Gegner. Männliche, feste Strukturen lehnt er eher ab.

Er verausgabt sich bis zur Erschöpfung, wobei er die eigentliche Pflicht nicht selten aus dem Auge verliert. Er läßt Fünfe gern gerade sein. Er ist ein Künstlertyp, dem vieles gelingt, der Charmeur, die Marilyn Monroe, der Ewige Jüngling. Doch innerlich sind diese Menschen dabei zu vertrocknen, sie haben die eigentliche Aufgabe, selber Vater und Mutter zu werden, Verantwortung zu übernehmen, nicht erreicht. Häufig sind sie ihren Süchten erlegen[7].

13.2 Zeichen kindlichen Verhaltens

Die Infantilität erstreckt sich auf das Handeln, das Gewissen, das Denken und die Gefühle. Infantile Haltungen können bis ins hohe Alter fortbestehen. Zur Infantilität zählen weiter gespielte Hilflosigkeit, eine übertriebene Äußerung von Gefühlen, Schüchternheit. Der Infantile ist rasch beeinflußbar. Dem Infantilen fehlen eine feste Zielsetzung und Struktur. Ihm mangelt es nicht selten an Zuverlässigkeit, an Umsicht und Verantwortung. Entweder ist er unfähig, feste Bindungen einzugehen, oder er gibt sich suchend-anklammernd.

Infantile bevorzugen ein phantasiegetragenes Weltverständnis mit mangelndem Wirklichkeitsbezug. Sie leben weitgehend unbewußt, ihre symbiotisch-infantile Problematik betreffend. Infantile verdrängen ihre Sexualität oder erleben diese übersteigert. Die Ich-Bezogenheit des Infantilen ist ungezügelt wie die eines Kindes. Manchmal quält Eifersucht den Infantilen so sehr, daß er bereit ist, innezuhalten und sich weiter zu entwickeln.

Der Begriff der Infantilität deckt sich teilweise mit dem der Symbiose. Das symbiotische Verhalten ist ausführlich im Kapitel 7 »Symbiose« beschrieben.

13.3 Fallbeispiele

Zu der Hausaufgabe: »Wo trete ich wie ein Kind auf?« äußern einige Patienten:

a) Ach, Kind

Die 30jährige Mutter eines Sohnes berichtet:

»Meine Eltern sprechen mich mit Kindchen oder Mäuschen an. Bevor ich zu meinen Eltern fahre, rufe ich an, damit meine Mutter sich keine Sorgen macht. Wenn ich abends ausgehe, rufen sie am nächsten Tag an, ob ich wieder heil nach Hause gekommen sei. Wenn ich bei meinen Eltern bin, dreht sich alles um mich.

Wenn ich eine Bitte habe, z. B. eine kleine Reparatur am Auto, sagen sie oft: ›Ach, Kind, muß ich mich darum auch noch kümmern!‹, und meine Probleme werden zu den Problemen meiner Eltern. Wenn meine Eltern zu Besuch bei mir sind, versucht meine Mutter, die Arbeiten im Haushalt an sich zu reißen und mir Vorschriften zu machen, was ich zu tun habe.

Mein Vater behandelt mich manchmal wie ein Kind, indem er abwinkt, wenn ich etwas sage.«

b) Ich möchte ein Kind sein

Eine 35jährige Optikerin notiert:

»Ich spreche wie ein Kind mit hoher Stimme. Ich heule bei jeder Gelegenheit los. Die Tränen laufen einfach los. Ich versuche, mich zu verstecken. Oft bin ich über-

13 Infantilität

trieben wehleidig. Ich bin häufig eingeschnappt. Ich fühle mich schnell zurückgewiesen. Dann treten Trotzreaktionen ein, die ich selber nicht erklären kann. Obwohl ich dann weiß, daß die Situation sich nicht so darlegt, wie ich sie mir ausmale, zicke ich rum. Manchmal möchte ich einfach wieder Kind sein. Alles tun, ohne über die Konsequenzen nachdenken zu müssen.«

c) Ich bin schnell beleidigt

Eine 32jährige, verheiratete Polizeibeamtin, Mutter eines Sohnes, sieht es so:
»Ich hänge Tagträumen nach. Ich bleibe bis zur allerletzten Sekunde im Bett liegen, so daß ich fast immer zu spät komme. Ich fange schnell an zu weinen, wenn es nicht so läuft, wie ich will. Wenn mir jemand seine Meinung sagt, bin ich gleich beleidigt und verletzt. Ich kann Kritik nicht vertragen. Ich bin immer lieb und nett und möchte es jedem recht machen. Ich habe vor vielen Dingen Angst. Ich scheue mich, Verantwortung zu übernehmen, gerade für meinen Sohn. Ich habe Angst, allein zu sein. Ich stampfe mit dem Fuß auf. Ich verhalte mich wie ein Kind, weil ich immer noch, wenn es mir schlecht geht, denke, daß ich zu meinen Eltern möchte. Dort war ich immer gut behütet.«

d) Ich kuschel mit meinem Tier

Eine 26jährige Lehramtsstudentin vermerkt:
»Ich freue mich wie ein Schneekönig, wenn ich mich gemütlich in mein Bett kuscheln und Eis essen kann. Ich habe dort auch einen Teddybär. Ich gucke unheimlich gern Zeichentrickserien, weil ich mich da in eine heile Welt versetzen kann, ohne an den Alltag zu denken. Es ist eine farbenfrohe Welt, in der das Gute über das Böse siegt. Ich kann mit Kritik nur bedingt umgehen. Ich bin manchmal tief eingeschnappt, wenn ich nicht meinen Willen kriege oder man mich nicht ausreichend beachtet.
Ich versuche, mich zu zwingen, vernünftig zu sein, aber meine Laune läßt das oft nicht zu. Ich habe von einer Sekunde zur anderen schlechte Laune. Ich spiele oft die beleidigte Leberwurst. Das kann eine Stunde oder auch länger dauern.«

e) Ich habe fünf Katzen

Eine 26jährige Verwaltungsangestellte teilt mit:
»Ich kann mich schlecht abgrenzen. Ich freue mich über die Kinderabteilung bei Ikea und bin manchmal ziemlich albern. Wenn ich Unrecht habe, mag ich das nicht zugeben. Ich bin schüchtern und drücke dies durch meine Körpersprache aus. Ich spiele gern hilflos. Es gelingt mir selten, den nötigen Abstand zu bewahren, gerade zu Kollegen, die ich gern habe. Ich bin nachtragend. Ich weiß nicht, ob meine große Liebe zu Tieren nicht kindisch ist. Ich habe fünf Katzen. Ein Leben ohne Katzen ist für mich unvorstellbar.«

f) Ich stampfe mit dem Fuß

Eine 30jährige Kauffrau sagt von sich:
»Ich werde manchmal trotzig oder frech bei Meinungsverschiedenheiten. Ich bin auch schnell eingeschüchtert. Werde ich unsicher, kichere ich, werde rot, fummele in meinem Gesicht und an meiner Kleidung herum. Bei Streit mit meinem Sohn stampfe ich manchmal mit dem Fuß auf, gehe auf ihn los vor Wut. Ich sträube mich gegen Ordnung im Haus und Auto, gegen richtiges Parken, Hausfrauenarbeit, Basteln mit Kindern, vernünftiges, frühes Schlafengehen. Das alles ist kindisch, und das will ich ändern an mir.«

13.4 Das Verbleiben in der Infantilität

Schuld und Angst blockieren das Denken und die Entwicklung des Infantilen. Freiwillig streift der Infantile seine kindliche Haltung selten ab. Zumeist treiben ihn Ängste, Versagen in Prüfungen und depressive Stimmungen zur Verhaltensänderung. Die oft unbewußte Ausbruchsschuld vom Elternhaus verhindert die Reifung. Die Schuld hält den Betroffenen in der Infantilität zurück. Schuldgefühle verursachen auch Angst, Depression und zahlreiche körperliche Symptome.

13.5 Wege aus dem infantilen Verhalten

Der Infantile überwindet die Schuldgefühle, indem er seine Träume erinnert und neues, erwachsenes Verhalten einübt. Die Änderung erfolgt gegen großen, inneren Widerstand. Sie bedarf oft psychotherapeutischer, fachkundiger Hilfe, insbesondere zu Beginn der Reifung.

Merksätze zum Erwachsenwerden:

Ich handle selbständig.
Ich benutze meinen Verstand.

Ich grenze mich ab.
Ich fördere und schließe Frieden.
Ich strukturiere den Tag.
Ich erledige meine Aufgaben und meine Pflichten.

Ich beende das Suchtverhalten.
Ich schließe ab mit meiner Vergangenheit.
Ich lebe im Hier und Heute.

Ich nehme Abschied von meinen Eltern.
Ich halte Abstand zu ihnen.

Ich telefoniere mit ihnen alle 3 bis 6 Wochen.
Ich überwinde meine Angst vor Nähe und Liebe.

Ich bin wichtig.
Ich liebe mich und die Anderen.
Ich bin erwachsen.
Ich bin ein Mann.
Ich bin eine Frau.
Ich gründe eine Familie.

Das Erwachsenwerden hat so viele Forderungen, daß Jahre oder Jahrzehnte hiermit verbunden sein können.

Literatur

[1] Müller, Ch. (Hrsg.): Lexikon der Psychiatrie. Gesammelte Abhandlungen der gebräuchlichsten psychopathologischen Begriffe. Springer Verlag, Berlin, Heidelberg, New York (1973), S. 264–266
[2] Stekel, W.: Störungen des Trieb- und Affektlebens. Bd. 5: Psychosexueller Infantilismus. Die seelischen Kinderkrankheiten der Erwachsenen. Urban & Schwarzenberg, Berlin, Wien (1922)
[3] Bleuler, E.: Lehrbuch der Psychiatrie. Springer-Verlag, Berlin, Heidelberg, New York, 13. Aufl. (1975), S.590–591
[4] Kernberg, O. F.: Borderline-Störungen und pathologischer Narzißmus. Suhrkamp Verlag, Frankfurt a. M. (1978)
[5] Kernberg, O. F.: Schwere Persönlichkeitsstörungen. Theorie, Diagnose, Behandlungsstrategien. Klett-Cotta Verlag, Stuttgart (1988)
[6] Lindner, W. V.: Das Ende humanistischen Denkens und Handelns? Gedanken zum Umgang mit Borderline-Patienten und zum Behandeltwerden von Borderline-Patienten. In: Kernberg, O. F., Dulz, B., Sachsse, U. (Hrsg.): Handbuch der Borderline-Störungen, Schattauer Verlag, Stuttgart, New York (2000), S. 829–836
[7] Flöttmann, H. B.: Steuerrecht des Lebens, Novum Verlag, Wien, München, Horitschon (2006), S. 17

14 Alles verstehen heißt nicht alles verzeihen

Es gibt trotz aller Gewalt im Fernsehen und auf der Straße im zwischenmenschlichen Bereich ein Aggressionstabu. Es lautet: Streite nicht, grenze dich nicht offen ab, sei nachtragend, löse lieber eine Ehe auf, als in ihr zu streiten, versuche immer nett und freundlich zu sein. Zeige Verständnis, vor allem wenn Du im Sozialbereich tätig bist.

»Der Therapeut als Klagemauer«, diese Überschrift[1] charakterisiert eine Haltung von Therapeuten, die endlose Geduld und Verständnis zeigen. Angehörige helfender Berufe scheuen sich nicht selten, dort Ärger zu zeigen, wo er angebracht wäre. Es gehört sich nicht, daß der Helfer offen auf verletzendes und grenzüberschreitendes Verhalten reagiert. Es fällt ihm schwer, sich abzugrenzen.

Während in der technisch betonten Medizin grenzüberschreitende Eingriffe üblich und anerkannt sind, da sie Heilung oder Besserung bringen, grenzt sich ein Therapeut nicht selten nur unter Schuldgefühlen ab. Der psychotherapeutische Beruf hat die Besonderheit, daß er keine Technik zwischen sich und den Patienten schiebt. Der Therapeut bringt sich selbst ein, sein Unbewußtes, seine Ich-Funktionen, seine väterlichen und mütterlichen Eigenschaften.

Manche Psychotherapeuten haben sich mit der verstehenden, mitfühlenden mütterlich-weiblichen Rolle ihres Berufes überidentifiziert. Sie haben mit der aggressiven, abgrenzenden Seite ihres Berufes Schwierigkeiten. Warum soll ein Psychotherapeut nicht mal seinen Ärger äußern dürfen? Je nach Temperament des Therapeuten, je nach Stimmungslage kann ein psychotherapeutisches Gespräch sanft geführt werden, beherzt oder mit aufblitzendem Ärger. Wenn ein Patient an einer Wandlung interessiert ist, so wird er auch eine emotional vorgetragene Konfrontation annehmen und auf sich wirken lassen.

14.1 Empathie und Mütterlichkeit

Empathisch sein bedeutet mit-fühlen, mit-leiden, sich hinein-fühlen. Empathie heißt: das Verstehen und das Vermögen, einen anderen in seinen Konflikten, seinen Gefühlen und Einstellungen zu erkennen und gefühlsmäßig nachzuvollziehen. Empathie ist eine Eigenschaft, die das Verständnis fremdseelischer Vorgänge ermöglicht. Das Verstehen und Begreifen des anderen beruht nicht nur auf persönlicher Lebenserfahrung; sondern es gründet sich auch auf Fähigkeiten, die uns prähistorisch zugewachsen sind[2, 3].

Ein treffender Satz über einfühlendes Verständnis findet sich bei Blanck: »Der Therapeut ist da, man kann sich darauf verlassen, daß er immer und in derselben freundlichen Stimmung dasein wird«[4]. Weil Empathie in der frühesten, nicht verbalen Mutter-Kind-Kommunikation wurzelt, sieht Greenson in ihr eine »ausgesprochene weibliche Nuance«[5].

Unerläßliche Voraussetzung für Psychotherapie ist die Fähigkeit des Psychiaters, empathisch zu sein. Er begibt sich einerseits mit einem Teil seiner Persönlichkeit in die Welt des Patienten, andererseits nimmt der Therapeut die Position des Beobachters und aktiven Behandlers ein. Der Empathie verwandt ist der Begriff der Symbiose, die das Miteinander-Verschmelzen und das wortlose Verstehen beinhaltet. Wie auch das obige Zitat von Blanck offenbart, wird Empathie in ihrer mütterlichen Funktion fälschlicherweise mit Gewährenlassen, Dulden und Zuhören gleichgesetzt. Das ist jedoch nicht die Bedeutung von Empathie im ursprünglichen Sinn. Empathie beinhaltet das Wahrnehmen bewußter und unbewußter, kognitiver und emotionaler Prozesse.

14.2 Konfrontation und Väterlichkeit

Das Wort Konfrontation heißt ursprünglich: sich die Stirne bieten oder jemandem eine Meinung, einen Sachverhalt entgegenhalten. Im allgemeinen Sprachgebrauch trägt Konfrontation ein aggressives, aktives Element in sich. Im Vergleich zur Empathie wird Gegensätzliches hervorgehoben oder ausgetragen. Es werden Grenzen aufgestellt mit dem Ziel, etwas beim Patienten zu ändern. Konfrontation dient aber auch der Selbstbehauptung und dem Selbstschutz des Therapeuten.

Konfrontation entsteht durch das empathische Erfassen der therapeutischen Situation. Der Arzt nimmt mit vielen seiner Sinne die Signale des Patienten wahr. Er vergleicht sie mit seinen eigenen Wertvorstellungen und den erklärten Therapiezielen. Während eine reine, sich passiv verhaltende, empathische Haltung von vielen Patienten als angenehm und wohltuend empfunden wird, ruft Konfrontation – auch eine freundlich vorgetragene – beim Patienten oft Abwehr, Widerstand, Ärger oder Verwirrung hervor.

Das Aufzeigen von Widersprüchlichkeiten oder Fehlverhalten kann auf verschiedene Art und Weise geschehen, es bedeutet jedoch immer ein Auflösen von vorheriger Gemeinsamkeit. Konfrontation beinhaltet Gegenüberstellung, auch Spiegelung eigenen Verhaltens. Trennungserfahrungen, das Wahrnehmen abgesprengter Persönlichkeitsanteile und die Spiegelung angstbesetzter Konflikt- oder Tabubereiche sind gewöhnlich unangenehm, da sie der eigenen grandiosen und vor allem infantilen, konfliktvermeidenden Haltung des Patienten selten entsprechen.

Empathie beinhaltet das mütterliche Prinzip des zunächst wohltuenden Verstehens und gütigen Nährens. Hingegen weist die Konfrontationstechnik auf das väterliche, bewußtmachende Prinzip hin, das von manchen als aktiv-einwirkend empfunden wird. Nicht selten sind Therapeuten weitgehend mit der mütterlichen, empathischen Rolle überidentifiziert und haben ein schlechtes Gewissen, wenn sie in der Therapie auch väterliche, harte, Grenzen setzende Regeln aufstellen. Abgrenzen ist jedoch bei einer grenzenlos und verwöhnend erzogenen Klientel, der es an Struktur, Aktivität und Selbständigkeit mangelt, zweckvoll, wenn die Psychotherapie erfolgreich sein soll.

14.3 Psychotherapieverfahren mit Abgrenzung

Die therapeutischen Schulen haben unterschiedliche Behandlungstechniken entwickelt. Während die klassische Psychoanalyse und die Gesprächstherapie sich als eine vorwiegend verstehende und empathische Methode betrachten, gibt es als Gegenpol mehr konfrontative Methoden wie die Verhaltenstherapie, das Psychodrama, die Gestalttherapie, die Transaktionsanalyse oder die Interventionen von Erickson und von Farelly und Brandsma[6,7]. In der Gesprächstherapie versteht man unter Konfrontation das Bearbeiten von Widersprüchen des Patienten, die aus seiner Abwehr resultieren[8]. Auch die rational-emotive Therapie nach Ellis bedient sich einer direktiven und konfrontativen Vorgehensweise[9]. Lange und Omer untersuchen in ihrem Artikel »Wirkung und Inhalt« den Begriff der »therapeutischen Kraft«, der auch »schockierende«, konfrontative Vorgehensweisen beinhaltet[10]. Ebenso spielt in der Verhaltenstherapie die Gegenüberstellung der gefürchteten Situationen eine große Rolle[11].

Auch die Begründer der Gestalttherapie, des Psychodramas und vor allem Berne benutzen den Begriff der Konfrontation[12,13,14,15,16]. Berne versteht unter ihr »das Benutzen vorher gewonnener Informationen, um das Eltern-Ich, das Kind-Ich oder das kontaminierte Erwachsenen-Ich zu stören, indem ein Widerspruch aufgezeigt wird. Der Patient ist beunruhigt und seine Psyche ist aus dem Gleichgewicht geraten. Hierdurch wird eine Umverteilung der Ich-Zustände und ihrer Besetzung erreicht«[13]. Auch Kernberg setzt sich mit der Konfrontationstechnik in der Psychotherapie schwieriger Borderline-Patienten auseinander[17,18].

14.4 Folgen einer übersteigerten empathischen Haltung

Das klassische psychoanalytische Verfahren erfordert die gleichbleibende und freischwebende Aufmerksamkeit des Psychoanalytikers, der den Einfällen und dem unbewußten Traummaterial des Patienten aufmerksam folgt. Freud verwendet das Wort Konfrontation nicht. Er beschreibt Therapie auch als Kampf am Widerstand des Patienten. Er spricht von der Nacherziehung seiner Patienten. Freud sagt jedoch explizit, daß die psychoanalytische Situation dem Patienten große Freiheiten läßt: »Wir eröffnen ihm die Übertragung als den Tummelplatz, auf dem ihm gestattet wird, sich in fast völliger Freiheit zu entfalten, und auferlegt ist, uns alles vorzuführen, was sich an pathogenen Trieben im Seelenleben des Analysierten verborgen hat«[19]. Es entsteht so das Bild des sich auf der Ebene des Unbewußten auslebenden Patienten, dem in der therapeutischen Situation vieles erlaubt ist. Ein Therapeut begeht jedoch bei bestimmten Patienten einen Fehler, wenn er keine Grenzen zieht. Abwertungen seiner selbst sind z. B. zu konfrontieren. Es würde die Geduld eines durchschnittlich kränkbaren Psychiaters überfordern und ihn in seiner Arbeitsfähigkeit beeinträchtigen, wenn er sich ständig durch unberechtigte Kritik entwürdigen ließe.

Manche Psychotherapeuten übertreiben das Prinzip des Verstehens und Annehmens, indem sie z. B. Patienten zu lange reden lassen. Sie haben den Kontakt zur Situation verloren und nicht erfaßt, daß hier eine Konfrontation für das eigene Wohl und das des Patienten angebracht wäre. Er sollte den Redeschwall unterbrechen, um einen Dialog zu ermöglichen und dem Patienten ein Aussteigen aus seiner infantilen Welt zu erleichtern. Übermäßiges Verstehen und Zuhören verhindern die Differenzierung des Selbst vom mütterlichen oder väterlichen Objekt.

Kernberg nennt die Gefahren der empathischen Regression beim Therapeuten: »Gerade durch seine Toleranz und Neutralität gegenüber dem Patienten, die ja ein Ausdruck diesen Bemühens sind, emotional mit ihnen in Fühlung zu bleiben, setzt sich der Analytiker womöglich noch der Gefahr aus, daß er den inadäquaten, vor allem aggressiven Verhaltensweisen von Borderline-Patienten relativ schutzlos gegenübersteht[17].«

14.5 Konfrontation in der Therapie

Während die Interpretation als eine Technik benutzt wird, die Kausalität und Tiefe herstellt, durchbricht die Konfrontation die verstehende und einfühlsame, freundlich zuwendungsvolle Atmosphäre[18]. Das Unbewußte des Menschen bedient sich im Prinzip der gleichen Mittel wie der Therapeut: Es ist einerseits sehr empfindlich, fürsorglich und wahrheitsvertuschend, wenn es um den Erhalt des seelischen Gleichgewichts geht; andererseits ist es in seinen Mitteln sehr offen und direkt, manchmal geradezu verletzend, um einen Konflikt zu verdeutlichen, der eine Gefahr für Seele oder Körper des Einzelnen oder einer Gruppe darstellt[20]. Konfrontative Verfahren sind als Spiegel der Wahrheit oft unangenehm, sie sollen empathisch im Kontakt mit dem Patienten angewandt werden. Die Indikation zur Konfrontation ergibt sich aus dem therapeutischen Prozeß, in dem der Therapeut die Diskrepanz und Dissonanz zwischen dem pathologischen Selbst und einem erstrebenswerten Zustand aufzeigt.

Eine Konfrontation erfolgt aus mehreren Gründen:
1. Konfrontation führt eine Erkenntnis oder eine Verhaltensänderung herbei. Konfrontation ist häufig überraschend und verwirrend. So überwindet sie die Abwehr des Patienten.
   Mein früherer Oberarzt konfrontierte eine überangepaßte und eilfertige Patientin mit der Bemerkung: »Sie haben einen Sprachfehler«. Die Patientin fragte verwundert: »Wieso habe ich einen Sprachfehler?« Der Oberarzt: »Nun, Sie können nicht nein sagen!« Diese Art Konfrontation setzt den heilsamen Prozeß der Selbsterkenntnis in Gang. Konfrontation erfordert Mut, Wagnis und Geschick. Sich immer nur verstehend und liebevoll zu verhalten, ist anstrengend und im Einzelfall wenig effektiv.

2. Konfrontation dient der Klarheit der Kommunikation zwischen Therapeut und Patient. Viele symbiotisch gebundene Patienten sind in Familien aufgewachsen, in denen eine klare und deutliche Abgrenzung voneinander zu wenig bestand. Hier heißt es vorwiegend: »Man« oder »Wir«. Oft fehlen in der Sprache dieser Patienten die Wörter: Ich und Du. Hier heißt es: »Gehe einkaufen.« Oder »Noch 'nen Kaffee?« Anstatt: »*Ich* gehe aus.« oder »Willst *Du* einen Kaffee?« Auf diese symbiotische, Grenzen mißachtende Sprache ist der Patient hinzuweisen.
3. Konfrontation schützt den Therapeuten vor negativen Gefühlen. Patienten mit einer symbiotischen Bindung benutzen z. B. Abwertungsmechanismen, um keine Nähe aufkommen zu lassen. Bei Abwertungen des Therapeuten ist Konfrontation ein wirkungsvolles Mittel, das den Arzt vor sich langsam aufbauendem Ärger bewahren kann. Herabsetzungen, Herabwürdigungen des Therapeuten, verletzendes Verhalten auch gegenüber Mitpatienten sollte ein Therapeut zurückweisen. Ich bitte meine Patienten, wenn sie meine Grenzen überschritten haben: »Das nehmen Sie bitte wieder zurück.« Der Therapeut kann den Patienten unterbrechen, wenn dieser zu endlosen Sätzen ausholt. Es ist z. B. legitim, dem Patienten ins Wort zu fallen mit der Bemerkung: »Bitte antworten Sie auf meine Frage.«
4. Für den Patienten ist es wichtig, daß er sich traut, selber konfrontativ z. B. gegenüber seinen Eltern oder dem Therapeuten zu sein. Er erkennt, daß Aggressivität nicht mit Schuldgefühlen und Verteufelung verbunden sein muß, wie er es bisher bei sich erlebt hat. Der Patient lernt auch am Vorbild des Therapeuten, Streit und Ambivalenzen auszuhalten, anstatt Beziehungen immer wieder abzubrechen.

> Eine Konfrontation erfolgt:
> – Am Verhalten des Patienten
> – Anhand von Berichten anderer
> – Mittels der Traumanalyse

14.6 Träume und Konfrontation

Träume sind Ausdruck und Spiegel unbewußter Konflikte, die einer Lösung harren. Die Sprache des Unbewußten ist einerseits symbolisch und verschlüsselt, andererseits gebärdet sie sich ungemein konfrontativ, drastisch und Tabus verletzend. Träume haben den Träumer schon längst konfrontiert mit seinen Ängsten, mit seinem Fehlverhalten, schon längst den Spiegel der Wahrheit vorgehalten, bevor der Patient den Traum seinem Arzt erzählt. Deswegen ist es für manche so schwierig, Träume zu erinnern, ihr konfrontatives Vorgehen auszuhalten und sich daraus ergebenden Verhaltensänderungen zu stellen. Der Arzt kann eine interpretierende, verstehende Rolle bei der Deutung der Träume einnehmen und das konfrontative Element des Traumes, wenn es zu heftig für den Patienten wird, besänftigen. Er kann das konfrontative Element des Traumes aber auch verstärken. Es gehört zum Wesen der Traumarbeit, daß man sich mit den provokativen, aufwühlenden, irritierenden und faszinierenden Symbolen auseinandersetzt. Ein Patient, der zur Traumanalyse befähigt ist, wird auch in der Lage sein, konfrontatives Vorgehen seines Arztes so einzuordnen, daß er es als hilfreich und unterstützend findet, so wie er auch seine Träume als entwicklungsfördernd einstuft.

14.7 Formen der Konfrontation

1. Die Konfrontation ist rein sachlich und wird in einer warmen, ruhigen und verständigen Stimme vorgetragen, die auch scherzend sein kann. Das Fehlverhalten wird benannt, die Konfrontation enthält aber keine verletzenden, überkritischen Worte. Die Stimme ist wohlwollend und ohne Beimischung von Ärger oder Gereiztheit.
2. Die Konfrontation wird in der Stimme klarer und in der Wortwahl knapper und direktiver.
3. Die Konfrontation spiegelt Unmut oder deutlichen Ärger wider. Sie sollte nicht die gesamte Person einbeziehen, sondern nur spezifische Merkmale nennen.

14.8 Ich gehe wieder arbeiten

Ein 46jähriger Elektrotechniker ist seit zwei Jahren an einer schweren Angstneurose erkrankt. Er ist deswegen seit einem Jahr arbeitsunfähig. Er hat dreimal geheiratet. Auslösende Situation der Angstsymptomatik ist der Tod eines nahen Freundes gewesen. Der Patient befindet sich seit einem Jahr in verhaltenstherapeutischer Behandlung bei einer Psychologin, deren Kompetenz er im Erstgespräch bei mir in herabsetzender Art in Frage stellt. Ich spüre bereits einigen Ärger in mir aufsteigen, als er noch von der Gründung einer Selbsthilfegruppe für Angstneurotiker spricht und seine zwielichtige Stellung im Betriebsrat beschreibt. Nach seinen Aktivitäten scheint er sich und seine Probleme zwar nach außen hin ernst zu nehmen, aber er zeigt wenig echte, innere Beteiligung. Ich mache keinen Hehl aus meiner Auffassung über seine Passivität und Grandiosität. Ich biete ihm an, eine Behandlung durchzuführen, wenn er ab sofort wieder arbeite. Eine Woche später teilt der Patient mit: Ich habe meine Arbeit wieder aufgenommen. Zu der konfrontativen Sitzung berichtet er: »Ich habe diesen Schupser gebraucht, damit ich wieder regelmäßig arbeite.«

14.9 Sitzungen mit Ärger waren am intensivsten

Ein 35jähriger Systemanalytiker antwortet nach eineinhalb Jahren Therapie auf die Frage Was war für mich am wichtigsten in der Behandlung?: »Die konfrontativen Auseinandersetzungen haben mir am meisten gebracht. Die Sitzungen, aus denen ich mit einem ziemlichen Ärger über den Therapeuten und dem Bild von mir, das er mir widerspiegelte, hinausging, waren am produktivsten, weil sie zu einer Auseinandersetzung mit mir selbst führten. In der Nacht nach solchen Sitzungen habe ich zumeist sehr intensiv geträumt.«

14.10 Gefahren der Konfrontation

Gefahren bei der Konfrontationstechnik tauchen auf, wenn der Narzißmus des Therapeuten zu ausgeprägt ist und er aus Omnipotenzgefühlen heraus den Kontakt zu seinem Patienten verliert[12, 13, 17]. Masterson sieht einen Hauptschutz des Therapeuten gegen diese Gefahr darin, »daß er sich seiner eigenen Gefühlszustände bewußt ist und das Ausmaß seines eigenen Narzißmus kennt[21]«. Auch Barnes sieht eine Grenze zwischen effektiver Konfrontation und rivalisierendem Machtkampf[12].

Die Macht der elterlichen Bindung ist häufig so stark, daß es manchmal offener Kämpfe bedarf, oft genug auch der List und des weit vorausschauenden therapeutischen Vorgehens, um die gesunden Persönlichkeitsbereiche des Patienten zu fördern, ihm das pathologische Verhalten einsichtig zu machen und abzugewöhnen. Erhöhte Kränkbarkeit des Therapeuten gefährdet das Gelingen einer Behandlung. Es wird sich um so mehr Kränkungsärger in eine Konfrontation des Therapeuten hineinschleichen, je häufiger dieser schon kleine Grenzüberschreitungen, bzw. Kränkungen seines Selbst hingenommen hat, ohne diese gleich oder später gelassen zu konfrontieren.

Neigt der Therapeut zu narzißtischer Wut, so sollte er sich fragen, ob er hier nicht dazulernen muß. Es ist aber nicht jeder Ärger, den wir in der Therapie spüren und äußern, narzißtischer Wut gleichzusetzen. Dieses hieße, alles zu hinterfragen und zu analysieren und nicht mehr zu den eigenen Gefühlen zu stehen.

Die Argumente, die Kernberg gegen das Äußern von Ärgerreaktionen im Therapeuten anführt, sind durch eigene therapeutische Erfahrung widerlegt. Primitive Übertragungen und eventuell auftretende Rationalisierungen der Übertragungsentwicklungen lassen sich eher verhindern, wenn der Therapeut sich so zeigt, wie er ist[17].

Auch starke Konfrontationen sollten möglich sein, sie sollten stets hinterfragt werden in bezug auf ihre Legitimation, aber nicht völlig abgelehnt oder mit Schuldgefühlen erlebt werden. Die Wahl der Behandlungstechnik wird nicht allein vom Temperament des Therapeuten und durch die Diagnosestellung bestimmt, sondern sie wird auch von den Fähigkeiten des Psychotherapeuten, vom Spektrum der erlernten Techniken und vor allem vom jeweiligen Verhalten des Patienten beeinflußt. Die Grenzen konfrontativen Vorgehens sind zumeist da überschritten, wo der Patient die Therapie abbricht.

14.11 Wann ist Konfrontation nicht angezeigt?

Konfrontation sollte nur bei neurotisch bedingten Krankheitsbildern oder Fehlverhalten angewandt werden, die dieser Behandlungsmethode bedürfen, damit sie sich entwickeln. Ein hirnorganischer, psychopathologischer Befund, eine endogene Depression und viele Formen der Schizophrenie im akuten und chronischen Stadium sind relative Kontraindikationen für konfrontatives Vorgehen.

14.12 Konfrontation und therapeutischer Erfolg

Echt zu sein und hiermit als Vorbild zu dienen, nicht nur in dem Äußern von Meinungen, sondern auch in der emotionalen Reaktion, ist für den Erfolg einer Therapie von großer Bedeutung[22].

Nicht alle Menschen haben die Fähigkeit oder die Erlaubnis, sich einer konfrontativen Vorgehensweise des Unbewußten zu stellen. Diese benötigen dann eine Therapieform, in der die Konflikte sehr vorsichtig und fürsorglich angesprochen werden. Die Patienten signalisieren allein mittels ihres seelisch-körperlichen Ausdrucks, ob Konfrontation angezeigt ist oder diese für die Therapie hinderlich ist.

Ob das Band zwischen Therapeut und Patient so stark ist, daß es auch konfrontatives Vorgehen aushält, zeigt sich bereits nach ein oder zwei therapeutischen Sitzungen. Zu Beginn einer Therapie haben es der Patient und der Therapeut leichter, sich voneinander zu trennen. Der Patient kann sich einen Therapeuten aussuchen, welcher der erhöhten Kränkbarkeit, seinem erhöhten Bedürfnis nach Harmonie und Verständnis Rechnung trägt.

Durch strukturiertes Vorgehen, durch Fragestellungen, welche die narzißtische Kränkbarkeit eines Patienten gleich im Erstinterview anklingen lassen und prüfen, kann sich jeder Psychotherapeut die für ihn geeigneten Patienten heraussuchen. Diese entsprechen seiner Struktur und können das Maß an Konfrontation annehmen, das ihnen der Therapeut zumuten wird.

Die Loslösung von elterlichen Objekten ist begleitet von mannigfaltigen Abwehrmechanismen, die sich als Widerstand offenbaren. Der Widerstand des Patienten gegen Autonomie, gegen die Welt der Erwachsenen, gegen Sexualität und gegen Nähe ist bei Angstneurotikern, bei vielen Borderline-Patienten und narzißtischen Störungen dem regressiven Sog und der Kontrolle einer verschlingenden Elternfigur gleichzusetzen, die den Patienten auf vielschichtige Art an sich gebunden hat. Das Treuebündnis und die Schuldgefühle aufzubrechen und aufzulösen, ist ein schwieriger und langdauernder Weg. Er erfordert eine erhebliche Machtfülle und Autorität auf Seiten des Therapeuten, der diese Macht jedoch nur vom Patienten verliehen bekommt. Zum psychotherapeutischen Prozeß gehört das Traumbild des geliebten, aber auch geachteten, manchmal gefürchteten Therapeuten[20]. Wichtig ist es, in der Therapie darauf hinzuweisen, daß diese Therapeutenfigur auch ein Teil des Selbst des Patienten darstellt, der bereit ist, sich selbst mit Kraft und einer Fülle von Gestaltungswillen zu verändern.

Das Argument, der Narzißt oder der Borderline-Patient würden konfrontatives Vorgehen nicht vertragen oder gar die Therapie gekränkt abbrechen, hat nicht soviel an Gewicht, daß konfrontatives Vorgehen nicht doch therapeutisch sinnvoll und gerechtfertigt ist. Derjenige Patient, der bereit ist, sich zu ändern, Vertrauen in den Therapeuten hat und Hoffnung auf Besserung, der wird auch eine starke Spiegelung konstruktiv verarbeiten, wenn sie vom Therapeuten empathisch vorgebracht wurde. Wichtig ist, daß Achtung, Liebe, Engagement, Empathie, Humor und Konfrontation mit fachlichem Wissen gepaart sind.

Literatur

1. Allgemeine Zeitung für Klinik und Praxis, Nr. 95 (1989)
2. Brothers, L.: A Biological Perspective on Empathy, Am. J. Psychiatry 1 (1989), S. 10–19
3. Pauleikhoff, B., Mester, H.: Empathie. In: Müller, Ch. (Hg.): Lexikon der Psychiatrie, Springer, Berlin/Heidelberg/New York (1973)
4. Blanck, G., Blanck, R.: Angewandte Ich-Psychologie, Klett-Cotta, Stuttgart (1978)
5. Greenson, R. R.: Zum Problem der Empathie. Psyche 2 (1961), S. 142–154
6. Haley, J.: Die Psychotherapie Milton H. Ericksons. Verlag J. Pfeiffer, München (1978)
7. Farrelly, F., Brandsma J. M.: Provokative Therapie. Springer, Berlin/Heidelberg/New York (1986)
8. Finke, J., Teusch, L.: Gesprächspsychotherapie. In: Ahrens, St. (Hg.): Lehrbuch der psychotherapeutischen Medizin, Schattauer, Stuttgart/New York (1997), S. 557
9. Ellis, A.: Grundlagen und Methoden der Rational-emotiven Therapie, Klett-Cotta; Pfeiffer, München (1997)
10. Lange, A., Omer, H.: Wirkung und Inhalt. Die zwei Seiten therapeutischer Interventionen. Prax. Psychother. Psychosom. 36 (1991), S. 117–131
11. Hautzinger, M.: Verbale und handlungsbezogene Psychotherapieverfahren. In: Reimer, C., Eckert, J., Hautzinger, M., Wilke, E. (Hg.): Psychotherapie – Ein Lehrbuch für Ärzte und Psychologen, Springer, Berlin/Heidelberg/New York (1997), S. 209, 253 und 254
12. Barnes, G. et al: Was werd' ich morgen tun? Institut für Kommunikationstherapie, Berlin (1979)
13. Berne, E.: Principles of Group Treatment, Grove Press, New York (1966)
14. Petzold, E., Bergmann, G.: Konfrontation im Systemischen (KIS). Prax. Psychother. Psychosom. 31 (1986), S. 87–95
15. Petzold, H.: Einige psychodramatische Initial-, Handlungs- und Abschlußtechniken. Z. Psychother. med. Psychol. 6 (1971), S. 220–227
16. Woollams, St., Brown, M.: Transactional Analysis. Huron Valley Institute Press, Michigan (1978)
17. Kernberg, O. F.: Borderline-Störungen und pathologischer Narzißmus, Suhrkamp, Frankfurt a. M. (1978), S. 78
18. Kernberg, O. F.: Schwere Persönlichkeitsstörungen, Theorie, Diagnose, Behandlungsstrategien, Klett-Cotta, Stuttgart (1988)
19. Freud, S.: Die psychoanalytische Technik. In: Schriften zur Behandlungstechnik. Studienausgabe, Ergänzungsband, S. Fischer Frankfurt a. M. (1940)
20. Flöttmann, H. B.: Träume zeigen neue Wege – Systematik der Traumsymbole. BOD Verlag, Norderstedt, 4. Aufl. (2010), S. 351–359
21. Masterson, J. F.: Psychotherapie bei Borderline-Patienten, Klett-Cotta, Stuttgart (1980)
22. Frommer, J., Reißner, V.: Neuere Ansätze zum Verständnis der Borderline-Persönlichkeitsstörung, Fortschr. Neurol. Psychiat. 65, Georg Thieme Verlag, Stuttgart/New York (1997), S. 34–40

15 Auflösung der Symbiose und Therapie der Angstneurose

Da der Symbiotiker in der Therapie die Einheit zu seinen Eltern wiederherstellen möchte, sucht er in dem Psychotherapeuten eine Elternfigur, von der er zunächst Hilfe erwartet. Dieses Angebot sollte der Therapeut annehmen, indem er dem Patienten zuhört und seine Beschwerden ernstnimmt. Nach der Erhebung der biographischen Anamnese[*] und nach dem Stellen der Diagnose kläre ich den Patienten meist über die Hintergründe seiner Symptome auf.

Beispiel:

»Herr Doktor, ich mag nicht mehr auf die Straße gehen, weil mir immer so schwindelig wird.« Arzt: »Kennen Sie das Sprichwort: Vor Angst wird einem schwindelig? Schwindel kann ein körperliches Zeichen von Angst sein.«

Der deutsche Sprachschatz hat mehrere Angstäquivalente erkannt und in Redewendungen ausgedrückt. Natürlich sollte man nicht auf seiner Erklärung beharren, wenn der Patient nichts davon wissen möchte.

Das Annehmen der erlernten Hilflosigkeit des Patienten, die sich in passivem Verhalten und Unsicherheit zeigen kann, sollte nicht allzulange dauern. Schon bald ist der Patient mit seinem symbiotischen Verhalten zu konfrontieren. Die Art der Konfrontation hängt ganz davon ab, wie kränkbar der Patient ist. Überschreitet man seine Kränkbarkeitsgrenze, so wird er den Therapeuten abwerten und vielleicht die Therapie abbrechen. Daher ist es wichtig, zu Beginn der Therapie den Patienten zu fragen, wie er die Therapie boykottieren wird. Hat er bereits eine oder mehrere Therapien abgebrochen, so weise ich ihn darauf hin, daß er auch diese Therapie abbrechen wird, wenn er sich nur genügend gekränkt fühlt. Kränkbarkeit sei kindliches Verhalten, mit dem er sich und seine Umwelt manipulieren wolle. Seine Eltern würden auf diese Art und Weise weiterhin Macht über ihn behalten. Gekränktsein und Schmollen diene der Aufrechterhaltung der Symbiose.

Der Kontakt zu dem Patienten ist die tragende Grundlage dieser spannungsreichen Beziehung, die den Reifungs- und Trennungsprozeß auszuhalten hat. Eine offene, klare, freundliche Atmosphäre fördert das Vertrauen des Patienten, der die direkte Kommunikation braucht. Direkte Kommunikation steht im Gegensatz zu den bekannten elterlichen Beziehungsmustern, in denen Unklarheit und Grenzlosigkeit vorherr-

---

[*] Biographische Anamnese bedeutet Erhebung der Lebensdaten unter tiefenpsychologischen Gesichtspunkten.

schen. Eine direkte Sprache versteht der Angstneurotiker besser als ein immer verstehendes Verhalten, das auch als wenig abgrenzend und verschlingend empfunden wird.

15.1 Stärkung der Ich-Funktion

In der mangelnden Unterscheidung und Wahrnehmung der Innen- und Außenwelt liegt die Ich-Störung des Symbiotikers und Angstneurotikers begründet. Sie entsteht einerseits aus den schädigenden Einflüssen der verinnerlichten elterlichen Gebote, die Angst hervorrufen. Andererseits überflutet Angst den Verstand und mindert die Ich-Funktion. In der Therapie mit symbiotischen Patienten, insbesondere mit Angstpatienten, nimmt die Stärkung der Ich-Funktion eine wesentliche Rolle ein. Um die eigene Identität zu finden, die eigenen Bedürfnisse zu erkennen und diese durchzusetzen, bedarf es eines funktionsfähigen Ichs, das in der Lage ist, den Umständen entsprechend flexibel zu sein.

Zu Beginn der Therapie lasse ich Patienten, die zu unklaren Aussagen neigen, aufschreiben, was sie an sich ändern möchten. Diese Art der therapeutischen Intervention ist der Transaktionsanalyse entnommen[1,2]. Hierzu einige Beispiele:

- Anstatt zu schnell aufzugeben und zu glauben, daß ich es nicht schaffe, werde ich das, was ich beginne, zu Ende führen.
- Ich werde meinen Ärger offen äußern, anstatt enttäuscht zu reagieren und tagelang zu maulen.
- Ich werde mich für Dinge, die ich erfolgreich beendet habe, belohnen.
- Ich werde Entscheidungen fällen und dazu stehen.
- Ich werde meinen Verstand benutzen, um Probleme zu lösen, anstatt hilflos zu spielen.

Derartige Ziele oder Verträge stellen durch ihre Klarheit eine große Hilfe dar. Sie stärken die Autonomie, da sie vom Patienten selber definiert werden.

Die Angst führt zu Verwirrungen. Sie trübt den Verstand.

Beispiel:
»Ich weiß nicht, wovon ich reden will, aber ich fühle, daß in mir etwas geschieht, das ich nicht beurteilen kann. Ich hätte gern mehr Klarheit darüber, was in mir geschieht. Ich weiß aber nicht, ob Sie mir dabei helfen können. Nun hab ich vergessen, was ich eigentlich sagen wollte. Ich fühle mich so benommen.«

Unklare, das Gegenüber verwirrende Sätze zeugen von einer mangelnden Selbst- und Fremdwahrnehmung. Der Patient hat weder Kontakt zu sich noch zu dem Gegenüber. Er befindet sich in seiner eigenen Welt, die ursprünglich die Welt der Kinderträume ist. Er hat nicht gelernt, sich klar und gezielt auszudrücken. Mit sich selbst beschäftigt, horcht er in sich hinein, ob nicht dieses oder jenes Krankheitssymptom wieder auftreten könnte. Der fehlende reale Bezug zu sich selbst und zur Außenwelt ist jewuils in Form von Fragen oder konstatierender Konfrontation herzustellen.

15 Auflösung der Symbiose und Therapie der Angstneurose

Ein weiterer Grund für die Verwirrung ist in der unbewußten Angst des Patienten zu sehen, die auftaucht, wenn er sich in Richtung Selbständigkeit entwickelt. In diesem Moment tauchen Angstäquivalente auf, die sich auch in Form vom Konzentrationsstörungen und verworrenem Denken äußern.

Typische elterliche Botschaften in bezug auf die Ich-Funktion sind folgende:
- Denke nicht!
- Sei hilflos!
- Lös keine Probleme!
- Werde nicht erwachsen!
- Ich kann das besser als du!
- Du schaffst es nicht!

Es ist sinnvoll, dem Patienten eine schriftliche Hausaufgabe zu geben, in der er sich in kurzen Sätzen zu Situationen von Hilflosigkeit äußern soll.

Beispiel:
»Ich kenne folgende typisch kindliche Verhaltensweisen an mir:
- Ich bekomme gerne von meinem Freund vorgelesen.
- Ich reagiere oft zu spontan, ohne die Konsequenzen für mich und andere zu bedenken.
- Ich ziehe Kinderunterwäsche an.
- Ich trinke alles mit dem Strohhalm, außer wenn es heiße Getränke sind.
- Ich esse große Mengen Eis und Negerküsse.
- Ich steige gern auf Bäume und Klettergerüste.
- Ich bekomme letztendlich doch das, was ich möchte, egal wie ich mir es hole.
- Ich laß mich zu gern verwöhnen, zum Beispiel laß ich mir Brote schmieren.
- Ich frage viel zu oft: Warum?
- Wenn ich Probleme habe, muß ich immer jemanden zu Rate ziehen, ich kann sie selbst nicht lösen.
- Ich verzweifle sehr leicht in Problemsituationen und fange an zu weinen und bemitleide mich selbst. Dann lege ich mich ins Bett.
- Ich kann mich schlecht mit mir selbst beschäftigen.
- Ich unternehme nichts allein.«

Die selbstkritischen Bemerkungen stammen von einer 28jährigen Krankenschwester, die unter Beziehungsschwierigkeiten, einem Gefühl, nicht lieben zu können und unter häufigen Kopfschmerzen litt.

Indem sich der Patient zu einem Problemkreis schriftlich äußert, ist er gezwungen, sich in Ruhe Gedanken zu machen und diese aufs Papier zu bringen. Es ist leichter, sich mündlich unklar und verschwommen auszudrücken als schriftlich. Die schriftliche Äußerung hat ein größeres Gewicht als die mündliche Aussage.

Ich lasse die Patienten die Sätze anschließend in das positive Gegenteil umkehren. Zum Beispiel: Ich fühle mich ruhig und gelassen und sicher, wenn ich allein bin. Dann fordere ich die Patienten auf, sich diese Sätze einzuprägen und sich zu Hause hinzuhängen. In den Situationen, in denen sie sich mit infantilisierenden Botschaften ängstigen, sollen sie sich diese neuen Botschaften aufsagen. Die alten »Tonbänder« sind zu löschen und neue aufzulegen, damit sich der Patient erwachsen verhalten kann.

Der Patient ist auf passives »Sich-Hinlümmeln« im Sofa oder auf Achselzucken hinzuweisen, das er häufig mit dem Ausspruch »Weiß ich nicht« verbindet.

Folgende Verhaltensmuster treten oft auf und sollten durch Konfrontation bewußt gemacht werden[3]:
– Das Dummspielen.
– Das Hilflosspielen.
– Die Neigung, sich selbst zu schädigen, im Beruf oder privat. Das Flüchten in die Angst und in die körperlichen Symptome.

Das Hilflos- und das Dummspielen sind die hartnäckigsten Spiele des Symbiotikers und vor allem des Angstneurotikers. Immer wieder versucht er, den Therapeuten oder die Gruppenmitglieder in seine Spiele einzubeziehen. Er fühlt sich nur wohl, wenn auf seine Hilflosigkeitsangebote eingegangen wird und er in seinem jammernden Verhalten einen verstehenden Vater oder eine umsorgende Mutter findet. Der Patient soll lernen, Verantwortung für sein Handeln und Denken zu übernehmen und sich nicht seiner Passivität, seiner Hilflosigkeit und seinen Ängsten hinzugeben.

Beispiel einer therapeutischen Intervention:
»Sehen Sie, wie Sie da passiv liegen und damit ausdrücken, daß Sie ihre Probleme nicht lösen wollen. Was wollen Sie tun, um Ihre Probleme zu lösen? Werden Sie Ihren Verstand benutzen und sich sagen, daß Sie keine Angst zu haben brauchen?«

Der Patient sollte in die Lage kommen, sein Verhalten zu beobachten und kritisch zu beurteilen. »Verhalte ich mich gerade wieder passiv? Spiele ich gerade wieder hilflos? Wenn ja, ändere es! Wie gut, daß du dich diesmal erwachsen gezeigt hast!« Dem inneren Dialog sollte ein Selbstlob folgen, wenn die Aufgabe in Richtung Autonomie gelöst wurde.

15.2 Der Zweifel

Im Verlauf der Therapie versucht der Symbiotiker, sich selber zu boykottieren, indem die elterliche Stimme in ihm Zweifel hervorruft. Es sind die Zweifel an der Therapie, an dem Therapeuten und an sich selbst. Werde ich es schaffen? Werde ich verrückt? Werde ich sterben? Bekomme ich meine Angst überhaupt noch einmal in den Griff? Werde ich jemals die Symptome wieder los?

Äußert der Patient diese Zweifel, so ist ihm immer wieder mit Geduld und Festigkeit zu verdeutlichen, daß diese Dinge nicht geschehen werden.

Beispiel:
»Herr Dr., glauben Sie, daß ich es schaffe?« – »Sie werden es schaffen!« ist meine Antwort. »Werde ich verrückt?« Meine Antwort lautet: »Nein«!

Er soll auch lernen, sich selber zu korrigieren und sich der Funktion dieser Zweifel bewußt zu werden: die verinnerlichten Eltern wollen ihn von dem Prozeß der Trennung und des Erwachsenwerdens zurückhalten.

Einen besonderen Stellenwert nimmt der Zweifel an der Liebe zum Ehepartner ein: »Liebe ich meinen Mann überhaupt? Wo er so ein gemeiner Mensch ist, hat er meine Liebe nicht verdient. Er zeigt mir so oft, daß er mich nicht liebt!«

In derartigen kritischen Momenten sollte der Therapeut eine klärende Rolle einnehmen, die Abwertungsmechanismen durchschauen und konfrontieren, anstatt den Patienten darin zu bestärken, daß sein Partner nicht der Richtige sei.

15.3 Das Auftreten von Symptomen als Ausdruck einer bevorstehenden psychischen Entwicklung

Angst und Depressivität, die sich in niedergedrückter Stimmung, Reizbarkeit, Lustlosigkeit und Hoffnungslosigkeit niederschlagen können, lassen den Patienten an den bisherigen Therapieerfolgen zweifeln: »Mir ging es schon so gut, und plötzlich sind wieder die Symptome da.«

Angst, Niedergeschlagenheit, Hoffnungslosigkeit oder erhöhte Streitbarkeit treten oft in Entwicklungssituationen auf[4]. Dies mag der erfolgreiche Abschluß des Studiums, die Heirat oder ein anderer Reifungsschritt sein.

Da die Patienten annehmen, die Symptome seien für immer verschwunden, sind sie darüber aufzuklären, daß diese lästigen Begleiterscheinungen auftreten können, sooft sie neue Wege beschreiten.

Der Patient soll sich fragen, welchen Entwicklungsschritt er im Moment vorhat. Er soll die Depressivität und die erhöhte Ablehnung von Nähe und Sexualität nicht als erneuten Beginn einer Krankheit auffassen, sondern als deren Gegenteil. Ich sage ihnen: »Sie sind dabei, sich zu entwickeln. Freuen Sie sich darüber und seien Sie stolz darauf. Daß Symptome wieder auftreten, ist ein notwendiges Übel, dem Sie auch nach Beendigung der therapeutischen Beziehung nicht hilflos ausgeliefert zu sein brauchen. Seien Sie sich dieser Dynamik bewußt, dann werden Sie leichter mit den Symptomen fertig.«

Beispiel:
»Seit einigen Monaten ging es mir gut. Ich konnte mich gegenüber meinem Mann und meinen Kindern gut durchsetzen, auch meiner Schwiegermutter gegenüber wagte ich, die Meinung zu sagen. Aggressive Phantasien und andere Angstsymptome waren nicht mehr aufgetreten. Nun wieder dieser Rückschlag. Am Wochenende war ich mit meinem Mann nach London geflogen. Gleich zu Beginn der Reise traten wieder aggressive Mordphantasien und die Befürchtungen auf, daß die Reise mit einem Unglück enden könnte. Die Reise war für mich trotzdem schön gewesen. Ich habe mich mit meinem Mann gut verstanden, wir haben viel Freude miteinander gehabt. Weil ich wußte, daß die Symptome nur auftreten, damit ich die Reise abbreche, habe ich sie nicht so ernstgenommen und mir trotzdem Freude gegönnt. Früher hätte ich meinen Befürchtungen nachgegeben und hätte die Reise nicht angetreten.«

15.3 Das Auftreten von Symptomen als Ausdruck psychischer Entwicklung

Es ist dem Patienten klarzumachen, daß er sich seine Ziele nicht verrücken lassen darf: weder die Angst, noch Angstäquivalente dürfen ihn in seinem Handeln beeinflussen. Obwohl sie dazu dienen, ihn von seinem Ziel zurückzuhalten, soll er dieses dennoch erreichen. Seine Ziele, sein Wille sind vorrangig. Es ist ihm zu erläutern, daß die Angst und die Symptome nur den Sinn haben, ihn an seinem Vorhaben zu hindern. Er selbst soll seine Mechanismen durchschauen und allmählich lernen, mit ihnen umzugehen und gegen sie anzugehen.

Depressivität, Angst und Angstäquivalente oder andere Symptome symbiotischen Verhaltens treten in Reifungssituationen auf. Auch Sprachstörungen wie leichtes Stottern oder Neologismen können vermehrt in Erscheinung treten. Ebenso machen sich Depersonalisationserlebnisse und Gefühle der Derealisation als Entwicklungssymptome bemerkbar. Auf die Hintergründe dieser Phänomene ist aufmerksam zu machen, da sie dann weniger als ich-fremd empfunden werden.

Beispiel:
Ein 40jähriger Bahnbeamter hatte nach langen Überlegungen und inneren Entscheidungskämpfen sich dazu entschlossen, sich von seiner Frau, einer Alkoholikerin, zu trennen. Zu diesem Zeitpunkt traten erstmals Angstzustände auf, die sich in der Phase der akuten Trennung verstärkten: »Ich wache nachts auf und liege wie tot im Bett. Ich weiß gar nicht, wo ich bin. Ich bin erschrocken über mich selbst. Ich fühle mich so fremd. Ich habe furchtbare Alpträume. Besonders nachts, wenn ich schlecht träume, kann ich zwischen meiner Traumwelt und der Realität kaum unterscheiden.

Ich verkrafte die Trennung von meiner Frau nicht. Ich habe sie gebeten, doch noch in meinem Hause zu bleiben, bis ich in die Kur fahre. Ich habe furchtbare Angst vor diesen nächtlichen Gefühlen. Ich fühle mich fremd. Ich habe Angst, daß das wiederkommt. Ich habe Angst, verrückt zu werden. Ist das normal? Es ist ein furchtbares Gefühl: ich wache auf und weiß nicht, wo ich bin. Ich bin nicht ich selber.«

Hier offenbaren sich sowohl die Trennungsangst als auch die damit verbundenen Beunruhigungs- und Entfremdungsgefühle. Trennung bedeutet Wachstum, das Alte vergeht, Neues, Fremdes und daher Angsteinflößendes entsteht.

Manche Patienten leiden so sehr unter ihren Angstsymptomen, daß ich sie auffordere, mich während meiner Praxiszeit anzurufen oder aufzusuchen. Es genügt oft ein kurzes Gespräch, damit sie sich vergewissern können, daß sie ihren Ängsten nicht hilflos ausgeliefert sind. Das Erreichen des »Vaters« oder der »Mutter« kann zu Beginn der Therapie täglich erfolgen. Die Gespräche sind jedoch zu strukturieren und sollten daher nicht allzu lange dauern. Zunächst braucht insbesondere der Angstpatient den verfügbaren omnipotenten Therapeuten, mit dessen Hilfe und Schutz er sich von seinen Elternobjekten lösen wird.

Wann immer erhebliche Krisen bestehen, verweise ich sie an die ärztlichen Notdienste oder nenne die Uhrzeiten, zu denen ich sie nach Feierabend oder am Wochenende anrufen werde.

Der Therapeut fühlt sich um so weniger verschlungen, desto besser er sich abgrenzen kann. Er muß sich weitgehend mit seiner eigenen Hilflosigkeit gegenüber seinen Eltern auseinandergesetzt haben, wenn er nicht selber zu einer allzu verständigen Ersatzmutter werden will und damit dem Patienten schadet.

15.4 Strukturiertes Verhalten

Der Symbiotiker neigt zu Passivität, Strukturlosigkeit und zur Disziplinlosigkeit. Es fällt ihm schwer, einen strukturierten Tagesablauf zu finden. Besonders Studenten, die sich nicht einem festen Arbeitsrhythmus unterziehen müssen, haben hier Schwierigkeiten. Regelmäßiges, morgendliches Aufstehen um 7 Uhr, Frühstück, zeitlich begrenzte und mit Belohnungen versehene Arbeitseinheiten sind möglichst einzuhalten. Der erste große Arbeitseinschnitt dauert bis zur Mittagszeit gegen 12 Uhr. Die Pause kann sich bis 15 Uhr erstrecken. Der Abend soll für die Freizeit freigehalten werden und nicht für das Studium verwandt werden. Gesellschaft, Sport oder andere Hobbys bleiben dem Abend vorbehalten, damit am Ende eines arbeitsreichen Tages als Belohnung die Freude steht.

Das diffuse Versinken in das Nichtstun und in die Strukturlosigkeit bedeutet, daß auf der Symbolebene immer noch eine Verbindung mit der Nabelschnur im Mutterleib besteht. Der Symbiotiker erwartet von der Welt – seiner Mutter –, daß sie ihn belohnt und versorgt, ohne daß er sich selber anstrengen muß.

15.5 Überwindung der Kontaktstörungen

Die Angst, Kontakt zur Außenwelt aufzunehmen, ist eine der Hauptängste des Symbiotikers. Die Kontaktstörung bezieht sich sowohl auf die Menschen, vor denen er Angst hat, als auch auf die eigenen Sinne. Kontaktübungen, die die Selbstwahrnehmung und die Fremdwahrnehmung vertiefen, sind erfrischende und eindrucksvolle Therapiemöglichkeiten[5]. Bulimiker sind auf ihre Kontaktstörung bezüglich des Essens aufmerksam zu machen. Für sie ist wichtig zu lernen, das Essen langsam und mit Genuß in sich aufzunehmen, anstatt es gierig und wie in Trance herunterzuwürgen.

Die Gruppentherapie bietet sich dazu an, daß die Patienten ihre Kontaktängste überwinden. Sie beginnen, über ihre Ängste zu sprechen, sich mitzuteilen, nehmen Kontakte in der Gruppe auf, vor allem nach dem Gruppengespräch. Sie lernen, aus ihrer Isolation herauszukommen, aus dem Dunstkreis ihrer Eltern und eine eigenständige Welt aufzubauen. Vielfach besteht noch ein regelmäßiger Kontakt zu den Eltern, wobei das Telefonkabel die Nabelschnur versinnbildlicht.

15.6 Der Prozeß der Trennung und des Abschiednehmens

Zum Abschied gehört, daß der Trauernde um den Verlust weint. Trauer tritt auf, wenn sich der Patient von seiner Kindheit und den Eltern verabschiedet. Grundloses Weinen, plötzlich auftretende Traurigkeit, die sich in Kopfschmerzen oder Schmerzen hinter den Augen äußern kann, überraschen den Patienten, da er sie nicht

15.6 Der Prozeß der Trennung und des Abschiednehmens

einordnen kann. Er will sich in derartigen Situationen bemitleidet wissen, er fühlt sich hilflos und traurig, Tränen stehen in seinen Augen. Er klagt, wie schlecht es ihm gehe, wie mühsam das Leben sei. Es sind die Tränen des Abschiednehmens von der Kindheit.

Auf diese psychodynamischen Zusammenhänge weisen regelmäßig die Träume hin, die dem Patienten die Einsicht erleichtern, daß er Abschied von den Eltern und seiner Kindheit nimmt. Neben einer affektgeladenen Trauerarbeit ist das Abschiednehmen durch einen sogenannten Abschiedsbrief eine wirkungsvolle Intervention. Ob es sich um einen alten Freund handelt, den man innerlich noch nicht aufgegeben hat, so daß eine neue Freundschaft nicht möglich ist, oder um die verstorbene Großmutter oder die eigene Mutter – das Schreiben eines Abschiedsbriefes dokumentiert auch äußerlich die erfolgte Trennung.

Beispiel:
»Mein geliebter Kurt! ›Mein‹ das paßt nicht mehr; aber wohl ›geliebter‹ und da Du so real existierst und eben nicht tot bist, schreibe ich Dir einen Abschiedsbrief. Manchmal habe ich mir vorgestellt, daß es einfacher für mich wäre, Du seist gestorben, unwiederbringbar. Aber noch schwerer ist es für mich, daß Du quicklebendig und glücklich bist und mit einer anderen Frau, Deiner Frau, Dein Leben gestaltest. Das ist es, was so schmerzt. Sicherlich bist Du sehr gespannt auf Deine erste große Liebe, die ich für Dich (wie Du für mich) war, aber ich denke, daß es eben den einen Unterschied gibt zwischen uns. Du bist gebunden und ich bin frei. Ich habe es ganz, ganz tief in meinem Herzen nie – bis heute – begriffen, daß Du, der immer frei wie ein Vogel sein wollte, nach unserer Trennung Dich innerhalb von ein paar Wochen innerlich für Deine jetzige Frau entschieden hast. Die vielen Jahre, die wir zusammen waren, sollten somit nur als Vorbereitungsstufe Deiner Ehe gelten. Die vielen, vielen Briefe aus der gemeinsamen Zeit sind nur noch Relikte. Es stimmt ja auch, daß wir glücklich bis – ja, bis zu dem Zeitpunkt, als ich das Gefühl hatte, Du seist der Mann für's Leben und mich so stark an Dich krallte, daß Du für jede Reise dankbar gewesen sein mußt, die Dir der Dienstplan diktierte. Inzwischen kann ich es nachvollziehen, daß ich mich so abhängig, so klein und Liebe überschüttend verhalten habe, daß man nur das Grausen bekommen konnte. Ich spreche heute aus einer stärkeren Position, fünf Jahre nach unserer Trennung. Ich fühle, daß ich mich sehr verändert habe, gewachsen bin innerlich; aber ich spüre, daß ich in allen Liebschaften nur Dich suchte, in allen Männern nur Dich suchte und bis heute heimlich die Hoffnung hatte: irgendwann ist seine Ehe kaputt und er kehrt zu mir zurück.

Aber da ich in dieser Hoffnung alt werden kann, muß ich mich endlich von Dir lossagen, um nicht unglücklich zu bleiben, sondern um selbst eine erfüllende Partnerschaft eingehen zu können. Leb wohl! Ach es tut so weh, nichts von Zärtlichkeiten zu schreiben.«

Der Abschiedsbrief bedeutete für die Patientin, die an einer Bulimie erkrankt war, einen wichtigen Schritt in Richtung Liebesfähigkeit und Partnerschaft.

Einen anderen Abschiedsbrief möchte ich noch hinzufügen:
»Liebe Mutti! Du bist schon lange tot. Trotzdem ist es heute notwendig, daß ich mich von Dir verabschiede. Und zwar will ich mich verabschieden von den Fesseln,

die Dein Einfluß, Deine Erziehung für mich bedeuten und die mich bis heute noch daran hindern, ein freies, selbständiges Leben zu führen und mein Glück zu genießen. Diese Fesseln engen mich ein in meiner Lebensführung, indem viele Dinge mir nicht erlaubt sind, weil ich sie mir nicht zutraue oder weil ich Deine Strafe fürchte. Deine Strafen ereilen mich immer, wenn es mir gerade besonders gut geht, wenn ich einen neuen Schritt der Lebensbewältigung geschafft habe. Die Bestrafung, die ich von Dir auch heute noch erfahre, äußert sich in Angst vor dem Leben, vor seinen Anforderungen sowie in Krankheitszuständen, die fast immer psychischen Ursprungs sind. Die Ängste vor diesen vielfältigen Krankheitssymptomen engen mich derart ein, daß ich mir viele Dinge nicht erlaube oder zutraue und daß ich mir durch magisches Denken vieles verbiete.

Ich weiß inzwischen, daß meine Angst entstanden ist durch Dich, durch Deine Liebe zu mir, die eine sehr einengende Liebe war, die mich abhängig und unselbständig gemacht hat. Außerdem ist meine Angst sicher auch zurückzuführen auf den Neid, den Du mir gegenüber in meiner Jugend entwickelt hast. Du hast mich schon seitdem immer spüren lassen, daß Du mir alles Schöne, was ich im Leben erreicht habe, nicht gönnst, weil Du es selbst nicht haben konntest.

Deine körperlichen Strafen, Dein Schlagen und Kneifen, haben mir nicht nur als Kind schon sehr weh getan, sondern sie haben auch dazu geführt, daß ich ängstlich und schüchtern geworden bin, daß ich leise spreche und daß ich mich vor dem Urteil anderer Menschen fürchte. Ich weiß, daß Dir das Bewußtsein fehlte über das, was Du mir angetan hast. Ich kann Dich deshalb auch nur begrenzt anklagen, denn Du hast Dich wohl bemüht, mich nach Deinem Wissen, gut zu erziehen! Trotzdem klage ich Dich an, denn Du bist es, die einen (in mancher Beziehung) unselbständigen, ängstlichen Menschen aus mir gemacht hat, der sich aus dieser Angst vor den Lebensanforderungen häufig in Krankheiten flüchtet oder geflüchtet hat. Ich weiß allerdings, daß Vati gerade auch durch seine Unselbständigkeit und seine vorsichtige, häufig ängstliche Art diese Eigenschaften bei mir bestimmt gefördert hat und deshalb auch eine Schuld trägt an meinem Leiden.

Ich möchte mich nun von Dir verabschieden, weil ich selbständig werden möchte, was ich mit einer derart engen Bindung an Dich nicht werden kann. Ich trenne mich hiermit von Deiner mütterlichen Liebe, die mich einengt und unfrei macht.

Ich bin eine erwachsene Frau und ich bin in der Lage, die Verantwortung für mich, für mein Leben selbst zu tragen und lasse mir nichts mehr durch Deine Strenge und Unterdrückung verbieten oder vorschreiben. Ich brauche Dich nicht mehr und weise Deinen Einfluß von jetzt an energisch zurück.

Ebenso bin ich bereit und in der Lage, die Verantwortung für mein Kind und meine Familie zu übernehmen. Ich hoffe nur, daß es mir gelingen wird, mit meinem Wissen über die negativen Auswirkungen mütterlicher Liebe, diese Bürde, die Du mir aufgetragen hast, nicht an meinen Sohn weiterzugeben und daß er zu einem starken und selbständigen Menschen heranwachsen wird. Mit dieser Hoffnung als einem positiven Gefühl, das neben vielen negativen Gefühlen steht, bei dem Gedanken an Dich, verabschiede ich mich von Dir, meine Mutter.«

Die Patientin war nach der Geburt ihres Kindes an einer heftigen Angstsymptomatik erkrankt. Sie war tief an ihre Mutter gebunden, obwohl diese bereits seit zehn Jahren gestorben war. Sie mußte sich mit der gleichen Energie und Ausdauer von ihrer verinnerlichten, einengenden Mutterfigur befreien, als wenn diese noch lebte.

Den Patienten sind die Kraft und die Macht elterlicher Bindungen mit dem Beispiel der bereits verstorbenen Mutter zu verdeutlichen. Sie können es nicht glauben, daß die verinnerlichten elterlichen Gebote so große Macht über sie ausüben. Sie meinen, es genüge, sich gegenüber den realen Eltern abzugrenzen, um die Symbiose aufzulösen. Daß dies nicht der Fall ist, zeigt das gerade genannte Beispiel.

Nach geleisteter Trauerarbeit hat der Patient genügend Energien für neue Bindungen und Aufgaben frei, denen er sich bisher nicht widmen konnte. Will der Patient die Trauerarbeit nicht durchführen, so ist das zu respektieren und zu einem Zeitpunkt, an dem er dazu bereit ist, durchzuführen. Im Verlauf der Trauerarbeit und der Ablösungsphase kann es zu suizidalen Gedanken oder einer akuten Suizidgefährdung kommen, auf die in dem Kapitel »Symbiose und Suizid« eingegangen wird.

15.7 Ursprung und Überwindung der Minderwertigkeitsgefühle

Minderwertigkeitsgefühle, die auch durch Grandiosität überspielt werden können, haben vielfältige Ursachen. Minderwertigkeitsgefühle beruhen zu einem großen Teil auf dem verinnerlichten, häufig nonverbal vermittelten Satz der Eltern: »Du schaffst es nicht!«

Zum Wesen des symbiotischen Menschen – des Narzißten – gehört aber auch die Überbetonung des Selbst und der Eigenliebe. Eine wirkliche Fähigkeit, auf die Welt zuzugehen, echten Kontakt zu den Mitmenschen aufzunehmen und ein menschliches Verständnis von Technik und Natur hat er jedoch nicht erlangt. Er kann aufgrund einer übergroßen Mutter- oder Vaterbindung diese Wege nicht beschreiten. Häufig widerfuhr ihm zuviel »Liebe«, er hat sich zu wichtig nehmen dürfen und müssen, so daß er einen realistischen Umgang mit der Welt nicht erlernen konnte.

Ein weiterer Ursprung der Minderwertigkeitsgefühle ist in den Ohnmachtgefühlen gegenüber der verschlingenden Mutter zu sehen, aus denen kompensatorisch Allmachtsgefühle resultieren[6].

Minderwertigkeit läßt sich auch durch die fehlende Entwicklung des Selbst erklären. Derjenige, der so fremdbestimmt ist wie ein Symbiotiker oder Angstneurotiker, hat allen Grund, sich minderwertig zu fühlen. Er ist weder in der Lage, seine Ich-Funktionen voll auszuschöpfen, noch wird er seinen Trieben gerecht. Gekonnte Aggressivität, Sexualität und eine sinnvolle Lebensfülle sind ihm durch die Bindungen an das Elternhaus verweigert. Er hat eine elementare Angst vor diesen Bereichen, aus denen sich aber vorwiegend das Selbstwertgefühl gestaltet.

Während andere sich entwickeln und sich in der Welt der Erwachsenen wohlfühlen, ist er in den Fesseln seiner Familie gefangen. Mag er sich auch der äußeren Form nach dem Berufsleben oder dem Familienleben angepaßt haben, die tiefen, unbewußten Bindungen stören ständig sein Selbstwertgefühl, das die Diskrepanz zwischen seiner infantilen Fixierung und den Ansprüchen an eine reife Persönlichkeit nicht überbrücken kann.

Nachdem die Diskrepanz aufgehoben ist und er über seine intellektuellen und emotionalen Fähigkeiten verfügt, ist der Symbiotiker in der Lage, sein Selbstwertgefühl weitgehend aus sich selbst heraus aufzubauen.

15.8 Gestalttherapeutische Methoden

Sowohl in der Einzel- als auch in der Gruppentherapie eignen sich zur Belebung und zur Aktualisierung von Konflikten Rollenspiele oder Stuhlgespräche[7]. Es ist immer wieder erstaunlich, wie tief den Patienten ein selbst geführtes Gespräch mit seinen verinnerlichten Eltern berührt und ihn zu Veränderungen führt.

In einem Rollenspiel mit seiner Mutter wird sich der Patient zum Beispiel gewahr, wie klein er sich gegenüber seiner Mutter verhält. Während er mit leiser und zaudernder Stimme spricht, läßt er seine Mutter mit einer kräftigen und fordernden Stimme auftreten. Für den Patienten war der Dialog aufschlußreich, weil die der Mutter zugeschriebene Macht und seine Ohnmacht offen ans Tageslicht traten.

Auch die Maltherapie und die aktive Imagination sind belebende therapeutische Möglichkeiten, die den Individuationsprozeß sowohl auf der emotionalen als auch auf der rationalen Ebene fördern. Sogenannte Phantasiereisen mit angenehmen Gefühlen lassen das Vertrauen in die Gruppe und zu sich selbst wachsen. Bei der geringen Erlaubnis zur Freude und zum Genuß sind derartige positive Phantasieübungen eine Aufforderung, auch außerhalb der Therapie derartige Situationen zu imaginieren oder aufzusuchen.

Die Maltherapie dient der Selbstfindung. Das Malen eröffnet bisher verschlossene Bereiche. Entweder erhält der Patient vorgegebene Themen wie z. B. die Vergangenheit, die Gegenwart, die Zukunft, oder aber er malt einen Traum, den er dem Therapeuten gerade erzählt. Er kann auch etwas ihn zur Zeit emotional sehr Bewegendes zu Papier bringen, was aus seiner Seelentiefe herausdrängt. Die Farb- und die Formgebung wirken befreiend. Das Bild stärkt das Selbstbewußtsein, der Patient nimmt Abschied von der Begebenheit. Es kann eine lebenslange Beschäftigung daraus entstehen.

Regressive Übungen, das forcierte Aufsuchen von Kindheitserinnerungen und Situationen, in denen sehr frühe Kindheitserinnerungen noch einmal durchlebt werden, halte ich für kontraindiziert.

Symbiotiker haben von der Definition her ein Bedürfnis, in den Mutterleib, in die Vergangenheit und die Passivität zurückzukehren, so daß ich Methoden der Primärtherapie und des Rebirthing aus meiner Erfahrung heraus für sogar schädlich halte. Das Wiedererleben einer Kindheitssituation, in der man sich gekränkt oder geängstigt fühlte, spielt für den Individuationsprozeß keine wesentliche Rolle. Therapie findet nicht in der Kindheit statt, die dann ja auch nur als »halluzinatorisches« Erlebnis wiedererstanden ist, sondern an den Fixierungen, unter denen der Patient leidet.

Zuweilen verzerren verwöhnte Patienten infolge ihrer Riesenansprüche ihre Eltern zu »Rabeneltern«, die ihnen angeblich nicht genug Liebe haben zukommen lassen. Sie erkennen nicht, daß nicht ein Zuwenig an Liebe, sondern ein Zuviel daran übermäßige Ansprüche hat entstehen lassen. In den Familien, deren Mitglieder psychotherapeutische Hilfe suchen, sind Bindungsmechanismen ausgeprägter als Ausstoßungsmechanismen. Trennungserlebnisse, herbeigeführt durch Scheidung, rufen z. B. in dem betroffenen Kind Trennungsangst und eine abnorme Bindung an den verbleibenden Elternteil hervor. Bei den 170.256 Scheidungswaisen in der BRD spielen diese Bindungsmechanismen eine erhebliche Rolle für die Entstehung von Symbiose, Angstneurose und den Krankheitsbildern, die Angstäquivalente darstellen[8,9].

15.9 Verhaltenstherapie

Die Verhaltenstherapie spielt eine wichtige Rolle in der Behandlung von Angstzuständen[10,11,12,13]. Zunächst untersucht der Psychiater die Vermeidungsstrategien des Patienten und führt eine Verhaltensanalyse seiner Angst durch. Das Erkennen von negativen Selbstzuschreibungen und Botschaften erfolgt über eine ausführliche, biographische Anamnese, über Fragebögen und aus der aktuellen therapeutischen Situation heraus. Der Psychiater erfragt auch den Grad der Selbständigkeit und die Fähigkeiten des Patienten, Aggressivität und Sexualität angemessen auszuleben. Das Ausmaß der symbiotischen Haltung und Bindung an die Elternfiguren sind gleichfalls eingehend zu erkunden.

a) Das Aufsuchen der angstauslösenden Situation (Überflutungsmethode)

Angstpatienten vermeiden Situationen, die ihnen Angst bereiten. Der Patient soll Angstsituationen schrittweise in der Phantasie oder in der Realität aufsuchen und aushalten. Hierzu gehören z. B. Autofahren, Fahrstühle und die Angst, unter Menschen oder in Kaufhäuser zu gehen. Die Angst vor Nähe, vor Sexualität, vor Liebe und vor der Verantwortung in einer Partnerschaft sind gleichfalls übend zu lernen (s. u.).

Ein wesentliches Mittel der Angstminderung ist die Konfrontation mit angstbesetzten Traumsymbolen. Allein das Erzählen von Alpträumen führt zur Annahme und Verringerung der Angst. Die Gegenwart des Arztes und der Gruppe wirkt beruhigend und angstmindernd.

b) Positives Denken

Angstpatienten haben eine negative Auffassung von ihren körperlichen und seelischen Fähigkeiten. Häufig sind Sätze wie: »Ich schaffe es nicht« oder »Ich werde in der

Prüfung versagen.« Negative Gedanken verursachen Angst. Angst schwächt das Ich und führt zu Flucht- oder Vermeidensverhalten. Angst- oder Panikanfälle unterhalten einen sich selbst verstärkenden Teufelskreis, der durch positive Autosuggestion durchbrochen werden kann[14].

Beispiele für positive Autosuggestion:
- Ich schaffe es.
- Ich bin wichtig.
- Ich bin ruhig und gelassen.
- Es geht mir gut.

c) Das Unterbrechen von Grübel- und Angstphantasien

Viele Angstneurotiker berichten, daß sie unablässig grübeln. Sie können sich nicht konzentrieren oder einschlafen. Sie schaffen es aber, das Grübeln zu unterbrechen und zu beenden, indem sie sich z. B. durch Malen oder Musikhören ablenken, durch menschliche Kontakte oder andere intensive Beschäftigungen. Den Patienten ist zu erklären, daß Grübeln unfruchtbar ist und lediglich schlechte Gefühle hinterläßt.

Diese Verhaltensregeln gelten auch für die Ausweitung der Angst durch eine übermäßige Beschäftigung mit ihr. Zusätzlich kann die Angst mit folgenden Merksätzen bekämpft werden:
- Die Angst ist dein größter Feind.
- Bekämpfe die Angst.
- Geh gegen die Angst an.
- Lerne es, deine Angst nicht so wichtig zu nehmen.
- Tue das, wovor du Angst hast, erst recht.
- Entscheidend ist dein Wille, die Angst zu bekämpfen.
- Sag zu der Angst: Rutsch mir den Buckel hinunter!
- Auch wenn die Angst da ist, tue ich das, was ich will.
- Ich lasse mir mein Ziel von der Angst nicht verrücken.

Eine 38jährige Frau berichtet über ihren Kampf gegen die Angst:
»Neulich bin ich wieder tief abgestürzt. Ich habe mich in die Angst hineingesteigert. Ich wollte am Wochenende auf einem Flohmarkt in unserem Dorf etwas verkaufen. Aber ich machte mir eine furchtbare Angst. Immer wieder sagte ich mir: ›Du schaffst es nicht. Du schaffst es nicht. Du schaffst es nicht.‹ Unablässig habe ich an diesen Gedanken gedacht, auch wenn ich vordergründig etwas anderes tat. Ich hatte Herzklopfen und Kopfdruck. Ich war vorher schon durch diese Angst völlig erschöpft. ›So kannst Du nicht zum Flohmarkt gehen‹, sagte ich mir und wollte nicht gehen. Da erinnerte ich mich an die Worte meines Arztes: ›Gehen Sie gegen die Angst an.‹ Also ging ich hin. Ich habe es auch gut hinter mich gebracht. Anschließend war ich so erschöpft, daß ich ins Bett wollte. Auch da habe ich an die Worte meines Doktors gedacht, habe mich nicht hingelegt, sondern bin zum Bauchtanz gegangen. Danach fühlte ich mich echt gut.«

d) Die Korrektur infantiler Verhaltensmuster

Angstneurotiker und Symbiotiker leiden unter mangelndem Erwachsensein. Dementsprechend verhalten sie sich oft kindlich oder infantil. Das Verhalten des Patienten, seine Träume und seine Worte werden in Beziehung zu den Therapiezielen gesetzt und korrigiert.

Oft stützt der Symbiotiker mit den Händen den Kopf ab. Ich fordere ihn auf: »Sie brauchen keine Stütze. Sie können Ihren Kopf selber halten.« Manchmal hält der Angstpatient aus Unsicherheit die Hand beim Sprechen vor den Mund. Diese Gestik verrät den geringen Glauben an die Ausdruckskraft seiner Worte. Auch das Schulterzucken ist ein Merkmal von Entscheidungsschwäche. Der Ängstliche steht nicht zu seinen Worten. Es ist wichtig, ihn darauf hinzuweisen, daß er seine Aussage abwertet, indem er gleichzeitig mit den Schultern zuckt.

Viele Angstpatienten wischen sich die Hand an der Hose ab, wenn sie den Therapeuten begrüßen. Sie schämen sich einer angeblich feuchten Hand. Sie sind auf diese häufig unbewußt ausgeführte Geste der Unsicherheit hinzuweisen.

Aufgeblasene, spöttische oder ironische Bemerkungen sind bereits im Erst- oder Zweitgespräch zu konfrontieren. Diese Art Kommunikation stellt keine Grundlage für ein therapeutisches Bündnis dar. Häme und Spott dienen der Abwehr jeglicher Änderung. Wer leidet und änderungswillig ist, wird diese zerstörerische Haltung gegenüber sich und dem Therapeuten nach einigen Sitzungen fallen lassen.

Um das Erwachsenen-Ich von Angstneurotikern zu stärken, ist es sinnvoll, sie auf eine korrekte Sprache hinzuweisen. »Ich« statt »man« und das Aussprechen ganzer Sätze fördern das Selbstbewußtsein und die Eigenverantwortlichkeit. Herabsetzungen und Beleidigungen des Therapeuten oder anderer Gruppenmitglieder sind ebenso zu konfrontieren wie ungebührliches Benehmen. Die Redewendung »Ja, aber« ist Ausdruck einer kindlichen Trotzhaltung und sollte vom Therapeuten negativ bewertet werden.

Folgende infantil-symbiotische Ausdrucksformen behindern gleichfalls den Weg in die Welt der Erwachsenen:
– Mehrmaliges Telefonieren in der Woche mit den Eltern
– Häufiges Nachhausefahren
– Bei den Eltern wohnen über das Abitur hinaus
– Die Anrede »Papa« und »Mama«

Es fördert die Selbständigkeit des Angstpatienten, wenn er sich folgende verniedlichende Worte der Eltern verbittet:
– Kuschel
– Mäuschen
– Mein Meikelein
– Süße
– Rufnamen aus der Kindheit, z. B. Ela anstelle von Daniela

Eine 34jährige Schreibkraft sagt: »Meine Mutter nennt mich bis heute Kuschel, mein Vater Mäuschen oder Süßchen. Als mein Vater aber mich vor allen Kollegen Muschilein genannt hat, bin ich im Boden vor Scham versunken. Da habe ich meinem Vater gesagt, er solle das nicht wieder tun.«

e) Hausaufgaben

Hausaufgaben fördern den therapeutischen Prozeß. Sie sind deswegen von großer Bedeutung, weil der Patient auch außerhalb der therapeutischen Situation neue Verhaltensweisen lernen kann[15]. Das Aufsuchen angsterregender Situationen gehört z. B. zu den Übungen, die der Patient zu Hause oder anderswo erfüllen soll. Gerade zu Beginn der Therapie, aber auch zu späteren Zeitpunkten, ist es sinnvoll, dem Patienten Fragen für Zuhause mitzugeben. Fragen über sich selbst, seine negativen Verhaltensweisen und über das Verhältnis zu den Mitmenschen fördern die Selbsterkenntnis und die Selbsterziehung. Diese Hausaufgaben sind schriftlich zu erledigen, da das Niedergeschriebene gegenüber dem Mündlichen ein erhöhtes Gewicht besitzt.

Beispiele für Hausaufgaben:
- Was will ich in der Therapie für mich erreichen?
- Was werde ich an mir ändern?
- Wo verlange ich mir zuviel ab?
- Situationen, in denen ich nicht Nein sagen kann.
- Wann benehme ich mich wie ein Kind?
- Wo kann ich mich überall nicht abgrenzen?
- Wie zeigt sich heute noch meine starke Bindung an die Eltern?

Eine Mutter von 2 Kindern hatte sich immer mehr eingeengt und den Kontakt zum Ehemann auf das Nötigste eingeschränkt. Sie war seit 5 Jahren an einer zunehmenden Angstneurose erkrankt. Zu der Hausaufgabe: »Was habe ich in meiner Ehe falsch gemacht?« schrieb sie:

»Ich habe mich unselbständig gemacht. Ich wollte nur meine Vorstellungen von Ehe und Familie durchsetzen. Ich bin meinem Mann gegenüber unbeherrscht und verletzend. Ich habe das Wohlergehen der Kinder über meine Ehe gesetzt. Ich versuche, alles perfekt zu machen ohne Pausen. Ich habe den Sex vermieden. Ich lehne meinen Mann körperlich ab. Er ekelt mich an. Ich vergleiche immer wieder meinen Vater mit meinem Mann.«

Hausaufgaben ergeben sich nicht selten aus dem Konfliktmaterial, das den Träumen zugrunde liegt.

Beispiel:
Ein 25jähriger Jurastudent, der an einer Angstneurose litt und noch keine Freundin gehabt hatte, erzählte folgenden Traum: »Mein Vater steht hinter dem Fenster mit der Bibel in der Hand und wartet auf mich. Ich wage nicht, das Haus zu betreten, sondern bleibe voller Angst hinter einem Haselbusch stehen. Plötzlich kommt ein großer Blitz auf mich zu. Vor Angst wache ich auf.«

Der Vater des Studenten war ein Anhänger der Zeugen Jehovas gewesen und hatte seinen Sohn nach strengen Maßstäben erzogen. Die Hausaufgaben, die sich aus dem Traum ergaben, lauteten: Wo bin ich zu streng mit mir selbst und zu anderen? Was werde ich daran ändern?

f) Verträge

Die Transaktionsanalyse benutzt das Instrument der Verträge, um verhaltenstherapeutische Ziele für den Therapeuten wie für den Patienten klar zu umreißen[16,17]. Auch Verträge sollten schriftlich erfolgen, da hierdurch die Verantwortlichkeit gestärkt wird.

Beispiele für Verträge:
- Ich werde meinen Ärger äußern, anstatt ihn zu unterdrücken.
- Ich werde mich im Erwachsenen-Ich verhalten, anstatt Dumm zu spielen.
- Ich werde mein Studium innerhalb eines Jahres erfolgreich beenden.

g) Arbeitsstörungen

Die Arbeitsstörungen vieler Angstneurotiker beruhen auf der fehlenden Erlaubnis, in die Welt der Erwachsenen zu gehen und eine Lehre oder ein Studium erfolgreich abzuschließen. Auch die Passivität, die Strukturlosigkeit und das mangelnde Vertrauen in die eigenen Fähigkeiten bei einer identitätszerstörenden Elternfigur führen zu Arbeitsstörungen oder Prüfungsängsten. Manchmal spielt ein rebellischer Trotz gegen einen zu strengen Vater oder eine fordernde Mutter eine Rolle. Die allzu starke Bindung an das Elternhaus kann über Schuldgefühle und Zweifel an den eigenen Leistungen zu erheblichen Arbeitsstörungen führen.

Die Patienten sind regelmäßig dazu aufzufordern, die Arbeit und den Tag strukturiert zu verrichten und gegen krankmachende Passivität und infantiles Nichtstun anzugehen. Immer wieder sollte der Therapeut nach der Arbeitshaltung fragen und den Patienten hierzu eingehend berichten lassen. Die ganze Kraft, Ausstrahlung und Macht eines Psychiaters sind erforderlich, damit der Patient den Glauben an die eigenen Fähigkeiten gewinnt und den Ablösungsprozeß von den Eltern besteht.

h) Verhaltenstherapeutische Aspekte der Sexualität

Die Sexualität ist von außerordentlicher Bedeutung für das Wohlergehen des Einzelnen wie für den Erhalt einer Ehe. Das Vermeiden von Nähe und Sexualität gehört zu den wesentlichen neurotischen Haltungen des Angstneurotikers[*] Viele Menschen meinen, daß die Sexualität »vom Himmel falle und sich ereignen werde«, wenn sie nur ausreichend verliebt seien. Hinter dieser Haltung steht häufig die unbewußte Angst vor der Sexualität. Auch Sexualität will eingeübt und gelernt sein. Hier ist der Patient über die Notwendigkeit zu unterrichten, zu handeln und auch hier willentlich seine Ziele zu verfolgen.

Es ist wichtig, die Patienten nach ihrem Sexualverhalten zu fragen. Wenn sie oder ihr Partner der Sexualität ausweichen, sollen sie es wieder lernen, ihre Sexualität in der Partnerschaft auszuleben. Längere Abstinenzphasen von mehr als einer Woche sind zu

---

[*] Siehe die Kapitel 16: Symbiose und Angst vor Sexualität und 21: Symbiose und Ehe.

vermeiden, damit die Sexualität nicht ihre bindende Macht und Kraft verliert. Die Sexualität ist mit der Liebe das wesentliche Glied, das eine Partnerschaft bis ins hohe Alter zusammenhält.

Am Ende dieses Kapitels möchte ich einige Verhaltensregeln über das »Streicheln« erwähnen. Sie sind für das Wohlbefinden eines jeden von großer Wichtigkeit.

Streichelregeln:
- Streichle dich selbst.
- Streichle andere.
- Frage um Streicheln.
- Verweigere Streicheln, wenn du es nicht willst.
- Nimm Streicheln an.

Unter Streicheln ist all das zu verstehen, was einem gut tut. Das mag ein Lob von anderen sein, ein Selbstlob, ein echtes Streicheln. Das kann ein Gefallen für jemand sein, ein großer, aber bisher unerledigter Wunsch oder ein netter Abend mit Freunden. Täglich sollen wir uns etwas gönnen, ein wenig Urlaub machen und uns immer wieder fragen, ob wir die Streichelregeln im Sinne des Carpe Diem anwenden.

15.10 Einzel- oder Gruppentherapie

Die Frage, ob eine Einzel- oder Gruppentherapie angebracht ist, entscheidet nicht selten der Patient selber. Stark symbiotisch Gebundene haben keine Erlaubnis von den verinnerlichten Eltern und auch nicht genügend Ich-Stärke, sich dem gruppentherapeutischen Geschehen auszusetzen. Daher lehnen sie von vornherein Gruppentherapie ab. Hierzu gehören besonders Einzelkinder.

An sich ist die Gruppentherapie der Einzeltherapie vorzuziehen, da die Probleme beim anderen besser erkannt werden als bei sich selbst. Dadurch wird auch die Selbsterkenntnis erleichtert. Identifikatorische Prozesse finden in der Gruppe eher statt.

Außerdem ist die Verpflichtung einer Gruppe gegenüber stärker oder mit weniger Widerstand behaftet als gegenüber dem Therapeuten.

Psychotherapie in der Gruppe ist für den Psychotherapeuten weniger anstrengend, weil es durch den Gruppenprozeß zu einer Anhebung des Energieniveaus auch im Therapeuten kommt, während Einzeltherapien durch die symbiotische und vereinnehmende Haltung des Patienten recht anstrengend sein können.

15.11 Dauer der Therapie

Die Dauer der psychotherapeutischen Behandlung richtet sich nach der Schwere der Symptomatik und der Umstellungsfähigkeit des Patienten. Die Psychotherapie angstneurotischer Zustände dauert in schweren Fällen bis zu drei Jahren, bei mittelschweren eineinhalb bis zwei Jahre. Innerhalb dieser Zeit hat der Patient in der Regel genügend Ich-Stärke entwickelt und kann seinen Symptomen und zum Teil auch mit seinen Träumen so gut umgehen, daß er sich ohne Hilfe des Therapeuten und der Gruppe weiterentwickeln kann.

Selten dauern Therapien länger als drei Jahre. Der Entwicklungsprozeß währt jedoch ein Leben lang für den, der offen ist gegenüber seinen Träumen und seiner inneren Entwicklung. Denn Konflikte aus Vergangenheit und Gegenwart fordern uns immer wieder heraus, Neues zu erlernen.

Wichtig für die Entwicklung ist der Kontakt zu seinen eigenen Träumen und die stete Auseinandersetzung mit diesen. Dann laufen wir keine Gefahr, uns von uns selber zu entfernen.

15.12 Vorzeitiger Abbruch der Therapie

Weil der Symbiotiker immer wieder versucht, die Symbiose mit seinen Eltern aufrechtzuerhalten und ihm viele Mechanismen hierfür zur Verfügung stehen, sind an die Fähigkeiten des Psychotherapeuten hohe Anforderungen gestellt. Abwertungsmechanismen, die Hilflosigkeit, an der der Therapeut scheitern kann, die Vielfalt der Symptome und die Zähigkeit, mit der die Patienten an ihrem kindlichen Verhaltensweisen festhalten wollen, führen die Therapie immer wieder in Sackgassen. Ist die Macht der verinnerlichten Eltern zu groß und das Energieniveau des Patienten zu niedrig, wird der Patient die Therapie abbrechen, um die Symbiose aufrechtzuerhalten. Dazu dienen ihm auch vordergründige Argumente.

Er darf und will sich nicht ändern, denn Therapie bedeutet Loslösung von den Eltern und Selbständigkeit, die diese weitgehend unterdrückt haben.

Für mich als Therapeuten sind derartige Abbrüche schmerzlich. Ich bin verletzt, ich habe mir Mühe gegeben, dem Patienten zu helfen. Daher muß ich mir vom Verstand sagen, daß nicht ich es gewesen bin, der die Therapie scheitern ließ, sondern der Patient. Er konnte nicht den Mut aufbringen, sich auf den Ablösungsprozeß einzulassen.

Der Symbiotiker sucht nicht nur Hilfe, sondern er fürchtet die therapeutische Bindung genauso wie andere menschliche Bindungen, weil er in ihnen eine Wiederholung seiner Abhängigkeitsbeziehung zu den Eltern sieht. Besitzt der Patient die Ehrlichkeit, den bevorstehenden Therapieabbruch mit dem Therapeuten zu besprechen, so weise ich ihn auf sein unbewußtes Verhalten hin, das immer wieder auf Trennung hinausläuft.

Nach meinen Erfahrungen neigt besonders der Phobiker im Vergleich zum Angstneurotiker zu Therapieabbrüchen. Er ist bei seiner vorwiegend zwanghaften, fest gefügten Abwehrstruktur sowie seinem oft mangelnden Leidensdruck einer konfliktorientierten Psychotherapie wenig zugänglich.

Manchmal kann der Versuch des Therapeuten, den Patienten zu halten und ihn zu überzeugen, auch ein Fehler sein. Er verstärkt den pathologischen Lebensplan des Patienten, indem er wie eine Elternfigur versucht, den Patienten festzuhalten, um ihm zu helfen. Man soll ihn gehen lassen, ihm sagen, daß er jederzeit wiederkommen kann, daß man ihm nicht böse ist und es auch für den Patienten wahrscheinlich das Richtige sei zu gehen. Auch hier gilt es, die Autonomie des Patienten zu stärken.

Therapieabbrüche sind nämlich auch Versuche des Patienten, eine Trennungssituation herbeizuführen, in der er der Stärkere bleibt. Insofern ist ein Therapieabbruch für den Patienten auch ein therapeutischer Schritt.

15.13 Medikamentöse Behandlung von Angstzuständen

Häufig läßt sich eine Pharmakotherapie von Angstzuständen in der psychotherapeutischen Praxis vermeiden. Eine medikamentöse Therapie von neurotischer Angst befürworte ich bei leichten bis mittelschweren Fällen in der Regel nicht, da durch das Medikament eine erneute Abhängigkeit geschaffen wird. Wieder löst der Patient keine Probleme, erneut wird ein Schleier über die Identitäts- und Loslösungsproblematik gehüllt, wenn er sich seinen Ängsten nicht stellt.

Sicher ist es einer der schwierigsten Aufgaben, den an psychosomatischen Symptomen leidenden Angstneurotiker von den dahinterliegenden Konflikten zu überzeugen. Mit Beharrlichkeit, mit Hilfe einer Gruppentherapie und mit Hilfe der Träume kann jedoch meistens ein Zugang in die Konfliktwelt des Patienten gefunden werden. Die Ausstrahlung des Arztes, sein sicheres Auftreten und seine Überzeugung, dem Patienten helfen zu können, erwecken in diesem Vertrauen und Hoffnung, so daß sich eine medikamentöse Behandlung erübrigt. Benötigt jedoch der Patient das Übergangsobjekt »Medikament«, das die Mutter symbolisiert, so ist es besser, ihm vorübergehend ein nicht suchterzeugendes Mittel zu verordnen. Kein Psychopharmakon nimmt jedoch auf Dauer die Angst. Der Angstneurotiker ist dazu aufgefordert, die Warnung seiner Symptome ernstzunehmen und sich mit seinen Konflikten auseinanderzusetzen.

Wann ist eine Pychopharmakotherapie dennoch indiziert?
- Bei psychotischer Angst
- Bei ängstlich-agitierter Depression
- Bei hirnorganisch bedingten Angstzuständen
- Bei Angstzuständen, die durch andere somatische Erkrankungen hervorgerufen werden.
- Bei älteren Patienten, die wegen mangelnder Wandlungs- und Reflektionsfähigkeit zu einer konfliktorientierten Psychotherapie nicht mehr in der Lage sind.
- Es gibt Patienten, bei denen die elterliche Bindungsgewalt so stark ausgeprägt ist, daß eine konfliktorientierte Therapie zunächst nicht möglich ist. Sie sind nicht reflektions- und einsichtsfähig, sie bewegen sich ganz und gar in ihrer Welt der

Angst. Hier sind Neuroleptika, Antidepressiva, Betablocker oder Tranquilizer indiziert, auch wenn eine dauerhafte Hilfe nur durch Psychotherapie gegeben ist[18].

Literatur

[1] Woollams, S., Brown, M.: Transactional Analysis, Huron Valley Institute Press, Dexter (1978), S. 253–257
[2] Rogoll, R.: Nimm dich, wie du bist. Herder Verlag, Freiburg im Breisgau (1976), S. 65–69
[3] Schlegel, L.: Die Transaktionale Analyse nach Eric Berne und seinen Schülern, Franke Verlag, München (1979), S. 215–218
[4] Kast, V.: Wege aus Angst und Symbiose, Walter Verlag, Olten und Freiburg im Breisgau (1982), S. 190–191
[5] Stevens, J.: Die Kunst der Wahrnehmung, Kaiser Verlag, München (1976)
[6] Richter, H. E.: Der Gotteskomplex, Rowohlt Verlag, Reinbek bei Hamburg (1979)
[7] Perls, F.: Gestalt-Therapie in Aktion, Ernst Klett Verlag, Stuttgart (1969)
[8] Statistisches Bundesamt VI b: Mitteilung vom 14. 12. 2004
[9] Framo, J. L.: Scheidung der Eltern – Zerreißprobe für die Kinder, Familiendynamik, 3 (1980), S. 204–207
[10] Butollo, W., Höfling, S.: Behandlung chronischer Ängste und Phobien. Ferdinand Enke Verlag, Stuttgart (1984)
[11] Fichter, M.: Verhaltenstherapie von Angsterkrankungen, medwelt 41 (1990), S. 459–464
[12] Kraemer, S.: Angststörungen und Angstanfälle: Diagnostik und Behandlung aus verhaltenstherapeutischer Sicht. Zeitschrift für Klinische Psychologie, Psychopathologie und Psychotherapie 1 (1991), S. 125–147
[13] Margraf, J., Schneider, S.: Panik: Angstanfälle und ihre Behandlung. (2. Aufl.), Springer-Verlag, Berlin, Heidelberg, New York, London, Paris, Tokyo, Hong Kong (1990)
[14] Coué, E.: Die Selbstbemeisterung durch bewußte Autosuggestion. Schwabe – Co. AG Verlag, Basel, Stuttgart (1982)
[15] Borgart, E. J., Kemmler, L.: Der Einsatz von Hausaufgaben in der Psychotherapie: Ein Gruppenvergleich zwischen Verhaltenstherapeuten und Therapeuten anderer Schulrichtungen. Verhaltensmodifikation und Verhaltensmedizin 1 (1991), S. 3–18
[16] Woollams, S., Brown, M.: siehe 1
[17] Berne, E.: Principles of group treatment. Grove Press, New York (1966)
[18] Wurthmann, C., Klieser, E.: Möglichkeiten der Therapie von Angststörungen des DSM-III-R. Fortschr. Neurol. Psychiat. 60 (1992), S. 91–103

16 Symbiose und Angst vor Sexualität

Das Erwachen der Sexualität rüttelt an den Festen der familiären Bindungen. Neben dem Streben nach Selbstbestimmung und Freiheit ist die Sexualität die Kraft, die die familiären Bindungen aufzusprengen hilft. Die Verliebtheit als Zustand symbiotischer Verschmelzung hat die Funktion, zwei Menschen miteinander zu vereinen und Barrieren zu beseitigen.

Von der Verliebtheit zweier Menschen erfahren wir in dem mehrere tausend Jahre alten »Hohelied der Liebe Salomonis«[1]:

> *Der Bräutigam:*
> Wie ziemten deinen Schritten doch Sandalen,
> Du Prinzentochter!
> Die Rundung deiner Hüften gleicht Juwelen,
> Die nur die Hand des besten Künstlers
> Fassen konnte.
> Dein Schoß ist wie ein wohlgerundet Becken,
> So tief, daß es der Schalen nicht mehr braucht.
> Dein ganzer Leib so glatt wie Weizenhügel,
> Von Lilien umkränzt.
> Und deine Brüste gleich zwei jungen Rehen,
> Den Zwillingsjungen der Gazelle.
> Dein Hals ist wie ein Turm aus Elfenbein
> Und Augen hast du,
> Wie die Teiche glänzend,
> Die fischereich zu Hesbon dort am Tor
> Der Mengenreichen liegen. Und deine Nase gleicht
> Dem Turm am Libanon, der nach Damaskus blickt.
> Dein Haupt ist wie der Karmel selbst,
> Die Haare deines Kopfs wie Königspurur,
> Von feinem Gitterwerk umsponnen.
> Wie schön du bist und herrlich angenehm,
> Du Liebste mein, in seligem Entzücken!
> Dein Wuchs ist schlank
> So wie der Wuchs der Palme
> Und deine Brüste ähneln reifen Trauben.
> Da sagte ich: Die Palme zu ersteigen
> Und ihre Früchte zu erringen, hab ich vor.

Dein Busen wird mir Wein aus Trauben bieten,
Den Duft von Äpfeln schenkt dein Mund.

Braut und Bräutigam:
Dem besten Weine gleicht dein Atem,
Wohl wert, daß der Geliebte ihn begehrt:
Denn er erquickt ihn und er schenkt ihm Kraft.

Die Braut:
Zu eigen bin ich dem Geliebten, bin für ihn da,
Und sein Verlangen wendet er mir zu.
Komm mein Geliebter, nun und laß uns gehn:
Hinaus ins freie Feld.
Im Grünen wollen wir verweilen.
Laß uns am frühen Morgen in den
Weinberg steigen,
Wir wollen sehn, ob schon der Wein aufsprießt,
Ob schon die Blüten sich zu Früchten wandeln,
Ob der Granatenbaum schon duftet.
Dort will ich dir dann meinen Leib hingeben,
Dort, wo der Liebesapfel herrlich riecht.
Der Früchte Fülle findest du vor unsrer Tür:
Und allesamt, die frischen wie die alten,
Hab ich für dich, Geliebter, aufgespart.

Der Ausschnitt aus dem Hohelied der Liebe verrät uns etwas von dem Reichtum der Symbolik und der schönen Ehrlichkeit, mit der sich hier die Braut und der Bräutigam ineinander verliebt begegnen.

Der Zustand der Verliebtheit ist deswegen schön, weil er Freude und Lust verspricht. Die Hoffnung auf Hingabe, das Ineinander-Verrückt-Sein und das ständige Denken und Sehnen nach dem anderen nennen wir auch romantische Liebe. Die Verliebtheit führt zwei Menschen zueinander, damit sie eine Partnerschaft aufbauen können. Doch der Zustand der Verliebtheit geht vorbei. Das mag Wochen, Monate oder auch einige Jahre dauern. Das Leben mit der Erfordernis, Liebe täglich neu zu üben, eingeschlossen die Sexualität und der graue Alltag führen zu einer Desillusionierung, wenn man zu große Hoffnungen in die Partnerbeziehung gesetzt hat und es nicht gelernt hat, ein interessantes, aufregendes Leben auch ohne den Partner zu gestalten. Der Partner wird schnell zum Ersatz für mangelnde Erlebnisfähigkeit außerhalb der Ehe, wodurch die Ehe überfordert wird.

16.1 Angst und Ekel vor Sexualität und Nähe

Regelmäßig treten im Verlauf symbiotischer Beziehungen Störungen der Sexualität auf. Die mangelnde Loslösung von den Eltern führt nach dem Zustand der Verliebtheit zu Hingabeschwierigkeiten. Langsam oder plötzlich versiegt das Verlangen nach

Nähe und Sexualität zu dem Partner, in den man bisher verliebt war. Die Angst vor Nähe und der Ekel bei körperlicher Berührung haben ihren Ursprung in einer ungelösten, symbiotischen Beziehung zu einem Elternteil[2]. Die Symbiose führt dazu, Nähe und konstante Sexualität zu vermeiden.

Sexualität als die höchste Form von Nähe wirkt bedrohlich und ängstigend, wenn eine ungelöste, pathologische Symbiose zu den Eltern besteht. Kindheitsängste können sowohl in der Beziehung als auch im Moment des Orgasmus angesprochen und aktualisiert werden. Es handelt sich zusammengefaßt um folgende Ängste:
- Trennungsangst
- Angst vor dem Verschlungenwerden
- Kastrationsangst
- Angst vor Aggression
- Angst vor Inzest
- Gewissensangst

Die Abwehr dieser Ängste hat zur Folge, daß in den symbiotischen Ehen die Sexualität abgespalten wird und außerhalb der Ehe als befriedigender erlebt wird. Die außereheliche Sexualität ist frei von Verpflichtungen, frei von der Nähe, die gefürchtet wird. Erst, wenn die Konflikte überwunden sind, ist der Weg zu einer erlebnisreichen und tiefen sexuellen Beziehung in der Partnerschaft offen. Voraussetzung ist selbstverständlich, daß beide Partner bereit sind, sich diesen Konflikten zu stellen.

Ich werde im folgenden nicht auf die einzelnen Ängste eingehen, weil ich sie in den anderen Kapiteln eingehend beschrieben habe. Ich werde anhand von Fallbeispielen die Störungen der Sexualität bei pathologischer Symbiose zum Vater oder zur Mutter beschreiben.

Infolge der Ängste können sich folgende sexuelle Störungen entwickeln:
- Abnahme des sexuellen Verlangens, der Erregbarkeit
- Ejaculatio praecox
- Erektionsstörungen
- Dyspareunie (Unterleibsbeschwerden der Frau)
- Vaginismus
- Anorgasmie
- Sexualsucht
- Perversionen[3,4]

Bei allen Symbiotikern und Angstneurotikern treten Phasen auf, in denen sie sich vor Berührungen durch ihren Partner ekeln. Der Ekel ist nicht nur Ausdruck verdrängter Sexualität, sondern auch Abwehr von Nähe.

Erstes Fallbeispiel – eine junge Krankenschwester

Eine junge Krankenschwester, die wegen plötzlich aufgetretener Angstzustände nach einem Schwangerschaftsabbruch zu mir gekommen war, schilderte Erleichterung und Befreiung, wenn sie eine Beziehung abgebrochen hatte:
»Endlich kann ich wieder mein Leben leben, ohne daß mir ein Mann hereinredet. Ich breche die Beziehung nach einer bestimmten Zeitspanne ab, da ich keine sexuelle

Befriedigung mehr finde. Ich ekle mich vor dem männlichen Körper, ich kann ihn von heute auf morgen nicht mehr anrühren, streicheln oder anfassen. Ich empfinde nur noch Ekel und Abwehr. Ich halte mich für frigide ... Meine Mutter weiß immer vorher schon, daß die Beziehung nicht lange hält. Sie sagt: ›Ingrid, ich kann dir jetzt schon sagen, diese Beziehung mit ihm hält nicht lange.‹ Und die Beziehung ist wirklich bald aus, meine Mutter hat oft recht. Ich liebe meine Mutter, mein Zuhause und ich möchte sie besuchen, wann immer ich Lust verspüre und mir diese Besuche nicht von einem Mann verbieten oder vorwerfen lassen.

Ich habe ungeheure Angst, wieder schwanger zu werden und mich ganz für einen Partner entscheiden zu müssen. Ich kann mich nicht ganz an einen Partner binden. Ich möchte weiterhin meine Freiheit besitzen und auch andere Männer kennenlernen, ohne mich festzulegen. Ich habe Angst vor der Anpassung, die eine Partnerschaft nun einmal mit sich bringt.«

Typisch für die Angst vor Nähe und Sexualität, die beide im Ekel abgewehrt werden, sind Träume, in denen Ameisen oder Parasiten sich in die Haut verbeißen oder verkriechen.[*]

Ameisentraum:
»Mit meiner Freundin, die ich schon von meinem 4. Lebensjahr an kenne, war ich in einem fremden Land. Es war ganz viel Sand in der Landschaft. Wir setzten uns hin, um eine Pause zu machen. Auf einmal kamen ganz viele kleine Insekten, ähnlich wie Ameisen. Sie kamen alle zu mir. Sie setzten sich auf meinen Hinterkopf und überall auf meine Schultern und an den Hals. Ich versuchte, die Tiere zu entfernen. Ihre Beine bleiben aber in meiner Haut stecken. Ich ekelte mich fürchterlich. Meine Freundin sagte zu mir: ›Du wirst die Tiere nicht mehr sehen, aber sie werden in dir weiterleben‹.«

Die Insekten symbolisieren die Art und Weise, wie sich die Mutter nach der Scheidung von ihrem Mann der Patientin bemächtigt hatte. Sie nahm auf die Bedürfnisse der Tochter nach Abstand und Autonomie keine Rücksicht, sondern übte eine fast gewalttätige Art von Nähe und Liebe auf die Tochter aus. Der Versuch, sich dieser Mutter mit ihrer aggressiven Art von Zuwendung zu erwehren, ist gescheitert, da die Patientin sich nur äußerlich verändern wollte. Sie brach eine Beziehung nach der anderen ab, ohne sich von ihrer Mutter-Imago zu befreien.

Die Patientin war ab dem 3. Lebensjahr bei ihrer Mutter aufgewachsen und hatte kaum Erinnerungen an ihren Vater, da die Eltern sich hatten scheiden lassen. Die Mutter hatte die Tochter durch Schuldgefühle, Überfürsorglichkeit und materielle Verwöhnung fest an sich gebunden.

Zweites Fallbeispiel – eine Mutter von zwei Kindern

Eine Mutter von zwei Kindern kam ursprünglich wegen ihrer ausgeprägten Angstzustände, die sich unter anderem in Schwäche, Übelkeit und Durchfällen manifestierten. Zu dem Thema Sexualität erwähnte sie, daß seit einem Jahr kein Sex mehr stattfinde.

---

[*] Siehe Kapitel 18.7: Das Traumsymbol des Parasiten.

Ihr Mann habe sich früher immer um sie bemüht. Er habe sich dann aber bei ihrer abweisenden Haltung zurückgezogen.

Im Verlauf der Gruppentherapie wurden ihr die Zusammenhänge zwischen dem Auftreten der Angstsymptome und dem Versuch, sich über die elterlichen Bindungen und Verbote der Mutter hinwegzusetzen, bewußt: »Gestern abend in der Gruppe wollte ich erzählen, daß es bei uns mit dem Sex wieder nicht läuft. Ich fand aber den Mut nicht. Irgendetwas hielt mich zurück, es vor der Gruppe zu sagen. An diesem Abend wollte ich dann mit meinem Mann schlafen. Wir lagen nebeneinander im Bett. Ich wollte es unbedingt tun, doch irgendeine Kraft hielt mich zurück, mich ihm zuzuwenden. Ein Sog war es, der mich daran hinderte, meine Hand oder meinen Körper ihm zu nähern. Ich war darüber traurig. Wir haben nicht miteinander geschlafen.«

Die Patientin war nicht nur bei einer sehr prüden, lebens- und sexualverneinenden Mutter aufgewachsen, sondern auch an ihren Vater gebunden, wie ihre Träume verrieten. Eine ödipale Problematik und eine ungelöste Mutterbindung verursachten ihre Angstsymptome und ihre sexuelle Gehemmtheit, die sich in folgender Begebenheit zeigte:

»Weihnachten hatte ich wieder diese Angst. Übelkeit, Schwindel und Zittern. Angefangen hatte das wieder, nachdem ich am Weihnachtstisch das Geschenk meines Mannes geöffnet hatte. Als ich die Reizwäsche sah, wurde mir gleich übel. Es dauerte einige Tage, bis ich selber den Zusammenhang erkannte.«

Beide, die Patientin und der Ehemann führten eine friedliche Ehe. Streit hatte es bisher nicht gegeben. Aggressive Auseinandersetzungen wurden vermieden. Während der Mann sich zurückzog, hatte die Ehefrau nach dem zweiten Kind eine Angstsymptomatik entwickelt.

16.2 Sexualität und Aggressivität

Einige Patienten erleben während des Sexualaktes die Vorstellung, daß die Eltern durch's Fenster oder durch eine Luke zuschauen. Sexualität wird schuldhaft ausgelebt, das kontrollierende, elterliche Gewissen erlaubt freien Umgang mit dem Partner und der Sexualität nicht. Stets sind die Eltern dabei, um das Aufeinanderzugehen zu verhindern.

Der andere ist jeweils Projektionsfeld der erlittenen elterlichen Bindungsgewalt, die bei ihm gefürchtet wird, so daß die Sexualität aus Angst vor Grenzüberschreitung deformiert. Um sich mit den Angstinhalten, die mit der Sexualität auftauchen, nicht auseinanderzusetzen, wird sie entweder verharmlost und verniedlicht im Sinne einer friedlichen und reinen Sexualität oder aber Nähe und Sexualität werden zunehmend vermieden, z. B. durch Arbeitssucht.

In symbiotischen Beziehungen wird die Sexualität nicht triebhaft genug erlebt. Hingabe der ganzen Person findet nicht statt. Raffay spricht von einer regressiven »Sucht nach Sicherheit und symbiotischer Geborgenheit«[5].

Die »düstere« Seite der Sexualität wird ausgeblendet. Schmidt äußert hierzu: »Diese friedlichen, regressiven, verschmelzenden Wünsche sind eine wichtige Seite der Sexualität. Nur, auch diese Idylle verleugnet – wie das ganze Technikritual – die düstere Seite der Sexualität und die Ambivalenz in ihr: Aggression, die immer mit ihr vermischt ist; Lust, sich auszuliefern oder das Ausgeliefertsein des anderen zu genießen; die Angst, die mit solchen Lusterlebnissen, mit Nähe, Hingabe, Grenzüberschreitung gekoppelt ist«[6].

In der Sexualität werden Phantasien von Macht und Sieg ausgelebt, ohne daß sie einen destruktiven Charakter annehmen müssen. Auch werden Kränkungen im Sexualakt überwunden, indem phantasiert wird, daß der Partner sich unterwirft und sich endlich hingibt.

Das Zulassen von Aggressivität läßt den Orgasmus reicher werden; Haß- und Kraftentfaltung in der Überwindung der Niederlagen, die der Partner und ehemals die Eltern einem zugefügt haben, lassen die Wollust größer werden. Das Siegen über die eigenen Eltern-Imagines, die die Hinwendung zu dem Partner ja verhindern wollten und der Sieg über den Partner führen zu einer mächtigen und befriedigenden Triebabfuhr.

Aggressivität wird im Prozeß der Trauer und des Abschiednehmens vom Elternhaus frei. Insofern ist im Prozeß der Loslösung und des Zueinanderfindens der beiden Partner das Erleben und Ausleben von aggressiver Energie im Sexualakt eine entwicklungsabhängige und dem Ablösungsprozeß zugehörige Erlebensweise. Später wird der Aspekt der Hingabe, die nicht mehr gefürchtet werden braucht, bei der Sexualität überwiegen.

Die Sexualität ist der tragende Bestandteil einer Ehe. Findet Sexualität nicht mehr statt, sind die Einheit und der Sinn einer Ehe in Gefahr. Die Ehe kann nur lebendig bleiben, indem Mann und Frau sie willentlich und phantasievoll gestalten.

Erstes Fallbeispiel – ein 30jähriger Mathematikstudent

Ein 30jähriger Mathematikstudent hatte eine Frau kennengelernt, mit der er eine starke erotische Beziehung eingegangen war. Sexuelle Anziehung und die gleichzeitige Verweigerung prägten auf beiden Seiten das Beziehungsgefüge. Nachdem er mit ihr geschlafen hatte, entwickelte er folgende Phantasie:

»Ich fühlte, daß ich meine Freundin erwürgen könnte. Es war ein schönes Gefühl in mir. Ich sagte es ihr nicht. Doch verriet ich ihr: ›Wenn du wüßtest, in welche Hände Du Dich begeben hast!‹« Den Orgasmus erlebte er als sehr befriedigend und befreiend. Zu tätlichen, aggressiven Auseinandersetzungen war es in der Beziehung nicht gekommen.

Seine aggressive, mörderische Phantasie war im therapeutischen Ablösungsprozeß von seiner Mutter aufgetreten. Hatte er bisher immer Angst gehabt, von einer Frau verschlungen zu werden und seine Sexualität nicht phallisch genug auszuleben, konnte er nun aggressive und sexuelle Triebe miteinander erleben und aushalten. Das Ausleben von Aggressivität ohne Schuldgefühle in der Sexualität ermöglichte ihm einen erlebnistieferen Orgasmus.

Zweites Fallbeispiel – ein 23jähriger Bundeswehrsoldat

Ein 23jähriger Bundeswehrsoldat klagte über Ejaculatio praecox und Erektionsstörungen während des Geschlechtsverkehrs. Er berichtete:

»Ich habe Schwierigkeiten beim Geschlechtsverkehr. Es ist schwierig während des Aktes. Das Glied wird kleiner. Strafverschärfend kommt hinzu, daß ich auch zu früh komme. Das ist schon seit sieben Jahren so. Inzwischen habe ich eine richtige Erwartungshaltung. Ich denke immer, es läuft sowieso schief. Ich glaubte auch immer, es liegt an meiner Partnerin. Deswegen habe ich des öfteren gewechselt. Meine letzte Freundin hat sich von mir seit drei Wochen getrennt. Sie sagte, sie könne ohne Sex nicht leben. Insgesamt habe ich zehn Freundinnen gehabt. Ich habe sie alle verloren. Ich weiß nicht, woran das liegt. Die sind mit der Sprache nicht so richtig rausgerückt. Ich leide unter meiner Unfähigkeit, mit einer Frau zu schlafen und sie sexuell zu befriedigen. Ich fühle mich wie ein halber Mensch, der wohl auf verbaler Ebene eine Freundschaft eingehen, jedoch in sexueller Hinsicht nicht den Wünschen des Partners nachkommen kann. Ich selber akzeptiere eine Beziehung mit nur wenigen sexuellen Aktivitäten nicht. Aus diesem Grund ist der Geschlechtsverkehr in einer Beziehung für mich sehr wichtig. Da ich aber eine feste Beziehung will, weil ich einen Menschen brauche, der mich liebt, der mit mir zusammenlebt, und dem ich meine ganze Liebe geben kann, brauche ich unbedingt Hilfe.«

Seine Mutter schildert er als »fürsorgend, aufopfernd und verständnisvoll. Sie war um unser Wohlergehen sehr bemüht. Immer versuchte sie, in schweren Situationen als Vermittler zu agieren. Ich fühle mich von meiner Mutter immer noch nicht als Erwachsener angesehen, der dazu in der Lage ist, sein Leben in die eigenen Hände zu nehmen. Es gibt immer noch zu viele Ratschläge, die ich nicht brauche und nicht verlangt habe. Ich glaube, es fehlt mir das Vertrauen, welches mir nicht entgegengebracht wurde. Meine Mutter sagte einmal: ›Über das, was deine Schwester bisher gemacht hat, habe ich mir nie Gedanken gemacht!‹ Sie wollte damit sagen, daß sie sich sehr viele Sorgen um mich macht und mir wenig zutraut.

Gegenüber Frauen habe ich Hemmungen und Angst vor einem Korb. Ich möchte mich selbstbewußter ihnen gegenüber verhalten. Ich bin leicht eifersüchtig und leide unter Minderwertigkeitsgefühlen, wenn ich feststelle, daß ein anderer Mann das bei einer Frau geschafft hat, was ich nicht geschafft habe.«

Auf die Frage, was sein Vater hätte anders machen sollen, antwortete er: »Mein Vater hätte mehr mit seinen Kindern spielen sollen. Er hätte mehr Verständnis und Einfühlungsvermögen für seine Familie zeigen sollen. Er hätte mehr mit seiner Familie unternehmen sollen, weniger arbeiten. Er hätte kontaktfreudiger und toleranter sein können.«

Sein mangelndes Selbstwertgefühl und seine fehlende männliche Identität finden in seinem Traum vom »Hobel« ihren symbolhaften Ausdruck.

Traum:
»Ich befand mich auf einem großen Werksgelände und schaute mich dort um. In einer Tür stand ein Handwerker, dem ich vor einigen Wochen meinen Hobel geliehen hatte. Ich fragte etwas empört: Wo ist denn mein Hobel? Er antwortete: Der Hobel ist in der Aussonderung! Ich wollte wissen, wo denn die Aussonderung sei, um meinen Hobel wiederzubeschaffen. Er zeigte in eine bestimmte Richtung. Dort war in sehr weiter

Entfernung ein Gebäude zu sehen. Ich hätte sehr lange gehen müssen, um das Gebäude zu erreichen. Dann wollte ich den Grund für die Aussonderung wissen. Hier war der Traum zu Ende.«

Der Verlust des Hobels, des Zeichens für männliche, auch aggressive Sexualität, wird dem jungen Mann schmerzlich bewußt. Er kann ihn wiedererlangen, jedoch nur nach einer langen Zeit des Bemühens und der Wanderung, die die Auseinandersetzung mit dem negativen Aspekt seiner verschlingenden Mutter erfordern wird.

Die Störung seines Selbstwertgefühls ist durch eine kastrierende Mutter und durch die fehlende, positive Identifikation mit dem Vater entstanden. Beide haben den Patienten in seiner Identitätsfindung zum Mann behindert, der Vater, indem er sich erst gar nicht zur Verfügung stellte, die Mutter, indem sie ihm die Rolle eines infantilen, von der Mutter abhängigen Knaben zuschrieb. Schuldgefühle, sich aus dieser Zuschreibung zu lösen, erkennen wir auch an seiner Redewendung: »Strafverschärfend kommt hinzu ...« Das Finden des eigenen Selbst ist begleitet von einem unbewußten Schuld- und Strafbedürfnis.

Ein weiterer typischer Traum zeigt den noch unbewußten Zustand seiner Muttergebundenheit:

Traum:
»Ich bin in einem dunklen Gewölbe. Ich irre dort umher. Immer wieder stehe ich vor großen, schweren Türen, die ich aber nicht öffnen kann.«

Das Gewölbe, die Höhle, der Mutterleib umschließen ihn. Er sieht Türen, die ihm den Weg nach draußen weisen, die aber noch verschlossen sind.

Nach einem Jahr psychotherapeutischer Behandlung hatte er einen Traum, in dem seine Elternbindung, besonders die Bindung an die Mutter und seine daraus resultierende Störung der Identität als Mann zu ersehen ist.

Traum:
»Ich befinde mich zusammen mit einer mir sehr sympathischen Frau in einem scheinbar sehr einsam gelegenen Waldstück. Dabei kommt es zu Zärtlichkeiten bis hin zu sexuellen Kontakten. Plötzlich taucht hinter den Bäumen eine ältere Dame auf, die wohl in der Nähe ein Grundstück oder ein Wochenendhaus besitzt. Sie ist derart entsetzt von dem sich ihr bietenden Anblick, daß sie unter heftigen moralischen Vorwürfen und mit Drohung auf eine Anzeige versucht, den abgebrochenen Hals einer Flasche mir zwischen die Beine zu werfen. Da ich noch rücklings auf dem Boden liege, kann ich nur mit Mühe eine Verletzung meines Genitales vermeiden. In diesem Augenblick erscheint auch der Ehemann der älteren Frau und unterstützt sie mit seinen Vorwürfen und Beschimpfungen. Es ergibt sich ein erbitterter Disput zwischen uns, an dessen Ende ich trotz aller verbaler Gegenwehr eine starke Ohnmacht fühle.«

Der Traum ist für stark muttergebundene Söhne typisch: sobald sie sich einem anderen Partner als ihren Eltern zuwenden, tauchen diese in besitzergreifender und strafender Manier auf. Der therapeutische Fortschritt ist darin zu sehen, daß der Patient sowohl sexuelle Erregungen empfindet als auch aufkommende Aggressivität gegen seine als übermächtig erlebte Mutter.

Drittes Fallbeispiel – Eine 26jährige Arzthelferin

»Ich habe Probleme mit mir selber. Mit dem Intimleben klappt es nicht mehr. Seit 4½ Jahren bin ich mit meinem Freund zusammen. Wir wohnen seit einem Jahr miteinander. Ich will nur noch einmal im Monat Sex. Ich mache es auch, wenn ich eigentlich gar nicht will. Oft gebe ich auch vor, ich sei müde oder sage manchmal, daß ich heute nicht will. Wenn mein Freund zu sehr drängt, laß ich es über mich ergehen. Ich stelle mir oft vor, wenn mein Freund anders wäre, dann könnte ich Verlangen nach ihm haben. Mit anderen Männern kann ich mir Sex schon vorstellen, nur mit ihm nicht. Ich glaube, mir hat die Vaterliebe gefehlt. Mutter hat mich die meiste Zeit erzogen, da Vater oft unterwegs war. Er war Soldat.

Meine Mutter hat mir auch nie richtig das Gefühl gegeben, daß sie mich liebt. Ich würde viel dafür geben, wenn ich die Zeit vergessen könnte, als ich jung war und nur von meiner Mutter umgeben war. Ich wäre vollkommen glücklich, wenn ich besser Anschluß finden könnte, um mehr Bekannte zu haben. Meine Mutter und ich hatten kein inniges Verhältnis zueinander. Sie behandelt mich heute noch wie ein Kind. Ich glaube, die meistens Mütter wissen gar nicht, wieviel sie in einem Kind kaputtmachen können. Ich wünschte, ich hätte keine Angst mehr vor dem Alleinsein in der Nacht. Ich habe meine Mutter gern, aber ich möchte Abstand zu ihr halten.

Mein Freund ist viel unterwegs. Ich warte immer, daß er nach Hause kommt. Wenn er da ist, machen wir viel zusammen, damit wir die Zeit gemeinsam genießen können. Wir gehen wenig aus. Wir sind uns selber genug.«

Die Frau hatte sich von ihrer besitzergreifenden Mutter, die selber unter der häufigen Abwesenheit ihres Mannes litt, noch nicht gelöst. Hierauf weisen ihr eingeschränkter Lebensradius, das symbiotische Verhalten in ihrer Partnerschaft und ihre sexuellen Schwierigkeiten hin.

Zu einem späteren Zeitpunkt träumte sie:

Traum:
»Man bringt mir ein Pferd, das ruhig und brav hinter den Leuten hertrottet. Ich soll mit diesem Pferd etwas machen, und man übergibt mir die Zügel. Ich habe Angst vor dem Pferd. In dem Moment, wo ich die Zügel in die Hand nehme, wird das Pferd ganz wild, es schlägt aus und hat Schaum vor dem Maul. Ich versuche, den Schaum wegzuwischen, aber es gelingt mir nicht, weil das Pferd ständig versucht, mich zu beißen. Das Pferd wird immer wilder, es bäumt sich auf und droht, mich zu zertrampeln. Ich schlage die Hände über dem Kopf zusammen, um mich zu schützen.«

Sie schildert sowohl ihre Angst vor Aggressivität als auch ihre Angst vor leidenschaftlicher Sexualität, die sie ihrem Partner verweigert. Sie ist nicht bereit, ihre Liebe, deren höchster Ausdruck das sexuelle Erleben ist, ihrem Partner zu schenken. Das Pferd symbolisiert ihre Angst vor zügelloser Leidenschaft, aber auch ihre Angst vor dem Ausleben ihres weiblich-verschlingenden Persönlichkeitsanteils, dessen Annehmen schwierig für sie ist, da sie ihn in Gestalt ihrer übermächtigen Mutter fürchtet.

Literatur

[1] Das Hohelied der Liebe Salomonis, Curo Verlag Wien, München, Basel, ohne Jahresangabe
[2] Flöttmann, H. B.: Zur Psychoanalyse des Ekels, TW Neurologie Psychiatrie 4 (1990), S. 659–670
[3] Stoller, R. J.: Perversion, Die erotische Form von Haß, Rowohlt Verlag, Reinbek bei Hamburg (1979)
[4] Flöttmann, H. B.: Homosexualität und Neurose, TW Neurologie Psychiatrie 6 (1992), S. 101–102
[5] Raffay, A.: Sexualität und Macht, Analyt. Psychol. 12 (1981), S. 102–113
[6] Schmidt, G.: Das Große Der Die Das, über das Sexuelle, März-Verlag (1986), S. 55

17 Symbiose und Suizid

17.1 Psychodynamik

In diesem Kapitel werde ich die psychodynamischen Zusammenhänge der Suizidgefährdung von Patienten erläutern, die unter einer ungelösten, tiefen Bindung an das Elternhaus leiden. Nach den bisherigen Darstellungen ist die Auflösung der Symbiose mit einer Vielzahl von Symptomen verbunden, unter anderem mit Depressivität, Selbstbestrafungstendenzen und sogenannter Ausbruchsschuld.[*] Suizidgedanken als der Wunsch nach einer Verschmelzung mit der Mutter können in der Loslösungsphase auftreten. Die Faszination des Todes, des verschlingenden Wassers, des schwindelerregenden Abgrundes und anderer Gefahrensituationen hat ihren Ursprung in dem mütterlichen Lockruf, der die regressiven Persönlichkeitsanteile des symbiotischen Menschen symbolisiert.

Nicht nur »die Suche nach dem kränkenden Anlaß«[1] hilft bei der Therapie vom suizidgefährdeten Symbiotiker, sondern ebenso das Wissen um die Psychodynamik von Symbiose und Autonomie. Die suizidale Gefährdung entspringt zwar häufig dem äußeren Anlaß einer Kränkung, jedoch sind regressive, infantile Phantasien und Ausbruchsschuld mit Selbstbestrafungstendenzen die eigentliche Ursache für das Suizidgeschehen.

C. G. Jung schildert in dem Kapitel »Der Kampf um die Befreiung von der Mutter« die verlockende Tiefe des paradiesischen Zustandes frühester Kindheit: »Bleibt die Libido im Wunderreich der inneren Welt hängen, so ist der Mensch für die Oberwelt zum Schatten geworden, er ist so gut wie tot oder wie schwerkrank«[2]. Weiter schreibt er: »Am Morgen des Lebens trennt sich der Sohn mit Schmerzen von der Mutter und dem heimatlichen Herde, um sich zu der ihm bestimmten Höhe emporzuringen, seinen schlimmsten Feind oft vor sich wähnend und ihn doch in sich tragend, jene gefährliche Sehnsucht nach dem eigenen Abgrund, nach dem Ertrinken in der eigenen Quelle, nach dem Hinabgezogenwerden in das Reich der Mütter. Sein Leben ist ein beständiges Ringen mit dem Ausgelöschtwerden, eine gewaltsame und vorübergehende Befreiung von der stets lauernden Nacht. Dieser Tod ist kein äußerer Feind, sondern ein eigenes und inneres Sehnen nach der Stille und nach der tiefen Ruhe eines gewußten Nichtseins, dem hellsehenden Schlafe im Meere des Werdens und Vergehens«[3].

---

[*] Siehe Abbildung »Zur Psychodynamik des Suizidgeschehens«, S. 149.

Auch Kast und Stierlin gehen auf die selbstzerstörerische Kraft familiärer Bindung ein[4,5]. Henseler[6,7], Battegay[8] und Reimer[9] hingegen stellen Störungen des Selbstwertgefühls im Rahmen des Narzißmuskonzepts von Kohut in den Vordergrund. Freud sah in der Suizidhandlung eine Wendung von Aggressivität gegen die eigene Person. Er vermerkte, »daß kein Neurotiker Selbstmordabsichten verspürt, der solche nicht von einem Mordimpuls gegen andere auf sich zurückwendet ...«[10].

Das gestörte Selbstwertgefühl und die erhöhte Kränkbarkeit des suizidalen Patienten, die nach Henseler zur Suizidhandlung führen, finden nach meinen Beobachtungen – öfter als es bisher beschrieben worden ist – ihr psychoanalytisches Verständnis in dem Konzept der Symbiose.* Infantiles Wunschdenken, regressive Wunscherfüllungsphantasien und Riesenansprüche lassen den Patienten an der Realität scheitern, die er immer wieder nach dem Bild der Vergangenheit zu gestalten versucht. Die hieraus entstehenden Kränkungen und Enttäuschungen vereinen sich in ihrer depressogenen Wirkung mit den regressiven Phantasien und unbewußten Schuldgefühlen, die immer dann auftreten, wenn ein Schritt aus dem verinnerlichten Familiengefängnis gewagt wird.

Der Weg aus der Symbiose beinhaltet Trennungs- und Reifungssituationen, die der Symbiotiker fürchtet und meidet. Getraut er sich den Schritt dennoch, so können die Depressivität, die Regressionswünsche und die Ausbruchsschuld derart überhand nehmen, daß ein Suizidversuch erfolgt.

Es kommt auch vor, daß der Symbiotiker seine latente Suizidalität und Einsamkeit über lange Zeit durch Kontakte überspielt, die nur geringe soziale Fähigkeiten erfordern. Erst im Alter, wenn die Lebensfülle abnimmt und der Betroffene erhöhte Anstrengungen unternehmen muß, um seine Bindungen zu halten, tritt seine Unfähigkeit zu festen Beziehungen offen zutage. Kernberg spricht von »den verheerenden Auswirkungen eines unbewältigten pathologischen Narzißmus in der zweiten Lebenshälfte«[11].

Fallbeispiel einer Kapitänsfrau

Eine 25jährige Frau hatte versucht, sich die Pulsadern aufzuschneiden, da sie sich von ihrem Ehemann nicht geliebt und unverstanden fühlte. Sie war die Frau eines Kapitäns zur See, mit dem sie des öfteren Reisen veranstaltete. Besonders wenn der Mond schien, fühlte sie sich wie magisch auf das Deck hingezogen und phantasierte den Tod in der glitzernden See.

Schon als 5jährige hatte das Wasser eine unheilbringende Anziehung auf sie ausgeübt: »Ich war 5 Jahre alt. Es war gegen Abend in der Nordstrander Bucht, wo mein Vater und meine Schwester auf einem Bauernhof Ferien machten. Wir waren nach dem Abendbrot an den Strand gegangen. Ich erinnere mich, daß ich aus irgendeinem Grund allein und weit entfernt von den anderen war. Ich blickte in die untergehende Sonne, die das spiegelglatte Wasser in ein Flammenmeer tauchte. Es faszinierte mich, ich begann, langsam Schritt für Schritt in das Wasser zu gehen, immer der Sonne entgegen und in ihrem auf dem Wasser liegenden Schein. Ich sah durch das Wasser auf

---

* Siehe Kapitel 9: Symbiotisches Verhalten.

den Boden, ich sah meine Füße, in der Ferne einige Menschen. Ich streckte meine Arme der Sonne entgegen und mich überwältigte eine unstillbare Sehnsucht, immer weiter zu gehen, bis ich nichts mehr spüren würde. Ich wollte in der Sonne, im Licht aufgehen und tot sein. Erst als ich bis zum Halse im Wasser stand, kehrte ich wieder um«.

Ihren Vater schilderte sie als einen lieben Menschen, ihre Mutter als streng, überfürsorglich und einengend : »Meine Mutter wollte immer das Beste für mich. Fast täglich denke ich an den Satz: ›Was würde Mutti dazu sagen?‹«

Ihr mangelndes Selbstwertgefühl resultierte aus einer überstarken Bindung an das Elternhaus, das sie folgenderweise beschrieb:»Meine Familie war wie eine Burg, zu der kaum einer Zutritt hatte. Ich wurde von meiner Mutter und meiner Großmutter sehr behütet. Ich fürchtete mich schon als Kind vor dem Alleinsein. Meine Eltern haben mir nicht viel zugetraut. Sie haben zu wenig von mir gefordert. Sie hätten mir früher Selbständigkeit geben sollen. Sie haben sich fast nur mit mir beschäftigt.

Ich wäre vollkommen glücklich, wenn ich wüßte, daß ein Mensch mich ganz liebt. Mein größter Fehler ist es, immer wieder mit Vertrauen auf Menschen zuzugehen und dann abgewiesen zu werden.«

Bei ihrer ungelösten, pathologischen Elternbindung war sie nicht dazu in der Lage, sich selbstbewußt, realitätsgerecht und ich-stark der Liebe ihres Mannes zu vergewissern oder auf vermeintliche Kränkungen mit offenem Ärger zu reagieren.

Erst in der Psychotherapie hatte sie die Kraft gefunden, ihre Identität aufzubauen, indem sie sich Stück für Stück aus dem infantilen, regressiven und symbiotischen Verhalten löste.

17.2 Therapie

Hat ein Suizidgefährdeter den Weg zu einer fachlich kompetenten Person gefunden, so ist schon viel gewonnen. Angehörige, die durch Suizidäußerungen oder gar bereits erfolgte Suizidversuche beunruhigt sind und in Sorge geraten sind, haben es oft schwer, den Gefährdeten zu einem ärztlichen Gespräch zu bewegen. Hoffnungslosigkeit, Angst vor einem neuen allmächtigen Objekt, die Angst vor der Zukunft und einer Veränderung der jetzigen Situation, die oft genug in einer ungesunden und unbewußten, pathologischen Symbiose zu den Eltern bzw. den Beziehungspersonen besteht, verhindern eine therapeutische Beziehung.

Der Arzt muß sich, sobald sich der Patient an ihn gewandt hat, als erstes die Frage stellen:»Ist der Patient so stark suizidal, daß er keine Verantwortung mehr für sich übernehmen kann? Muß er in die Klinik eingewiesen werden?«

Bei depressiven, narzißtischen Persönlichkeiten, bei starker aggressiver Gehemmtheit und abnormer Elternbindung, auch bei Bulimie ist stets nach Suizidgedanken zu fragen. Hierbei sollte der Arzt keine Scham zeigen, sondern offen und ehrlich mit dem Patienten darüber sprechen:»Haben Sie Selbstmordgedanken?« Oder: »Haben Sie früher Selbstmordgedanken gehabt oder Selbstmordversuche begangen?« Ein weiterer Schritt nach Bejahung dieser Frage ist das Aufsetzen eines sogenannten Suizidvertrages. Er hat z. B. folgende Aussagen zum Inhalt: »Ich werde mir weder zufällig noch absichtlich etwas antun. Falls die Selbstmordgedanken stärker werden, wende ich mich an jemanden, der mir helfen wird.«

Hier ist z. B. die zuständige psychiatrische Klinik zu nennen, die zumeist einen Tag- und Nachtdienst hat. Eine engmaschige, therapeutische Behandlungsmöglichkeit ist dem Patienten anzubieten. Möglichst sollte der Patient zunächst täglich oder zweimal in der Woche gesehen werden.

Nicht jeder Patient ist bereit, sich den Konsequenzen eines Suizidvertrages zu stellen. Der Suizidvertrag bedeutet nämlich nicht nur eine erneute Abhängigkeit vom Therapeuten, sondern auch das Aufgeben eines bisherigen Fluchtweges. Wenn der Patient nicht in der Lage ist, diesen Vertrag zu unterschreiben, dann ist an eine zeitliche Begrenzung desselben zu denken, die sich auf Tage, bzw. Wochen oder Monate erstrecken kann. In jedem Falle ist der Patient zu fragen, ob er wirklich Verantwortung für sein Leben übernehmen will.

Als Gegenleistung erbringt der Arzt die psychotherapeutische Hilfe und das Aufzeigen neuer Lösungsmöglichkeiten.

Ist der Patient nicht zu einem Suizidvertrag in der Lage, sollte die Behandlung trotzdem weitergeführt werden.

Zusammengefaßt sind die Ziele des Erstkontaktes beim Suizidgefährdeten:
- Die Herstellung einer positiven Vertrauensbeziehung
- Einschätzung der akuten Suizidgefährdung
- Verhütung einer erneuten suizidalen Handlung (Suizidvertrag)
- Medizinisch-psychiatrische Diagnose
- Erstellung eines Behandlungsplanes in Zusammenarbeit mit dem Patienten

Der Suizidvertrag dient sowohl dem Patienten als auch dem Therapeuten. Beide gewinnen an Sicherheit, der Patient für die Erhaltung seines Lebens, der Therapeut für das Gleichgewicht seines Selbstwertgefühls. Dieses ist durch die Suizidandrohung des Patienten nämlich stark labilisiert. Das Hilfeangebot, die Wärme, die Gutmütigkeit und die Bereitschaft des Arztes werden durch die Selbstmordandrohung bis aufs äußerste in Anspruch genommen. Der Arzt wird in seiner Hauptfunktion als Retter und Heiler in Frage gestellt, wodurch sein Selbstwertgefühl erschüttert wird. Er fühlt sich einer übergroßen Verantwortung ausgesetzt, die er einerseits von Berufs wegen übernehmen will, die aber andererseits nicht von vornherein zum Scheitern verurteilt sein darf.

Der Arzt soll sich seiner Grenzen bewußt sein und die Spannung zwischen Helfen-Wollen und Nicht-Können aushalten. Es werden in ihm Allmachts- und Ohnmachtsgefühle wachgerufen, damit verbunden Depressivität und eine Störung seines Selbstwertgefühls. Die Aufarbeitung und Überwindung eigener symbiotischer Allmachts- und Verschmelzungsphantasien sind Voraussetzung für eine therapeutische Situation, die weitgehend frei ist von latentem oder offen ausgetragenem Haß von Seiten des Therapeuten. Der Anspruch des Psychotherapeuten, dem Patienten helfen zu wollen, findet dort seine Grenzen, wo der Patient aus Ohnmachtsgefühlen heraus nicht fähig ist, mit dem Therapeuten zu kooperieren.

Die von Reimer[12] zitierten Interaktionsprobleme zwischen Arzt und Patient haben ihren Ursprung in der ehemaligen Eltern-Patientenbeziehung. Dieser überträgt seine unbewältigten Abhängigkeitskonflikte auf die Beziehung zum Therapeuten, der für ihn in der Übertragung eine Elternfigur darstellt. Einerseits soll der Patient zum Arzt Vertrauen gewinnen, andererseits lehnt der Patient erneute Abhängigkeit ab und verweigert aus Loyalität und Ausbruchsschuld dem Arzt nicht selten eine tragfähige Beziehung.

Im Verlauf der Therapie sind die Störungen des Selbstwertgefühls, die Auflösung der Symbiose, die Depressivität und die Kontaktstörungen das Behandlungsziel.[*] Auch das Einbeziehen des Partners oder der Eltern ist sinnvoll und wichtig.

Die Beziehung zwischen Patient und Therapeut ist von Seiten des Therapeuten immer wieder zu reflektieren. Besteht ein tragfähiger Kontakt, sollte folgendes Verhalten des Patienten bearbeitet und konfrontiert werden:
- Passivität
- Spielen von Hilflosigkeit
- Nichtlösen von Problemen
- Erhöhte Kränkbarkeit, auch in der Therapie, die aus den Symbiose- und Geborgenheitswünschen des Patienten entspringt.
- Die Kontaktstörung, das Sehnen zurück in die Kindheit sind dem Patienten bewußtzumachen.
- Der Patient ist darin zu bestärken, daß er seine Selbständigkeit aufbaut und seine aggressive Gehemmtheit überwindet.

Die Therapie mit Suizidgefährdeten gehört zu den schwierigen und emotional anstrengenden Aufgaben des Psychiaters.

Literatur

[1] Henseler, H.: Die Suche nach dem kränkenden Anlaß, Psycho 6 (1980), S. 399–401
[2] Jung, C. G.: Symbole der Wandlung, Walter-Verlag, Olten und Freiburg im Breisgau (1973), S. 376
[3] ebenda S. 454
[4] Kast, V.: Wege aus Angst und Symbiose, Walter-Verlag, Freiburg im Breisgau (1982), S. 111
[5] Stierlin, H.: Eltern und Kinder, Suhrkamp-Verlag, Frankfurt (1975), S. 107 und 159
[6] Henseler, H.: Narzißtische Krisen. Zur Psychodynamik des Selbstmordes, Rowohlt-Verlag, Reinbek bei Hamburg (1974)
[7] Henseler, H.: Die Psychodynamik des suizidalen Erlebens und Verhaltens, Nervenarzt 51 (1980), S. 139–164
[8] Battegay, R.: Selbstidentität, ihre Störungen und Suizidalität. In: Pöldinger, W., Reimer, Ch. (Hrsg.) Psychiatrische Aspekte suizidalen Verhaltens, pmi-Verlag, Frankfurt a. M. (1985), S. 32–43
[9] Reimer, Ch.: s. 8, S. 84–92
[10] Freud, S.: Trauer und Melancholie (1915), GW III, Studienausgabe, Fischer-Verlag, Frankfurt a. M. (1975), S. 205–206
[11] Kernberg, O. F.: Borderline-Störungen und pathologischer Narzißmus, Suhrkamp-Verlag, Frankfurt (1978), S. 354
[12] Reimer, C.: Die suizidale Krise, Schleswig-Holsteinisches Ärzteblatt, 11 (1987), S. 704–712

---

* Siehe Kapitel 15: Auflösung der Symbiose und Therapie der Angstneurose.

17.2 Therapie

Zur Psychodynamik des Suizidgeschehens

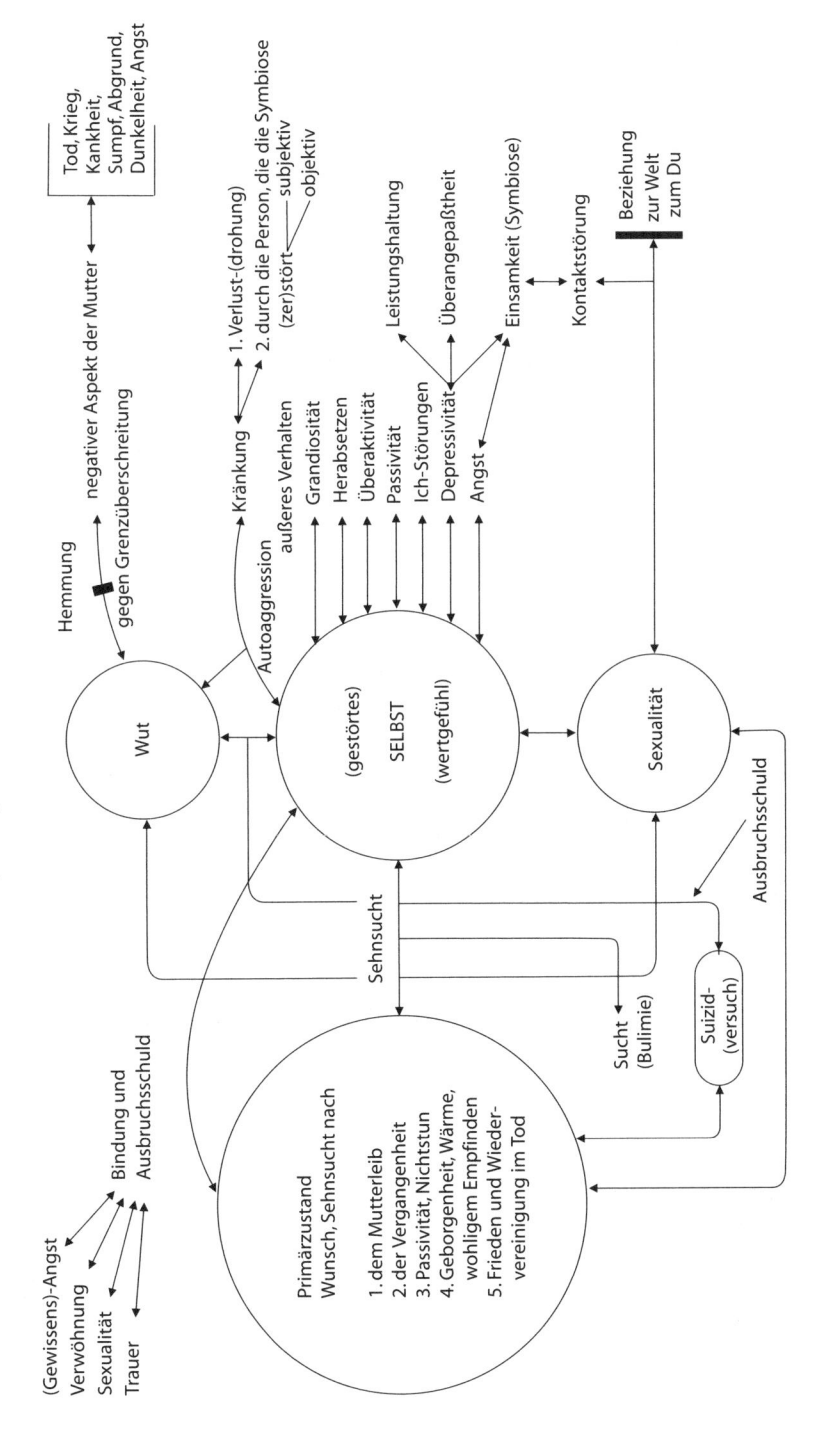

Hemmung
gegen Grenzüberschreitung

negativer Aspekt der Mutter ↔ Tod, Krieg, Kankheit, Sumpf, Abgrund, Dunkelheit, Angst

1. Verlust-(drohung)
2. durch die Person, die die Symbiose (zer)stört — subjektiv / objektiv

Kränkung
äußeres Verhalten
Grandiosität
Herabsetzen
Überaktivität
Passivität
Ich-Störungen
Depressivität
Angst

Leistungshaltung
Überangepaßtheit
Einsamkeit (Symbiose)
Kontaktstörung
Beziehung zur Welt zum Du

Autoaggression

Wut ↔ (gestörtes) **SELBST** (wertgefühl) ↔ **Sexualität**

(Gewissens)-Angst
Verwöhnung
Sexualität
Trauer

Bindung und Ausbruchsschuld

Sehnsucht

Sucht (Bulimie)

Suizid-(versuch)

Ausbruchsschuld

Primärzustand
Wunsch, Sehnsucht nach
1. dem Mutterleib
2. der Vergangenheit
3. Passivität, Nichtstun
4. Geborgenheit, Wärme, wohligem Empfinden
5. Frieden und Wiedervereinigung im Tod

149

18 Traumanalyse

18.1 Der Umgang mit dem Traum

Die Traumanalyse nimmt sowohl in der Einzeltherapie als auch in der Gruppentherapie eine zentrale Stellung ein[1]. Anhand von Träumen werden die Konflikte bewußt, bisher abgespaltene Persönlichkeitsanteile integriert und Gefühlsbereiche wahrgenommen, die bislang verdrängt waren.

Das Aufschreiben des Traumes und vor allem das Erzählen versetzen den Träumer bereits in eine Situation der Veränderung: er weiß, daß er unbewußte Inhalte preisgibt, die in ihm durch die Bewußtwerdung Veränderung hervorrufen werden. Allein das Erzählen und das Annehmen durch den Therapeuten oder einen Mitpatienten können eine Beruhigung ausüben, so daß der angstauslösende Trauminhalt weniger gefürchtet wird. Nachdem der Patient den Traum erzählt hat, frage ich ihn, was er ihm zu sagen hat und was ihm dazu einfällt. Einige Patienten lernen es relativ rasch, sich mit der Symbolik anzufreunden und treffende Interpretationen zu finden. Wenn der Traum zu symbolisch ist und dem Einzelnen oder auch der Gruppe nichts dazu einfallen will, gebe ich aus meinem Erfahrungsschatz heraus die Deutung, damit der Patient den Traum in seiner symbolhaften Aussage verstehen kann.

18.2 Träume als diagnostischer Wegweiser

Träume weisen einen direkten Weg in die bisher unbewußte Konfliktwelt eines Menschen. So kann ein Traum – manchmal schon der erste – das unbewältigte Lebensproblem eines Menschen aufzeigen. Aus den Träumen läßt sich die aktuelle Situation des Träumers erkennen. Träume weisen einen diagnostischen und therapeutischen Weg[2].

Es geht in der Therapie darum, die Aussagen der Träume mit dem äußeren Verhalten und den Berichten eines Patienten zu vergleichen. Es gibt nämlich häufig Diskrepanzen zwischen der Selbstwahrnehmung und der Aussage des Traumes.

18.3 Träume und Verhaltensänderung

Selbsterkenntnis ist der erste Schritt zur Besserung. Als nächstes erfolgt die Verhaltensänderung. Träume offenbaren zwar die innere Konfliktwelt und stellen einen wertvollen Bestandteil der Psychotherapie dar; Träume sind jedoch kein Selbstzweck, welcher der Ergötzung oder allein dem Erzählen dient. *Psychotherapie ist immer auch Verhaltensänderung.* Es nützen die schönsten Träume nichts, wenn nicht der Wille vorhanden ist, sich zu erziehen und Fehlverhalten abzustellen. *Änderung im Seelischen braucht seine Zeit.* Dennoch ist darauf zu achten, daß die Patienten sich *nicht damit begnügen, allein ihre Träume gedeutet zu wissen.*

Die Traumdeutung ist mit der Bereitschaft zu verbinden, neue Wege zu gehen.

18.4 Träume und Hausaufgaben

Aus den Träumen ergeben sich Hausaufgaben. Diese fördern den therapeutischen Prozeß. Sie werden schriftlich gefertigt, da das *schriftliche Wort mehr gilt als das mündliche* und es reiflicher Überlegung bedarf, welche Worte gesetzt werden. Die Themen ergeben sich aus dem Konfliktmaterial, das in den Träumen enthalten ist.

18.5 Typische Traumsymbole des Reifungsprozesses

Die Traumsymbolik des Reifungs- oder Ablösungsprozesses umfaßt beinahe die gesamte Traumsymbolik, die uns bekannt ist, da die Träume von unseren Patienten vorwiegend Individuationsträume sind. In den Träumen finden sich Themen des Loslösungsprozesses, der mit typischen Angstsituationen verbunden ist:

a) Angst vor den überfürsorglichen, übermächtigen und grenzüberschreitenden Eltern.
b) Ekel vor Parasiten und Angst, ausgenutzt zu werden. Sie empfinden die Eltern als Parasiten, die sich in ihnen oder auf ihnen befinden.
c) Angst vor der eigenen Wut, die sich gegen die verletzenden und aussaugenden Eltern wendet.
d) Angst vor der eigenen Kraft und Macht, Angst vor Energie.
e) Angst und Schuldgefühle, Abschied nehmen; Angst, die Mutter, den Vater und die Kindheit zu verlassen.
f) Angst, in die Welt zu gehen, Grenzen zu überschreiten und Angst vor Kontakt zu Menschen.
g) Angst, Ekel und Schuldgefühle gegenüber der Sexualität. Angst vor dem Vater als einem Symbol für Bewußtheit und Männlichkeit.

Diesen Punkten lassen sich typische Traumsymbole zuordnen:

zu a: Angst, von Wasser überspült zu werden. Angst vor großen Wellen. Angst vor dem Verschlungenwerden durch einen Fisch oder durch ein anderes Ungeheuer, z. B. einer Schlange. Angst vor Spinnen, Ameisen, Käfern und Insekten. Angst vor Sümpfen. Angst vor Elefanten oder Kühen, die einem zu nahe kommen und als übergroß erscheinen. Angst vor dem Mond.

zu b: Angst und Ekel vor Parasiten, z. B. Ratten, Würmern, Ameisen, Hautparasiten, Milben, die sich in die Haut einfressen in Art von Gängen. Angst vor Schimmel und Pilzen.

zu c: Angst vor Wut drückt sich in Träumen durch Explosionen von (Atom-) Bomben,[*] Vulkanen oder Flugzeugen und explosionsartigen Kotentleerungen aus. Auch Terroristenträume weisen auf enorme Aggressivität hin.

zu d: Angst vor großen Flugzeugen. Angst vor Blitzen und vor Atomkraft.[**] Angst vor Wellen, Schlangen, Lokomotiven, Panzern und anderen Energiesymbolen.

zu e: Angst, ein Kleinkind fallen zu lassen. Angst, daß ein Kind in einen Fluß fällt oder in das kalte Wasser springt. Es besteht Angst, von einem Abgrund oder einem Hochhaus hinunterzuspringen, sich in das Ungewisse und Unbekannte fallen zu lassen. Angst vor Prüfungen, Angst vor Veränderung und vor der Wandlung (Feuer, Gift, schwarze Milch, Medizin, Arzt, Narkose, Operation). Angst vor dem Tod, der Wege zu Neuem ermöglicht.[***]

zu f: Angst, daß Menschen Eingang in die Wohnung finden. Menschen werden als Einbrecher empfunden, als Diebe. Sie werden voller Furcht abgewehrt. Lieber wird die Einsamkeit eines Weltraumschiffes ertragen. Die Angst, neue Grenzen, verbotenes Land zu betreten, zeigt sich auch in dem Traumsymbol der DDR-Grenze.

zu g: Angst vor Sexualität findet ihren Ausdruck in dem Traumbild des Feuers, des explodierenden AKWs oder der Atombombe[****] oder eines anderen Geschosses. Die Gewissensangst, sich sexuell auszuleben, zeigt sich in dem Traumsymbol des verbietenden Polizisten. Diese Traumsymbole beziehen sich auch auf die Angst, so mächtig und sexuell potent zu sein wie der Vater. Bis zum endgültigen Zeitpunkt der Ablösung von den Eltern ereignen sich Inzestträume als Zeichen der noch ungenügenden Hinwendung zu einem neuen Partner.

18.6 Die Symbolik des Wassers

Das Wasser ist Freund und Feind des Menschen zugleich. Wasser ist ein notwendiges Lebenselixier nicht nur in der Embryonalphase, doch es kann uns auch gefährlich werden. Wir können darin ertrinken, es kann anschwellen und alles im Wege Liegende

---

[*] Siehe Kapitel 19: Zur Psychoanalyse der Atomangst.
[**] Siehe Kapitel 19: Zur Psychoanalyse der Atomangst.
[***] Siehe Kapitel 20: Angst vor dem Tod.
[****] Siehe Kapitel 19: Zur Psychoanalyse der Atomangst.

18.6 Die Symbolik des Wassers

mit sich fortreißen. Im dunklen Wasser lauern unsichtbare Gefahren. Es kann auch gefrieren. Dann stirbt das Leben, auch in uns. Wasser kann mit modernen Umweltgiften als Zeichen einer »psychotoxischen Störung«[3] vergiftet sein. Der Bezug zum Du und zur Umwelt ist erschwert oder gar unmöglich, wenn »das mütterliche Gift« das Verhältnis zur Außenwelt mitprägt.

Nach Jung stellt das Wasser ... »die mütterliche Tiefe und den Ort der Wiedergeburt dar«, und damit das Unbewußte in seinem positiven und negativen Aspekt[4]. Neumann sieht im Symbol des Wassers sowohl nährende und wandelnde als auch verschlingend-weibliche Elemente:

»Verschlingendes Wasser, zerreißender Erd-Schoß, Abgrund des Todes, feindliche Nacht- und Todes-Schlange, Walfisch, Meer und Walfisch im Meer; alle sind Aspekte des negativen Unbewußten, das als »Wasser der Tiefe« in der Erde unter der Welt der Menschen im nächtlichen Dunkel lebendig ist und als Gefahr der einbrechenden Wasser die Welt mit Wasser zu füllen droht«[5].

Entsprechend dem Ursprungselement alles Lebendigen ist das Wasser ein Traumsymbol bei Menschen, die symbiotisch verhaftet geblieben sind und deren Unbewußtes den Reifungsprozeß herbeiführen will. Hierzu ein **Traumbeispiel**:

»Nachmittags an einem Strand am Meer. Ich war mit einer Gruppe von jüngeren Leuten dort, die ich nicht näher beschreiben kann. Wir tobten ausgelassen am Strand herum und gingen des öfteren ins Wasser. Der Himmel war freundlich und auch das Meer erschien mir hell und klar. Es lud zum Baden ein. Nach einiger Zeit verließen wir den Strand und gingen auf eine Art Steg, der auf Holzpfählen hoch über dem Wasser errichtet worden war. Ich bekam plötzlich Lust, noch einmal das Wasser zu genießen und ging in unmittelbarer Nähe des Stegs noch einmal den Strand hinunter. Ich war bereits im Wasser, als ich plötzlich sah, daß das Meer gar nicht mehr so freundlich aussah wie vorhin, sondern ganz dunkel war. Ich fühlte mich bedroht, bekam Angst und wollte umkehren, aber dazu war es zu spät. Eine Flutwelle, die etwa zwei bis dreimal so hoch war wie ich, kam direkt auf mich zu. Sie begrub mich unter sich, ich wurde durch das Wasser geschleudert und stieß mit meinem Genick auf den Boden auf. Ich dachte zuerst, ich hätte es mir gebrochen. Doch irgendwie kam ich wieder heil ans Ufer. Das Meer sah immer noch schwarz und bedrohlich aus. Ich bemerkte, daß ich irgendwelche Sachen von mir an der Stelle vergessen hatte, an der wir vorhin so munter gespielt hatten. Die anderen warnten mich, doch ich lief los. Ich war voller Angst, das Meer könnte die Sachen weggespült haben. Doch sie waren noch dort. Ohne auch nur einmal den Blick auf das dunkle Meer zu richten, lief ich zurück und kam heil am Steg wieder an.«

Wenn das Wasser über das Ufer tritt, die Deiche überschwemmt und in Häuser eindringt, ist das seelische Gleichgewicht gestört. Die Angst vor den alles durchdringenden Eltern, auch vor dem eigenen Unbewußten, das zu einer Gefahr für den Träumer werden kann, signalisiert sich in derartigen Träumen. Die Angst vor dem eigenen Unbewußten besteht vor allem darin, selbst aggressiv zu sein, sich so mächtig und kräftig wie eine Welle zu fühlen und zu verhalten. Der Traum möchte die Träumerin dazu auffordern, die Mutter in die Schranken zu verweisen und sich von ihr zu befreien, indem sie die verdrängten Aspekte ihrer Persönlichkeit auslebt und integriert.

18.7 Das Traumsymbol des Parasiten

Während in der Symbiose die Partner zum beidseitigen Vorteil eine Gemeinschaft eingehen, lebt der Schmarotzer auf Kosten des Wirtes, indem er sich seiner Energie und Nährstoffe bedient. Das Symbol des Parasiten beschäftigt offenbar die Menschheit schon seit dem Altertum, wie Enigk es berichtet: »Über den Einfluß des Wurmbefalls auf den Gesundheitszustand waren hierin (im Gothaer-Arzneibuch) phantasievolle Erklärungen enthalten. Nach der Laienmedizin sollten nicht nur Würmer, sondern auch Insektenlarven und selbst Schlangen im Menschenkörper entstehen. Als Heilmittel für den Wurmbefall bei Mensch und Haustieren dienten im Mittelalter neben vielen Pflanzen und pflanzlichen Dekokten einige anorganische Salze, Ruß aus dem Schornstein, Asche verbrannter Sohlen, Haare, Rinderkot und andere Mittel aus der sogenannten Dreckapotheke. Durch Erregen von Ekel sollte eine Vertreibung der die Krankheit verursachenden Geister erreicht werden ... Um die Bekämpfung des Wurmbefalls der Haustiere, kümmerten sich im 7. bis 13. Jahrhundert Hirten, Schmiede und Scharfrichter, wobei Aberglaube, Zauberei, Dämonen, Furcht eine Rolle spielten«[6].

»Ferner würden viele Krankheiten durch einen Dämon in Wurmgestalt bedingt. Diesen versuchte man durch Aufhängen von ›Wurmsegen‹ zu beschwören, den Tieren kein Leid anzutun. Zaubersprüche und abergläubische Riten fanden im 14. bis 17. Jahrhundert weitverbreitet Anwendung«[7].

Die Vorstellung, von einem Parasiten befallen zu sein, hat also immer schon Ekel und Angst vor Dämonen hervorgerufen. Das Traumbild des parasitären Haut- oder Bandwurmes, des Blutegels, oder des pilzartigen Gewächses in der Haut, die langsam zerfressen wird, ist stets mit Ekel und Abscheu verbunden, die der zerstörerischen Nähe eines Elternteils gelten.

Traumbeispiel
»Ich träume, daß ich Bauchschmerzen habe. Ich gehe auf die Toilette und setze einen großen Haufen. In dem Mist ist ein langer Wurm, der mit dem Kopf herausguckt. Ich ekle mich entsetzlich davor. Ich wache auf, weil ich Magendrücken habe.«

Der Träumer hat sich eines Parasiten entledigt, der sowohl seine Mutter als auch er selbst ist. Die Symbiose zu ihr hatte auf beiden Seiten parasitäre Züge. Auch er hatte seine Mutter ausgenutzt und erlebte sie – aber auch die ganze Welt – als spendende Mutterbrust, an die er sich passiv und jammernd hängen wollte. Den schmarotzerhaften Anteil seiner Persönlichkeit, seine Passivität und seine aussaugende Anspruchshaltung überwandt er, nachdem er eine Reihe von »Schmarotzer-Träumen« gehabt hatte. Es tauchten Maden auf, Mitesser, die er ausdrückte, und Milben, die sich in seine Haut eingegraben hatten.

Die Haut ist das Abgrenzungsorgan, auf das Autonomie- und Abgrenzungskonflikte projiziert werden. Die Grenzüberschreitung dominierender, narzißtischer Mütter oder Väter wird als Verletzung der eigenen Haut-Grenze empfunden. Vor der ohnmächtig erlebten Allmacht eines expansiven Elternteils schottet sich der Symbotiker ab. Andere Menschen haben keinen Zugang zu ihm. Er fürchtet deren Nähe, da er die Nähe ohnmächtig im unterdrückten Zorn ertragen mußte. Nicht Lieblosigkeit, mangelnde Zärtlichkeit und mangelndes Verständnis haben die Patienten mit Parasitenträumen krank werden lassen, sondern der verschlingend-zerstörerische und grenzüberschreitende Aspekt einer Elternfigur, dem gegenüber sie sich passiv und ergeben verhalten. Hautparasiten symbolisieren den Konflikt zwischen Passivität, Symbiose und Übergefügigkeit einerseits und zwischen Libido, Autonomie und Aggressivität andererseits.

Eine Patientin, die unter Depressionen und Einsamkeit litt und wöchentlich ihre weitentfernte Mutter besuchte, hatte einen Traum, in dem das parasitenhafte und energieraubende Wesen ihrer Mutter zum Ausdruck kommt.

Traumbeispiel:
»Ich halte einen Blumentopf mit einem welken Alpenveilchen in den Händen. Ich will wissen, warum es welkt. Ich sage zu meiner Mutter, daß die Erde pitschnaß sei und es durch die Nässe verfaule und deshalb so traurig aussehe. Die Feststellung befriedigt mich aber nicht. Ich nehme die Pflanze heraus und finde in der Erde große Würmer. Deshalb kann sie also nicht weiterwachsen. Ich pule noch weiter in der Erde und kratze aus dem Boden des Topfes noch eine Menge kleiner Maden.«

Die Patientin war auch in der Realität überschwemmt mit Mütterlichem, das sich im Traum in dem Symbol des Wassers und der Parasiten wiederfindet. Sobald die Parasiten den eigenen Körper verlassen, wandeln sie sich häufig in energiegeladene, blitzschnell sich drehende und wendende Würmer um. In der Sprache des Traumes bedeutet dies die Wandlung von Passivität in Aktivität wie uns auch folgendes **Traumbeispiel** zeigt:

»Mein Hund war von Würmern befallen. Überall an seinem Fell guckten die Enden von den Würmern heraus. Dick und glitschig zogen sie durch seinen ganzen Körper. Der Hund hatte eigenartiger Weise keine Schmerzen, aber er wollte sich selbst nicht bewegen, ich mußte ihn tragen. Plötzlich sah ich, wie die Würmer anfingen, sich schneller zu bewegen und blitzartig hin und her zuckten. Ich wurde wach vor Ekel.«

Der passive, den Parasiten ganz ergebene Patient ist auch in der Realität erkrankt: seine Panikattacken hindern ihn an einem normalen Leben. Seine Angst und seine Passivität haben ihn paralysiert. Die aussaugenden Würmer und die ihn passivierenden Eltern-Imagines haben die Herrschaft über ihn ergriffen, passiv ist er ihnen erlegen. Doch neue Kraft wächst in ihm. Sie stößt ihn zunächst ab, ihn ekelt davor. Er fürchtet sich noch vor der eigenen Aktivität und Libido, die sich in dem Bild der lebendig werdenden Würmer entwickeln.

Im Tierreich hat der Parasit die vordringliche Aufgabe, sich mit vielen Tricks und auf sehr phantasievolle Art und Weise die Erhaltung der Art zu besorgen. Ziel des Menschen ist es aber nicht, im Parasitären haften zu bleiben. Die Rolle des Parasiten abzulegen, bedarf eines großen Energiepotentials und des Mutes der Selbsterkenntnis. Die Polarität zwischen Regression und Propulsion gestaltet sich in dem Symbol des schlangenartigen und energiereichen Parasiten.

18.8 Die Angst vor dem Mond

Eissler berichtet in seiner psychoanalytischen Studie über Goethe, daß Goethes Mutter folgendes Ereignis aus seiner Kindheit wiedergegeben hat:
»Der Vater hielt das Kind in seinen Armen und zeigte ihm den Mond: da fiel das Baby plötzlich wie von etwas erschüttert zurück und geriet so außer sich, daß ihm der Vater Luft einblasen mußte, damit es nicht erstickte«[8].

Auch Patienten mit angstneurotischen Symptomen empfinden zeitweilig Angst, wenn sie den Mond betrachten oder von ihm träumen. Nach C. G. Jung ist der Mond Symbol für »den Ursprungsort des Lebens von weiblicher Bedeutung«[9].

Sehr beeindruckend ist der Traum eines Studenten, der während seiner Psychotherapie seinen Narzißmus allmählich überwand und den Mut aufbrachte, sein Herz zu öffnen und seine Liebe einer jungen Frau zu schenken. Zu dem Zeitpunkt, als er den Entschluß gefaßt hatte, ihr ein Geschenk als Ausdruck seiner Liebe zu machen, spürte er eine unbestimmte Angst im Bauch und hatte in der folgenden Nacht diesen Traum:

»Ich befinde mich in den Fluren eines dunklen Hauses. Eine gespenstische Frau mit Schellen und glitzerndem, brillenartigem Schmuck um die Augen läuft durch die Gänge. Ich habe große Angst vor ihr und laufe fort. Auch mein Vater flüchtet vor ihr. Er gelangt in ein Schwimmbad, das in den oberen Stockwerken gelegen ist. Ich weiß, daß die Hexe sich dort befindet.

Ich bin in dem Garten meiner Eltern und gehe auf den Nachbarzaun zu, wobei ich auf Blumen trete. Vorsichtig umherschauend steige ich über den Zaun, wo die alte Nachbarsfrau steht. Da sehe ich einen dicken Mann gemächlich auf einem Strohhaufen liegen. Es ist ein friedliches Bild. Er hat eine Uniform an und eine altertümliche Haube auf. Schließlich steht er auf und ich erkenne unseren Nachbarn. Ich frage ihn, wie es ihm und seiner Frau gehe. Was die Hühner und die Eier machen würden. Bei der Unterhaltung – es ist recht dunkel – sehe ich am Himmel einen hellen Stab heruntersausen, der immer schneller auf mich zukommt. Er verzischt dann wie ein Meteor mit einem Riesenschweif. Ich schaue mich um und erkenne den Mond. Es ist gerade Vollmond. Plötzlich bricht er ganz langsam auseinander. Er ist in der Mitte zerbrochen, die untere Hälfte fällt auf die Erde herab. Ich kriege ungeheure Angst, da tobt und tost es auch schon in der Ferne. Die Erde brennt und brodelt.

Ich bin wieder auf dem Grundstück meiner Eltern in einem Blumenbeet. Meine Mutter kommt um die Hausecke, sie spritzt mit einem Schlauch die Terrassenblumen. Sie und der Schlauch haben eine grünlich-phosphorisierende Farbe. Ein Freund von mir, der neben mir steht, fällt rückwärts in die Blumen.«

Die Symbolik der *Weiblichkeit* und *Männlichkeit stürmen mit elementarer Kraft* auf den Träumer ein. Er hat in seinem passiven Vater kein Vorbild, wie dessen Flucht vor dem negativen Aspekt des Weiblichen zeigt. Der *negative Elementarcharakter der Großen Mutter* begegnet uns im Bild des *dunklen Hauses, der schreckenerregenden Gespensterfrau, der Hexe und des berstenden Mondes.* In dem Moment, als der Träumer *seine männlich-phallische Kraft in Gestalt des Stabes und des Meteorschweifs* wahrnimmt, bricht in ihm die *Mondwelt auseinander – die Welt der Kind-*

18.8 Die Angst vor dem Mond

heit –, in welcher die Mutter ihn früher so freundlich angelächelt hat. Dieser Entwicklungsschritt bringt die Welt der »Hühner« und der »Eier« – der Sexualität – zum Vorschein. Der Stab mit dem Schweif symbolisiert den Penis. Der Mond verkörpert hier auch die weibliche Sexualität: die Gesäßbacken des Weibes nähern und teilen sich, der berstende Mond zieht den Meteorschweif nach sich, das männliche Glied.

Auch der Schlauch steht für das Glied, das der Träumer im nächsten Traumabschnitt nicht mehr so fürchtet. Doch seine Mutter nimmt als Ausdruck der engen Bindung aktiv eine sexuelle Handlung vor – das Benässen des Blumenbeetes. Er, der Freund, fällt rücklings in das Blumenbeet, als Ausdruck seiner Passivität und der *engen* Bindung an sie.

Während der therapeutischen Sitzung an diesem Traum empfindet der Medizinstudent eine tiefe Traurigkeit, als er sich die Szene mit dem Mond vorstellt. *Der Mond ist nach Jung dem Mütterlichen und dem Gefäß gleichzusetzen*[10,11]. *Seine Traurigkeit läßt sich als Abschied von der Mutter verstehen.* Abschied von ihr bedeutet auch, daß er sich der elementaren Gewalt des Zerstörend-Mütterlichen stellen muß, wenn er seine Liebe zu einer anderen Frau empfinden und ausdrücken möchte.

In einer späteren Therapiesitzung fiel dem 30jährigen Studenten ein, daß er vor einem Monat zum ersten Mal den Mond bewußt ins Antlitz geschaut hatte und verwundert feststellte, daß ein Lächeln im Mond zu erkennen ist. Er hatte viele Frauen verführt, keine jedoch in ihrer Eigenheit wahrgenommen und Kontakt zu ihnen gehalten. Das Verschlingend-Schreckliche, das Furchtbar-Mütterliche hatte zu einer so ausgeprägten Kontaktstörung gegenüber Frauen geführt, daß er auch den Mond in seiner Frauen- und Muttergestalt nicht erkannt hatte.

Eine Angstneurotikerin mit einer ungelösten Mutterbindung erzählte in der Gruppe folgende Begebenheit:

»Ich hatte vor vierzehn Tagen ständig Angst in mir, die ich mir nicht erklären konnte, bis ich eines abends zum Himmel sah und den Mond sehen konnte. Nun fiel mir folgender Traum ein, der schon länger zurücklag: Ich stehe allein im Freien. Es ist schon dunkel und der Vollmond sieht mich an, nicht ich ihn. Ich sehe dann zurück und schaue in ein blasses, mir unheimlich aussehendes, hämisches Mondgesicht. Wir halten miteinander Zwiesprache. Plötzlich spüre ich im Traum ein Angstgefühl in mir aufsteigen.«

Ihr fiel zu dem Traum ihre seit Kindheit bestehende Angst vor dem Vollmond ein: »Wenn ich den Vollmond sehe, dann schüttelt es mich und Angst kriecht in mir hoch. Es ekelt mich auch vor dem Mond. Ich kann ihn nicht ansehen. Wenn ich es versuche, wird mir komisch zumute. Er schreckt mich ab. Mir wird ganz unheimlich zumute. Er ist immer da. Er macht mir Angst. Ich habe das schon so lange, wie ich denken kann.«

Während einige Patienten von der angsterregenden Seite des Mondes sprechen und träumen, empfinden andere die gütigen, romantischen Aspekte des Mondes. Der Mond ist für manchen ein stiller Begleiter, der treu und konstant in sorgenvollen Nächten Liebe und Trost spendet. Die Gedichte von Matthias Claudius: »Der Mond ist aufgegangen«[12] und von Goethe »An den Mond«[13] zeugen von der stillen Güte, die der Mond auch verkörpert.

157

Literatur

[1] Flöttmann, H. B.: Träume zeigen neue Wege – Systematik der Traumsymbole. BOD Verlag, Norderstedt, 4. Auflage (2010)
[2] Bozzer A., Morlock M., Schredl, M.: Kindheitserinnerungen und Träume Erwachsener, Zsch. psychosom. Med. 42 (1996), S. 25–33
[3] Spitz, R.: Vom Säugling zum Kleinkind, Ernst Klett Verlag, Stuttgart (1972), S. 223–278
[4] Jung, C. G.: Symbole der Wandlung, Walter-Verlag, Olten und Freiburg im Breisgau (1981), S. 494
[5] Neumann, E.: Die große Mutter, Walter-Verlag, Olten und Freiburg im Breisgau (1981), S. 181
[6] Enigk, K.: Die Geschichte der Helminthologie im deutschsprachigen Raum, Gustav Fischer Verlag, Stuttgart, New York (1986), S. 3
[7] ebenda, S. 6
[8] Eissler, K. R.: Goethe, eine psychoanalytische Studie, Bd. I, Stroemfeld/Roter Stern, Basel und Frankfurt am Main (1986), S. 229
[9] Jung, C. G.: s. 2, S. 406
[10] Jung, C. G.: s. 2, S. 41
[11] ebenda S. 256
[12] Claudius, M. In: Deutsche Gedichte. v. Echtermeyer, B. von Wiese (Hrsg.), August Bagel Verlag, Düsseldorf (1965), S. 147–148
[13] Goethe, J. W., ebenda, S. 211–212

19 Zur Psychoanalyse der Atomangst

Kaum zwei andere Ereignisse zur Wende um das einundzwanzigste Jahrhundert haben die Menschen so geängstigt wie die Explosionen der Atomkraftwerke in Tschernobyl und in Fukushima. Die Angst vor dem zukünftigen Tod, sei es durch Krebs oder andere Erkrankungen, die Angst vor Vergiftung mit radioaktiven Stoffen und die Ohnmacht gegen die weit verbreitete Radioaktivität führten auf vielen Seiten zu Eskalationen[1]. H. E. Richter konstatierte laut »Spiegel« »Betroffenheit und Angst von einer Art, wie sie noch nie bekannt war«[2].

Allein in Griechenland wurden 2 250 Schwangerschaftsabbrüche aufgrund des Atomunfalls von Tschernobyl durchgeführt, in Westeuropa werden die Schwangerschaftsabbrüche auf 100 000 bis 200 000 im Anschluß an den Reaktorunfall geschätzt[3].

Sachliches Wissen um die Folgen der Atomreaktorexplosion kann die Ängste, die wochenlang unser Leben bestimmten, nicht allein hervorgerufen haben. Laut »Ärztezeitung« vom 11. Juni 1986 sei die Erhöhung des Krebsrisikos infolge der Strahlenexplosion nach Tschernobyl in der BRD vergleichsweise gering. Das aktuelle Krebsrisiko erhöhe sich durch die zusätzliche Strahlenbelastung von 20 % auf 20,01 %[4]. Auch wenn diese Angaben unsicher sind, so kann die tatsächliche Strahlenbelastung allein nicht eine derartige Angst ausgelöst haben.

Was hat sich im Menschen abgespielt, daß er auf den Super-GAU in Tschernobyl so stark mit Angst reagierte? War es nur die Unwissenheit über das Ausmaß der aufgenommenen Strahlenmenge? 69 % aller Bundesbürger sind laut Emnidt-Institut für die Abschaffung der Atomkraftwerke[5]. Wieviele sind für die Abschaffung des Autos, das im Jahr 2009 396 050 Verunglückte in Deutschland forderte, davon 4 050 Tote?[6] Jedes Jahr sterben nach den Angaben der WHO vier Millionen Menschen an den Folgen ihres Zigarettenkonsums[7].

Carl Friedrich von Weizsäcker sucht die Erklärung für die von ihm als zu unsachlich empfundene Kritik an der Kernenergie auf dem Gebiet der Tiefenpsychologie. Er sieht in der Leidenschaft der Kernenergiegegner »gleichsam das Traumsymbol der tief verdrängten Angst vor dem Atomkrieg«[8]. Merloo weist in seinem Artikel »Die Atomfurcht« darauf hin, daß »das mysteriöse Geheimnis der Atomkraft im Menschen archaische Gefühle erregt«[9].

Auch Eissler beschäftigt sich mit der Furcht vor der Atombombe und äußert die Meinung, daß »Gesellschaften periodisch von einer allgemeinen Furcht vor dem Massentod heimgesucht« werden. Mit dem näherrückenden Ende des zweiten Jahrtausends habe sich abermals die Überzeugung ausgebreitet, daß die Tage des Menschen gezählt seien; diesmal werde sein Ende durch seinen eigenen Erfindungsreichtum vorbereitet. Die Furcht vor der Atombombe enthalte eine Rationalisierung, wenn sie auch einen rationalen, realistischen Aspekt habe[10]. Ebenso schildern Dieckmann und Bopp immer wiederkehrende Weltuntergangsphantasien, die auch die jetzigen Menschen ergreife[11,12].

Es ist ein zahlreiches Schrifttum zur nuklearen Bedrohung und zur Gefahr der Atomkraftwerke entstanden[13–37].

Die Frage, ob neben begründeten Ängsten die Atomangst nicht auch aus tieferen Schichten des Seelenlebens stammt, wurde bisher nicht eingehend hinterfragt und geklärt. Zur Angst vor Radioaktivität stellen Buchholz und Reich fest, daß »Beziehungen zur Umwelt stets unbewußte mütterliche Qualitäten« darstellen[38]. Auchter erwähnt »Ohnmachts-, Verfolgungs- und Vernichtungsängste des Kleinkindalters«, die in uns durch die Furcht vor der radioaktiven Strahlung reaktiviert werden[39].

Bei der Atomangst spielen außer realen Ängsten unbewußte, tieferliegende Ängste eine Rolle. Ermöglicht wurden mir meine Gedanken und Erkenntnisse durch die Analyse von Träumen, die die Atombombe, die Atomkraftwerke oder die Radioaktivität zum Inhalt haben. Von den insgesamt 120 Atomträumen, die mir 66 Patienten vor und nach der Katastrophe von Tschernobyl berichteten, habe ich 6 typische Träume ausgesucht.

Das Unbewußte des Menschen greift, der jeweiligen Zeitepoche entsprechend, Symbole aus der Umwelt auf, um bisher unbewußte Inhalte bewußt werden zu lassen. Symbole sind vielschichtig, gegensätzlich und in ihrer Bedeutung schillernd[40]. In ihnen äußert sich psychische Energie, die nach Verwirklichung drängt und Reifungsprozesse einleitet[41].

In den 120 Träumen lassen sich reale Aspekte der Atomenergie wiederfinden: Das Freiwerden ungeheurer, bisher gebundener Energie und das Auftreten von Radioaktivität. Sie ist zerstörerisch, allgegenwärtig, grenzüberschreitend und unsichtbar.

Aus den unterschiedlichen Aspekten der Atomkraft gestaltet das Unbewußte das vielschichtige Atomkraftsymbol. Es birgt typische Konfliktsituationen eines jeden Menschen in sich: die Loslösung vom Elternhaus, die Trennung von Vater und Mutter und das Finden des eigenen Selbst. Bindungen an das Elternhaus werden gelöst, die Einheit der Familie wird zerstört, wodurch Energie und Aktivität freiwerden. Bisher gebundene Energien werden bei der Auflösung der Symbiose freigesetzt, die nun zum Aufbau eines selbstbestimmten Lebens in Beruf und Familie zur Verfügung stehen. Die Energien, die sich auf Sexualität, Aggressivität und Lebensenergie beziehen, setzt das Unbewußte den Kräften gleich, die bei der Atomspaltung entstehen.

In der Mythologie wurde der Ablösungsprozeß häufig als Kampf gegen die Schlange und als Drachenkampf dargestellt, in dem der Held Gefahren des Todes und der Krankheit zu bestehen hat, will er die Ablösung glücklich vollziehen[42,43]. Verbunden mit dem Prozeß des Erwachsenwerdens sind Depressivität, Passivität, Wut, Trauer, Trennungsängste, Angst vor Sexualität und Aggressivität. Hinzu kommen unbewußte Schuldgefühle und Selbstbestrafungstendenzen. Die Symptome, die im Prozeß der Auflösung der Symbiose notwendigerweise entstehen, sind umso stärker ausgeprägt, je tiefer die Bindung an das Elternhaus ist.

Wird der Prozeß der Individuation, der die Auseinandersetzung mit dem negativen, verschlingenden Aspekt des Mütterlichen erfordert, nicht oder nicht genügend vollzogen, können sich Krankheiten entwickeln, Einsamkeit, Ängste oder Ideologien, die die Verherrlichung der Natur – der Mutter – zum Gegenstand haben.

19.1 Das Traumsymbol der Atomexplosion

Der Mensch hat mit der Entdeckung der Atomkraft eine der »urgewaltigsten aller Energien« freigesetzt[44]. Die Atomkraft verkörpert eines der energiereichsten Symbole, die das Unbewußte neben dem Feuer, dem Blitz und der Schlange geschaffen hat.

Die Explosion einer Atombombe oder eines Atomkraftwerkes bedeutet in der Sprache des Traumes, daß sexuelle und aggressive Triebe, auch Lebensenergie bewußt werden, die infolge einer persistierenden, symbiotischen Mutter- oder Vaterbindung verdrängt gewesen sind. Bei zwei Patienten fanden sich auch ödipale Konflikte mit Kastrationsängsten, die sich in den Träumen als Angst vor Atomexplosionen und Radioaktivität manifestierten.

Das AKW ist dadurch charakterisiert, daß feste Mauern den Kernreaktor, das Energiezentrum umschließen. Die Atomkraftwerke verkörpern allein durch ihre architektonische Gestaltung Symbole des Mächtig-Mütterlichen, das in seiner Höhle Furchtbares, ein Höllenfeuer birgt. Zur Symbolik des Feuers schreibt Freud, daß »das Feuer den Primitiven als etwas der verliebten Leidenschaft Analoges – wir würden sagen: als Symbol der Libido – erscheinen mußte. Die Wärme, die das Feuer ausstrahlt, ruft dieselbe Empfindung hervor, die den Zustand sexueller Erregtheit begleitet, und die Flamme mahnt in Form und Bewegungen an den tätigen Phallus«[45]. Auch Jung erwähnt, daß »die Libido zum Feuer, zur Flamme und zur Schlange« wird.

Beispiele aus der Mythologie »erweisen dadurch, daß sie aus verschiedenen Zeiten und von verschiedenen Völkern stammen, die Existenz einer allgemeinen Neigung, Feuererzeugung und Sexualität in Parallele zu setzen«[46].

Neumann sieht »in der Sexualität aufflammende ›Libido‹, das innere Feuer, das zum Orgasmus führt und im Orgasmus der Ekstase seine höhere Entsprechung hat.« Es »ist in diesem Sinne ein ›im Weiblichen ruhendes Feuer‹, das vom Männlichen nur in Bewegung gesetzt wird. So kann archetypisch die ›Hitze‹ des Weiblichen, seine ›Brunst‹, auch als verderbliche höllische Macht auftreten, welche das Männliche verbrennt«[47].

Auch das Atomfeuer, das seine verheerende Wirkungen in der Feuersbrunst einer Atombombe oder eines AKW«s ausüben kann, ist ein Feuersymbol, welches ein Symbol der Libido darstellt. Es ist dem Licht, dem Blitz, der Hitze, der Energie, der Kraft, der Sexualität und auch destruktiven, aggressiven Impulsen gleichzusetzen.

1. Fallbeispiel

Ein 25jähriger Student war wegen Partnerschaftsschwierigkeiten und einer Herz-Angstneurose in meine psychotherapeutische Behandlung gekommen.

Er war überwiegend von seiner Mutter und seiner Großmutter großgezogen worden, während sich sein Vater aus der Familie zurückgezogen hatte und sich seinen wissenschaftlichen Studien widmete. Eine überfürsorgliche, einengende Erziehung durch die beiden Frauen, denen die Familie alles bedeutet hatte, und ein Vater, der als Identifikationsfigur kaum zur Verfügung stand, hatten bei dem Patienten zu einer mangelnden männlichen Identität und Autonomie geführt. Die Herz-Angstsymptomatik war aufgetreten, nachdem er sich von seiner Freundin getrennt hatte, mit der er eine enge und symbiotisch gestaltete Beziehung eingegangen war.

Traum: »Ich sehe ein großes, dunkles AKW vor mir. Ich fürchte mich davor. Ich bin allein. Plötzlich stürzt ein Flugzeug über dem AKW ab. Vor der Explosion und vor den Strahlen habe ich sehr große Angst. Ich will flüchten, doch ich weiß nicht, wohin. Ein Mann kommt mir zur Hilfe, er reicht mir seine Hände. Ich erkenne Susanne, die an mir vorbeiläuft. Ich halte sie fest. Dann schlafen wir miteinander.«

Das Flugzeug, hier männliches Sexualsymbol, stürzt auf den Atomreaktor herab, der für das große, dunkle Weibliche, das Mächtig-Verschlingende und Unheimliche steht. Der Absturz symbolisiert eine sexuelle Vereinigung, die der Student in ihrer elementaren Heftigkeit fürchtet und zu deren Verwirklichung ihm dieser Traum neue Wege zeigen will: er soll sich seinen Ängsten stellen, seine männliche Sexualität und auch zupackende Aggressivität annehmen, sie integrieren und ihnen Ausdruck verleihen, anstatt zu flüchten.

Daß innere, unverarbeitete Konflikte auch auf die Atomkraft projiziert werden, läßt ein von Buchholz und Reich zitiertes Beispiel deutlich werden: »Bekanntlich benannten die Piloten, die auf Hiroshima die Bomben warfen, ihr Flugzeug nach der Mutter eines Bomberpiloten. Aus dem narzißtischen Einssein mit der Mutter, aus dem Mutterleib heraus, konnte die Vernichtung von Hunderttausenden stattfinden. Indem Lebendiges verdinglicht und Dingliches verlebendigt, das verlebendigte Dingliche zum ›Selbst-Objekt‹ wird, kann gleichzeitig die ›Affektneutralität‹ hergestellt werden, mit der individuelle und kollektive Angsthaushalte zunehmend gesteuert werden. Empathie mit Opfern gibt es nicht, denn im Erleben gibt es keine Opfer mehr aufgrund technischer Distanz zu ihnen. Die technische Distanz aber (Bomberpiloten können während des Bombenabwurfs frühstücken) wird benötigt, um die Introjektion der zerstörerischen Mutter abzuwehren«[48].

2. Fallbeispiel

Nachdem ein 23jähriger Physikstudent sich der Trennungsängste und Abhängigkeit von seiner Mutter bewußt geworden war, setzte er sich mit einer ödipalen Problematik auseinander. In dieser Phase hatte er folgenden **Traum:**

»Ich bin zu Hause. Mein Vater will zwei Atombomben zünden. Ich stelle mich an die Hauswand unter das Dach. Plötzlich erheben sich zwei Wolken aus dem Dach. Ein Kugelblitz, dann noch einer, von anderthalb Metern Durchmesser, kommen auf mich zu. Ich versuche, sie wegzupusten, da ich Angst habe, daß sie mich verstrahlen. Ich bin verseucht. Ich habe blutigen Urin. Ich sage: ›Ich will doch noch Kinder kriegen.‹«

Auch hier stellt das Symbol der Atomexplosion unterdrückte, aggressive und sexuelle Triebregungen dar. Die Angst vor dem Kugelblitz ist die Angst vor phallischer

Macht und Aktivität[49]. Der Patient erlebt in dem Traum Kastrationsängste, die durch einen übermächtigen und zu Jähzornsanfällen neigenden Vater entstanden waren. Auf die Kastrationsängste weisen auch die Sorgen des Träumers hin, an sexueller Potenz durch die radioaktive Strahlung eingebüßt zu haben. Er wagt es noch nicht, es dem Vater gleichzutun und seine eigene Sexualität voll auszuleben. Seine Befürchtungen, impotent geworden zu sein, sind gleichfalls Schuldgefühle und Strafangst, seinen ödipalen Inzestwünschen nachzugeben. Das weitere Traummaterial im späteren Verlauf seiner Psychotherapie wies ebenso auf diese psychodynamischen Zusammenhänge hin.

Der Vater vertritt aber auch den gütigen, bewußtseinsfördernden Aspekt des Väterlichen, der dem Sohn seine psychischen und sexuellen Energien überträgt. Das väterliche Prinzip in dem Träumer führt ihn an sexuelles und aggressives Erleben heran, auch wenn es mit Selbstbestrafungsbefürchtungen verbunden ist.

3. Fallbeispiel

»Terroristisch« sich entladende Wut und angstvoll erlebte Sexualität erkennen wir in dem **Traum** eines 28jährigen Jurastudenten, der unter Bindungsängsten und Einsamkeit litt:

»Ich gehe bei Nacht mit zwei Frauen um ein Haus herum. Plötzlich sehe ich in der Ferne den Himmel erröten: es kommt Staub auf, der um die Ecke herumfegt. Ich rufe den Frauen zu: ›Legt euch nieder!‹ Dann befinden wir uns in einem Keller, dessen Einstiegsloch ich mit einem Brett vor dem Staub schütze.

Terroristen haben in Düsseldorf eine Atombombe gezündet, deren Auswirkungen in ganz Deutschland zu spüren sind. Ich rufe im Krankenhaus meiner Heimatstadt an, um zu erfahren, ob meine Eltern die Atombombe überlebt haben. Ein Polizist antwortet mir, er habe am Abend vorher die Terroristen noch gesehen, als sie spazieren gegangen seien. Sie hätten Rauschgift genommen, dieser Akt der Selbstzerstörung sei ihre letzte Tat gewesen.«

Der Traum beginnt mit einer sexuell verführerischen Situation: Zwei Frauen begleiten den Träumer bei Nacht. Sexuelle Antriebe sind im Träumer vorhanden, die Sexualität ist jedoch mit ausgeprägter Wut und Angst gemischt. Der Träumer ist noch in der Lage, seinen Triebwunsch mit dem drastischen Wort »legt euch nieder« zu äußern, um sich dann vor den Folgen der explodierten Atombombe zu schützen. Der Doppelaspekt der Atombombenexplosion wird deutlich: sie umschließt sowohl Sexualität als auch Aggressivität. In diesem Traum überwiegt das aggressive Trieberleben gegenüber den sexuellen Wünschen. Der Patient ließ die Atombombe aus einer »terroristischen« Wut heraus explodieren, die sich gegen seine ihn bindenden Eltern richtet.

In der Hoffnung und in dem Wunsch, sich von seinen Eltern zu befreien, wählte er als Explosionsort die Nähe seiner heimatlichen Stadt. Seine Eltern hatten ihn auf verschiedenen Ebenen tief an sich gebunden, so daß er unter Einsamkeit und Angstzuständen litt. Aus Wut über diese Gefangenschaft ließ er im Traum Terroristen eine Atombombe zünden. Als er aus Schuldgefühlen heraus bei seinen Eltern anrief, meldete eine moralische, psychische Instanz – der Polizist –, daß die Terroristen sich durch Einnahme von Rauschgift selbst zerstört hätten.

Der sexuelle Wunsch und auch seine Wut werden von seinem strengen Über-Ich verurteilt. Die Erfüllung dieser Wünsche könnte eine Selbstschädigung zur Folge haben, wenn er sich nicht im Keller verstecken würde. Der Student erlebte Hingabe und Nähe nur zusammen mit Angst vor Selbstbestrafung und mit starken, unbewußten Haßgefühlen, die sich primär gegen seine Eltern richteten.

19.2 Die Atomkraft als Symbol der Wandlung

Das Atomkraftwerk und die Atombombe sind ein Symbol des Furchtbar-Weiblichen, mit dem sich das Unbewußte im Ablösungs- und Reifungsprozeß angstvoll auseinandersetzt. Die in der Atomkraft enthaltene Energie beinhaltet jedoch nicht nur das Verschlingend-Weibliche, Libido, Sexualität und Aggressivität, sondern sie ist zugleich auch ein Symbol der Wandlung.

Neumann sieht in der Verwendung des Feuers »als dem Symbol und Instrument der Wandlung ... die Grundlage der menschlichen Kultur, die gewandelte Natur«[50]. Nach C. G. Jung ist die »Feuerbereitung ein Bewußtseinsakt par excellence. Sie tötet daher den dunklen Zustand der Muttergebundenheit«[51].

Als Ort des Atomfeuers stellen das AKW und die Atombombe ein »Wandlungsgefäß des Lebens und des Todes« dar, aus dem ungeheure Energien freiwerden. Wandlung, Individuation und Reifung bedingen »Leiden und Tod, Opfer und Vernichtung«, durch die Erneuerung und Entwicklung stattfinden können[52]. Wandlung besteht darin, daß sich bisher Unbewußtes in Bewußtes verwandelt, verdrängte Lebensenergie in Aktivität, gekonnte Aggressivität und Sexualität.

Die Loslösung vom Elternhaus, das Finden zu sich selbst, der Individuationsprozeß, die Überwindung des Drachens nach einem Kampf auf Leben und Tod spiegeln sich in den Atom-Symbolen und Träumen. Den Menschen ist vielfach nicht bewußt, daß sie trotz aller technischen und geistigen Errungenschaften der Mythologie tief verbunden sind. Die Sagengestalten haben sich geändert, eine neue, grauenerregende Angstgestalt hat sich der Mensch jetzt selber geschaffen: die Atomkraftwerke und die Atombomben.

19.3 Das Traumsymbol der Radioaktivität

Die Radioaktivität ist für den Menschen etwas Unheimliches und Gefährliches, da er sie mit seinen Sinnen nicht wahrnehmen kann und Folgeschäden nicht gleich sichtbar sind. Unheimlich ist sie auch deswegen, weil sie Materie durchdringt und somit Grenzen überschreitet. Radioaktive Elemente werden in Organismen eingebaut und können Zerstörung von Gewebe und Genänderungen bewirken. Radioaktive Stoffe werden, wie die Folgen der Atombomben und von Tschernobyl zeigen, weltweit verbreitet.

Buchholz und Reich erwähnen den Begriff der psychotoxischen Störung. »Wenn die Umwelt toxisch ist, nimmt sie im unbewußten Erleben zunehmend Züge der ›bösen Mutter‹ an«[53].

Neben dem Aspekt der »bösen und toxischen Mutter« versinnbildlicht die Radioaktivität die Angst vor Nähe, die Angst vor Selbstbehauptung, aber auch Schuldgefühle, die im Ablösungsprozeß auftreten.

1. Fallbeispiel

Nach der Katastrophe von Tschernobyl kam eine Patientin wegen einer Strahlenphobie in meine psychotherapeutische Behandlung. Sie fürchtete die »vergiftete« Luft und die »vergiftete« Nahrung so sehr, daß sie sich in wesentlichen Lebensbezügen erheblich eingeschränkt hatte. Die alleinstehende, 40jährige Sekretärin hatte fünf Wochen nach dem Supergau ihren Garten immer noch nicht betreten und ihrem Hund den Ausgang verweigert. Sie hatte Angst, er würde die Wohnung mit radioaktivem Staub verunreinigen. Sie wagte nicht, an das offene Fenster zu treten, aus der Furcht heraus, Radioaktivität einzuatmen. Außerdem litt sie seit der Katastrophe von Tschernobyl unter starken Schlafstörungen und innerer Unruhe.

Die Patientin lebte in naher Nachbarschaft mit ihrer Mutter, die ihren Mann im zweiten Weltkrieg verloren und ihre Liebe auf die Tochter übertragen hatte.

Die Frau berichtete mir einen kurzen **Traum**: »Ich schlafe in meinem Zimmer. Ich habe Angst, daß die Luft radioaktiv verseucht ist. Deshalb wage ich kaum noch zu atmen. Vor Atemnot wache ich schließlich auf, schweißgebadet.«

In diesem Traum wird der negative Aspekt der Mutter in ihrer vergiftenden Allgegenwärtigkeit durch radioaktive Luft symbolisiert. Die Patientin fühlte sich in ihrem Lebensraum eingeschränkt durch eine besitzergreifende und sie mit Liebe überschüttende Mutter. Bildlich gesprochen, hatte ihr die Mutter die Luft mit ihrer alles durchdringenden Mütterlichkeit vergiftet und sie mit ihren emotionalen Bedürfnissen erstickt.

Nicht nur diese Patientin, sondern insgesamt 4 Patienten waren durch die atomare Bedrohung zeitweilig so geängstigt, daß sie ihr Verhalten veränderten, welches hypochondrisch-ängstliche Züge annahm.

2. Fallbeispiel

Vor einigen Jahren begleiteten Eltern ihren 14jährigen Sohn in meine Praxis, da bei ihm nach der Lektüre eines Umweltschutz-Buches depressive Verstimmungen aufgetreten waren, die durch einen **Traum** verstärkt wurden. Er hatte geträumt, daß eine Atombombe im Weltall explodiert war und der radioaktive Niederschlag wie Schnee auf ihn niederrieselte.

Der 14jährige Gymnasiast befand sich in einer Reifungskrise mit einer Zerstörung des bisherigen seelischen Gleichgewichtes.

Die objektive atomare Bedrohung bedeutete für ihn auf der intrapsychischen Ebene den konflikthaften Ausgang aus seiner glücklich erlebten Kindheit und Jugend. Diesen Konflikt verlagerte er auf eine extrapsychische Ebene, indem er gegen die gewaltsame

Zerstörung der Natur protestierte. Sein Protest als engagierter Umweltschützer ist auch als Festhalten an der Symbiose mit seiner Mutter zu verstehen, die ihren einzigen Sohn weitgehend von der Umwelt abgeschirmt hatte, so daß die Familie für ihn zu einem Ghetto geworden war. Einerseits konnte er sich von seiner Familie nicht lösen, andererseits bedrängte ihn die aufkommende Sexualität und zerstörte sein bisher harmonisches Weltbild.

Der Traum war der Beginn einer Traumserie von Atomträumen gewesen, die er über mehrere Jahre lang hatte. Seine Angst, die Sexualität und Aggressivität in seine Persönlichkeit zu integrieren, hatte ihre Ursachen in der pathologischen Symbiose mit der Mutter, aber auch in einer ödipalen Problematik.

Die Angst vor dem Unbewußten, die Angst, die Symbiose aufzulösen, die Angst vor Aggressivität und Sexualität – diese Ängste werden durch die Atomkraft und ihre Folgen in vielen Menschen angesprochen und aktiviert. Sie gelangen jedoch nicht ins Bewußtsein, sondern werden auf die Atomkraft verschoben und projiziert.

Die Atomkraft übt nicht nur auf die Atomtechniker und Politiker eine besondere Faszination aus, sondern auch auf die Anti-AKW-Bewegung. Sie eignet sich wegen ihrer dämonenhaften Energie und Zerstörungsgewalt besonders zur Aufspaltung in Gut und Böse. Sie fördert die Projektion des Bösen auf die Atomkraft und die Introjektion des Guten und der Friedfertigkeit auf die Antiatombewegung.

Die Antikernkraftbewegung ist von der echten Sorge und Verantwortung für die Zukunft der Menschheit getragen. Dennoch bezieht ein Teil dieser Bewegung seine ideologisch gefärbte Einseitigkeit, seinen Haß und seine Angst aus unbewältigten Konflikten, die mit dem Loslösungs- und dem Individuationsprozeß verbunden sind.

Auch König berichtet, daß die Antiatombewegung nicht »frei von der Gefahr« ist, »ihrerseits innere Konflikte zu externalisieren und damit der Wahrnehmung zu entziehen«[54].

Gehen wir mit Freud[55] davon aus, daß »die Kulturentwicklung – weitgehende Ähnlichkeit mit der des Einzelnen hat und mit denselben Mitteln arbeitet«, wäre es sinnvoll, wenn sich nicht nur die Politiker, Wissenschaftler und Techniker mit ihrer verdrängten destruktiven Seite der »Großen Mutter« auseinandersetzen würden, sondern auch diejenigen, die die Atomkraft zu sehr fürchten und haßerfüllt ablehnen. Beide Seiten sollten die unbewußten Anteile ihrer Angst und ihres Hasses kennenlernen und überwinden.

Über die Zukunft der Menschheit werden von Wissen getragene Sorge und Liebe und vor allem Bewußtheit entscheiden.

Literatur

[1] Buchholz, M., Reich, G.: Panik, Panikbedarf, Panikverarbeitung, Psyche 7 (1987), S. 610–639
[2] Spiegel, 20 (1986), S. 21
[3] Münch. med. Wschr. 130 (1988), S. 36
[4] Ärztezeitung, 11.06.1986
[5] Spiegel, 20 (1986), S. 28–32
[6] Statistisches Bundesamt Deutschland: Pressemitteilung Nr. 482 (10.12.2009), www.destatis.de

[7] Weltgesundheitsorganisation: Tabakkonsum und gesundheitliche Folgen. www.dkfz.de
[8] Weizsäcker, C. F. In: Grenzen der Atomwirtschaft. Meyer Abich, K.M., Schefold, G., Verlag D. H. Beck, München (1986), S. 15
[9] Merloo, A. M.: Die Atomfurcht, Psyche 4 (1950), S. 81–91
[10] Eissler, K. R.: Der sterbende Patient: zur Psychologie des Todes, Friedrich Frommann Verlag, Stuttgart, Bad Cannstatt (1978), S. 86–90
[11] Dieckmann, H.: Psychologische Gedanken zum Problem der atomaren Bedrohung, Analytische Psychologie 15 (1984), S. 19–36
[12] Bopp, J.: Endzeitangst. In: Angst. Schultz, H. J. (Hrsg.) Kreuz Verlag (1987), S. 290–301
[13] Boehnke, K., Fromberg, E., Macpherson, M. J.: Makro-sozialer Streß im Jugendalter – Ergebnisse einer Wiederbefragung zur Kriegsangst und Angst vor Umweltzerstörung, Prax. Kinderpsychol. Kinderpsychiat. 40 (1991), S. 204–213
[14] Bovensiepen, G. In: Zur Psychoanalyse der nuklearen Drohung. Nedelmann, C. (Hrsg.), Verlag für Medizinische Psychologie im Verlag Vandenhoeck und Ruprecht, Göttingen (1985)
[15] Buchholz, M., Reich, G.: s. 1
[16] Deserno, H.: Tschernobyl oder Hiroshima? Psyche 7 (1987), S. 596–603
[17] Dieckmann, H.: s. 11
[18] Friedrich, H.: Todesbilder, Unsterblichkeitsphantasien, Abschreckung und nukleare Vernichtung. In: Zur Psychoanalyse der nuklearen Drohung, Nedelmann, D. (Hrsg.), Verlag für Med. Psychol. im Verlag Vandenhoeck und Ruprecht, Göttingen (1985), S. 79–90
[19] Gambaroff, M., Mies, M.: Tschernobyl hat unser Leben verändert, Rowohlt Verlag, Reinbek bei Hamburg (1986)
[20] Jaspers, K.: Die Atombombe und die Zukunft des Menschen, Piper – Co Verlag, München (1982)
[21] König, H.: Öffentliche Gefühlsorganisation und nukleare Bedrohung. Zur politischen Psychologie von Krieg und Frieden, Psyche 7 (1987), S. 577–595
[22] Kollath, W.: Der Mensch oder das Atom? Hyperion-Verlag, Freiburg im Breisgau (1959)
[23] Mahler, E.: Zur Persistenz und Auflösbarkeit von Feindbildern. In: Nedelmann, C. (Hrsg.) Zur Psychoanalyse der nuklearen Drohung, Verlag für Med. Psychol. Vandenhoeck und Ruprecht, Göttingen (1985), S. 59–78
[24] Manstein, B.: Im Würgegriff des Fortschritts, Europäische Verlagsanstalt, Frankfurt a. M. (1961)
[25] Muck, M.: Pathologie und Gesellschaft. Zur Psychologie der Energiegewinnung, Psyche 7 (1987), S. 604–609
[26] Nedelmann, C.: Zur Vernachlässigung der psychoanalytischen Kulturtheorie, Psyche 5 (1982), S. 385–400
[27] Nedelmann, C.(Hrsg.): Zur Psychoanalyse der nuklearen Drohung, Verlag für Med. Psychol. im Verlag Vandenhoeck und Ruprecht, Göttingen (1985)
[28] Petri, H.: Atomare Bedrohung und Psychoanalyse, Psyche 37 (1983), S. 555–567
[29] Petri, H.: Zur Psychoanalyse der vergifteten Kindheit, PPmP Psychother. Psychosom. med. Psychol. 41 (1991), S. 155–165
[30] Perincioli, Cr.: Die Frauen von Harrisburg oder »Wir lassen uns die Angst nicht ausreden«, Rowohlt Verlag, Reinbek bei Hamburg (1986)
[31] Rapoport, A.: Preparation for nuclear war: The Final Madness, American Journal of Orthopsychiatry 54 (1984), S. 524–529
[32] Richter, H. E.: Alle redeten vom Frieden, Rowohlt Verlag, Reinbek bei Hamburg (1984)
[33] Richter, H. E.: Zur Psychologie des Friedens, Rowohlt Verlag, Reinbek bei Hamburg (1984)
[34] Russel, B.: Has Man a Future? Penguin Books, Middlesex (1961)

[35] Salguero, C.: Children and the Nuclear Threat: A Child Psychiatrist«s Personal Reflections, The Yale Journal of Biology and Medicine 56 (1983), S. 93–96
[36] Thompson, J.: Nukleare Bedrohung, Psychologie Verlags Union, München (1986)
[37] Traube, K.: Nach dem Super-Gau – Tschernobyl und seine Konsequenzen, Rowohlt-Verlag, Reinbek bei Hamburg (1986)
[38] Buchholz, M., Reich, G.: s. 1
[39] Auchter, T.: Zur Psychoanalyse der Friedlosigkeit, Psyche 7 (1987), S. 641–673
[40] Jung, C. G.: Dynamik des Unbewußten, Walter-Verlag, Olten und Freiburg im Breisgau (1976), S. 367–368
[41] Jung, C. G.: Symbole der Wandlung, Walter-Verlag, Olten und Freiburg im Breisgau (1981), S. 295
[42] Egli, H.: Das Schlangensymbol, Walter-Verlag, Olten und Freiburg im Breisgau (1982)
[43] Jung, C. G.: s. 41, S. 399–400
[44] Flöttmann, W.: Vorwort des Übersetzers. In: Warum Atomzertrümmerung? Solomon, A. K., Bertelsmann-Verlag, Gütersloh (1947), S. 5
[45] Freud, S.: Zur Gewinnung des Feuers (1932) GW IX. Studienausgabe, Fischer, Frankfurt a. M. (1974), S. 451
[46] Jung, C. G.: s. 41, S. 126–191
[47] Neumann, E.: Die Große Mutter, Walter-Verlag, Olten und Freiburg im Breisgau (1981), S. 291
[48] Buchholz, M., Reich, G.: s. 1
[49] Jung, C. G.: s. 41, S. 356
[50] Neumann, E.: Die Große Mutter, Walter-Verlag, Olten und Freiburg im Breisgau (1981), S. 270
[51] Jung, C. G.: s. 41, S. 268
[52] Neumann, E.: s. 50
[53] Buchholz, M., Reich, G.: s. 1
[54] König, H.: s. 21
[55] Freud, S.: Das Unbehagen in der Kultur (1930) GW IX, Studienausgabe, Fischer Verlag, Frankfurt a. M. (1975), S. 269

20 Die Angst vor dem Tod

Mit dem Tod haben sich viele Philosophen, Dichter, Künstler und Theologen auseinandergesetzt. Platon, Epikur, Schopenhauer, Leibniz, Jaspers, Heidegger und Sartre sind nur einige Philosophen, in deren Denken der Tod eine Rolle gespielt hat.

Alle großen Religionen beziehen den Tod in ihre Lehre ein. Er bedeutet selten ein unwiderrufliches, die menschliche Existenz vernichtendes Ereignis. Verbreitet ist der Glaube an ein Weiterleben nach dem Tod in einer veränderten Daseinsweise. Es handelt sich entweder um eine Auferstehung in einem verklärten und glückseligen Zustand oder um eine Unsterblichkeit, die den Körper miteinbezieht oder allein die Seele betrifft, die nach ihrer Trennung vom Körper in einem spirituellen Zustand weiterlebt. Im Christentum ist der Tod die Folge des Sündenfalls, der im Glauben an Christus überwunden und besiegt wird[1].

In der antiken Kunst wird der Tod als teuflischer oder furienhafter Todesdämon dargestellt, der die Seelen in die Unterwelt führt. Der Tod erscheint auch als geflügelte Gestalt, die einen Leichnam fortträgt, begleitet vom personifizierten Schlaf.

Im frühen Mittelalter tritt der Tod als Satyr oder Furie mit Fledermausflügeln und Medusenhaupt auf, auch als ein von Christus besiegter Krieger. Bekannt ist das Fresko »Triumph des Todes« von Traini in Pisa, das den Tod als ein Sense schwingendes, hämisch lachendes Weib zeigt. Nach Ariès kommt erst im 15. Jahrhundert die Darstellung des Todes als verwesender Leichnam oder als Skelett häufiger vor[2]. In der Plastik begegnet uns der Tod vor allem auf Grabmälern vom 16. Jahrhundert an[3].

Während in Klassizismus die versöhnliche Todesvorstellung der Antike vorherrscht, nimmt er im 19. und 20. Jahrhundert wieder die Schrecken verbreitende Skelettgestalt an, z. B. bei Böcklin, Klinger, Kubin und Dix.

Klinger zeichnet den Tod jedoch auch mit Friedenspalme im Arm und mit einer friedlich-segnenden Geste. Zur Bedeutung des Todes schreibt Klinger: »Wir fliehen die Form des Todes, nicht den Tod, denn unserer höchsten Wünsche Ziel ist: Tod«[4].

In der psychiatrisch-psychotherapeutischen Praxis berichten uns Patienten über den Tod, der ihnen als Traumsymbol begegnet, in ihren Suizidphantasien auftritt oder sie bei den Angstattacken bedroht. Viele Angstneurotiker schildern eine ihnen unerklärliche Angst vor dem Tod. Die Angst vor dem Tod ist vielschichtig wie das Symbol des Todes auch. Folgende Aspekte des Todes lassen sich unterscheiden:

20.1 Die Angst vor dem Tod in der Kindheit

Schon früh erleben manche Kinder den Tod in der Angst vor dem Ersticken oder in der Todesangst von Verfolgungsträumen. Auch in Märchen tritt das Motiv des Todes den Kindern unverblümt entgegen: der Tod der Hexe im Ofen, das Verschlungenwerden der sieben Geißlein durch den bösen Wolf, der Tod von Schneewittchen und das Märchen vom Gevatter Tod sind nur einige Beispiele, in denen sich das Kind dem Tod im Märchen gegenübergestellt sieht.

20.2 Die Angst vor dem Tod anderer

Der Tod begegnet uns im Tod von geliebten Menschen. Das können nahe Verwandte oder auch Freunde sein. Der Tod ist dann schmerzlich, wir sind mit Trauer darüber erfüllt, daß ein geliebter Mensch aus unserem Leben geschieden ist. Wir spüren die Schmerzlichkeit des Todes und der Trauer und versuchen auch daher, den Tod als ein Symbol des Abschieds aus unserem Leben zu bannen. Aus Angst, Trauer zuzulassen, die immer ein unangenehmer Affekt ist, wird sie verdrängt.

20.3 Die Angst vor dem gewaltsamen Tod

Der gewaltsame Tod begegnet uns im Anblick des Krieges, besonders des Zweiten Weltkrieges, der in fast allen Familien Opfer gefordert hat. Beim gewaltsamen Tod ängstigt uns die Art und Weise, wie der Tod sich ereignet. Wir identifizieren uns mit dem Betreffenden und stellen uns mit Schrecken und Grauen seinen qualvollen Tod vor, den wir uns selbst nicht wünschen.

Das alltägliche Leben birgt vielerlei Todesgefahren: der Tod durch Verkehrsunfälle, durch Haushaltsunfälle, durch Naturkatastrophen und Chemieunfälle ist allgegenwärtig.

Die äußeren Bilder des Todes können uns entweder erschrecken oder abstumpfen. Wir verdrängen aber auch den gewaltsamen Tod aus dem täglichen Leben aus gutem Grund, denn sonst könnten wir uns vor Todesangst kaum bewegen.

20.4 Die Angst vor dem Tod als der Angst vor der allmächtigen und verschlingenden Mutter

Das angsterfüllte Annehmen des Todes, auch seiner destruktiven Anteile, bedeutet die Auseinandersetzung mit dem Verschlingend-Mütterlichen in uns selber. Der Tod, der

20.4 Die Angst vor dem Tod als der Angst vor der Mutter

Krieg, das zerstörende Gift und der bevorstehende Absturz oder das Ertrinken des eigenen Kindes im Traum beinhalten die Loslösung vom Mütterlichen. Nur wer diese Individuationsschritte vollzogen hat, kann den realen Tod annehmen. Er fürchtet nicht mehr das Mütterliche, die Passivität, das Unendliche und die Verschmelzung mit dem Kosmos. Die Gefahr des mütterlich-verschlingenden Schlundes ist überwunden, wenn die Auseinandersetzung mit ihm und die Wandlung in uns stattgefunden hat.

In angstneurotischen Familien nimmt die Angst vor dem Tod und vor der Wandlung einen großen Raum ein[5]. Die Angst vor dem Tod ist der Angst vor dem Leben gleichzusetzen. Denn Leben beinhaltet Überwinden, Verlassen der Vergangenheit, Ausprobieren neuer Grenzen, die auch real gefährlich sein können. Nur, wer sich in das gefährliche Leben wagt, hat den Reichtum des Lebens erfahren, das auch den Tod mit sich bringen kann. Wer sich zuhause in der Familie verschließt, die scheinbare Harmonie und Friedfertigkeit auf sein Schild schreibt, hat das Leben gemieden. Zum Leben gehören Streit und Liebe, Furcht und Haß, Hoffnung und Glauben, Mut und Verzweiflung. Angstneurotische Familien haben Angst, sich den vielfältigen Möglichkeiten des Lebens zu stellen. Sie fürchten die Autonomie des Einzelnen. Autonomie heißt Loslösung von der Mutter, selbständig werden und Verlassen des Elternhauses. Die Angst, die Mutter zu verlassen, stellt die Angst vor dem verschlingenden und allmächtigen Tod dar. Loslösung vom Elternhaus ist auch mit Sühne, Opfer und im schlimmsten Fall mit Selbstbeschädigung und Selbstmord verbunden.

Der Angstneurotiker ist für diese Problematik ein typisches Beispiel: er fürchtet immer in jenen Momenten zu sterben, in denen er einen Schritt in Richtung Autonomie geht. Er bekommt einen Herzanfall, Luftnot und Angst zu sterben, wenn er sich von seiner Mutter trennen will. Als übermächtiges, verschlingendes, allmächtiges Objekt besitzt sie ihn und zieht ihn zu sich hinab. Sie hindert ihn am selbständigen Leben in Erfüllung mit Frau und Kindern, indem sie ihn auf unsichtbare Art und Weise zu sich zurückruft. Regredierend versinkt der Mutter-Gebundene in der Erde, ohne am Leben teilgenommen zu haben.

In dem folgenden **Traum** erfährt eine Patientin Todesangst, die durch die unsichtbare Allmacht ihrer Familie und durch eine erstickende und erwürgende Art der Fürsorge von Seiten ihrer Mutter hervorgerufen wurde. In der Familienatmosphäre, aus der sie kein Entrinnen sah, blieb ihr lediglich der Versuch des Selbstmordes:

»Ich werde von einer Person, die ich nicht sehe, angegriffen. Der Schrecken sitzt mir in den Gliedern – ich kann es einfach nicht begreifen, daß mir jemand wehtun will. Ich spüre, wie sich Hände um meinen Hals legen und immer stärker zudrücken. ›Er will mich erwürgen! Er will mich töten!‹ schreie ich in mich hinein. Plötzlich ist meine Stimme wieder da. Ich schreie laut um Hilfe, greife nach den Händen und versuche mich zu befreien, doch ich bin nicht stark genug. Mein Herz klopft wie wild, ich habe Todesangst.

Meine Schreie werden immer greller. Meine Stimme kommt mir so fremd, so unheimlich vor. Ich habe das Gefühl, von innen heraus zerrissen zu werden. Ich kann diese entsetzliche Angst nicht mehr lange aushalten – sie macht mich wahnsinnig!«

Doch selbst in der Ausweglosigkeit dieses Traumes wird ein positives Element wach: die Patientin findet ihre Stimme wieder, mit der sie um Hilfe ruft. Sie empfindet die Macht und Stärke ihrer Stimme noch als fremd und unheimlich. Die Todesangst bezieht sich also nicht nur auf die objektiv erdrückende Elternbeziehung, sondern auch auf die Aufgabe der Rolle als hilflose, ängstliche und Aggressionen verdrängende Frau.

C. G. Jung erkennt in dem Tod »jene gefährliche Sehnsucht nach dem eigenen Abgrund, nach dem Ertrinken – in der eigenen Quelle –, nach dem Herabgezogenwerden in das Reich der Mütter ... Dieser Tod ist kein äußerer Feind, sondern ein eigenes und inneres Sehnen nach der Stille und der tiefen Ruhe eines gewußten Nichtseins, dem hellsehenden Schlafe im Meere des Werdens und Vergehens«[6].

Weiter schreibt er über den Tod: »Jene schwarzen Wasser des Todes sind Wasser des Lebens, der Tod mit seiner kalten Umarmung ist der Mutterschoß, wie das Meer die Sonne zwar verschlingt, aber aus mütterlichem Schoß wieder gebiert. Das Leben kennt keinen Tod«[7].

Starke Elternbindung kann zu Selbstmord führen. In derartigen Fällen hat das Unbewußte die Herrschaft behalten und der Tod als Ort der Ruhe und der Verschmelzung erschien als einziger Ausweg. Starke Schuldgefühle – die Ausbruchsschuld – haben die Befreiung von den Eltern verhindert. Diese Menschen sind dem Tod als einem Symbol der Wandlung ausgewichen. Sie waren der Macht des Mütterlichen erlegen.

20.5 Der vermeintliche Sieg über den Tod in der Allmacht

a) Im Sport

Die Angst vor dem Tod wird auch kontraphobisch verarbeitet, zum Beispiel in gefährlichen Sportarten: Drachenfliegen, Fallschirmgleiten, extreme Klettertouren oder Autorennen. Es wird nicht die Auseinandersetzung mit dem Negativ-Mütterlichen gesucht, sondern diese Problematik wird auf eine gefährliche Sportart verschoben. Anstatt den Sieg über die Mutter zu erstreben, versucht der Symbiotiker, die Naturgewalten im lustvollen Hazardspiel zu besiegen. Das Aufsuchen todesgefährlicher Situationen bedeutet einerseits das Erleben der zerstörerischen und verlockenden Nähe der Mutter, andererseits die Wahrscheinlichkeit des »Selbstmordes«.

Die Allmachtsvorstellung, daß man den Tod beherrschen und besiegen könne oder ihm entlaufen könne, entspringt der fehlenden Auseinandersetzung mit der früher als allmächtig erlebten Mutter. Der Tod wird der Mutter gleichgesetzt, die sich allmächtig und unerbittlich des Kindes bemächtigt hatte.

Selbstverständlich sind die Grenzen zwischen dem Aufsuchen von Todesgefahren im Wagemut und dem lustvollen Erleben der körperlichen Grenzen fließend. Nicht jeder, der das Leben wagt, gewinnt den Tod. Dennoch ist immer wieder zu beobachten, daß in Zeiten der Loslösung unbewußt Situationen so gestaltet werden, daß sie durchaus lebensgefährlich werden können.

Das extreme Bergsteigen z. B. ist eine ausgesprochen todesnahe Sportart, die »für jeden zweiten Bergsteiger den Tod bringt«[8]. Aus den Äußerungen vieler Bergsteiger spricht die Sehnsucht nach einer allumfassenden Mutter, die in ihrer Allmacht Angst und zugleich die Gegenreaktion hervorruft, nämlich den Willen, den Berg – die Mutter – zu bezwingen.

Ein 23jähriger Student der Geologie spürte jedesmal, wenn er sich in extremen Klettersituationen befand, die Nähe des Todes und eine Schlagerstimme in sich, die das Wort »Mama« sang.

Reinhold Messner vergleicht den Berg mit einer »ehemaligen Geliebten, deren Anziehungskraft mir noch immer ein Rätsel ist«[9]. »In diesen Augenblicken äußerster Anstrengung sehe ich mein eigenes Ende ganz nah und zugleich ganz unmöglich. Ich erlebe mich zwischen momentanem Glück und momentaner Verzweiflung – an der Grenze meiner eigenen Existenz, die sich zeitlos in den Raum geworfen ausbreitet. Plötzlich kein Wille, kein Zweifel, keine Sehnsucht mehr, nur ein tierhaftes Dasein, ein den ganzen Körper durchströmendes Allgefühl«[10].

Daß hinter diesem Erleben eine ungelöste, pathologische Symbiose zur Mutter steht, zeigt die Psychoanalyse von Patienten, die sich derartigen Situationen aussetzen.

b) In der darstellenden Kunst

In der Malkunst begegnet uns der Tod in unterschiedlichen Darstellungen, wie Ariès es in seinem Buch »Bilder zur Geschichte des Todes« eindrücklich gezeigt hat[11]. Wir finden den Tod als den grausamen, allgewaltigen Herrscher und Henker, als pestverbreitende Schreckensgestalt, als tanzendes und hämisch lachendes Wesen, als einen obszön anmutenden und sadistischen Verführer, aber auch als den friedenbringenden Erlöser.

Die bildliche Darstellung des Todes führt sowohl beim Künstler als auch beim Betrachter zu einer Identifikation mit dem Tod, dessen Schrecken hiermit verblaßt.

Die Identifikation mit dem Tod stellt einerseits einen Abwehrmechanismus dar, andererseits kommt es so zu einer Integration des Verdrängten. Indem der Maler den Tod als Herrscher alles Lebendigen und als *das* Symbol für Aggressivität auf die Leinwand bringt, überwindet er seine Scheu vor diesem verdrängten Anteil seiner Persönlichkeit. Die Identifikation mit dem Tod läßt einen selbst für den Augenblick zum Herrscher werden, der Allmacht empfindet und über das Leben verfügt.

So erklären sich auch die erotischen Darstellungen in Gedichten und Bildern von Tod und Liebe. Der Tod tritt auf als der mächtige, bezwingende Liebhaber, der völlige Hingabe fordert.

Der Tod gewinnt in der bildenden Kunst an sadistischen Zügen nicht nur durch die dem Tod zugeschriebene Allmacht, sondern auch durch das hämisch-spöttisch, grinsende Lachen. In der Darstellung von Liebe und Tod werden sadistische Allmachtsphantasien des Künstlers sichtbar, denen verdrängter Haß und die Furcht vor dem Verschlingend-Weiblichen zugrunde liegen.

c) In der Medizin

Auch die Medizin in ihren inhumanen Zügen glaubt, Herrscher über den Tod zu sein. Würden die Ärzte, die eine derartige Medizin vertreten, sich mit ihrer eigenen Angst vor dem Symbol des Todes konfrontiert haben, sie würden viel öfter menschlich entscheiden. In der Allmachtsvorstellung, dem Tod ein Schnippchen zu schlagen, nehmen sie seine kalten Herrscherzüge an: sie verlängern das Leiden und spalten das Mitleid von sich ab.

d) In der Verherrlichung des Krieges

Die Befehlshaber über Atomwaffen und andere Waffen fürchten den Tod innerlich. Sie haben sich aus Angst vor dem Tod – dem negativen Aspekt des Mütterlichen – mit diesem identifiziert, damit sie selber allmächtig und unerbittlich sein können. Sie führen Kriege, da sie ihre inneren Konflikte, die vor allem symbiotische Verschmelzungswünsche und deren Abwehr in Allmachts- und Ohnmachtgefühlen beinhalten, nicht begreifen und annehmen können. Sie grenzen das Symbol des Todes, das sie in ihren nächtlichen Träumen verfolgen wird, aus und projizieren es auf den vermeintlich bösen Gegner[12].

20.6 Die Aufgabe des eigenen Selbst und die damit verbundene Angstlosigkeit vor dem Tod

Beispiele aus der Vergangenheit und Gegenwart, in denen Menschen durch Aufgabe ihres Verstandes und Abtreten der Verantwortung an einen allmächtigen Führer sich furchtlos von diesem in den Tod führen lassen, gibt es viele. So sehen fanatisierte Anhänger von Religions- und Sektenführern im Tod noch in der heutigen Zeit eine fragwürdige Verheißung und Erfüllung.

Hat der Mensch sich mit einem allmächtigen Objekt identifiziert, seine Kritikfähigkeit und Verantwortung diesem übergeben, so ist er bereit, ihm willenlos in den Tod zu folgen. Die Glorifizierung des Todes, des Heldentodes und des Todes für eine höhere Idee – sei es für den Nationalismus oder sei es für eine andere Ideologie – führt zur Aufgabe des Selbst.

Fanatismus und Heldentod, Verherrlichung eines allmächtigen Führers und Aufgabe der eigenen politischen Verantwortung haben ihre tiefenpsychologischen Wurzeln auch in einer ungelösten, pathologischen Symbiose zu den eigenen Eltern. Hat die Auseinandersetzung mit diesen nicht stattgefunden, so ergibt sich der Mensch kritik- und willenlos neuen Elternfiguren, die ihn in den Tod führen können, da er ihnen ohnmächtig erlegen ist. Freiwillig hat er seine Macht an neue, allmächtige Elternfiguren abgetreten. Er ist soweit manipulierbar, daß er bereit ist, sein Leben für diese hinzugeben. Die Macht des Gewissens, des allmächtigen Objekts, ist so stark, daß sie ihr Leben opfern.

Auch der Selbstmord aus einer ungelösten Elternbindung heraus zeugt von der Allmacht inprojizierter Eltern-Bilder, die in den Tod führen können.* Wie mächtig die Macht des Gewissens und der tradierten Moral ist, zeigt ein noch heute lebendiger alter Ritus der Hindi: die Frauen folgten ihrem Mann in den Tod, indem sie auf den bereits brennenden Scheiterhaufen ihres Gatten springen[13].

Ein weiteres Beispiel für die Selbstentmündigung stellt auch das Ereignis in der Sekte von Jim Jones aus dem Jahre 1978 dar.

Die freiwillige Selbsttötung von Sektenmitgliedern hat ihren Ursprung in der Abtretung des Selbst und der eigenen Kritikfähigkeit wie eine Tonbandaufzeichnung kurz vor dem Massenselbstmord zeigt:

Jones: »Aber sie verdienen viel mehr. Sie verdienen Frieden (zustimmendes Murmeln aus der Gemeinde).«

Ein Mann: »Es ist vorbei, Schwester, es ist vorbei. Der Tag ist gelaufen, ein schöner Tag. Laß ihn uns auch schön beenden (Zustimmung aus der Menge).«

Eine Frau (schluchzend): »Wir sind alle bereit zu gehen. Wenn du es sagst, müssen wir unser Leben hergeben, jetzt. Wir sind bereit. (zustimmende Rufe)«[14]

20.7 Der Tod als Symbol der Wiedergeburt und Wandlung

Unter Wiedergeburt ist die psychische Wiedergeburt zu verstehen. So spricht C. G. Jung z. B. »von der Geburt zum Tode«[15]. Er versteht hierunter das langsame Sich-Vorbereiten auf das zu erwartende Ende im Alter.

Wiedergeburt ereignet sich in Momenten der Reifung. In der Bibel steht: »Wenn das Weizenkorn nicht in die Erde fällt und erstirbt, bleibt es allein; wenn es aber erstirbt, trägt es viel Frucht«[16].

Hermann Hesse hat sich in seinen Briefen auch über den Tod geäußert: »Eine Agonie ist auch ein Lebensvorgang, nicht weniger als eine Geburt, und oft kann man beides verwechseln[17]. »Jeder Lauf, ob zur Sonne oder zur Nacht, führt zum Tode, führt zu neuer Geburt, deren Schmerzen die Seele scheut. Aber alle gehen den Weg, alle sterben, alle werden geboren, denn die ewige Mutter gibt sie ewig dem Tag zurück«[18].

Nach Carl Friedrich von Weizsäcker »geht auch die biographische Entwicklung des menschlichen Individuums durch Plauteaus und Krisen, und die Krise wird oft wie ein Sterben gefürchtet und erfahren. Hier ist das Stirb und Werde für das Ich; die entscheidenden Reifungen erreicht es nicht ohne eine Art Tod«[19].

Zahlreiche Träume weisen die Thematik des Todes und der Wiedergeburt auf: Typische Wandlungsträume, die den Tod zum Inhalt haben, sind z. B. Träume, in denen ein Kind zu ertrinken droht oder einen tiefen Abhang hinunterstürzt. Fast immer besagen diese Träume, daß die infantile Haltung aufgegeben wird zugunsten

---

* Siehe Kapitel 17: Symbiose und Suizid.

einer reiferen Position. An das Märchen des Froschkönigs erinnert folgender Wandlungstraum:

»Ich sehe, wie ein Frosch einen Abhang hinunterhüpft. Plötzlich bleibt er in einem Gebüsch stecken, dann springt er weiter. Der Abhang ist sehr steil und ich denke: »Ob er das wohl überlebt?««

Der Frosch als Symbol des feigen, zögernden und zaudernden Tieres, das nicht springen will, soll überwunden werden gemäß dem Satz: sei kein Frosch! Natürlich soll der Frosch in dem Traum nicht überleben, aus ihm soll ein Prinz werden.

Auch der nächste Traum weist auf die Thematik des »Stirb und Werde hin«: »Ich stehe auf einem Turm. Mir gegenüber sehe ich einen großen, dicken, alten Baum. Als ich ihn antippe, fällt er um. Da sehe ich auf der Erde in seinem abgerissenen Wurzelwerk Tiere: es sind Vögel, viele, viele Nester. Leben, Leben! Es zittert und vibriert in den Nestern. Die Vögel haben kräftige und schillernde Farben. Die Tiere verhalten sich insgesamt ruhig. Ich versuche, den dicken Baum mit einem Seil wiederaufzurichten.«

Der alte Baum ist hier als ein Symbol der Mutter zu deuten. Sie hat ihre lebensbeschützende und behütende Funktion eingebüßt, sie stellt nur noch eine Hülle dar. Unter der veralteten Kruste des Baumes ist vibrierendes Leben entstanden, von dem der Träumer fasziniert ist. Doch Schuldgefühle, die sich auf die Neuerung beziehen, veranlassen den Träumer, den alten Zustand wieder herzurichten, aber es wird ihm nicht gelingen, da der Baum keinen Halt mehr bietet.

Ein 35jähriger Musikwissenschaftler, der sich in seiner Rolle als Puer aeternus zunehmend unwohl fühlte, aber immer noch nicht von den Frauen lassen konnte, hatte einen an die Kreuzigungsszene erinnernden Traum aufgeschrieben:

»Ich sehe einen Stier eingezwängt zwischen zwei Mauern. Vorn und hinten kann er auch nicht heraus. Über seinem Rücken spannt sich ein Zaun. Wenn er auf die Haut gedrückt wird, kriegt er elektrische Schläge. Der Stier brüllt vor Durst. Er reißt sein Maul auf, in das Männer einen Schwamm aus ätzendem Essig stecken. Die Männer sind sehr groß und schlank, schwarz gekleidet. Sie haben einen schwarzen Hut auf. Ihre Haut ist schwarz, weil sie mit dem gärenden Essig in Verbindung kommen.

Ich bin im Treppenhaus eines großen Schlachthauses. Es ist aus Stahlbeton, rötlich getüncht. Ein Mann steht oben. Er öffnet mit einem Messer seine obere Brustöffnung. Er wirft durch das Haus seine Innereien: seine Lunge, ein Organ nach dem anderen. Er wirft sie blindlings auf die Treppen. Ich denke, jetzt kommt er auch an seine Hoden und fühlt sie in der Hand.

Ich laufe fort und muß dabei aufpassen, daß ich nicht getroffen werde. Im Ausgang steht eine Schlange Menschen an der Kasse. Man muß beim Verlassen zahlen. Ich laufe an der Schlange vorbei, weil ich schon bezahlt habe. Die wartenden Menschen sind empört, weil sie es nicht wissen.«

Was mag dieser Traum bedeuten? Erschreckt sind wir zunächst über die scheinbare Qual des Stieres, der von schwarzen Männern, den Gehilfen des Gevatter Tod, in seiner Durstqual Essig erhält.

Der Musiker hatte in seiner eigenen Deutung des Traumes versucht, sich als gequälten und liebebedürftigen, nach Zuwendung schreienden Mann zu sehen, der sich selber zu viele Fesseln auferlegt. Er konnte und wollte die Symbolik der Wandlung dieses Traumes nicht erkennen. Der Traum will ihm mitteilen, daß die Zeit des stierhaften, wilden Ausleben des Triebes vorbei ist. Mit Qualen erlebt er seine Veränderung, er möchte den Preis – das Aufgeben seiner narzißtischen Haltung – hierfür noch nicht zahlen im Gegensatz zu den anderen, die geduldig an der Kasse warten. Das Opfer des Stieres, das Verlassen der bacchantischen Triebwelt ist eine Forderung des Individuationsprozesses.

C. G. Jung sieht in dem Opfer des Stieres und der Stiertötung eine Überwindung der menschlichen Triebhaftigkeit:
»Indem aber der Vater, als moralisches Gesetz, nicht nur ein objektiver, sondern auch ein subjektiver seelischer Faktor im Sohne ist, so bedeutet die Stiertötung offenkundig eine Überwindung der tierischen Triebhaftigkeit ...«[20].

Die schwarzen Gestalten des Todes gewähren dem jungen Mann kurzfristige Linderung, da der Wandlungsprozeß überaus schmerzhaft ist. Dem Tod entrinnt das Opfer jedoch nicht, auch wenn es sich sträubt. Das Symbol des Schlachthauses ist gleichfalls ein Wandlungssymbol, das die Überwindung des Triebhaften andeutet.

20.8 Die Angst vor dem Tod als Ausdruck von Trennungsangst

Tod bedeutet Trennung und die Erfahrung von Trauer. Schmerzhaft erlebt das Kind die Trennung von den Eltern, umso mehr, wenn diese aus eigenen unbewältigten Konflikten heraus sich an das Kind geklammert haben. Je tiefer die Bindung an Eltern ist, desto schwerer fällt dem Kind die Auflösung der Symbiose. Wird dieser Schritt intrapsychisch nicht vollzogen, so kann schon bald dieses Problem auf die Angst vor dem realen Tod verschoben werden.

Ein 6jähriger Knabe berichtete von seiner Angst, daß seine Eltern sterben könnten. Einerseits war dies ein verdrängter Wunsch, sich von seiner überfürsorglichen und uneinsichtigen Mutter zu befreien, andererseits hatte er Angst, die bestehende pathologische Symbiose aufzulösen. Seine Mutter war eine ängstliche, dem Leben gegenüber feindlich eingestellte Frau, die selbst Opfer ihrer Eltern geworden war. Mit Krankheit und Schuldgefühlen hatten die Eltern ihre Tochter, die Mutter des kleinen Patienten, manipuliert und tief an sich gebunden. Diesen ungelösten Ablösungskonflikt und ihr Anklammerungsverhalten, ihre Ängstlichkeit und Überfürsorglichkeit in bezug auf Krankheit hatte sie unbewußt auf den Sohn übertragen. Nach C. G. Jung ist es die Todesangst, die den Neurotiker an der Mutter festhält[21].

Der Traum einer 23jährigen Frau, die wegen Suizidgedanken und depressiver Verstimmungen ihren Eltern Sorgen machte, zeigt uns die Problematik von Elternbindung und Selbständigkeit auf:
»Ich stehe auf einer Plattform, einer Erhebung. Rechts und links von mir ist Nadelwald. Ich betrachte die Tannen und bemerke vor mir in einiger Entfernung einen steilen Abhang. Plötzlich sehe ich meine Schwester, die von der linken Seite her

angelaufen kommt. Ein Kind, meine Nichte, läuft ihr davon. Meine Schwester schreit hinter ihr her: ›Bleib sofort stehen!‹ Doch das Kind rennt weiter, immer schneller. Während der ganzen Zeit stehe ich abseits und bin vollkommen passiv. Ich habe das Empfinden, einem Spiel zuzuschauen. Dieses Gefühl weicht einer plötzlichen Unruhe und Angst, als ich in das Gesicht des Kindes schaue: es ist ein verzerrtes, Panik ausdrückendes Gesicht, ganz und gar ohne kindliche Züge.

Auf einmal ist auch der Abhang, auf den das Kind zuläuft, in meinem Blickfeld. Gleichzeitig sehe ich, wie der Abstand zwischen meiner Schwester und dem Kind sich ständig vergrößert. Meine Schwester erreicht das Kind nicht! Meine Angst wächst, weil das Kind dem Abhang immer näher kommt und es in die Gefahr läuft, ohne sie zu kennen. Ich sehe es und kann doch nicht eingreifen.

Ich kann mich nicht vom Fleck bewegen und auch nicht rufen. Hilflosigkeit ist in mir.

Kurz bevor das Kind den Rand der Plattform erreicht hat, bücke ich mich, hebe den Erdboden wie einen Teppich hoch und ziehe ihn ruckartig zurück, so daß das Kind hinfällt. Ich habe es vor dem Absturz bewahrt, doch ich fühle keine Erleichterung. Ich bin aufgeregt.«

Der Nadelwald deutet auf Unbewußtheit und die noch bestehende Muttergebundenheit der Patientin hin. Der Versuch, mit ihrer Schwester – ihrer Mutter – das Kind vor dem Absturz zu bewahren, gelingt dieser zunächst scheinbar nicht. Anstatt das Kind laufen und es den notwendigen Reifungsschritt tun zu lassen, versucht sie, das Wachstum des Kindes zu behindern. Auch die Träumerin selbst erlaubt ein Fallenlassen des Kindes noch nicht, spürt aber gleichzeitig keine Erleichterung, da sie einer Entwicklungsverzögerung zustimmt.

Erst zu einem späteren Zeitpunkt ließ sie sich fallen und löste sich damit von ihrer Familie.

Die Entstehung der Angst vor dem Tod als Ausdruck von Trennungsangst läßt sich unter verschiedenen Blickwinkeln betrachten:
a) Trennung stellt einen aggressiven Akt dar, der in der Symbolsprache der Träume auch Töten von Mutter oder Vater bedeutet. Schuldgefühle und Angst vor den aggressiven Impulsen erscheinen als angstbesetztes Traumsymbol des Todes.
b) Trennung von den Eltern heißt Entwicklung der eigenen Identität. Entwicklungsschritte zeigen sich im Traum durch Symbole des Todes und des Sterbens an. Der Weg zur Autonomie und Individuation ist also mit Todesangst verbunden, obwohl in der Sprache des Unbewußten lediglich der Tod der infantilen Rolle gemeint ist. Wandlung bedeutet Trennung von der bestehenden Infantilität und somit den Tod derselben.
c) Die Allmacht der Eltern wird der Allmacht des Todes gleichgesetzt, der nun anstelle der Eltern gefürchtet wird.
d) Die in der Kindheit erfahrene Suggestion, daß Selbständigkeit und Auf-die-Welt-Zugehen gefährlich sind und den Tod herbeiführen können, trägt gleichfalls zur Todesangst bei.

20.9 Die Angst vor dem Tod als Angst vor dem orgastischen Erleben

Redewendungen wie »vor Liebe außer sich geraten« oder »vergehen« oder« sterbensverliebt« oder »ich könnte sterben vor Wonne« weisen auf einen Zusammenhang zwischen dem Erleben des Todes und Erotik hin. Die Franzosen kennen für den Begriff des Orgasmus die Redewendung »la petite mort«, gleichbedeutend: der kleine Tod. Joachim Fest charakterisiert mit der Wortneuschöpfung der »Grabeswollust« die Dualität von Lust und Tod[22].

J. E. Meyer sieht in der Verbindung mit dem anderen den »Verlust des Selbst«, der beseligt oder ängstlich erlebt wird[23].

O. Rank spricht von einer erotischen Verkleidung des Todes und einer polaren Natur der Lebensprozesse. »Auch im Sexualakt selbst ist die Todesähnlichkeit, ja Todesnähe unverkennbar. Der Sexualakt bedeutet ... ein Abgeben (eines Ich-Teils), ein Hingeben, ja mitunter ein sich gänzlich Verlieren«[24].

Wilhelm Reich erwähnt in seinem Buch »Die Funktion des Orgasmus«, »daß Todes- und Sterbensangst identisch ist mit unbewußter Orgasmusangst ...«[25].

In seinem später folgenden Werk »Abhandlungen zur personellen Sexualökonomie« führt er diese Überlegungen weiter aus: »Die orgastische Sensation selbst aber erlebte sie in ganz den gleichen Empfindungen, in denen sie ihr Todesstreben ausdrückte. Orgasmus und Sterben waren also beide repräsentiert als Ich-Auf-Lösen, Zergehen, Sich-Verlieren, Zerschmelzen, was eben sowohl in der einen Bedingung Gegenstand tiefsten Strebens wie unter der anderen Anlaß intensivster Angst werden konnte. Diese Verknüpfung der Vorstellungen von Orgasmus und Sterben darf durchaus verallgemeinert werden. Der Schluß, der sich aus derartigen typischen klinischen Beispielen ergibt, ist der, daß das Streben nach dem Nichtsein, nach dem Nirvana, nach dem Tode, identisch ist mit dem Streben nach orgastischer Auflösung, als der wesentlichsten Äußerung des Lebendigen ... Die Vorstellung von Tod und Sterben, die wir in unseren Analysen antrafen, sind, soweit die bisherigen Ermittlungen reichen, von zweierlei Art: sie sind entweder gegeben als Vorstellungen von schwerster Verletzung bzw. Zerstörung des psychophysischen Organismus; dann sind sie von schwerster Angst begleitet und gruppieren sich um die genitale Kastrationsvorstellung; oder sie sind gegeben als Vorstellungen höchster orgastischer Befriedigung und Lust in Gestalt der Vorstellung von körperlichem Zergehen, sich Auflösen etc.; dann sind sie im Grunde sexuelle Zielvorstellungen«[26].

Auch Eissler verweist auf den Zusammenhang zwischen Tod und Lust: »Ohne die Aussicht auf Lustgewinn ist der Mensch anscheinend nicht fähig, das Leben zu ertragen; wenn höchste Lust erlebt wird und das Ich fühlt, daß sie nicht überboten werden kann, findet man zugleich eine an Todesbereitschaft grenzende Gefühlshaltung«[27].

Als Beispiel für das Thema Hingabe und Tod möchte ich den Traum einer 23jährigen Patientin wiedergeben, die wegen Ablösungsschwierigkeiten vom Elternhaus, Depressionen und Suizidgedanken in meine Behandlung gekommen war.

»Ich stehe mit jemandem, den ich nicht sehe, der sich aber links von mir befindet, an einer Mauer und lehne etwas darüber. Wir befinden uns im Kieler Hafen. Ich schaue auf das Wasser und sehe die Abgrenzung des Hafens, schräg vor mir die Einfahrt. Es ist aber kein einziges Segelboot auf dem Wasser. Es ist stürmisch. Ich fühle den Wind in meinem Gesicht, in meinem Haar. Er nimmt mir ein wenig den Atem.

Ich sage: ›Es ist komisch, ich wohne jetzt schon so lange hier und doch habe ich nie beobachtet, wie sich die Hafeneinfahrt schließt.‹ In dem Moment schließt sich das große Tor. Ich sehe es und bekomme ein komisches, unbehagliches Gefühl. Eine Welle ersteht, die auf uns zurollt. Mein Unbehagen wächst – ich habe auf einmal Angst. Ich denke: ›Was geschieht, wenn uns die Welle erreicht?‹ Ich werde unsicher, doch ich verwerfe den Gedanken wieder. Kaum, daß ich den Gedanken ausgedacht habe, bricht sich die Welle unter uns. Ich bin erleichtert.

Das Tor öffnet sich und schließt sich erneut. Das gleiche Schauspiel wiederholt sich. Eine Welle entsteht. Ich bin ruhig und sehe sie auf mich zukommen. Ich habe ein Gefühl der Sicherheit in mir. Kurz, bevor die Welle unsere Mauer erreicht hat, höre ich ein Rauschen und sehe plötzlich einen Schaumwall, der sich schnell auf mich zubewegt und immer bedrohlicher wird. Ich weiß plötzlich, daß diese Welle uns überspülen wird und daß meine Erkenntnis zu spät kommt. Ich habe entsetzliche Angst. ›Hoffentlich kann ich mich halten.‹

Die Welle ist genau vor uns. Ich kralle mich an der Mauer fest. Sie schlägt über unseren Köpfen zusammen. Meine Hände können mich nicht halten. Ich spüre die Ausweglosigkeit in der Situation – ich bin machtlos. Wir gleiten ab und fallen in die Tiefe. Ich finde keinen Halt mehr!«

Das Verlieren des Selbst im Orgasmus, der eigenen Grenzen führt zu einer höchsten Verletzlichkeit, die die Hingabe zum anderen bedeutet. Die Angst vor dem Tod, vor grausamen Phantasiebildern im Orgasmus ist die ursprüngliche Angst vor einer grenzüberschreitenden, dominanten und verletzenden Mutterfigur. Im Moment der Hingabe zum anderen werden diese frühe Ängste wachgerufen und verhindern oder beeinträchtigen das orgastische Erleben. Erst wenn man sich seiner eigenen Identität und Grenzen bewußt ist und über diese verfügt, wird der Orgasmus frei von unangenehmen Todesvorstellungen. Der Tod wird nicht mehr als Gefahr erlebt. Die Auflösung geschieht freiwillig und im Bewußtsein der eigenen Kraft, ohne daß eine störende Elternfigur im Moment des Orgasmus die sexuelle Entfaltung behindert.

Neumann sieht in der Liebe und in dem Tod zwei Aspekte der einen großen Göttin:
»Die tiefste Erfahrung des Lebens und die menschliche Angst sind hier zu einer archetypischen Einheit verbunden. Ein in seiner Entwicklung unreifes Männliches, das sich als nur männlich-phallisch erlebt, erfährt das Weibliche als kastrierend und phallus-mordend. Die Projektion der eigenen männlichen Begierde und, noch tiefer, der eigenen Tendenz zum Uroboros-Inzest, zur lustvollen Selbstauflösung im Ur-Weiblich-Mütterlichen, verstärkt den Grauencharakter des Weiblichen. So gehört zur furchtbaren Göttin die Wollust und die Verführung zur Sünde und zum Untergang, und Liebe und Tod sind zwei Aspekte der einen großen Göttin.

Deswegen gehören in Ägypten wie in Griechenland, in Mesopotamien wie in Mexiko Liebes-, Jagd- und Todesgöttin zusammen. So ist Aphrodite in Sparta und

20.9 Die Angst vor dem Tod als Angst vor dem orgastischen Erleben

Zypern auch Kriegsgöttin, und Pandora ist das Weibliche als das faszinierende und doch wieder tödliche Gefäß«[28].

Von Siebenthal zufolge »erfährt der Mensch diese Einheit der Gegensätze in ›Liebe‹ und ›Tod‹: die Liebe als Höhepunkt der Vitalität, der Gebärort neuen Lebens ist zugleich der Ort des Todes, wo Leben und Tod unaufhebbar miteinander verschlungen sind, so, wie die sich teilende Zelle am Höhepunkt ihrer Vitalität ihr Eigensein aufgibt. Das Liebesabenteuer verdankt seinen dämonischen Charakter der Vermengung von ›Begehren‹ und ›Todesangst‹«[29].

Auch Trauer spielt bei der Angst vor dem orgastischen Erleben als einer Angst vor dem Abschied und der Endgültigkeit des Todes eine Rolle. Ist die Trauer über den Abschied von seinen Eltern verdrängt, so kann sie sich im orgastischen Erleben störend einmischen. In dem Moment, in dem Hingabe in ihrer höchsten Form sich anbieten möchte, kann unverrichtete Trauer bei ungelöster Symbiose zum Elternhaus den Orgasmus beeinträchtigen.

Plötzlich auftretendes Weinen mit dem Gefühl der Trauer beim oder nach dem Orgasmus berichten zum Beispiel einige Patienten im Prozeß der Ablösung von den Eltern. Intensives, sexuelles und orgastisches Erleben bedingt Freisein von Trauer. Nachdem die Welt des Todes und des Abschieds erfahren worden ist, wird die Sexualität in ihrer physiologischen und psychischen Vielfalt und Innigkeit erlebbar.

Tief erfahrener Orgasmus bedingt die Fähigkeit zur weitgehenden Regression, die ihrerseits nur erreicht wird, wenn die komplexe Angst vor dem Tod – der Mutter – überwunden ist. Im Angesicht des Todes – die Gestalt des Schreckens und der Angst verliert an Grauenhaftigkeit. Sie gewinnt an Schönheit, nämlich an Ruhe und Frieden.

Jüngel wehrt sich in seinem Artikel »Der Tod als Geheimnis des Lebens« gegen die Verherrlichung des Todes, den er als »abscheulich« und »widerlich« empfindet[30].

»Auch Liebeslyrik kann und soll darüber nicht hinwegtäuschen. Denn auch sie ist ein unfreiwilliges Eingeständnis der Macht, die der Tod hat und die alles andere als die Macht befreiender Freiheit ist ... Eben dieser sein absoluter Herrschaftscharakter aber macht den Tod so hassenswert. Denn er macht uns zu Unterworfenen. Solange der Tod herrscht, bleiben am Menschen Züge der Knechtschaft, gegen die es aufzubegehren gilt wie gegen die Majestät eines Tyrannen. Und der Tod hat majestas wie nur sonst eine Macht!« Hier zeigt sich die tiefenpsychologische Verbindung zwischen dem Tod und dem zerstörerischen Aspekt des Negativ-Mütterlichen, ohne daß es Jüngel bewußt geäußert hätte.

Die Unerbittlichkeit des Todes und sein zerstörerischer Allmachtsanspruch sind eine Metapher für den negativen Aspekt des Mütterlichen. Nachdem die Angst vor dem verdrängten Haß gegen die Mutter überwunden ist, indem dieser ohne Schuldgefühle zugelassen werden kann, verliert der Tod sein Schreckensgesicht. Er kann als eine Stätte der Ruhe und des Friedens empfunden werden. Die Vielschichtigkeit seelischen Erlebens läßt es zu, in dem Tod als einem Bild der ewigen Ruhe bereits zu Lebzeiten etwas Angenehmes zu sehen und Freude am Leben zu haben. Derjenige, der am Leben hängt und den Tod fürchtet, weil er vom Leben nicht genug bekommen kann, ist wie ein Kleinkind, das schreit nach mehr, mehr, mehr. Solch ein Mensch ist unersättlich dem Leben gegenüber. In seiner Infantilität und mangelnden Reife giert er nach dem

Leben, weil er nicht einsehen will, daß es eine Grenze gibt. Sein Narzißmus ist grenzenlos, sein Denken wird bestimmt durch die Furcht vor der Allmacht des Todes.

Dennoch – der Tod ist der Endpunkt eines Lebens. Das Annehmen des Todes gelingt eher, wenn das Alter weit fortgeschritten ist und der Tod als wahrhafter Erlöser und Freund den ewigen Frieden bringt, wie Alfred Rethel es beeindruckend in seinem Bild »Der Tod als Erlöser« zum Ausdruck gebracht hat. Der gewaltsame Tod ist für jeden etwas Erschreckendes, Grausames und Schicksalartiges, während der Tod des Alters der Bringer der Ruhe und des Friedens ist. Dort stürzt uns der Tod in Trauer und Verzweiflung, hier nehmen wir gerne Abschied.

Wer das Leben liebt, wird den Tod nicht herbeiwünschen, auch nicht unbewußt, ihn aber nach einem erfüllten Leben akzeptieren.

Joseph von Eichendorff schildert in seinem Gedicht »Im Abendrot« den Frieden, den der Tod mit sich bringt[31]:

Im Abendrot

Wir sind durch Not und Freude
Gegangen Hand in Hand;
Vom Wandern ruhen wir
Nun überm stillen Land

Rings sich die Täler neigen,
Es dunkelt schon die Luft,
Zwei Lerchen nur noch steigen
Nachtträumend in den Duft.

Tritt her und laß sie schwirren,
Bald ist es Schlafenszeit,
Daß wir uns nicht verirren
In dieser Einsamkeit.

O weiter, stiller Friede.
So tief im Abendrot,
Wie sind wir wandermüde –
Ist dies etwa der Tod?

Literatur

[1] Lotz, J. B., Zur Theologie des Todes. In: Der Tod in Dichtung, Philosophie und Kunst. Jansen, H. H. (Hrsg.), Steinkopff Verlag, Darmstadt (1978), S. 23–33
[2] Ariès, P.: Geschichte des Todes, Deutscher Taschenbuch Verlag, München (1987)
[3] Ohlbaum, I.: Denn alle Lust will Ewigkeit, Greno-Verlagsgesellschaft, Nördlingen (1986)
[4] Klinger, M. In: Max Klinger. Kühn, P., Breitkopf und Härtel Verlag, Leipzig (1907), S. 156
[5] Richter, H. E.: Die Chance des Gewissens, Hoffmann und Kampe-Verlag, Hamburg (1986), S. 221–229
[6] Jung, C. G.: Symbole der Wandlung, Walter-Verlag, Olten und Freiburg im Breisgau (1981), S. 454
[7] Jung, C. G.: s. 6, S. 277
[8] Die Psyche der Bergsteiger, Psychologie Heute, 2 (1988), S. 34–39

20.9 Die Angst vor dem Tod als Angst vor dem orgastischen Erleben

[9] Ebenda
[10] Messner, H.: K2 Berg der Berge, BLV Verlagsgesellschaft, München, Wien, Zürich (1980), S. 141 u. 143
[11] Ariès, P.: Bilder zur Geschichte des Todes, Carl Hanser Verlag, München, Wien (1984)
[12] Auchter, T.: Sich weigern, Gott zu sein. Zur Psychoanalyse der Friedlosigkeit, Psyche 7 (1987), S. 641–673
[13] Collier's Encyclopedia, The Crowell-Collier Publishing Company (1965), S. 764
[14] Spiegel: 12 (1979), S. 246–247
[15] Jung, C. G.: Dynamik des Unbewußten, Walter-Verlag, Olten und Freiburg im Breisgau (1976), S. 276
[16] Bibel: Johannes, Kapitel 12, Vers 16
[17] Hesse, H.: Lektüre für Minuten, Suhrkamp-Verlag, Frankfurt a. M. (1979), S. 276
[18] Hesse, H.: s. 17, S. 280
[19] Weizsäcker, C. F.: Der Garten des Menschlichen, Carl Hanser Verlag, München, Wien (1977), S. 160
[20] Jung, C. G.: s. 6, S. 454
[21] Jung, C. G.: s. 6, S. 349
[22] Fest, J.: Der tanzende Tod, Lucifer-Verlag im Kunsthaus, Lübeck (1986), S. 42
[23] Meyer, J. E.: Todesangst und das Todesbewußtsein der Gegenwart, Springer-Verlag, Berlin, Heidelberg, New York (1982), S. 30
[24] Rank, O.: Technik der Psychoanalyse, Bd. 3, Leipzig, Wien (1931), S. 45
[25] Reich, W.: Die Funktion des Orgasmus, Kiepenheuer – Witsch Verlag, Köln (1987)
[26] Reich, W.: Abhandlungen zur personellen Sexualökonomie, Nr. 3, Psychischer Kontakt und Vegetative Strömung, Sex-Pol-Verlag Kopenhagen, Prag, Zürich (1935), S. 44–45
[27] Eissler, K. R.: Der sterbende Patient, Zur Psychologie des Todes, Friedrich Fromann Verlag, Stuttgart, Bad Cannstatt (1978), S. 64–65
[28] Neumann, E.: Die Grosse Mutter, Walter Verlag, Olten und Freiburg im Breisgau (1981), S. 168
[29] Siebenthal, W.: Die Wissenschaft vom Traum, Springer-Verlag, Berlin, Heidelberg, New York, Toyko (1984), S. 302–303
[30] Jüngel, E.: Der Tod als Geheimnis des Lebens. In: Der Mensch und sein Tod. Schwartländer, J. (Hrsg.), Vandenhoeck und Ruprecht Verlag, Göttingen (1976), S. 113–114
[31] Eichendorff, J.: Von versunknen schönen Tagen, Deutscher Taschenbuch-Verlag, München (1987), S. 247

21   Symbiose und Ehe

Bei C. G. Jung steht geschrieben: »Die Liebe ist eine der großen Schicksalsmächte, die vom Himmel bis in die Hölle reichen«[1]. Betrachten wir die innere Dynamik von Ehen, die zu scheitern drohen, so stellen wir fest, daß die Ursache für den Zustand der Hölle, der der Verliebtheit gewichen ist, in einer unbewußten Loyalität zu dem eigenen Elternhaus zu sehen ist. Da jeder der Partner versucht, in seinem elterlichen Bezugssystem zu bleiben, gibt es immer wieder Auseinandersetzungen, die je nach dem Ausmaß der Aggressionsverdrängung versteckt oder offen stattfinden. Der Auftrag der Eltern und die Loyalität zu ihnen ist häufig so stark, daß es vor gemeinsamen Unternehmungen, insbesondere vor Tanzveranstaltungen, Ausgang zu Freunden oder anderen außergewöhnlichen Veranstaltungen eine entsetzliche Zwietracht gibt. Das weihnachtliche Fest ist ein allgemein bekanntes Streitfest. Nähe wird vermieden, Streit wird inszeniert, damit die beiden Ehepartner nicht zueinander finden. Diese Dinge geschehen selbstverständlich auf einer unbewußten Ebene und perpetuieren sich, solange dem von außen durch einen Psychotherapeuten nicht Einhalt geboten wird. Dieser sollte sich in der Problematik von Elternbindung und Zerstörung der Ehe auskennen.

Die Macht der Loyalität kann so groß sein, daß die Ehe aufgelöst wird »im Auftrag der Eltern«. Die Fesselung an die Eltern wird natürlich nicht erkannt, sondern auf den Ehepartner projiziert. Der wird verteufelt, herabgesetzt, oftmals natürlich zu recht. Damit die Ehe scheitert, wird sich auf beiden Seiten tüchtig daneben benommen. Wenn eines Tages der Siedepunkt erreicht ist, wird entweder eine Prügelei vom Zaune gebrochen oder die Scheidung wird gemäß dem Motto eingereicht: »Das Maß ist voll« oder »Ich halte es nicht mehr aus, mir reicht's!« Es haben soviel Beleidigungen und Kränkungen auf beiden Seiten stattgefunden, daß nur der Ausweg der Entzweiung bleibt. Jeder kehrt wieder zu seinen Eltern zurück, diesen die Treue haltend.

Es ist erstaunlich, mit welcher Hartnäckigkeit und Langlebigkeit elterliche Bindungen wirksam sind. So berichtete mir neulich eine 30jährige Mutter von 3 Kindern, daß sie großen Krach mit ihrem Ehemann gehabt habe. Er habe sich an einem für die Ehe bekannten Thema entfacht: jedesmal, wenn sie Urlaub geplant hätten, habe es bisher Streit gegeben. So auch dieses Mal. Der Anlaß sei jetzt ihr mangelndes Interesse an Sex gewesen. Darüber habe sich ihr Mann mal wieder geärgert. Noch am Tag der Abreise habe sie ihrem Mann die gute Laune verdorben, indem sie ihm Vorhaltungen wegen des zwei Tage zurückliegenden Streites machte. In der Nacht an ihrem Urlaubsort träumte sie, daß sie ihre ältere Schwester besucht habe. Die habe ihr erzählt, daß Mutter sehr krank sei. Sie sei mit Schuldgefühlen der Mutter gegenüber wach geworden.

Die großen Szenen, die bisher zu jedem Urlaub aufgetreten waren, wurden von der Frau unbewußt veranstaltet, da sie sich den Urlaub »nicht gönnen« durfte. Ihre Mutter-Imago hatte immer noch soviel Macht über sie, daß diese noch Jahre nach der Eheschließung den Urlaubsbeginn für den Schwiegersohn und die Tochter vergällte, um sie zu entzweien.

Eine echte Auseinandersetzung wird vor allem deswegen nicht geführt, weil sie ja fruchtbar sein könnte und damit die Gefahr bestünde, daß das Paar zusammenbleibt. Dies aber widerspricht dem Lebensmotto von beiden. Sie unterliegen unbewußt dem Spruch oder gar dem Fluch einer bösen Fee, die bei der Geburt von beiden anwesend war, wie es viele Märchen beschreiben. Aufgabe für das Paar ist es, sich von dem bösen Spruch zu befreien, damit es zueinander finden kann. Befreiung ist nur möglich, nachdem es eine Anzahl von schwierigen Aufgaben gelöst hat. Die Schwierigkeiten bestehen in der Qual der seelischen Wandlung. Die Schuldgefühle, die Depressionen, die Trauer und die psychosomatischen Beschwerden müssen ertragen werden im Loslösungsprozeß von den elterlichen Bindungen.

Der Symbiotiker, der sich nicht entwickelt, führt eine nicht selten langweilige, bürgerlich-miefige Ehe. Auch derjenige, der die Scheidung einreicht, bleibt häufig stehen; immerhin ist er so mutig, den Schritt der Trennung zu vollziehen. Er verwechselt dabei die innere Trennung von seinen Eltern-Imagines mit der äußerlichen Ehescheidung. Den Trümmerhaufen einer zerstörten Familie nimmt er in Kauf, um in der nächsten Partnerschaft Ähnliches zu erleben. Den Konflikten ist er nach dem Alles- oder Nichts-Gesetz ausgewichen, die Aufgabe der Individuation und des Aufeinanderzugehens bleibt aber erhalten.

Es ist jedoch nicht zu verallgemeinern oder gar eine moralische Regel daraus zu machen, daß die Ehe nicht aufgelöst werden darf. Wenn sich zum Beispiel im Verlauf einer langjährigen Partnerschaft der eine zum Alkoholiker entwickelt, der den Weg nicht mehr zurückfindet, so ist meiner Meinung nach die Auflösung der Ehe gerechtfertigt. Dazu mag auch eine schwere Arbeitssucht zählen, die am häufigsten bei den Männern auftritt und zu einer Zerrüttung der Ehe führen kann.

Die hohe Scheidungszahl, die im Zunehmen begriffen ist, entspringt auch der Verheißung des Glücks, das einem in den Schoß zu fallen hat. Verliebtheiten außerhalb der Ehe haben im günstigen Fall den Sinn, von Illusionen und Idealvorstellungen abzurücken und der eigenen Partnerschaft wieder einen Inhalt zu geben. Insofern können Verliebtheiten auch der Reifung dienen. Eine echte Liebe jedoch, die total ist und den eigenen Partner aus dem Herzen drängt, ist für die Ehe gefährlich. Man sollte sich immer der Gefahr bewußt sein, daß man die Ehe entzweien wird, dem Schicksalsspruch erliegend. Gedankliche und tatsächliche Untreue hat ihren Ursprung nicht nur in der Bejahung der Sexualität, die ungebremst ins Chaos führen würde, sondern vor allem in der familiären Gebundenheit, die keine dauerhafte und tiefere Bindung zuläßt.

Scheinbar ist ja immer ein Partner der aktivere, derjenige, der einen fordert und sich am meisten über mangelnde Liebe oder anderes beklagt. Tut er das beim Therapeuten oder im Bekanntenkreis, hat das oft den Anschein, als ob dieser sich zurecht beklagen würde und objektiv zu kurz käme. Bei näherer Betrachtung unter dem Aspekt von symbiotischem Verhalten läßt sich mit Regelmäßigkeit aber feststellen, daß auch der angeblich Benachteiligte, der sich schon so viel weiter entwickelt zu haben glaubt, genau soviel familiäre Gebundenheit aufweist wie der andere. Für die Ehetherapie ist dieser Aspekt von Bedeutung. Die Angst vor Nähe ist zentrales Thema symbiotisch gebundener Partner, auch wenn es vordergründig anders aussehen mag.

Die Kenntnis über das *Ausmaß der regressiven Gebundenheit* bei dem einen genügt, um zu sagen, daß *auch der andere genauso tief* elterngebunden ist. Diese Feststellung kann für das Paar eine Entlastung bedeuten, da sie sich darüber bewußt werden, daß beide in gleichem Maße betroffen sind und gegenseitige Schuldzuweisungen ein Spiegelbild ihrer eigenen Unfähigkeit zu einer sinnvollen Partnerschaft sind.

Natürlich kann man sich in mehreren Ehen der Problematik der manchmal massiven Auseinandersetzung entledigen, indem man sich von einer Ehe zur anderen hinüberhangelt. Man hätte es leichter haben können, wenn schon gleich zu Beginn der Mut dagewesen wäre, in den Bereich des Mythologischen hinabzusteigen und den Kampf zu führen. Der Drache haust in einem selbst, im Partner, im Elternhaus und im Haus der Schwiegereltern.

Literatur

[1] Jung, C. G.: Zivilisation im Übergang, Walter-Verlag, Olten und Freiburg im Breisgau (1974), S. 115

22 Die Rolle des Vaters

Für die Reifung des Kindes spielt das väterliche Prinzip eine maßgebliche Rolle. Fehlen identitätsstiftende, Grenzen öffnende und setzende Väter, so neigen die Kinder zu einer Übersteigerung von Phantasie, zu Angst und Schuldgefühlen. Denn Mütter neigen von Natur aus dazu, nachzugeben und Verständnis zu zeigen. Sie sind weniger abgegrenzt. Die Funktion der Väter ist die, das Kind aus der Symbiose mit der Mutter in die Welt hinauszuführen. Es gibt auch Väter, die das Bergende, die Angst vor der Welt und das Umsorgend-Mütterliche in der Kindererziehung überbetonen und das Kind zu eng an sich binden. Sie sind jedoch deutlich in der Minderzahl.

Eine wichtige Rolle des Vaters besteht auch darin, seiner Tochter und seinem Sohn als männliche Identifikationsfigur zu dienen. So kann die Tochter später ihre Liebe auf einen Mann übertragen, der Sohn in der Identifikation mit dem Vater sich einer Frau zuwenden. Die Ausbildung einer Geschlechtsrolle hängt wesentlich von dem Dreieck Mutter, Vater, Kind ab. Hierbei darf weder der Vater noch die Mutter eine zu stark bindende Rolle einnehmen. Der Vater verkörpert das Gesetz, die Konsequenz, die gütige Strenge, an der sich die Kinder zu orientieren haben.

Der Weg in eine vaterarme, infantile Gesellschaft ist mit dem Wandel in eine antiautoritäre, feministisch und materialistisch geprägte Industriegesellschaft einhergegangen. Mütter und Väter sollten mehr Einsatz zeigen, um das System Familie auf eine höhere und bewußtere Ebene zu heben, anstatt dem Staat immer mehr Erziehungsaufgaben zu überlassen.

22.1 Das Bild der Eltern lebt

Das Bild der Eltern, von Vater und Mutter, ist tief in uns angelegt. Der Vater will sich im Mann entfalten. Die Frau will Mutter sein, gebären, säugen, pflegen, lieben und sorgen. Der starke Vater beschützt die nährende Mutter und die Familie. Die Macht der Kindheit gilt es dabei zu überwinden, elterliche Enge zu verlassen, eine eigene Familie zu gründen. Das Vater- und Mutterbild will leuchten und strahlen. Um diese inneren, seelischen Bilder herum rankt das Leben, sie können so wenig abgeschafft werden wie die Füße oder die Augen des Menschen.

23 Die Angst vor Nähe im Leben des Revolutionärs und Dichters Harro Harring[*]

Harro Paul Kasimir Harring wurde auf dem Ibenshof bei Wobbenbüll nahe Husum am 28. August 1798 geboren. Von seinem Lebensweg, der von Unstetigkeit gezeichnet ist, seien einige Stationen genannt. Im Jahr 1821 nahm er an den griechischen Befreiungskämpfen teil. Er lebte anschließend als Maler, Dramaturg, Dichter und Revolutionär in Rom, Wien, München und Warschau. Im Jahre 1830 wurde er aus Bayern und Sachsen vertrieben, in Straßburg gründete er die Zeitschrift »Das constitutionelle Deutschland«. Sechs Jahre danach trat er in Verbindung mit dem Revolutionär Mazzini und nahm an einem Feldzug in Savoyen teil. Gefangengenommen in Soletta und aus der Schweiz verbannt, nahm er das Wanderleben wieder auf. Er hielt sich in Frankreich auf, auf Helgoland und in England. Im Jahre 1843 reiste er nach Rio de Janeiro und in die Vereinigten Staaten, von wo er im Jahre 1848 nach Europa zurückkehrte, um an der revolutionären Bewegung teilzunehmen. Im Jahre 1853 wurde er Mitglied des zentralen demokratischen Komitees in London, jedoch trieb es ihn kurz danach wieder nach Rio de Janeiro. Unter Verfolgungswahn leidend nahm er sich im Jahr 1870 auf der Insel Jersey das Leben.

Der Historiker Walter Grab schreibt über Harring:
»Unter den Dichtern des Vormärz, die sich weder vor den Gewalthabern ducken noch resignieren wollten, nimmt der Nordfriese Harro Harring eine Sonderstellung ein. Ein ungemein fruchtbarer politischer Lyriker, Pamphletist, Romanschriftsteller und Dramatiker, stellte dieser radikale Freiheitsenthusiast die Zeitprobleme nicht nur in den Mittelpunkt seines literarischen Schaffens, sondern suchte ihre Lösung auch durch eigene revolutionäre Tätigkeit an den Brennpunkten des Geschehens voranzutreiben.«[1]

Der selbstgewählte Grabspruch Harro Harrings lautet: »Frieden«[2]. Im Alter von 71 Jahren fand er den langersehnten Frieden, indem er sich mit einem Dolch den tödlichen Stich ins Herz versetzte. Auf der Erde hatte er keinen Frieden gefunden. Von Unruhe getrieben war er als Revolutionär, Maler, Schriftsteller und Dichter in vielen Ländern Europas, in Nord- und Südamerika umhergereist. Er hatte unter seiner Einsamkeit gelitten, Depression und Selbstmordgedanken ertragen.

---

[*] Die Originalfassung dieses Artikels erschien unter dem Titel »Das Unglück Harro Harrings aus der Sicht eines Psychiaters und Psychotherapeuten« im Mitteilungsheft Nr. 2/1983 der Harro-Harring-Gesellschaft.

Warum hat Harro Harring ein dermaßen unglückliches Leben führen müssen? Wieso ist er ein einsamer Narzißt, ein vergebens Suchender, ein rastloser und wortgewaltiger Rebell geworden? Auf diese Fragen geben uns seine zahlreichen Gedichte, Romane und seine autobiographischen Schriften Antwort. Sie lassen seine Persönlichkeit wiedererstehen und geben dem Kundigen Einblick in die Psychodynamik seines vielschichtigen und widersprüchlichen Charakters. Er selbst schreibt von seinen Gedichten, daß sie viel Persönliches aussagen[3].

> Viel – viel zu subjektiv!
> Das sind ja keine Gedichte!
> Das sind ja pure Fragmente
> Aus einer Lebensgeschichte!

Wie aus den Tagebuchaufzeichnungen von Harro Harring aus dem Jahr 1836 hervorgeht, war er sich einerseits bewußt, sein innerstes Seelenleben preiszugeben, andererseits hoffte er, daß nach seinem Tod zu späteren Zeiten ein »Menschenforscher und Seelenkundiger die tiefsten Geheimnisse seines Innern und seines Lebens und Strebens entschleiern würde«[4].

23.1 Tod und Trauer in Harrings Kindheit

Wie gut Harro Harring über die Hintergründe seines steten Unglücksgefühls Bescheid wußte, zeigt folgende Stelle seines autobiographischen Romans »Rhonghar Jarr«: »Rhonghar hatte gar liebe holde Brüder, aber sie starben alle dahin, sobald er empfunden, was er in ihnen besaß. Hierin liegt nun die Quintessenz seines Verhängnisses, und die Gräber seiner Brüder bilden eine passende Titelvignette vor dem großen Buche seines Lebens«[5].

Harro Harring wurde als fünftes von sieben Kindern geboren, hinein in eine Welt voller Trauer. »Wir waren in allem sieben Brüder, von welchen fünf neben mir oder vor mir ins Grab sanken. Mein ältester Bruder Martin, geboren am 03.02.1789, lebt noch gegenwärtig. Alle meine Brüder litten an Brustübel«[6].

Nicht häufig begegnet ein Mensch zu seiner Geburt dem Tod in dieser Gestalt. Die fünf kleinen Kreuze auf den Gräbern des Ibenshofes in Nordfriesland, wo er das Licht der Welt erblickte, warfen ihre Schatten auf sein ganzes Leben bis hin zu seinem Freitod. Das Wort Trauer nimmt einen großen Raum ein in seinem Denken und Fühlen. Immer wieder begegnen dem Leser seines Werkes Worte aus dem Bereich des Todes und der Trauer, wie uns sein Gedicht: »Das öde Grab«[7] zeigt:

> Am Ufer der brausenden Wellen,
> Da grünet ein duftender Hain,
> Und üppige Moose schwellen
> Empor am Runenstein.
>
> Dort zeigt sich ein einsamer Hügel,
> Bedeckend ein einsames Grab.

Die Möwe, mit schimmerndem Flügel,
Schwebt still auf den Hügel herab.

Den Grabhügel schmücken nicht Blumen,
Nicht Kräuter entsprießen dem Sand;
Die Keime des Lebens verglühten
Bis an des Hügels Rand.

Und Jahre auf Jahre entweichen;
Kein Halm erhebt sich dort.
Und unter den grünenden Eichen,
Grünt duftend der Frühling fort.

In des Mondes aufdämmerndem Scheine,
Bei des Sturmes rauschendem Wehn'n,
Auf dem Grab' am moosigen Haine
Ist trauernd die Möwe zu seh'n.

Sie hebt sich und kreischet und klaget,
Und schwebet dahin übers Meer.
– Wer liegt hier bestattet? – O saget,
Wessen Grab dies – an Blumen so leer?

Hier ruhet ein Sängerknabe
Mit lockigem, blonden Haar,
Den trugen die Helden zu Grabe,
Als er siegend gefallen war.

In der Eiche verwachsenen Zweigen
Erblickt ihr ein rostiges Schwert,
Das Saitenspiel, einst sein eigen,
hat längst die Zeit zerstört.

Die Möwe kreischet und klaget
Und schwebt auf den Hügel her.
– Wie lebte der Sänger? – O saget,
Warum blieb sein Grab so leer? –

In dem Busen, der nun ist zerfallen,
Da schlug einst ein flammendes Herz;
Wohl lauter und edel vor allen,
Das schlug in der Sehnsucht Schmerz –

Das schlug in der Sehnsucht nach Liebe –
Und ward doch nimmer geliebt.
Erglühend im seligen Triebe,
Verschlossen und ewig betrübt;

Begabt mit hochheil'gem Gefühle,
Voll Ahnung der Liebe – voll Gram,

Daß hier in der Menschen Gewühle
Kein Herz ihm entgegen kam.

Ob hehr auch und blühend zu schauen
Der rüstige Sängerknab;
Er wandert allein durch die Auen –
Kein Blick ihm Leben gab.

Oft riß ihn ein feurig Verlangen
Dahin in flücht'gem Wahn;
Er liebte – und ward hintergangen.
Kein Arm wollt' ihn umfahren.

Er wallt unter Frühlings-Düften,
Er hörte von Lieb' und von Lust,
Der Lerche Gesang in den Lüften
Goß Weh' in des Jünglings Brust.

Er höret die Winde rauschen
weithin in's luftige Land –
Ein Lied? – Ach! er mußte belauschen
Den Fischer, den Liebe band!

Zerrissen von nagenden Leiden,
Verzehrt von vergeblicher Glut,
Mußt' er die Hallen meiden
Und eilt zur Meeresflut.

Hier saß er auf feuchtem Sande,
Zur Nacht im Sturm allein, –
Am lebenleeren Strande
In Nebel und Mondenschein.

Er griff in die gold'nen Saiten,
Die Möwen umflogen sein Haupt.
Er sank in die öden Weiten –
Erbittert – der Liebe beraubt.

Die Möwen nur hörten ihn klagen,
Zum rauschenden Saitenklang;
Wenn er von verlor'nen Tagen:
Von Leben ohn' Liebe sang.

Sie kannten den trauernden Ritter,
Begrüßten den Einsamen Gang,
Und kreischten im wilden Gewitter,
Wenn das Licht in den Donner sich schwang.

So lebt er, bis dröhnend und mächtig
der Schlachtruf ihn erweckt.

> Ein Harnisch, glänzend und prächtig,
> Die wunde Brust bedeckt.
>
> Er kämpft in der Brüder Reihen;
> Besiegend den tückischen Feind.
> Er trug das Banner der Treuen –
> Er sank – kein Liebchen weint.
>
> Und hier liegt der Sänger bestattet,
> Allein, in tiefer Gruft,
> Von Buchen und Eichen beschattet,
> Wo klagend die Möwe ruft.
>
> Keine Zähre betaute die Schollen –
> Sie rollten dumpf murmelnd hinab;
> Drum ist auch kein Leben entquollen
> Dem öden Sänger-Grab.

In einem anderen Gedicht benutzt er in 131 Strophen 160mal die Begriffe des Unterganges und der Trauer[8]. Harro Harring hatte ausgeprägte depressive Züge. Er selbst war der Meinung, daß bereits vor seiner Geburt die Trauer seiner Mutter um die verstorbenen Geschwister auf sein Leben eingewirkt hat. »Wie viel mehr sollte nicht der Seelenzustand unserer Eltern vor unserer Geburt einen Einfluß haben auf unser Gemüt?«[9]

Die erschütternde Erfahrung von Tod und Trauer – vor und nach seiner Geburt – führte bei Harro Harring zu einem Verlust des Urvertrauens und zu einer Störung des harmonischen Primärzustandes[10]. Der Primärzustand, der zur Zeit intrauterinen Daseins erlebt wird, besteht aus Harmonie, Ruhe, Spannungsfreiheit, Sicherheit, Geborgenheit, Seligkeit, Wärme, Vollkommenheit und Triumph. Jeder Mensch erleidet eine Störung dieses Vollkommenheitszustandes, allein durch seine Geburt. Harro Harring erfuhr bereits pränatal und in seiner frühen Kindheit eine erhebliche Verunsicherung und auch Bindung durch Trauer und Tod.

Über seine Kindheit schreibt er:
»Leider konnten wir diese Freude an der Natur nicht mit jedem Frühling ungestört genießen. Gerade in dieser Jahreszeit herrschte die Brustkrankheit in uns allen, in ihren heftigsten Symptomen, und Frühling auf Frühling zerknickte eine zarte Blume im Paradies meiner Eltern nach der anderen. Von tiefer Schwermut ergriffen, blieb ich allein zurück und las gar oft im Tränenblick meiner armen Mutter die Bangigkeit der Ahnung und der Furcht, daß auch ich ihr mit dem nächsten Frühling entrissen werde«[11].

Im Ronghar Jarr gibt er den Grund an für seine stete »Sehnsucht nach dem Tode«:
»Die Gräber seiner sechs Brüder bildeten ferner die Schwelle, über welche er in die schauerliche Halle trat, wo ihm so manche holdselige Gestalt entgegenschwebte, ihm die Hand zum bittern Abschied, zur Trennung zu reichen. Wir werden später zu den kleinen Gräbern zurückkehren, und betrachten nun den trauernden Knaben, der allein im milden Frühling all' die Spielplätze besuchte, wohin ihn seine Brüder einst

begleiteten, die er nun nicht mehr fand! Mit jedem Frühling war ein Sarg aus Ibenshof fortgetragen, und was war natürlicher, als daß der betrübte Knabe in der Sehnsucht nach seinen Gespielen schon früh die Sehnsucht nach dem Tode nährte?«[12]

In einem seiner Gedichte skizzierte er kurz seinen Lebensweg:

> Mein Leben ward vor vielen tausend anderer
> Ein seltsam vages Stück, ein kühner Bau.
> Ich bin und bleib ein Fremdling hier, ein Wanderer,
> Mein Lebensmorgen bietet giftigen Tau[13].

Meint er mit »giftigen Tau« die Tränen seiner Mutter, die sie in Trauer um die anderen Geschwister geweint oder zurückgehalten hatte? In der psychiatrischen Literatur wird die Tatsache erwähnt, daß die Trauer einer Mutter um ein Kind auf eines der Geschwister übertragen werden kann[14].

Stirbt ein Kind und trauert die Mutter nicht genügend um das verstorbene Kind, dann kann sie die Trauer an ein anderes Kind weitergeben und es damit stark an sich binden.*

Es kann Zeit seines Lebens unter einer traurigen Gestimmtheit und anderen Symptomen von Trauer leiden. Es ist sehr wahrscheinlich, daß Harrings Mutter bei dem Tod von fünf Kindern nicht genügend Trauerarbeit geleistet hatte[15]. Ihre nicht verrichtete Trauerarbeit beeinflußte die Beziehung zu ihrem Sohn Harro, indem sie zu eng wurde. An späterer Stelle werde ich auf das symbiotische Verhältnis zwischen Harro und seiner Mutter genauer eingehen.

Harro Harring litt sein ganzes Leben unter den Folgen des früh erlebten Todes und der Trauer. Er wurde »ein Fremdling, ein Wanderer«, ein Mensch mit »wunder Brust, verschlossen und ewig betrübt«[16]. Voller Sehnsucht nach Liebe und Nähe war er nicht in der Lage, sich zu öffnen und einen Menschen zu lieben. »Drum ist auch kein Leben entquollen, dem öden Sänger-Grab«[17]. Er ging den Weg des Narziß, er blieb einsam und allein.

Sein Leben weist die Symptome auf, die für eine ungelöste Symbiose und unverarbeitete Trauer charakteristisch sind. Menschen mit unverrichteter Trauerarbeit leiden unter Unruhe, Rastlosigkeit, Schlafstörungen und einer depressiven Grundstimmung[18]. Außerdem sind sie häufig unfähig, sich auf neue, feste Bindungen einzulassen. Nicht verarbeitete Trauer kann Menschen daran hindern, sich auf eine enge Partnerschaft einzulassen. Sie neigen dazu, Bindungen abzubrechen, da sie nicht in der Lage sind, die alte, innere Bindung an den alten Partner aufzugeben. Sie haben auch Angst, erneut verlassen zu werden. Auch elementare Wut, gepaart mit Zornesanfällen, tritt auf.

Diese Merkmale lassen sich an Harro Harrings Leben eindrücklich aufzeigen. Sie sind an seinem unruhigen Wanderleben, seiner Einsamkeit, an seinen Gedichten und an seinen revolutionären Taten und Schriften zu erkennen.

---

* Siehe Kapitel 8.3: Bindung durch Trauer.

23.2 Harrings Beziehung zu seinen Eltern

Die Mutter hatte von den zwei ihr verbleibenden Söhnen den jüngeren Harro besonders ins Herz geschlossen. In ihrer Trauer um die verstorbenen Kinder ging sie mit ihrem Sohn Harro eine enge Bindung ein, um so mehr als sie einen abweisenden, kalten, zornigen, verschlossenen und harten Mann geheiratet hatte.

Harro erwiderte diese Liebe und verehrte seine Mutter über alle Maßen. »Die Liebe zu meiner unglücklichen Mutter hatte durch jene gemeinschaftlichen Leiden eine Tiefe in meinem Gemüte berührt und vielleicht durch sich selbst entwickelt, die ich nicht mit Worten bezeichnen kann, und die nur in ihrem Gefühl für mich eine Ähnlichkeit fand«[19].

»Ein Gefühl, ein Bewußtsein stärkte mich, auch die schroffste Entbehrung zu ertragen: Es war die Liebe, die Liebe meiner erhabenen Mutter zu mir und meine wetteifernde Gegenliebe«[20].

Eine weitere Darstellung der ungewöhnlich starken Mutterliebe ist im Rhonghar Jarr zu lesen:

»Du lieber Leser hast vielleicht auch eine Mutter gehabt, die dich liebte? – Ich frage dich also, da ich wohl weiß, daß es auch Mütter gibt, die ihre Kinder nicht lieben, da ich, der ich so manches zarte Band in mir und um mich her zerrissen sehe, wohl weiß, daß auch die Bande zerreißbar sind, welche die Mutter an ihren Sohn knüpfen. – Vielleicht aber wardst du, lieber Leser, gleich mir, von einer edlen Mutter geboren, welche die Liebe zu ihrem Sohn mit ins Grab nahm, als das einzige – als das letzte Gut, was ihr geblieben bis an's Ende! – und wenn du auch nicht gleich mir in Üppigkeit und Wohlleben geboren worden, und wenn deiner Mutter auch nicht die Mittel zu Gebote standen, gleich der meinigen, die Kindheit des Söhnleins auszuschmücken mit allen Reizen des jungen Lebens; – sahst du vielleicht deine Mutter, gleich der des unglücklichen Rhonghars still entsagen als das Los Rhonghar Jarrs! Und wenn du nun niederschreiben solltest, wie deine geliebte Mutter jegliches Opfer brachte, dein bedrängtes, betrübtes Leben zu erheitern, wie sie sich innig freute, wenn du nur lächeltest, und wie sie weinte, wenn sie dich leiden sah, und deine Leiden nicht zu lindern vermochte; – und wie ihre Tränen gleich glühenden Tropfen auf deine Seele fielen, da du sie rinnen sahst und sie nicht stillen konntest!«[21]

Als Harro Harring sich dem Freiheitskampf der Griechen anschloß, bat er zuvor seine Mutter um »Einwilligung und Segen«[22]. Sie bestärkte ihn in seinem Vorhaben und schenkte ihm ein Waffenkleid. Über diese Begebenheit schrieb Harro Harring ein Gedicht, in dem sich ebenfalls die tiefe Bindung an seine Mutter offenbart:

> Ein Sänger stand am Nordmeerstrand,
> Für Hellas Kampf bereit,
> Die Mutter mit ihm wohl tief empfand,
> Sie besprachen das Waffenkleid.
>
> »Ich will dir geben ein Waffenkleid,«
> Die Mutter mit dem Sohne spricht –

»Von festem Tuch aus alter Zeit,
Du findest es besser nicht.«

Die Mutter sprach's und sucht hervor
Ihr Brautkleid von schwarzem Tuch,
Das sie in Trauertagen nur
Am Sarg der Lieben trug.

»Draus laß dir machen ein Waffenkleid
Mein Sohn – und denke mein!
Das Kleid ist am Altar geweiht –
Und der Segen des Herrn sei dein!«

Der Jüngling trägt die schwarze Tracht
Dem Sühnungstod entgegen
Und hat an die Mutter wohl oft gedacht
Auf wilden Sturmeswegen:

Ich *selber* trug die schwarze Tracht,
Das war die Mutter *mein*,
Die dem Sohn das Brautkleid dargebracht,
Drum soll sie besungen sein.[23]

Die enge Mutterbindung ist daran zu erkennen, daß er ihr Brautkleid trägt, welches er selbst als pars pro toto für die Mutter erkennt. Symbolisch ist sie ständig bei ihm, solange er das Gewand trägt. Es ist ja nicht zufällig das Brautkleid der Mutter. Harrings Inzestphantasien treten hier deutlich hervor. Aber auch seine Mutter ist aktiv und direkt an der Aufrechterhaltung der Symbiose beteiligt: sie gibt ihm von sich aus ihr Brautkleid mit dem Hinweis: »Du findest es besser nicht«. Sie trägt ihm auf, an sie zu denken und nicht etwa an eine andere Frau, zum Beispiel an seine Liebe namens »Sophie«.

Wie aus dem Brief Harrings vom 29. 09. 1821 hervorgeht, beschließt er, auch aufgrund seiner unglücklichen Liebe zu Sophie, nach Griechenland in den Freiheitskampf zu ziehen. »Soll ich die zarte, himmlische Rose ihres Lebens noch mehr verletzen? Kann sie es ertragen, daß ich von ihr gehe zum sichern Tode, und wie ihre Brust es sagt, hinfortgesandt durch sie? ... Und bin ich es nicht, die ihn zerrissen hat in Liebe – ja ich sündigte, daß ich ihn liebte jemals – denn meine Liebe war ihm kein Segen. – ...
Sie ist gut und edel und rein. Und ich bin nicht ... ihrer wert, ja! werde es aber mehr und mehr, je näher sie herannaht, die Stunde des Todes. – Daß ich durchkomme, scheint mir eine Unmöglichkeit. Die türkische Batterie ist furchtbar, namenlos furchtbar, aber unser Christenmut in durchglühtem schweren Herzen wird standhaft Trotz bieten. – Ja! was steht uns bevor! Nicht zu sterben – nein, gemartert, gepeinigt, gequält zu werden tagelang zum Tode. Zeitlebens mit geraubter Zunge als Sklave zu arbeiten oder in Ketten zu rudern«[24].

Den Auftrag, seine Geliebte zu verlassen, erhielt er von seiner Mutter, von der er sich nicht befreien konnte. Allein der Versuch, sich aus der Umklammerung seiner Mutter zu lösen, ist für Harring mit Todesgefahr verbunden. Harring wollte sich dieser Gefahr auf dem Schlachtfeld in Griechenland aussetzen, »dem Sühnungstod entgegen«. Diese Worte benutzt er selber in seinem Gedicht über das Waffenkleid. Auch in anderen Gedichten ist das Wort Sühne häufig zu finden. Den Ausbruchsversuch aus der Symbiose – die Liebe zu Sophie – muß er sühnen in der Gefahr der Schlachtfelder. Denn das Lösen aus der Symbiose ist immer mit einer hohen Ausbruchsschuld und Trennungsangst verbunden[25].

Die Auswirkungen der seit Kindheit bestehenden Symbiose sind in seinem späteren Leben zu erkennen. Er umschwärmte Frauen – auch über Jahre – er weinte ihnen nach, wenn er sich von ihnen getrennt hatte, aber sie ganz und gar lieben konnte er nicht, weil er seine Mutter zu sehr liebte und ihr treu blieb.

Die Beziehung von Harring zu seiner Mutter ist jedoch nicht allein durch Trauer um die verstorbenen Kinder geprägt worden, sondern auch durch den Charakter seines Vaters. Harro Harring bildete mit seiner Mutter eine liebe- und verständnisvolle Einheit gegen seinen Vater, dessen Wesen er an mehreren Stellen seines Werkes beschreibt.

In seinen Kindheitserinnerungen zeichnet Harring das Bild eines verbitterten Mannes: »Diesen täglich frecher steigenden Unfug durchschaute mein Vater mit verständigem Blick und mit empörtem Gefühl seines reinen, aber in Erbitterung zerrissenen Herzens.

– ... in solcher Gemütsstimmung, als Mann des Volkes, der alle Lasten und Beschwerden des Volkes persönlich empfand, sah ich ihn mehr und mehr in sich selbst und mit sich selbst zerfallen: Ernst, düster, wortkarg, bitter – ein Bild der inneren Empörung eines tiefen Menschengefühls, gegen die Schmach der Monarchie, die sein Volk verhöhnte, und ihn selbst als Mann in seinem Volke ruinierte.

Nur unter solchen historisch begründeten Umständen läßt es sich erklären, daß selbst die Milde der Liebe gegen die Seinigen sich zuweilen in Härte und Bitterkeit maskierte, daß er im häuslichen Leben zuweilen den Ton verfehlte und durch seine innere Zerfallenheit, wider Willen und vielleicht ohne es zu wissen, meine edle Mutter verletzte und ihr im Stillen Tränen des Kummers entpreßte«[26].

Im Rhonghar Jarr fährt er fort: »Die trauernde Gattin ging an die Türe ihres Herrn. Mit dem Tone innerer Anteilnahme bat sie um Aufschluß über seine Stimmung. Bitter und in rauhem Zorne gab er kurze Erwiderung bei verschlossenen Türen und hieß seine Gattin zu Bette zu gehen«[27].

In Form eines Gedichtes zeichnet Harring die wütende und zornige Seite seines Vaters kräftiger:

»Ich sah den Vater nur in Sturmesbrausen
Ein Meteor, zum Schreck der Menschen hausen«[28].

Zwar lernte Harro Harring von seinem Vater, sich gegen Ungerechtigkeiten der Obrigkeit aufzulehnen und sie zu verachten, doch er erfuhr wenig an Liebe und Zuwendung von Seiten des Vaters.

»Rhonghar hatte die Mienen seines Vaters studiert und wußte genau, wenn er es wagen durfte, mit seinen Zeichnungen näher zu rücken. Selten nahm dieser Anteil an dem Tun und Treiben seines Sohnes, und der Knabe war schon zufrieden, wenn es ihm gestattet war, in seiner Nähe zu bleiben, mit Verzichtleistung auf Blick und Worte«[29].

23.2 Harrings Beziehung zu seinen Eltern

Wahrscheinlich hat Harro es weder in der Kindheit noch in der Jugend gewagt, gegen diesen Vater offen zu rebellieren und sich gegen ihn durchzusetzen, da er ihn als übermächtig und zornig erlebte. War er doch auf dessen Zuwendung – wie jedes Kind – angewiesen. Er hat die Kränkungen und die damit verbundene Wut eingesteckt, um nicht gegen den Vater, so doch später gegen den Staat unentwegt zu rebellieren. Später wandte er seine ungeheuren Aggressionen, die ihren Ursprung in den Kränkungen durch den Vater, in der verdrängten Trauer und der zu engen Mutterbindung haben, gegen andere. Als Projektionsfeld dienten neben den Fürsten und Königen auch Spione: »Er teilte die Menschheit ein in Spione und Nichtspione, und alle, die er nicht kannte, waren Spione, und er fürchtete jeden Abend, daß ihn die russische Regierung durch geheime Agenten zur Nachtzeit aufheben und heimlich nach Sibirien würde transportieren lassen«[30].

Die Spione symbolisieren für Harring die eigene, verdrängte Aggressivität, aber auch seine Mutter, die sich seiner bemächtigt hatte. Die Angst vor diesen inneren Mächten kehrte er nach außen, nämlich auf die Spione.

Auf der anderen Seite standen die »guten Menschen«, für die er sich solange begeisterte, bis er auch von ihnen enttäuscht wurde. Dann wertete er sie ab, um den Kontakt abzubrechen. Angst vor Nähe und festen Bindungen, die einen gekonnten Umgang mit seiner ungeheuren Aggressivität erfordert hätten, führten stets zum Abbruch von Beziehungen.

Ein weiterer Aspekt der Abwertungen von Beziehungen, die ihm zu dicht wurden, liegt in der Aufrechterhaltung der Symbiose zu seiner Mutter und in seiner unverrichteten Trauer. Er gestaltete sein Leben immer wieder auf Abbruch, so wie seine Geschwister ihn plötzlich verlassen hatten.

Die Angst vor Nähe ist eines der auffallendsten Merkmale bei Harro Harring. Nähere Kontakte, die er sich zu berühmten und ihm freundlich gesinnten Männern geschaffen hatte, brach er ab. Zwar pflegte er Brieffreundschaften, z. B. zu Bissen, doch echte, Nähe erlaubende Beziehungen ließ er nicht zu.

Für ihn durften die Bindungen niemals zu dicht werden, da mit der Nähe unverarbeitete Trauer und Wut in ihm aufgestiegen wären, die er nicht hätte ertragen können.

So flüchtete Harro Harring immer wieder vor seinen eigenen Gefühlen und Erinnerungen. Er mied längerdauernde Freundschaften, indem er sie aus den verschiedensten Gründen abwertete und beendete, um dann an einem anderen Ort der Welt von vorn anzufangen.

Unfähig, sich aus der Umarmung seiner Mutter zu lösen und dauerhaft eine andere Frau zu lieben, war er von einem steten Sehnsuchtsgefühl erfüllt und suchte dieses in seiner Reisesucht zu befriedigen. Jung nennt das Wandern »ein Bild der Sehnsucht, des nie rastenden Verlangens, das nirgends ein Objekt findet, des Suchens nach der verlorenen Mutter«[31].

Ich möchte zum Abschluß dieses Abschnittes einen Traum aus Harro Harrings biographischer Schrift »Meine Kindheit bis 1813«[32] zitieren und anschließend deuten.

23 Die Angst vor Nähe im Leben des Harro Harring

Ich träumt' einst einen Traum, – ich war noch Knabe,
Am Ausgang meines achten Lebensjahrs.
Und dreimal träumt' ich ihn, denselben Traum,
Desgleichen mir, an namenlosem Grauen,
Kein Bild bekannt im Reich der Phantasie –

Mir träumte damals also:
Gott ist tot;
Es gäbe keine Gottheit. Die Idee:
Geist, Leben und Bewegung
War ausgelöscht bis auf den letzten Funken,
Der noch in mir als Menschen-Dasein glomm,
Und zwar in aller Glut des Selbstbewußtseins,
Als Seel' empfindend, aber ohne Sprache,
Ohn' Ausdruck des Gefühls.

Das Universum war nicht mehr.
Verschwunden
War in der Gottheit Tod die Schöpfungskraft.
Das Band des Weltalls war zerrissen worden;
Und aufgelöst und in sich selbst zerfallen,
Gestürzt in sich zusammen lag das All
Der unermeßlichen Milliarden Welten,
Als eine einz'ge, ungeheure Masse
Materie.
Grau, dunkel, dürr, nicht Felsen und nicht Erde.

Es schien die lichtlos öde Nacht
In Form gekleidet, aber dennoch formlos.
Verkörpert schien die ew'ge Finsternis.

In dieser chaos-ähnlichen Materie
Und unter dieser namlos schweren Masse
Lag ich
Dahingestreckt auf einem feuchten Etwas,
Nicht Wasser und nicht Luft; denn ausgelöscht,
mit der Idee der Gottheit und des Geistes,
War der Begriff der Erd', der Elemente.
Und unter jener Masse lag ich, lebend,
Des Daseins mir bewußt und meiner Unschuld,
Als Knab', als Mensch, als ehmals Sterblicher,
Mir klar bewußt;
Und mir bewußt des Glaubens und der Liebe,
Nun in sich selbst verhöhnet durch den Tod
Der Gottheit. –

Und der Gedank' an Rettung und Erlösung
Aus also qualvoll marterndem Erbangen

23.2 Harrings Beziehung zu seinen Eltern

War ausgelöscht mit der Idee des Geistes,
Der Gottheit, deren Allmacht nur allein
Im Stande wär' gewesen, mich zu retten.
Ob sprachlos so, vermißt' ich nicht das Wort;
Denn welche Macht sollt' ich um Hilf' anrufen,
Da, mit der Gottheit jede, jede Macht gebrochen,
Verschwunden, ausgelöscht, vernichtet war? –

So liegend unter der Materie Masse,
von Todesschweiß bedeckt, erzitternd, bebend,
Erdrückte sie mich dennoch nicht, indem
Das formlos feuchte Etwas unter mir
Dem Drucke nachgab der Materiemasse,
Das Atmen der beklemmten Brust vergönnend,
Obwohl das Blut in mir – kein Blut mehr war,
Und längst der Pulsschlag meines Herzens stockte. –

Wie der Gedank' an Rettung und Erlösung
Nicht Trost noch Lind'rung also mir gewährte
War das Bewußtsein der Unsterblichkeit
Mit jenem furchtbaren Gefühl verbunden.
Das ich als Dasein – Seelenleben trug.

So lag ich über'm Abgrund eines Nichts,
Belastet und gedrückt, und dennoch nicht
Zerdrückt; denn ausgelöscht, wie die Idee
Der Gottheit, war in mir
Die Hoffnung ausgelöscht
Durch das Bewußtsein der Unmöglichkeit,
Jemals erdrückt zu werden, jemals, je
Zu enden! –

So lag ich ohne Zeit und ohne Raum-
(Doch stundenlang nach irdischer Berechnung),
Als Seel' in regungsloser Staubeshülle,
Nicht träumend (denn mein Traum war mehr als ein Traum!)
Als ehmals Sterblicher – unsterblich so,
In der Idee der Rettungslosigkeit,
In einer lichtlos düstern Dämmerung,
Den Fluch des Daseins: ein Bewußtsein tragend,
Für welches ich nicht Worte such' auf Erden.

– Und dreimal träumt' ich diesen Traum als Knabe;
Und dreimal fühlt' ich also:
                        Gott ist tot!

Harring äußert in seinen Kindheitserinnerungen: »Ich erinnere mich genau der Zeit und der Umstände, als der verhängnisvolle Traum mich zum dritten Mal überfiel ... Mein

Nervenzustand muß in einer seltsamen Spannung und Aufregung gewesen sein, indem ich alle Eindrücke jenes Tages so lebhaft in mir aufnahm, daß ich heute noch manches Wort erzählen könnte ... So beschäftigte mich auch dort in der Hochzeitsgesellschaft ein Ölgemälde, auf der Türplatte eines alten Schranks gemalt, und ich bekümmerte mich wenig um Tanz und Gäste. Das Ölgemälde könnte ich heute noch skizzieren. Es stellte einen Mann vor, in einer Landschaft in einer Hütte oder Höhle ruhend, halb sitzend halb liegend. Das ganze sehr mittelmäßige Bild trug den Charakter der Einsamkeit und der Öde des Lebens. Vielleicht fesselte mich es dadurch um so mehr.

... am folgenden Morgen erwachte ich aus der Marter der dritten Wiederholung des Traums und fühlte mich gelähmt. Die rechte Hand lag abgestorben neben mir, und ich konnte ebensowenig das rechte Bein bewegen. Gehör und Gesicht der rechten Seite waren verworren und verlor sich erst mehr und mehr von Tage zu Tage. Auch die Sprache wurde mir bald zu schwirig, daß ich das Sprechen vermied. Das peinliche Stottern ist ebenso empfindlich für den, der es hören muß, als für den, der daran leidend.«

Weiter schreibt er: »Zur Bereicherung der Wissenschaft fühle ich mich veranlaßt, mich hier weiter auszusprechen über den Charakter und die Eigentümlichkeit jenes Traumes, auf dessen Wiederholung jene Paralysis eintrat ... Der Traum kehrte aber immer wieder, mit aller lähmenden und erdrückenden Bürde des Gedankens, den er umfaßte; und die erschrockenen Meinigen befürchteten nun, wohl mit recht, Gehirnzerrüttung des Knaben, dessen Brustübel keineswegs geheilt war«[33].

Für die Interpretation dieses Traumes ist ein lebensgeschichtlicher Zusammenhang von Bedeutung, nämlich daß er den Traum nach dem Tod seines Vaters geträumt hat. Harring war damals acht Jahre alt gewesen.

Harring träumte, daß Gott tot sei. Gott ist auch Vater. Gott-Vater steht auch für seinen leiblichen Vater. Gott-Vater hat ihn verlassen, da er gestorben ist. In dem Moment, als sein Vater stirbt, stürzt das Weltall zusammen zu einer chaosähnlichen Materie. In dem achtjährigen Harro brach ja auch eine Welt zusammen. Erst verlor er die Geschwister und nun auch seinen Vater. Sein Vater enttäuschte ihn vollends, indem er ihn für immer verließ. Denn ein »guter« Vater war er schon vor seinem Tode nicht gewesen, zu dem er volles Vertrauen haben konnte in gegenseitiger Liebe.

Der Tod seines Vaters löste in ihm eine Katastrophe aus. Gott-Vater, das männliche Prinzip, der Geist, der Logos, sind tot. Übrig bleibt ein zusammenstürzendes Weltall. In diesem Traum verdichtet sich die Trauerreaktion von Harro Harring zu einem ergreifenden Bild, das tiefe Depression, Hoffnungslosigkeit, Leere, Einsamkeit und Verlassenheit ausdrückt. Es finden sich zahlreiche Hinweise für eine ausgeprägte, depressive Gestimmtheit. »Gott ist tot. Es gäbe keine Gottheit. Denn ausgelöscht, mit der Idee der Gottheit, des Geistes, war der Begriff der Erd', der Elemente.«

Auch die Bewegungslosigkeit, der Tod, die Vernichtung des Lebens, des Universums, das Stocken des Pulsschlages und der Stillstand der Zeit sind deutliche Zeichen einer Depression. Der Depression liegt nach Ey eine Störung des Zeiterlebens zugrunde. »Leidvolle Erstarrung einer Zeit, die in einer unumkehrbaren, schuldhaften Vergangenheit fixiert ist, Synkope einer Zeit, die sich nicht mehr entfaltet und jede Bewegung der Hoffnung einbüßte, das ist die Melancholie als temporale Arretierung, als Stocken jeden Geschicks«[34]

23.2 Harrings Beziehung zu seinen Eltern

In Harrings Traum heißt es: »So lag ich ohne Zeit und Raum als Seel in regungsloser Staubeshülle ...« Der Stillstand, die Erstarrung der Zeit kommen auch in dem Bild der verdichteten Masse zum Ausdruck, die den Träumer bedroht und bedrückt, doch nicht zerdrückt, so daß er in ewiger Todesangst verharrt. Dieser Zustand erinnert in dem »Nicht-Erdrückt-Werden-Können« und in der Ohnmacht an Sysiphus- und Tantalusqualen.

Gott-Vater ist tot. Es bleibt die Mutter. Aus der Dreierbeziehung wird eine Zweierbeziehung. Die Beziehung zwischen Harrings Mutter und ihrem Sohn ändert sich schlagartig mit dem Tod seines Vaters.

Harring erfährt in dem Verlassensein Furcht, Angst, grauenvolle Dunkelheit, den Abgrund und den Tod, Angst vor dem Erdrücktwerden durch die Materie. Das Wort Materie kommt aus dem Lateinischen »Materia«. Es bedeutet den Urstoff, der etwas hervorbringt[35]. Dem Wort Materie wiederum liegt das Wort mater = Mutter zugrunde. Harring erlebt die veränderte Mutterbeziehung. Die Materie – gleich zusammengestürztes All, gleich Mutter – erdrückt ihn. Nach Erich Neumann ist das All, der Himmel, die Welt der »Großen Mutter« gleichzusetzen:

»In der Besinnung auf die Weite und Tiefe der Phänomenologie des Großen Weiblichen, das mit seinem positiven und negativen Elementarcharakter Oberes und Unteres, Nächstes und Fernes umfaßt, erscheint es als das Große Runde, welches das All ist und es in sich enthält. Nachthimmel, Erde und Unterwelt ebenso wie das Urmeer werden diesem Großen Weiblichen zugesprochen, das ursprünglich immer als das Dunkle und als das dunkel Umfassende erscheint«[36].

Der 8jährige Harro droht von dem grausamen, negativen Aspekt der Großen Mutter erdrückt zu werden. Dieses Bild erfährt noch eine Steigerung. Denn sie erdrückt ihn nicht nur beinahe, sondern sie verschlingt ihn auch: von Todesangst gepeinigt, liegt er auf einem »feuchten, formlosen Etwas«, das ebenfalls den regressiven, verschlingenden Charakter der Furchtbaren Mutter symbolisiert.

Der Traum offenbart eines der zentralen Themen seines Lebens: er trägt die unglaubliche Last unverarbeiteter Trauer und einer erdrückenden Mutter-Sohn-Beziehung. In dieser Beziehung steht er Todesängste aus, weil die Mutter, die Materie, aber auch die Trauer ihm den Raum zum Leben nehmen, seine Brust zusammenpressen, ihn einschränken, ihn nicht sich zum Mann entwickeln lassen, ihn seine Identität nicht finden lassen und seine Individuation verhindern.

Harring erlebt tiefe Ohnmacht, Resignation und Regression einerseits, andererseits mobilisiert die Todesangst »Gedanken an Rettung und Erlösung«, wie es im Traum heißt. In diesen Heils- und Rettungsphantasien, die sich ursprünglich auf die Befreiung von der ihn erdrückenden Mutterlast bezogen, ist die Ursache seines späteren fanatischen Denkens und Handelns zu sehen. So kämpft er als Erwachsener verzweifelt und ohnmächtig »angesichts des Todes« und eines ihn zerstörenden Mutter- und Vaterbildes für Freiheit, gegen Unterdrückung und für das Leben. Selbst aber war er gefangen und unfrei in seiner pathologischen Trauer und Mutterbindung, die symbolhaft in dem Traumbild der ihn erdrückenden Materie zum Ausdruck kommt.

Verstärkt wurde die Symptomatik auch durch verdrängte Schuld- und Haßgefühle gegenüber dem Vater, der für ihn Ursache zahlreicher Kränkungen und gleichfalls gefürchteter Rivale gewesen war.

Erst zwei Jahre nach dem Traum traf er durch Zufall einen Arzt, der ihn durch seine Ausstrahlung und seine Güte beeindruckte. In Hypnose heilte er Harro von seiner Lähmung. Harring bezeichnet die Bekanntschaft des Arztes als »die wichtigste, die ich auf Erden je gemacht habe«[37]. Soweit es möglich ist, eine heutige Diagnose zu stellen, hatte Harring eine Konversionslähmung erlitten. Die Konflikte, die durch den Tod seines Vaters in ihm aktualisiert wurden, konnte er als Kind nur auf der somatischen Ebene ausdrücken.

23.3 Harrings Beziehungen zu Frauen

Einen Großteil seiner Gedichte und auch des »Ronghar Jarr« widmete Harring den Frauen. Schwärmerisch, idealisierend, voller Inbrunst und Anbetung, begeisterte er sich für sie. Die Erfüllung seiner Wünsche nach Liebe, Verstandenwerden und Anerkennung phantasierte er jedoch im Jenseits, im Tod, den er als Geliebten, als Retter preist, der ihn endlich in das Reich der Ruhe führt und ihm die Erfüllung seiner unbefriedigten Verschmelzungsphantasien bringt.

> *Das Mädchen, am Grabe der Lieben*
>
> Teure Namen! – zarte Laute! –
> Engelsharfen Silberklang!
> Ach! das Grab das sie umschlang,
> riß darnieder was ich baute;
> Was ich ewig lächelnd schaute,
> Sank ins öde, stille Grab –
> In die Endlichkeit hinab.
>
> Allem Hochgeliebten ferne,
> Wein' ich hier im bangen Schmerz: –
> Das zerrißne, wunde Herz
> Hängt an jenem Bild so gerne,
> Und die blut'gen Unglückssterne
> Locken mich mit höh'rer Macht,
> In die Gruft – zur Friedensnacht.
>
> Tod! – o Tod! Geliebter, bringe
> Rettend mich in jenes Land!
> Löse dieses ird'sche Band,
> Daß das Leben aufwärts bringe
> Und die Liebe neu umschlinge
> Die getrennten Seelen dort,
> An der Liebe Heimatort![38]

Harring stellt die Ursache seines Unvermögens, zu lieben und geliebt zu werden, dichterisch dar: Sein Herz ist verwundet und zerrissen, weil »der Tod niederriß, was er aufgebaut« hatte. Unfähig, sein verletztes Herz zu heilen und einem anderen Menschen zu schenken, flüchtet er sich in narzißtische Phantasien, die als »Regression auf einen harmonischen Primärzustand« zu verstehen sind[39].

Harro Harring war keine dauerhafte Beziehung zu einer Frau eingegangen. Wie sehr er sich durch die Liebe einer Frau eingeengt und geängstigt fühlte, zeigt uns folgende Liebesszene aus dem Rhonghar Jarr, die sich wahrscheinlich auch in der Realität abgespielt hat:

»Sie sind ein Schwärmer«, begann die Fremde, nachdem sie die Rede auf das ferne Reiseziel geleitet hatte – »ich sehe Sie auf einer Fahrt zum sichern Tode, und erblicke in Ihnen das Bild des Lebens, der blühenden Kraft. Sie sind ein Schwärmer und wenn ich mich nicht irre, bestärkt in Ihrer Schwärmerei durch Unglück, – durch das Unglück, was der Jugend als einziges und wahres Unglück begegnet, durch zertrümmerte Hoffnungen in glühender Liebe.« Der Gewalt ihres Blickes sich bewußt, schaute sie bei diesen Worten in Rhonghars Auge, der überrascht durch diese Anrede, schweigend vor sich niedersah.

»Ich will die Tiefe Ihres Kummers nicht erforschen, Ihre Schwermut kündet mir, daß Sie leiden und einen Jüngling gebeugt zu sehen, dessen Blüte zum Lebensgenusse reifte – erweckt meine Teilnahme, mein Bedauern. Sie sind verschwenderisch ausgerüstet von der Mutter Natur – der innere Gram scheint Ihr Selbstbewußtsein getrübt zu haben; Sie könnten herrschen, wo Sie – dem Anschein nach – beherrscht wurden. Sie schufen sich ein Ideal, und wähnten eine Gottheit zu finden auf Erden, wo höchstens nur Priesterinnen dieser Gottheit wandeln. Ihre Phantasie, von deren Schwunge ich mich jüngst überzeugte, malte sich vielleicht ein Leben in ätherischer Höhe, während die Sehnsucht nach einem höheren Dasein, in Sinnlichkeit gewurzelt, Sie zur Erde herabzog, ohne daß Sie selbst dieses eingestanden.

Auch Sie zählten sich vielleicht zu denen, die die Sehnsucht nach Genuß mit Genuß verwechseln. Was bleibt dem Menschen für jene Welt übrig, wenn er hienieden seine Hülle verleugnen, sich aus sich selbst erheben, und das Gewand der Sinnlichkeit abstreifen will, das allein ihn fähig macht, zu schöpfen als Mensch aus den Quellen der Natur? Reißen Sie die Sinnenwelt danieder, und ich frage Sie, wo werden Sie den Verbindungspunkt finden, der das Gemüt mit dem Schönen vereinigt? Das Ziel des menschlichen Strebens ist Glückseligkeit und ist der höchste Triumph seines irdischen Strebens nicht Sinnenrausch und Sinnentaumel? – Und Sie wollen Ihrer Bestimmung entsagen, und irregeleitet durch den Irrwisch einer geschraubten Leidenschaft, das Schöne hernieden verkennen, nachdem ein Trugbild Sie neckte, für welches Ihre Staubeshülle zu schwer war, als daß die Vermählung hätte denkbar sein können? Ermannen Sie sich in der Kraft Ihrer Tage, und wenden Sie den Blick hinweg von der unglücklichen Idee – auf Erden einen Engel zu finden. Oder wollten Sie einen Engel für ihre Glut – eine verklärte Seele ohne körperliche Hülle?«

Weiter unten fährt er fort:
Der Jüngling zerfloß in wundersamen Gefühlen. Glut strömte durch seine Adern, – regungslos hing sein Blick an der blendenden Gestalt, – bezaubert lauschte sein Ohr den steigenden Tönen. – Lebenswonne durchströmte die zerrissene Brust und Wehmut und bitterer Schmerz kämpften mit nie empfundener Regung. Höher und höher wallte der Sängerin Busen, – feuriger glühte ihr Blick, – mächtiger und reiner entschwebten

die Laute des Gesanges. – Der Zauber des Liedes ergriff die Bezaubernde und gleich dem Sturme, der ihre Brust bewegte, rauschten wilder und stärker die Klänge der Mandoline. Eine Saite sprang. – Plötzliche Stille umschauerte den Erschütterten.

»Sie schufen mir eine schöne Stunde« sprach er mit bewegter Stimme, indem er Isabellas Hand ergriff. Magnetisch durchfuhr ihn der leise Druck ihrer Rechten. Flammen sprühten aus der Wimper-Nacht ihres halbgeschlossenen Blickes hervor, krampfhaft hielt sie den Jüngling umschlungen, der ihre bebenden Glieder berührte. –

Ein einziger Gedanke ergriff die gepreßte Brust, und im Nu war er aus dem Zimmer verschwunden. –

Wie, wenn plötzlich die Flammen durch den Fußboden des Schlafgemachs emporschlagen, – der Schlummernde aus einem schweren Traum erwacht, und sinnverwirrt die Treppen hinabrennt, ohne zu wissen, wo er die Mittel zur Löschung des Brandes suchen soll, trat Rhonghar in sein abgesondertes Zimmer und eilte unwillkürlich ans Fenster, die Glut, welche ihn durchwehte, durch einen Atemzug kühlender Nachtluft zu löschen[40].

Harrings Angst vor dieser klugen und verführerischen Frau läßt ihn wie so oft die Flucht ergreifen.

Die Tagebuchaufzeichnungen aus dem Jahr 1836 teilen uns mit, daß Harring seine sexuellen Erfahrungen als Opfer und Kraftspender sieht..

»Wenn ich einst aus dem Leben scheide, so habe ich hier auf Erden im Punkte des Weibes sehr wenig genossen. Ich war 24 Jahre, als ich in Rom mein erstes Opfer brachte und wiewohl ich in vier Monaten nur einige Male den Genuß wiederholte, verdanke ich dieser Krisis die Erhaltung meiner moralischen Kraft. Ich wäre in Melancholie untergegangen, in jener Stimmung, nach der Rückkehr von Griechenland, enttäuscht über den Traum der Freiheit und der Liebe.

Mit jenem Genuß aber einer jungen Römerin, die bei Thorwaldsen als Modell gedient hatte, schloß sich eine neue Welt mir auf, in meinem Körper, in meinen Nerven spürte ich eine seltsame Veränderung, ich gewann neue Kraft, frischen Lebensmut ...

Ich fühle gar wohl, daß meine Melancholie, mein bitterer Lebensüberdruß zur Hälfte eine Folge der Enthaltsamkeit ist, indem ich alle übrigen moralischen Ursachen gar leicht überwinde und sogar heiter bin, wenn der Körper die heilige Natur in mir ihr Recht genießt oder genossen hat, in Umarmung eines schönen Weibes«[41].

Harring war nicht wie Goethe darauf bedacht, seine Persönlichkeit weiterzuentwickeln. Daher überwand er seine Angst vor Frauen nicht, sondern sah sich im hohen Alter den Folgen seines Narzißmus gegenübergestellt.

Die pathologische Trauer, die ungelöste symbiotische Beziehung zu seiner Mutter und die negative Vateridentifikation führten zu einer Angst vor der Nähe eines Menschen. Dauerhafte und befriedigende Beziehungen zu Frauen hatte er nicht aufbauen können. Die Höhen und Tiefen einer Partnerschaft, die in ihr auftretenden Spannungen, die Angst vor Abhängigkeit und die Angst, in einer realen Beziehung verschlungen und erdrückt zu werden, ließen ihn einsam werden.

23.4 Harrings Suizidalität

Auf das Ausmaß und die Ursache seiner depressiven Erkrankung und seiner narzißtischen Störung bin ich bereits ausführlich eingegangen. Mit zunehmendem Alter verstärkte sich auch seine Suizidgefährdung. Über lange Zeit besaß Harring Kompensationsmechanismen, mit denen er sein labiles Gleichgewicht aufrechterhielt. Seine depressiven Verstimmungen wehrte er zum Teil in Überaktivität und Reisesucht ab[42]. Der Todeserfahrung und der Trauer begegnete er durch Kreativität und Rebellion[43].

Ab Mitte des 20. Lebensjahres ungefähr wurde ihm bewußt, daß er eine wesentliche Aufgabe nicht erfüllen würde: sein Herz einer Frau zu schenken. Zunächst voller Sehnsucht, später voller Bitterkeit und Niedergeschlagenheit, blieb er – geplagt von Selbstmordgedanken – einsam und allein, wie uns folgende Gedichtzeilen zeigen[44].

> Auf Dornen der verwelkten Lebensrose –
> Auf Diestelkränzen der Vergangenheit,
> Den Blick gerichtet auf das hoffnungslose
> Gebiet der Zukunft meiner Einsamkeit;
> Gebeugt daliegen in Miseria's Schoße
> Umfangen von Suicidia's Innigkeit, –
> Entstieg mein Geist in's Reich der Poesie –
> Als – einsam klagend eine Möwe schrie.

Diese Verse erinnern an Friedrich Nietzsches Gedicht »Vereinsamt«, in dem das Klagen des trostlos vereinsamten Narzißten zu hören ist, dessen Herz sich zutiefst nach Heimat und Geborgenheit sehnt, der aber zur Winter-Wanderschaft verflucht ist, sein Herz in Eis und Hohn versteckend[45]. Innigkeit und Intimität erlebte Harring nicht im Zusammensein mit Menschen, sondern in seinen Phantasien. Er schuf sich Tagtraumgestalten, mit denen er Zwiegespräche hielt[46].

In »La Telyn« schildert er erotisch gefärbte Phantasien, in denen eine Furie ihn zum Selbstmord verführen will[47]:

> Verkenn' mich nicht in meines Wesens Tiefe!
> O stoß mich nicht so schroff von dir zurück!
> Enträts'le meines Herzens Hieroglyphe,
> In meiner Wehmut trüben Seelenblick!
> – Ich liebe dich, weil ich so lange dich prüfe;
> In meinen Armen nur blüt dir ein Glück.
> Was fälschlich Tod genannt wird hier auf Erden,
> Wird als Vervollkommnung dir klar einst werden!
>
> Ich liebe dich – Die Lippe, nie geküsst
> Vom Weibesmund in Sehnsucht und Verlangen!
> Die Stirn, durchfurcht – das Herz, das sich verschließt,
> Und diese hagern, wetterbraunen Wangen
> Verkünden, daß du Hohn statt Lieb' genießt –

So darf ich also dich in Lieb' umfangen.
Ich darf's. – denn was dein wundes Herz empfunden,
Ich fühl's seit deines Lebens Morgenstunden.

Nur meine Lieb' war's, die dir Kraft verliehen
Im offenen Kampf von Untergang bedroht.
Mit Stolz sah ich dein Herz in Lieb erglühen
Zu mir, zu mir – in jeder Erdennot!
Nun seh' ich dich an's End Europas ziehen,
Mit dir zerfallen und entzweit mit Gott;
O Freund, verkenn' mich nicht! – Ich bin der Geist
Des Lichts, – des Urwesens, der Liebe heißt.

So hab ich abermal im Kampf gerungen
Mit meiner Furie, die mich bedroht.
Mit sanftem Arm hielt sie mich fest umschlungen.
Die wohlbekannte Furie: Selbstmord – Tod. –
Wohl wär' beinah' ihr diesesmal gelungen,
Zu überwält'gen mich in Gram und Not.
So sucht sie mich, wohin ich mag enteilen:
Liebkosend, herzend neben mir zu weilen.

Vor vielen Andern warst du stets mir teuer,
Geliebter Knabe, Jüngling! – jetzt, ach! Mann! -
Verwandt mit dir, o Freund, durch Schwert und Leier,
Verkannt werd' ich als weiblich Ungeheuer -
Dir aber darf ich herzlich liebend nah'n;
Dir, den kein Weib in Liebe je umschlungen,
Dir – dir hab' ich mich liebend aufgedrungen.

O küsse mich! – O, komm' an meine Brust!
Kein Weib auf Erden könnte ich so lieben!
Ich hass' Umarmung eitler Sinneslust;
In geist'ger Lieb' bist du mir treu geblieben!
Bist der Unsterblichkeit dir klar bewußt,
Und willst durch Widerstreben mich betrüben?
O küsse mich! – Wiss', aus der Erde Ketten
Kann meine Liebe nur – mein Kuß nur dich erretten!

Wozu noch immer lange Briefe schreiben?
Wer schützt dir dein entferntes Hab und Gut – ?
Was weg ist, mög' für dich verloren bleiben, –
Komm' folge mir! da – ! Nimm den alten Hut. –
Ich will dir heut' ein Stündchen Zeit vertreiben;
Man tut ja gern, was man aus Liebe tut, –
Aus Liebe? he! das Wort klingt dir verdächtig?
Und dennoch lieb' ich dich ganz niederträchtig!

Wer ist diese Furie? Es ist eine Frau, die ihn ein Leben lang geliebt hat, die ihm Glück verspricht, Vervollkommnung, Liebe und Licht. Es ist sein verinnerlichtes Mutterbild. Es will ihn in alter, ewiger Liebe in die Grabesgruft hinabziehen und damit zu sich selbst. Denn das Symbol des Grabes, das so häufig in Harrings Gedichten vorkommt, steht sowohl für Trauer und Tod als auch für die Mutter-Erde, hier für den negativen, verschlingenden Aspekt[48].

Harring phantasiert die Verschmelzung mit dem Tod, der ihn bedroht und liebt zugleich: »Ich liebe Dich! O küsse mich! Die Lippe, nie geküßt vom Weibesmund. Und dennoch lieb' ich Dich ganz niederträchtig.« Niederträchtig dadurch, daß diese Furie ihm nie erlaubt hat, eine andere zu lieben und daß sie ihn in den Tod ziehen will. »Nur meine Liebe war's, die Dir Kraft verliehen.« Das war die Mutterliebe gewesen.

Die Suizidphantasien drängten sich ihm mit zunehmender Vereinsamung und Depression immer heftiger auf. Die Regression auf den harmonischen Primärzustand und die Realitätsverleugnung zum Schutz und Aufbau des Selbstwertgefühls nahmen zu, bis er die Phantasien im Jahre 1870 in die Suizidhandlung umsetzte.

23.5 Harring als missionarischer Revolutionär

Viele von Harrings Schriften sind voller fanatischer Leidenschaft, Haß- und Rachegedanken.

> *Racheruf*
>
> ...
> »Schwert von Männerfaust geschwungen«
> Ist der freien Männer Lust,
> Wenn, von Freiheitsglut durchdrungen,
> Rache schwellt die wunde Brust!
> Darum schwingt das Schwert, ihr Freien,
> Netzet es mit Feindesblut;
> Feige Memmen mögen dräuen –
> Deutschen Männern ziemet Mut!
>
> »Schwert von Männerfaust geschwungen!«
> Das ist der Tyrannen Gräu.
> D'rum zum Angriff vorgedrungen;
> Wer kein Schwert hat, nehm' ein Beil!
> Racheruf, du bist erklungen. –
> Zittre Fürst und Fürstenknecht:
> »Schwert von Männerfaust geschwungen
> Rettet einzig dies Geschlecht«[49].

Harring zeichnet die Welt in den Farben schwarz-weiß. Hier Rache, Freiheit und Gerechtigkeit, dort Gewalt, Tyrannei und »kettenschwere Knutenzeit«[50].

Harring will die Menschen für immer von Unterdrückung befreien. Von dieser Idee ist er vollkommen überzeugt. Er sieht sich als Werkzeug einer höheren Sache, wie folgende Worte an Garibaldi zeigen:

»Bruder!
Meine Gemälde sind das Werk der reinen Inspiration. Ich bin nur ein Werkzeug des Geistes, um der römisch-italienischen Sache zu gefallen, der Sache der Menschheit! – Glauben Sie mir, daß ich keine anderen Beweggründe habe, als der Sache der Allgemeinheit zu dienen, der ich treu und unveränderlich seit vierzig Jahren bis zum heutigen Zeitpunkt verbunden bin«[51].

Die höherwertige Idee und die mit Vehemenz vertretene Verteufelung des Gegners sind zwei wesentliche Merkmale des Fanatismus. Der Fanatiker versucht, sein verletztes Selbstwertgefühl zu erhöhen durch einen bedingungslosen Idealismus, dem verdrängte Aggressivität zugrunde liegt.

Der Fanatismus wurzelt in einem irrationalen Haß und einem gestörten Selbstwertgefühl[52,53]. Über die Hintergründe der enormen, verdrängten Aggressivität, die Harring in seinen revolutionären Schriften und Ideen auslebt, habe ich oben eingehend berichtet, auch über die Ursachen seiner narzißtischen Störung, die immer mit einer Störung des Selbstwertgefühls einhergeht.

Von seiner Missionsidee besessen verglich Harring sich in einem Brief an seinen Gönner Todsen mit Jesus Christus: »Des Menschen Sohn hatte ja auch nicht eine Stelle, wo er sein Haupt hinlegen konnte und auch Er lebte ja für die Menschheit. Vielleicht sterbe ich am Schafott«[54].

In dem Gedicht »Der Freiheit Heiland« treten seine Erlöser- und Retterphantasien offen hervor.

Der Freiheit Heiland

Wähnst du, Menschheit! ohne Blutvergießen
Werde dir die Freiheit sich erschließen,
Deines Lebens neuer Schöpfungstag?
Glaub' das nicht! – wie Jesus einst auf Erden
Mußte für sein Werk gekreuzigt werden,
Eh' des Glaubens Licht die Nacht durchbrach:

Wie für dich einst Christi Blut geflossen,
Eh' der Himmel dir ward aufgeschlossen,
Muß der Freiheit Opfer dir sich weih'n;
Denn zum Glauben ist die Freiheit worden
Laut geächtet durch Barbarenhorden –
Und ihr Heiland muß gekreuzigt sein.

Ward auch Polens Volk an's Kreuz geschlagen,
Ward es auch verkauft in unsern Tagen
Durch Verrat, wie einst des Heilands Blut;
Polen war Johannes erst – er lehrte

Dort am Weichsel-Jordan und bekehrte
Manches Menschenherz zur Freiheitsglut.

Doch, er war die Freiheit nicht; »Er zeugte
Von dem Licht« der Freiheit, vor ihm beugte
Sich zur Taufe manch' verstocktes Herz;
Hingerissen von so großer Lehre
Brachte manches Herz dem Herrn die Ehre,
Gläubig – aber mit gar bitterm Schmerz. –

Und Johannes hat den Sieg verkündet;
Wie die Feigheit schmachvoll auch gesündigt
Durch den Volksbedränger Hochverrat;
Völker! euer Heiland wird erscheinen;
Um sich sammeln wird er all die Seinen
Zur Erlösung, zu der Sühnung Tat! –

Menschheit! dein Erlöser wird sich zeigen –
Und vor ihm wird alle Welt sich beugen,
Alle Fürsten werden vor ihm knie'n;
Christum gleich, wird er nach ird'scher Krönung
Nimmer trachten; Freiheit und Versöhnung
Wird sein göttlich Menschenherz durchglüh'n!

Christum gleich, wird er die Armen lieben –
Wird Barmherzigkeit und Mitleid üben
An den Schwachen, aber allgerecht
Wird er, in des Zornes heil'gen Flammen,
Die Verräter seines Volkes verdammen,
Und verderben jeden Fürstenknecht!

Christum gleich, wird er den Reichtum hassen,
Und das Laster an der Wurzel fassen –
In dem Glanz, der keine Tugend kennt;
Ird'sche Pracht, durch Volkesschweiß erzeuget,
Herrscherprunk, vor dem der Sklav' sich beuget,
Wird durch ihn vom Menschenwert getrennt?

Mit der Krämergeißel wird er schlagen
Die Verkäufer, aus dem Tempel jagen
All' die Seelenmäkler groß und klein;
Peitschen wird er die »von Gottes Gnaden«
Des Jahrhunderts Schuld auf sich geladen,
Rächer aller Frevel wird er sein!

Und das Kreuzschwert wird er rächend schwingen,
Trotzdem allen blanken Söldnerklingen –
Trotzend dem Rekruten-Aufgebot.
Feldherrn-Pläne wird sein Blick zerstören,

> Und sein Nah'n wird den Despoten-Heeren
> Schrecken und Entsetzen sein und Tod. –
>
> Richten wird er all' die Übeltäter –
> All die niederträcht'gen Volkszertreter,
> Die der Menschheit heil'ges Recht entweiht;
> Richten wird er sie durch Blutvergießen;
> Wird zuerst sein eignes Blut auch fließen –
> Wie's sein Los als Weltheiland gebeut.
>
> Also wird der Freiheit Heiland kommen,
> Dir, o Menschheit, dir zu Heil und Frommen,
> Als Erscheinung – nicht in Erdgestalt;
> Als Erscheinung, wie Johannes lehrte
> Dort am Weichsel-Jordan – mit dem Schwerte
> Kommt des Heilands sühnende Gewalt –[55].

Harro Harring vergleicht sich mit Jesus Christus, der die Menschheit durch seine Kreuzigung zu erlösen suchte. Georg Groddeck schreibt zum Symbol des Kreuzes:

»Wenn man das Kreuz ansieht, mag es Leben gewinnen, dann ist es ein Mensch mit zur Umarmung ausgebreiteten Armen. An diesen liebesbereiten Menschen wird ein andrer, auch mit ausgebreiteten Armen angeheftet; auch er ist liebesbereit. Aber weder das Kreuz kann umarmen – denn es ist fühlloses Holz – noch der Mensch, der daran hängt – denn er ist festgenagelt. Und er wendet dem Kreuz den Rücken zu. Das einzige, was geschehen kann, ist, daß der Mann stirbt. Nach seiner Auferstehung kann er die ganze Welt umarmend erlösen, das Kreuz fesselt ihn nicht mehr, nur die Wundmale, die bleiben. Das Kreuz dagegen verharrt in dem Zustand der Bereitwilligkeit und der Unfähigkeit, zu umarmen, fühllos, leblos, unwahr; es war schon tot, ehe Christus daran starb, Christus, der Menschen Sohn. Was ist das Kreuz, durch das er allzu eng daran genagelt, sterben muß, damit die Menschheit erlöst wird? Das Kreuz kann nur die Mutter sein. Im Deutschen nennen wir den Knochen, in den der Schmerz der Geburtswehen verlegt wird, das Kreuz; die Lateiner nannten ihn, längst ehe es Christen gab, os sacrum, den heiligen Knochen. Das Kreuz ist die Mutter, die den Sohn umarmen würde, wenn sie nicht Holz wäre, und an deren fühlloser Liebesgebärde der lebendige Sohn in Liebe angenagelt ist, damit er an dieser Liebe hinstirbt zur Auferstehung[56]«.

Menschen mit einer »archaischen Loyalität« zur Mutter vergleichen sich nicht selten mit Jesus Christus, den ans Kreuz geschlagenen Heiland und Erlöser[57]. Die allmächtigen Rettungs- und Erlöserphantasien entspringen der tief empfundenen Ohnmacht, wie Harring sie in seinem Kindheitstraum zum Ausdruck bringt.

Nach Stierlin beruht die Vermischung von Rettungsphantasien mit sadistischen Gedanken auf einer emotional-kognitiven Entdifferenzierung und auf dem Verfall bezogener Gegenseitigkeit[58].

Als Beispiel für einen derartigen Prozeß, der an grauenvollen Mordphantasien kaum zu überbieten ist, steht das Gedicht Harrings vom Seiler Haltermann:

23.5 Harring als missionarischer Revolutionär

Ich bin der Seiler* Haltermann,
Ich hoff auf bessre Zeiten,
Wo man recht Stricke brauchen kann
Zu hohen Fürstlichkeiten!
Ich mache Seile dünn und dick,
Man wähl sie dann nach Art und Schick.

Rotgießer bin ich, heiße Frei,
Zur Arbeit allweil munter,
Ich lob mir die Rotgießerei,
Wenn Fürstenblut darunter.
Es wird kein Volk sich je befrei'n
Durch bloß Geschwätz bei Bier und Wein.

Ich heiße Jörgen Proletär,
Steinpflastrer bin ich eben.
Wie sollt es wohl, wenn ich nicht wär,
Einst Barrikaden geben.
Wenn's morgen für die Freiheit kracht,
Zerstör ich, was ich heut gemacht.

Ich bin der Hufschmied Kilian,
Werd' einen Käfig schmieden,
Drein man die Fürsten setzen kann,
Wenn sie vom Thron geschieden.
Das sei die Volks-Menagerie
Der aufgelösten Monarchie.

Bin halt Chirurgus und Barbier,
Geübt im Amputieren.
Ich will es zum Privat-Plaisir,
am Fürstenkopf probieren!
Das stumpfste Werkzeug such ich aus;
Gott gnade dann dem Fürstenhaus!

»Von Gottes Gnaden«, denk ich oft,
Das gibt ein saubres Leder!
Drauf habe ich schon längst gehofft;
Bin Weißgerber, heiß Feder.
Ein Paukenfell aus Fürstenhaut
So'n Pergament klingt sicher laut!

Ich bin Graveur in Holz und Stahl,
Werd' auch in Knochen schaben,
Wenn wir die Fürsten allzumal
Nach Rechtsbeschluß begraben;
Dann kratz ich in ein Schädelstück:
»Es lebe die deutsche Republik!«[59]

---
* Der Seiler ist der Henker, der mit dem Strick richtet.

Harrings Über-Ich ist teilweise gestört, außer Funktion geraten. Sichtbar werden grausame, wütende Phantasien.

Die von mir genannten Zitate aus Harrings Werk mögen einen falschen Eindruck über seine Gesamtpersönlichkeit erwecken. Harring hat sich zu vielen Fragen des politischen Lebens auch sachlich geäußert, wovon der Band »Gedanken über Wahrheit, Liebe und Gerechtigkeit, Entwurf zu einer Volksvertretung und zur Bildung eines Volkes nach demokratischen Grundsätzen« zeugt[60].

Seine tiefe mütterliche Gebundenheit, die zusammen mit der unverarbeiteten Trauer und der negativen Vater-Identifikation die Ursache seiner ungeheuren Aggressivität darstellt, schuf die Voraussetzung für sein missionarisches, märtyrerhaftes Revolutionärsdasein. Er projizierte seine unterdrückten, gewaltigen Aggressionen auf einen geeigneten Sündenbock – die Monarchen der damaligen Zeit. Er stärkte sein Größenselbst mit Allmachts- und Retterphantasien, indem er Europa und die Welt von den monarchischen Herrschern befreien wollte.

Harro Harring hatte drei Bürden zu tragen, die zu schwer für ihn gewesen waren: eine zu enge Mutterbindung, die unsagbare Last der Trauer und einen Vater, den er als abweisend und zornig erlebt hatte.

Harring hat in seinem Leben versucht, sich von dieser Last zu entledigen. Vor allem als Dichter versuchte er, sich von dem ungeheuren inneren Druck zu befreien, der seine unerfüllte Liebe und die unverrichtete Trauer in ihm erzeugten. Als missionarischer Revolutionär lebte er sein überdurchschnittliches Aggressions- und Energiepotential aus, das er am Ende seines Lebens gegen sich selbst richtete. Er war von einer erfrischenden Ehrlichkeit und einer unbestechlichen Kritikfähigkeit anderen und sich selbst gegenüber. In seinen autobiographischen Schriften und Gedichten zeigt er ein außergewöhnlich hohes Niveau an psychologischen Kenntnissen und sprachlichen Fähigkeiten. Er besaß eine unerschöpfliche vitale Energie, mit der er sich für seine demokratischen Ziele voller Begeisterung einsetzte und mit der er ein umfangreiches literarisches Werk schuf.

Heute, über 200 Jahre später, wünsche ich einem Menschen, der ein ähnliches Schicksal wie Harro Harring erleidet, daß er den Weg zu einem erfahrenen Psychotherapeuten finde. Dieser würde eine tragfähige Beziehung zu ihm aufbauen, ihn an seine Trauer und Wut heranführen und ihn Abschied nehmen lassen von den verinnerlichten Bildern seiner Mutter und seines Vaters. Das würde ihm ein glücklicheres Dasein ermöglichen.

Literatur

[1] Grab, W.: Revolutionsdichter und Odysseus der Freiheit. In: Mattenklott, G. u. Scherpe K. (Hrsg.): Demokratisch-revolutionäre Literatur in Deutschland, Vormärz Kronberg/Taunus (1974), S. 10

[2] Kühl, Th.: Harro Harring der Friese, Max Hansens Verlag, Glückstadt (1906), S. 191

[3] Harring, H.: Serenaden und Phantasien eines friesischen Sängers, nebst Klängen während des Stimmens, Joseph Lindauer'sche Buchhandlung, München (1828), S. 186

[4] Tagebuchaufzeichnungen von Harro Harring im Niedersächsischen Staatsarchiv Wolfenbüttel, »Fein«-Nachlaß

[5] Harring, H.: Rhongar Jarr. Fahrten eines Friesen, 1. Bd., Joseph Lindauer'sche Buchhandlung, München (1828), S. 26
[6] Harring, H.: Meine Kindheit bis 1813. In: Carstens, G., Johannsen, A. (Hrsg.), Jahrbuch des Nordfriesischen Instituts, Bd. 5, Husum (1957), S. 29
[7] Harring, H.: s. 3, S. 16–20
[8] Harring, H.: Dichtungen, Schlesw.-Königl. Taubstummen-Institut, Schleswig (1821), S. 5–51
[9] Harring, H.: s. 5, S. 22
[10] Henseler, H.: Narzißtische Krise. Zur Psychodynamik des Selbstmordes, Rowohlt, Reinbek bei Hamburg (1974), S. 74–92
[11] Harring, H.: s. 6, S. 30
[12] Harring, H.: s. 3, S. 26–27
[13] Harring, H.: s. 5, S. 236
[14] Poznanski, E., O.: The »replacement child«: A sago of unresolved parental grief, Behav. Paed. 81 (1972), S. 1190–1193
[15] Freud, S.: Trauer und Melancholie (1917) GW III, Studienausgabe, S. Fischer, Frankfurt a. M. (1975), S. 197–212
[16] Harring, H.: s. 3, S. 18
[17] Harring, H.: s. 3
[18] Parkes, C. M.: Vereinsamung, Rowohlt, Reinbek/Hamburg (1974), S. 49, 95–105
[19] Harring, H.: s. 6, S. 76
[20] Harring, H.: s. 6, S. 81
[21] Harring, H.: s. 5, S. 129–130
[22] Kühl, Th: s. 2, S. 60
[23] Harring, H.: s. 3, S. 133–134
[24] Harring, H.: Brief an Bissen vom 29.09.1821. Original Königl. Bibliothek Kopenhagen
[25] Stierlin, H.: Eltern und Kinder. Das Drama von Trennung und Versöhnung im Jugendalter, Suhrkamp Verlag, Frankfurt a. M. (1975), S. 115
[26] Harring, H.: s. 6, S. 40–41
[27] Harring, H.: s. 5, S. 19
[28] Harring, H.: s. 8, S. 13
[29] Harring, H.: s. 5, S. 117
[30] Herloßsohn, K.: Biographische Skizzen von P. A. Moldawsky. In: Klar, P. A. (Hrsg.), Libussa, Jahrbuch für 1849, 8. Jhg. Prag (1849), S. 465
[31] Jung, C. G.: Symbole der Wandlung, Walter Verlag, Olten und Freiburg im Breisgau (1973), S. 258
[32] Harring, H.: s. 6, S. 33–35
[33] Harring, H.: s. 6, S. 35–38
[34] Ey, H.: Das Bewußtsein. Walter de Gruyter, Berlin (1967), S. 79
[35] Wahrig, G.: Deutsches Wörterbuch. Bertelsmann Lexikon Verlag, Gütersloh (1968), S. 2380
[36] Neumann, E.: Die Große Mutter, Walter Verlag, Olten und Freiburg im Breisgau (1974), S. 203
[37] Harring, H.: s. 6, S. 64
[38] Harring, H.: Das Mädchen am Grabe der Liebenden. In: Dichtungen, s. 8, S. 56–57
[39] Henseler, H.: s. 10, S. 84
[40] Harring, H.: s. 5, 2. Bd., S. 372–378
[41] Tagebuchaufzeichnungen von Harro Harring im Niedersächsischen Staatsarchiv Wolfenbüttel, »Fein-Nachlaß«
[42] Winterstein, A.: Zur Psychoanalyse des Reisens, Imago 1, (1912), S. 489–506

[43] Auchter, T.: Die Suche nach dem Vorgestern, Trauer und Kreativität. Psyche 32 (1978), S. 52–77
[44] Harring, H.: La Telyn, G. L. Schuler, Strasbourg (1839), S. 111
[45] Nietzsche, F.: Vereinsamt. In: Friedrich Nietzsche, Werke in vier Bänden, Caesar Verlag, Wien (1980), S. 209 und 210
[46] Harring, H.: s. 5, 2. Bd. , S. 42–43
[47] Harring, H.: s. 44, S. 12–22
[48] Neumann, E: s. 36, S. 56 und 148
[49] Harring, H.: Republikanische Gedichte, 1. Bd. , Verlag Louis Fricker, Rendsburg (1848), S. 27
[50] Harring, H.: Splitter und Balken. Erzählungen, Lebensläufe, Gedichte und Aphorismen (1832), S. 487
[51] Harring, H.: Brief an Garibaldi vom 15.11.1862. Original Landesbibliothek Kiel, übersetzt von H. B. Flöttmann
[52] Bolterauer, L.: Der Fanatismus, Psyche 4 (1975), S. 287–315
[53] Mitscherlich, A. M.: Die Unfähigkeit zu trauern, Piper-Verlag, München (1977), S. 63
[54] Harring, H.: Brief an Todsen vom 22.07.1833, zitiert bei Walter Grab, s. 1, S. 32
[55] Harring, H.: s. 49, S. 10–12
[56] Groddeck, G.: Der Mensch als Symbol. Kindler, München (1976), S. 161–162
[57] Stierlin, H.: s. 25, S. 106
[58] Stierlin, H.: Delegation und Familie. Suhrkamp, Frankfurt a. M. (1978), S. 189–193
[59] Harring, H.: s. 3, S. 51–52
[60] Harring, H.: Gedanken über Wahrheit, Liebe und Gerechtigkeit. Entwurf zu einer Volksvertretung und zur Bildung eines Volkes nach demokratischen Grundsätzen. Buchdruckerei der Frau Witwe Silbermann, Straßbourg (1832)

24 Was berichten Patienten über Therapieerfolge?

Es ist nicht nur für die Qualitätssicherung wichtig, sich einen Überblick über den Behandlungserfolg zu verschaffen; auch für den therapeutischen Prozeß und für den Patienten selber hat ein schriftliches Zeugnis während und am Ende der Therapie eine große Bedeutung. Er denkt über sich selber nach, über die Veränderung seiner Verhaltensweisen, über die Besserung seiner Symptome. Er wird sich der Erfolge bewußt, auch der Ziele, die er noch erreichen möchte.

24.1 Wie zeigt sich, daß mein Zug des Lebens in Schwung kommt?

Auf diese Frage antwortet eine 21jährige Beamtin, die wegen depressiver Symptome meine Praxis aufgesucht hat: »In dem halben Jahr Therapie ist viel bei mir in Gang gekommen. Ich verändere alles das, was ich zuvor nur meinen Eltern zuliebe beibehalten oder getan habe. Ich wage mich an Situationen heran, denen ich früher ausgewichen bin. Mir fällt es wesentlich leichter, es ist geradezu eine Herausforderung für mich geworden, offen auf unbekannte Menschen zuzugehen, um Gespräche und Kontakte aufzubauen. Ich habe wenig Angst mittlerweile, mit mir unbekannten Menschen in Berührung zu kommen. Ich äußere öfter und direkter Kritik. Ich genieße es, morgens aufzustehen und spontan zu entscheiden: ›Na, Meike, was willst Du heute machen?‹ Ich kann mich freier entfalten, da ich nicht mehr vor dem Telefon sitzen muß, weil ich abends noch irgendwelche Telefonate mit meinen Eltern führen muß. Ich treffe selbständigere Entscheidungen. Ich wage mich an komplizierte Behördengänge heran. All die häuslichen Sachen, denen ich früher ohne festen Standpunkt und Ideenreichtum gegenüberstand, bereiten mir heute Freude. Ich wage mich an komplizierte Back- und Kochrezepte, ich habe mir ganz allein das Nähen mit der Nähmaschine beigebracht bzw. erarbeitet. Die Erfolge, die ich dabei erziele, geben mir den Mut, immer wieder neue Dinge anzupacken. Ich fühle mich unabhängiger, eigenständiger und kontaktfreudiger wie nie zuvor. Ich stehe viel mehr zu mir selber. Ich bin auch offener und aufnahmefähiger bzw. interessierter dem allgemeinen Weltgeschehen gegenüber geworden. Früher sind Gespräche und Informationen des aktuellen Geschehens in der Welt an mir abgeprallt. Heute schalte ich das Programm nicht um, wenn Nachrichten gesendet werden, sondern folge dem Geschehen, nehme die Informationen auf und bilde mir eine eigene Meinung, erschaffe mir einen Standpunkt. Früher mochte ich mich mit solchen Dingen nicht auseinandersetzen. Ich war über mich selbst erstaunt, mit welch regem Interesse ich die Bundestagswahl verfolgt habe, wo ich doch derartige Geschehnisse zuvor immer vollkommen von mir ferngehalten habe. Ich bin insgesamt weltoffener geworden. Ich nehme vieles genauer und aktiver mit Augen und Ohren, in Bild und Wort wahr. Ich habe zum ersten Mal in meinem Leben das Gefühl, mit Leib und Seele wirklich im Leben zu stehen.«

24.2 Wie zeigt sich, daß ich abgrenzungsfähiger geworden bin?

Hierzu schreibt sie: »Ich entwickle mein Ich und setze dieses Ich auch konsequent durch gegenüber meinem Freund, gegenüber meinen Freundinnen, gegenüber Bekannten und auch Verwandten. Meine Hülle, die mich immer gefangengehalten und eingeengt hat, habe ich abgelegt. Ich zeige mich auch der Verwandtschaft nicht mehr in dieser Hülle. Ich gehe offen und mit eigenem Standpunkt auf mein Umfeld zu, auch auf meinen Verwandten- und Freundeskreis. Ich lasse meine Meinungen und Ansichten geradewegs heraus. Ich äußere meine Meinung auch von vornherein, selbst wenn ich mit meinen Ansichten ganz allein dastehen sollte. Ich übe auch offen Kritik, ich sage, was mir gegen den Strich geht. Wenn ich mal am Wochenende allein sein sollte, weil meine Freundinnen anderweitig vergeben sind und mein Freund gerade mit seiner Handballmannschaft unterwegs ist, dann gehe ich alleine aus. Da ich mittlerweile relativ schnell Kontakte schließen kann, brauche ich mir keine Gedanken zu machen, ob ich den ganzen Abend dann irgendwo allein an einer Bar sitzen würde. Früher hätte ich mich nie getraut, alleine irgendwohin zu gehen. Aufgrund dieser Tatsache bin ich auch viel spontaner geworden. Gerade in letzter Zeit hatte ich vermehrt gehört, daß man mich sehr schätzt, weil man mit mir gute Gespräche führen kann. Einige Arbeitskollegen sagten mir dies, während irgendwelcher Gespräche über Gott und die Welt. Man sagte mir, daß ich für meine 21 Jahre unheimlich reif und auch selbstbewußt wäre. An meinem Selbstbewußtsein habe ich in der Tat sehr viel gearbeitet und dieses ausgebaut und gestärkt.

Ungerechtigkeiten, falsche Behandlungen und auch Meinungen und Ansichten trage ich auch höherrangigen Arbeitskollegen vor. Andererseits stelle ich auch offen Fragen, ohne Angst, daß ich mich damit blamieren könnte.

Früher war ich froh, wenn ich mit einer Behörde, Arbeitskollegen oder anderen Menschen nicht großartig in Kontakt geriet. Auch lasse ich mir von niemandem eine Meinung aufzwingen. Ich betrachte die Menschen nicht mehr mit irgendwelchen Vorurteilen, die ich von irgendjemandem aufgeschnappt habe, sondern ich bilde mir selbst eine Meinung über jeden einzelnen Menschen und entscheide selbst, mit wem ich mich abgeben möchte und mit wem nicht.«

24.3 Wo entwickle ich im Moment meine männliche Seite? Sexualität und Schuldgefühle?

»Meine männliche Seite entwickele ich momentan in meiner neuen Partnerschaft. Ich habe genauere Vorstellungen und Erwartungen. Jedoch achte ich darauf, daß ich nicht immer nur der nehmende, sondern auch der gebende Teil bin in dieser Beziehung. Nehmen und geben müssen sich die Waage halten. Ich stelle Anforderungen, bin den Wünschen meines Freundes gegenüber andererseits tolerant und offen. In Hinsicht auf meine bisherige Sexualität habe ich gegenüber meiner vorherigen Beziehung große Fortschritte gemacht. Ich kann mich viel besser fallenlassen. Ich erreiche bei weitem schneller den Höhepunkt. Ich bin auch aufgeweckter und aktiver. Ich lasse nicht Sex mit mir machen, sondern ich mache Sex. Ich lasse mich nicht nur verwöhnen, sondern ich verwöhne meinen Partner ebenfalls. Stellungen im Sex, dir mir früher unangenehm waren oder schmerzhaft, kann ich mit ihm gut machen. Ich habe keine Schmerzen, ich bin viel offener geworden beim Sex. Ich habe auch bei weitem öfter Sex als zuvor. Auch meine monatliche Blutung ist da kein Störfaktor mehr.

Die Schuldgefühle in Hinsicht auf meine Sexualität sind sehr geschrumpft. Ich trete beim Sex offener und entspannter auf. Es ist jetzt oft mein Wunsch, auch mal den Ton anzugeben beim Sex, selbst mal der führende Part zu sein. Ich bin aktiver geworden. Ich gönne mir den Sex und die Höhepunkte. Ich habe viel intensivere Orgasmen.

Es gibt natürlich noch den einen oder anderen Tag, wo ich mir das nicht so richtig gönne. Aber im Vergleich zu früher ist mir das nun bewußt und ich sage mir: ›Gönn dir das!‹ Und beim nächsten Mal läuft es wieder. Wenn es jetzt mal nicht ganz so gut klappt, dann weiß ich, woran es liegt, mache mir klar, daß es sich um versteckte unbewußte Schuldgefühle handelt und beuge bewußt vor, mich meinem Partner nicht zu verschließen, sondern weiterhin so offen beim Sex zu bleiben und dies noch weiter auszubauen.«

24.4 Was ich erreicht habe

- »Ich bin selbstbewußter geworden.
- Ich grenze mich besser ab.
- Ich bin offener zu den Menschen in meinem Umfeld und auch mir gegenüber geworden.
- Ich bin offener gegenüber dem allgemeinen Tages- und Weltgeschehen geworden.
- Ich bin selbständiger und häuslicher geworden. Ich backe, koche und nähe gern.
- Ich arbeite daran, einen Freundeskreis aufzubauen und habe schon eine Freundin erobert, die sich anfangs gar nicht als solche zu gewinnen darstellte. Durch viele offene Gespräche stellten sich viele Gemeinsamkeiten heraus. Man traf sich immer öfter, jetzt sind wir Freundinnen und unternehmen viel zusammen.
- Ich gestalte meine Freizeit so, daß ich nicht immer nur in der Wohnung hocke.

– Ich gehe ins Fitneßstudio, das schafft seelischen Ausgleich. Streß wird so nicht in die Beziehung geschleppt.
– Ich gehe zur Disco, zum Quatschen und Menschen Kennenlernen in Kneipen, ich gehe mit meinem Freund oder meiner Freundin schön Essen.«

24.5   Was ich noch erreichen will

– »Ich möchte mein selbstbewußtes Auftreten noch stabilisieren und ausbauen.
– Ich werde mir eine Katze anschaffen, um meine seelische Ausgeglichenheit zu gewährleisten.
– Ich will mich auf die Kontaktaufnahme mit meinen Eltern vorbereiten und mich dazu bewußt abgrenzen und als starke, selbstbewußte Persönlichkeit auftreten, um nicht wieder unterdrückt zu werden, dazu muß ich mich bewußt ihnen gegenüber abgrenzen.«

24.6   Wir haben besseren Sex

Ein 26jähriger Jurastudent leidet unter psychogenem Harndrang. Nach einem halben Jahr psychotherapeutischer Behandlung antwortet er zu der Frage: Was hat sich in der Partnerschaft verbessert?: »Wir haben nun mehr Zeit füreinander und unternehmen mehr gemeinsam. So gehen wir oft am Wochenende zusammen in die Stadt, was früher zeitlich nicht möglich war. Dort bummeln wir und lassen es uns gutgehen. Meine Freundin arbeitet ebenfalls an sich, so daß sie jetzt auch mehr auf ihr Äußeres achtet. Das macht sie attraktiver für mich. Ich glaube, sie fühlt sich so ebenfalls wohler. Ich fühle mich nicht mehr unwohl, mich zusammen mit ihr in der Öffentlichkeit zu zeigen. Sie wirkt fraulicher und daher auch interessanter für mich. So fällt es mir auch leichter, sie einmal vor anderen in den Arm zu nehmen und ihr so meine Zuneigung zu zeigen. Manchmal fällt sie allerdings in alte Gewohnheiten zurück und kleidet sich praktisch, wie sie es nennt. Dann fühle ich mich gleich wieder unzufrieden. Unser Sexualleben hat sich auch verbessert. Wir haben mehr und besseren Sex miteinander. Meine Freundin verliert diesbezüglich nach und nach ihre Hemmungen, so daß sie den Sex ebenfalls genießen kann. Wir haben mehr und mehr unser eigenes Leben und haben uns fast vollständig von zu Hause abgenabelt. Die negativen Einflüsse unserer Elternhäuser auf unsere Partnerschaft haben sich so erheblich reduziert.«

24.7 Das Wichtigste in der Therapie

Eine 25jährige Studentin der Betriebswirtschaftslehre sucht wegen scheiternder Partnerbeziehungen meine Hilfe. Sie leidet auch unter depressiven Verstimmungen und Angstzuständen. Nach einem Jahr Gruppentherapie stellt sie Veränderungen an sich fest: »Ich habe gelernt, daß nur ich allein für mein Leben verantwortlich bin und es so gestalten kann, wie ich es möchte. Wenn mir etwas nicht gefällt, dann ändere ich es und jammere nicht herum. Ich habe wieder Spaß am Leben, weil ich es aktiv gestalte, auch wenn es manchmal schwierig ist und nicht alles so läuft, wie ich es mir wünsche. Aber genau das ist eine Herausforderung zu kämpfen, um das zu erreichen, was ich mir vorstelle. Ich habe auch gelernt, den unangenehmen Dingen im Leben ins Auge zu sehen und ohne Angst meine Meinung zu sagen. Vor allen Dingen aber kann ich jetzt Entscheidungen fällen, zu denen ich früher aus Angst oder Schuldgefühlen nicht fähig war. Das Wichtigste bei einer Entscheidung aber ist nicht diese selbst, sondern die Verantwortung, die man damit für sich übernimmt, denn letztendlich kommt es gar nicht darauf an, wofür ich mich nun entscheide im Leben, sondern daß ich mich mit der Situation auseinandergesetzt habe und mit mir selbst im Reinen bin.

Ich kann jetzt positiv denken, weil ich mich nicht mehr durch Grübeln und ängstliche Zweifel gefangenhalte. Meine Gedanken beinhalten Aktivität und ich habe viele Pläne. Ich lebe aktiv und jedes Erlebnis beeinflußt ja auch wieder mein Denken, so daß ein positiver Kreislauf entsteht. Das Umsetzen von Gedanken in Taten ist manchmal schwierig, aber ich habe gelernt, daß ich am glücklichsten bin, wenn ich mich entschlossen habe, etwas für mich zu tun und es auch mache. Die Schuldgefühle, die mich immer am Handeln gehindert haben, sind wesentlich schwächer geworden. Sie sind manchmal da und manchmal nicht. Da ich jetzt weiß, woher diese Gefühle kommen, fällt es mir leichter, damit umzugehen, wenn sie auftauchen.

In der Beziehung zu meinem Therapeuten ist mir wichtig, daß er Distanz zu mir hat. Dadurch fühle ich mich nicht bevormundet wie ein Kind, sondern werde gefordert, selbst zu denken und zu lernen, Entscheidungen zu treffen. Auch der Humor, welchen der Therapeut ausstrahlt, hilft mir, meine Situation auch einmal von einer anderen Seite aus zu betrachten.

Die Gruppe ist für mich sehr wichtig. Die Personen der Gruppe sind wie Spiegelbilder. Mir ist aufgefallen, daß ich infantiles Verhalten, daß ich selbst zeige, zuerst bei anderen bemerke. Mit der Zeit habe ich gelernt, diese Erkenntnis für mich zu nutzen, obwohl ich dann den Mut aufbringen muß, ehrlich zu mir zu sein und mich mit dem betreffenden Thema auseinanderzusetzen. Das, was ich an anderen besonders wenig mag, ist ja auch ein Teil von mir, sonst wäre ich gesund. Wichtig ist für mich auch die Lebensfreude, die so eine Gruppe vermittelt durch das Treffen im Café im Anschluß an die Therapiestunde. Durch die vielen unterschiedlichen Menschen wird mein eigenes Problem überschaubarer und lösbar.

Die Intensität meiner Angstanfälle hat deutlich nachgelassen. Im Prinzip erlebe ich nur noch Spannungszustände, die mir zeigen, daß ich mich schon wieder meiner Verantwortung für mich selbst entziehen möchte. Wenn ich herausgefunden habe, was dahintersteckt und mein Problem, das ich in diesem Moment habe, zu lösen beginne, indem ich klare Entscheidungen treffe und mich mit der Verantwortung, die ich damit übernehme, auseinandersetze, dann läßt auch die Anspannung nach und ich fühle mich gut. Neue Symptome sind nicht aufgetreten.

Früher hatte ich immer das Bedürfnis zu schlafen, wenn es mir schlecht ging. So gab ich auch oft diesem Scheinbedürfnis nach, bis ich gelernt habe, mich zu überwinden und meine Passivität in Aktivität umzuwandeln, ohne dabei Schuldgefühle zu haben, daß ich mir schon wieder etwas gönne. Manchmal war der Kampf schlimm, aber ich wurde immer dafür belohnt, denn gerade wenn ich mich überwunden habe, fühle ich mich sofort besser. Heute ist es auch noch so, daß ich kämpfen muß, aber es fällt mir viel leichter, denn ich weiß, daß es sich lohnt. Letztendlich ist ja das Leben ein einziger Kampf, der ja auch Spaß macht, wenn ich mich nicht so verkrampfe. Ich habe nicht geglaubt, daß es mir schon bald wieder so gut gehen würde. Gerade, wenn Symptome auftauchen, weiß ich, daß ich ein Stück vorankomme und es mir auch wieder besser gehen wird. Jedes mal, wenn ich so eine Entwicklungsphase hinter mir habe, dann habe ich auch eine Menge für mich gelernt.«

24.8 Die aufrechte Haltung

Eine 50jährige Ehefrau hat sich für ihre Familie und ihren Beruf zu sehr aufgeopfert. Sie leidet unter Selbstwertzweifeln, depressiven Verstimmungen und einer tiefen Unzufriedenheit über ihre Ehe und ihre Chefin. Sie kann sich gegenüber ihrem Mann, ihrem Sohn, ihrer Tochter und ihrer Vorgesetzten kaum abgrenzen. Im Gegenteil, sie versucht, es ihnen recht zu machen, ihnen in jeder schwierigen Situation zu helfen und immer Verständnis für deren Forderungen und Fehlverhalten aufzubringen. Sie gerät in eine Erschöpfungsdepression. Nach einem halben Jahr psychotherapeutischer Einzelbehandlung berichtet sie:

»Bisher war ich viel zu angepaßt, habe immer darauf geachtet, so zu sein, wie es anderen gefallen könnte. Ich habe nicht gewagt, mich so zu geben, wie es meiner Persönlichkeit entspricht. Irgendjemand war immer da, der mich in meine Schranken zurückwies. Dadurch war ich gehemmt und konnte mich nicht entfalten. Mein Wunsch ist, frei und offen zu sein und dies versuche ich jetzt, konsequent umzusetzen. Das betrifft besonders den Arbeitsplatz. Seitdem ich von der geduckten in die aufrechte Haltung übergegangen bin, Selbstvertrauen entwickelt habe und in Gesprächen freundlich und selbstbewußt auftrete, geht es mir viel besser und das Verhältnis zu meiner Chefin hat sich positiv verändert. Wir gehen offener miteinander um. Im Umgang mit meinen Eltern grenze ich mich mehr ab. Ich nehme nicht mehr alles widerspruchslos hin, sondern vertrete meine Meinung. Dies ist ungewohnt für meine Eltern und ich bemerke ihre Sprachlosigkeit. In meiner Familie vertrete ich meine Pläne und Wünsche, stoße dabei auch auf keine Hindernisse. Mein Mann ist toleranter geworden, die Gespräche zwischen uns sind offener und tiefgreifender und nicht mehr so oberflächlich. Entscheidungen, die für mich selbst gut sind, stelle ich nicht mehr in Frage, ich wäge nicht mehr so oft ab, ob sie für andere Nachteile mit sich bringen. Zu Dingen, die mich nicht überzeugen, sage ich in Zukunft Nein.«

24.9 Wie zeigt sich, daß ich immer noch zu sehr an meinem Sohn hänge?

»Im Umgang mit meinem Sohn muß ich noch mehr Selbstbewußtsein entwickeln, um ihm klare Grenzen setzen zu können. Schon als Kind war er schwierig, verhaltensauffällig, hyperaktiv und auch sehr sensibel, was wiederum besonderer Aufmerksamkeit meinerseits bedurfte. In seiner Erziehung fühlte ich mich manchmal überfordert. Ich habe deshalb versucht, trotzdem alles besonders gut zu meistern. Dieses Verhalten tritt auch heute noch – wenn auch abgeschwächt – zutage. Bis vor ein paar Wochen habe ich ihn einmal in der Woche angerufen und vieles hinterfragt, z. B.: ›Was hast Du in der letzten Woche gemacht? Wie laufen die Prüfungen? Ißt Du auch vernünftig?‹ In Zeitungen suche ich für ihn nach Ferienjobs, die er jedoch nicht annimmt und organisiere für ihn Treffen mit seinen früheren Schulfreunden. Wir finanzieren ihm Reisen, die er mit seiner Freundin unternimmt, er selbst arbeitet nicht dafür. Obwohl ich mich immer um ihn bemüht habe, was, wie ich jetzt weiß, falsch war, bin ich auch gleichzeitig ziemlich enttäuscht über ihn, denn er hat sich ein schönes Leben gemacht und sportliche Aktivitäten bestimmten sein Studentenleben, wobei sein Studium auf der Strecke blieb. Meine Vorwürfe belasten ihn und er fühlt sich unter Druck gesetzt. Nachdem wir ihm klare Richtlinien gesetzt haben, fühle ich mich viel wohler. Mein gluckenhaftes Verhalten habe ich abgelegt, ich krieche nicht mehr in ihn hinein. Ich habe mir vorgenommen, in Zukunft seine Probleme nicht mehr zu meinen zu machen. Mit diesem Abnabelungsprozeß hat mein Sohn momentan Schwierigkeiten.«

24.10 Mehr Lebensfreude

Ein 21jähriger Student der Linguistik hat enorme Probleme, sich von seiner Familie und seinem Zwillingsbruder zu lösen. Er quält sich unter Identitätsstörungen und depressiven Verstimmungen mit Todessehnsucht. Er klagt über Lustlosigkeit und Passivität, die zu Lern- und Arbeitsstörungen führen. Er wirkt wie ein großes, träumendes Kind mit dem typischen glasigen Augenausdruck und dem glücklichen Lächeln des unbewußten Symbiotikers. Nach eineinhalb Jahren Therapie hat er sich bereits gut entwickelt, wie sein Therapiebericht zeigt:
»Mit dem Studium in Kiel kam ich auch nach einem Jahr noch nicht klar. Besonders meine Familiensituation hatte mich wieder eingeholt. In der Therapie habe ich zuerst eine größere Selbstsicherheit erreicht und eine zunehmende Wachheit. Basierend auf dieser größeren Selbstsicherheit reduzierten sich meine Ängste, Leute kennenzulernen. Überhaupt verkleinern sich meine Zweifel, die mich ausbremsen. Vermutlich hätte ich ohne Therapie mein Studium in Kiel abgebrochen und wäre erst einmal nach Münster umgezogen, um Kontakt zu Bekannten zu halten, die ich aus meiner Schulzeit kenne. Meine Lebensfreude hat sich wesentlich gesteigert und die Ich-Störung ist gelindert, so daß ich wieder mehr in meiner Freizeit unternehme und nicht so sehr an mir zweifle. Ganz wichtig ist es für mich, meine Zweifel weiter

abzubauen und meinen Pessimismus einzustellen. Dadurch gebe ich meiner Zukunft Perspektiven, die ich eine zeitlang nicht mehr gesehen habe. Wichtig ist es, überhaupt schon mal zu handeln. Sich Hängenlassen und Grübeln führen unweigerlich noch tiefer in den Sumpf einer psychischen Störung.

Das flaue Gefühl im Magen tritt nicht mehr so häufig auf, wie ich es schon hatte. Es verdichtet sich auch nicht mehr so stark zu drohenden Bauchschmerzen wie vorher. Insgesamt fühle ich mich energievoller als am Anfang der Therapie. Das Bedürfnis nach langem Schlaf geht allmählich verloren und ich bleibe nicht mehr so oft lange liegen.

Depressionen besetze ich jetzt oft mit Hoffnung. Ich beschreibe die Gefühle, die ich während einer Depression erlebe, als eher schädlich für mich, verbunden mit der Einsicht, deswegen diesen Gefühlen nicht allzusehr zu erliegen. Meine Angst versuche ich zu ignorieren, mir zu sagen: Die Ängste sind irreal. Solche Existenzängste zu haben kostet nicht zuletzt Lebensqualität. Aber oft sind die Ängste noch da und ich isoliere mich dann und gehe viele Sachen nicht an, die mir Spaß machen könnten.

Wichtig in der Beziehung zum Therapeuten ist mir zudem die Distanz zu ihm. Ich betrachte ihn nicht als ›Heilsbringer‹, sondern als Begleiter, der mich in die Selbständigkeit entlassen und stabilisieren will.

Ich fühle mich auf einigen Gebieten noch zu unsicher. Weiterhin brauche ich Stabilisierung und möchte meine Ängste überwinden. Ich habe immer noch ein schlechtes Bild über mich; in meiner Selbsteinschätzung werte ich mich zu oft ab und lege vieles zu meinen Ungunsten aus. Noch immer bin ich zu sehr vergangenheitsorientiert. Ich baue mir auch immer wieder Hypothesen auf in der Form von: ›Hätte ich das getan und das nicht, dann wäre ich an dem Punkt jetzt viel weiter...‹ Ich bin noch zu sehr ein Träumer und sehe noch zu sehr die Taube auf dem Dach, als daß ich den Spatz in der Hand halten möchte.«

24.11 Ich besiegte meine Ängste

Ein 31jähriger Bauingenieur klagt über Erektionsstörungen. Außerdem leidet er unter seiner Einsamkeit und unter depressiven Verstimmungen, die von einer ausgeprägten Angst vor Entscheidungen begleitet sind. Nach einem Jahr Therapie berichtet er:

»Ich kann besser mit meinen Ängsten umgehen. Ich handele mutiger. Ich habe eine Freundin. Mit der klappt es sexuell viel besser. Ich komme nicht mehr so früh und der Sexualverkehr dauert länger, so daß auch sie zum Orgasmus kommt. Auch bei der Arbeit handele ich mutiger, treffe manche Entscheidungen schneller und nehme Verantwortung für meine Berechnungen z. B. auf mich.

Ich habe in Bezug auf mein Denken gelernt, daß Angst, Selbstzweifel, Unsicherheit und Minderwertigkeitskomplexe mein Denken beeinflußt haben. Ich achte mich mehr und bin dadurch selbstbewußter und selbstsicherer. Ich denke positiver und optimistischer.

24.11 Ich besiegte meine Ängste

Ich habe gelernt, in vielen Lebenslagen nicht mehr so feige, sondern mutig zu handeln. Ich gehe die Dinge aktiv an und warte nicht mehr passiv ab. Ich handele öfter so, wie ich möchte und lasse mich nicht davon beeinflussen, was andere denken.

Die Gruppe hat mir gezeigt, daß auch andere Menschen Ängste und Probleme haben, an denen sie arbeiten können. Die Gruppe hat mir Mut gegeben, mich als ein wertvoller Mensch wie andere Menschen zu fühlen. Sie hat mir geholfen, offen und mutig von meinen Ängsten, Gefühlen und Träumen zu sprechen. Die Gruppe hat mir geholfen, daß ich gegen die Ängste angehe und mich aktiv ändere.

Ich wache nicht mehr so oft morgens früher auf und bekomme Herzklopfen, wenn ich an den folgenden Tag und die Hürden denke. Ich habe nur noch selten Herzrasen in Situationen, wenn Entscheidungen zu fällen sind. Ich habe nur noch selten Bauchgrummeln, wenn ich zur Arbeit gehe und an den Tag denke.

Ich kenne die Hintergründe meiner Ängste besser. Ich falle bei Angst und bei Depressionen nicht mehr in so tiefe und langanhaltende Löcher. Ich weiß, daß es nichts bringt, in Angst und Depressionen zu versinken, daß sich davon nichts ändert und man sich nur tiefer in die Depression einwühlt. Wichtig ist es, die Angst zu bekämpfen, aktiv zu werden und in der Situation etwas zu bewegen und sie zum Positiven zu verändern.

Ich habe mich von meinen Eltern entfernt, um ein unabhängiges und selbständiges Leben zu führen. Ich fühle mich nicht mehr von ihnen abhängig. Ich merke jedoch, daß, wenn ich mit ihnen zusammen bin, ich mich jedes mal bemühen muß, meine Unabhängigkeit zu demonstrieren und nicht in alte Eltern-Sohn-Zustände zu verfallen. Ich versuche, wenig Kontakt zu ihnen zu haben, um nicht in irgendwelche Familienangelegenheiten hineingezogen zu werden.

Meine Eltern haben meine Distanzierung hingenommen, meine Mutter mehr als mein Vater, der noch einige Male versucht hat, Kontakt zu erhalten. Ich hatte mit niemandem größere Schwierigkeiten in der Therapie. Meine Freundin als der mir nahestehendste Mensch hat die Therapie akzeptiert, auch wenn sie manchmal den Sinn und Zweck der Gruppe nicht so ganz verstanden hat. Andere Menschen aus meinem Bekanntenkreis wissen nicht, daß ich eine Psychotherapie mache.

In der Therapie war bisher am wichtigsten, daß ich über meine Probleme sprechen konnte, daß mir die Hintergründe von Ängsten und einige meiner Verhaltens- und Handlungsweisen vom Therapeuten und der Gruppe offengelegt und gezeigt wurden, daß mir Mut und Hoffnung gemacht wurde, daß ich durch meine Entwicklung und aktives Handeln meine Ängste besiegen und meinen Zustand zum Positiven ändern kann.

Ich möchte in der Therapie noch erreichen, mich weiter zu entwickeln: Ich werde mein Selbstbewußtsein weiter aufbauen. Ich werde meine Sexualität ausgeglichener gestalten, in der Sexualität Versagensängste weiter bekämpfen und ein glückliches Sexualleben mit meiner Freundin führen. Ich werde meine Unruhe einschränken und lernen, mit Ungewißheiten zu leben und versuchen, sie aktiv zu gestalten. Ich werde Selbstzweifel richtig einschätzen und sie weiter bekämpfen. Ich werde allgemein ausgeglichener werden. Daß ich – vor allem bei der Arbeit – mich bei einigen Dingen nicht so lange aufhalte, sondern sie schneller entscheide und abschließe.«

24.12 Die Gruppe schafft Vertrauen

Eine 29jährige Apothekerin kommt auf Anraten ihrer Freundin in meine Praxis. Sie leidet unter Stimmungsschwankungen, Partnerschaftsschwierigkeiten und Freudlosigkeit beim Sex. Nach einem Jahr Therapie hat sie Erfolge zu verzeichnen: »Die Abstände zwischen den depressiven Phasen haben sich verlängert, die ganz vielen niedergedrückten Momente und Stimmungen der Lustlosigkeit und Leere gibt es in ihrer früheren Intensität nicht mehr. Auch wenn ich immer einmal wieder in alte Verhaltensweisen und Gefühlsmuster zurückfalle, so habe ich doch das Gefühl, daß ich an dem Problem arbeite und mir vor allem bewußt bin, was ich zu tun habe, auch wenn die Umsetzung manchmal nach wie vor schwerfällt. Mein Selbstbewußtsein ist etwas stärker geworden, die Abnabelung von den Eltern und damit das Aufgeben von kindlichen Verhaltensweisen findet bewußt statt.

Gelernt habe ich vor allem, daß ich meinen Kopf öfter und gezielter einsetzen muß. Früher lebte ich oft in einer Traumwelt, heute versuche ich, realistischer zu sein und mich von meinen verklärten Vorstellungen zu lösen. Wichtiger Schritt ist besonders die Erkenntnis, daß eine ausgeglichene Gefühlswelt nicht von alleine kommt, sondern daß ich bewußt durch Handeln und Denken etwas dafür tun kann.

Ich habe den Kontakt zu den Eltern, Schwiegereltern eingeschränkt. Ich übe Sexualität, auch wenn es mir manchmal schwerfällt. Ich bin dabei, mich innerlich von meinem Vater zu lösen. Ich versuche, selbstbewußt aufzutreten. Ich übe, mutig zu sein in Auseinandersetzungen mit meinen Mitmenschen.

Manchmal fühle ich mich bereits über einen längeren Zeitraum sicher und selbstbewußt. Ich bin meinem Freund gegenüber nicht mehr so aggressiv und abweisend, auch von seinen Verhaltensweisen lasse ich mich nicht mehr so schnell beeinflussen. Letztendlich fühle ich mich eigenständiger als früher.

Die Gruppe zwingt in erster Linie zur regelmäßigen Auseinandersetzung mit den eigenen, aber auch mit den Problemen anderer. Ich bin gezwungen, über Tabuthemen offen zu sprechen, das nimmt mir die Angst, mit diesen Themen auch später im Alltag umzugehen. Das Erzählen und auch die Interpretation der eigenen Träume, sowie das Hören der anderen Traumerzählungen verschaffen mir das Gefühl, an bisher nicht bewußte Problematiken herangeführt zu werden und schließlich auch daran zu arbeiten. Nicht zuletzt sind die Gruppenmitglieder auch Vertraute und Ansprechpartner geworden.

Meine Bauchschmerzen sind seltener geworden. Kopfschmerzen aber habe ich nach wie vor in regelmäßigen Abständen.

Wenn ich einmal wieder in einer Depression stecke, dann versuche ich bewußt, meinen Kopf einzusetzen und über mein Denken und Handeln auch meine Gefühlswelt wieder in den Griff zu bekommen, was allerdings nicht immer gelingt. Zudem versuche ich, auch die vielen traurigen Momente als Teil der Therapie zu sehen und letztlich auch als eine Form der Weiterentwicklung, auch wenn mir das oftmals sehr schwerfällt. Im Gegensatz zu früher zwinge ich mich in diesen Momenten zu Aktivitäten, lenke mich ab durch Arbeit, Sport und Freunde. Früher hingegen habe ich mich in diesen Situationen meist sehr zurückgezogen.

Von meinen eigenen Eltern fühle ich mich kaum noch abhängig, ich habe, wie ich finde, mittlerweile ein relativ normales Verhältnis vor allem zu meinem Vater. Eine etwas größere Abhängigkeit verspüre ich hingegen nach wie vor gegenüber der Mutter meines Freundes. Ihr gegenüber bin ich meiner Ansicht nach oftmals zu wenig selbstbewußt und zu nachgiebig. Ich merke immer wieder, daß ich Angst habe, ihren Ansprüchen nicht gerecht zu werden. Aber ich versuche immer mehr, mich als gleichberechtigte Person zu sehen und auch zu verhalten, was mir oftmals noch sehr schwer fällt.

Zu Beginn hatte ich vor allem Schwierigkeiten, vor anderen von meinen sexuellen Problemen zu sprechen, aber das legt sich langsam. Manchmal habe ich immer noch Schwierigkeiten mit Dr. Flöttmanns direkter und konfrontierender Art und es fällt mir manchmal schwer, mich dann durchzusetzen und auch all das zu erzählen, was ich erzählen möchte. Mit den Gruppenmitgliedern habe ich keine Probleme. Ich lerne, Probleme offen anzusprechen und gewinne die Gewißheit, Hilfe zu bekommen.

Ich würde durch die Therapie gerne die Sicherheit gewinnen, mein Leben selbst und eigenständig in die Hand nehmen zu können. Noch fühle ich mich nicht autark und in vielen Bereichen noch zu abhängig von anderen Menschen. Am Ende der Therapie möchte ich vor allem erreicht haben, daß die Depressionen nicht mehr auftreten oder wenn, ich in der Lage bin, mich aus eigener Kraft von ihnen zu befreien. Dann muß die Beziehung zu meinem Freund noch besser werden, ich will vor allem lernen, mich ihm sexuell mehr zu öffnen und auch Bindungsängste abzubauen. Prinzipiell würde ich mir wünschen, selbstbewußter aufzutreten. Noch habe ich den Eindruck, zu kompromißbereit zu sein, Problemen doch eher aus dem Weg zu gehen, anstatt mich ihnen zu stellen und auch einmal einen Streit in Kauf zu nehmen.«

24.13 Früher war ich so passiv

Eine 38jährige Universitätsangestellte leidet unter depressiven Stimmungen und Angstsymptomen. Nach einem Jahr Therapie stellt sie große Veränderungen bei sich fest: »Bevor ich die Therapie begonnen habe, habe ich mich oft schlecht gefühlt. Ich war der Meinung, daß etwas mit mir nicht in Ordnung wäre und ich bald sterben müsse. Ich habe öfter bei der Arbeit gefehlt und habe mich von Ärzten untersuchen lassen. Es wurden mir physisch/psychische Erschöpfungszustände attestiert, sonst fehle mir nichts. Dazwischen hatte ich aggressive Phasen und fühlte mich durch Ereignisse und Anforderungen außerhalb der alltäglichen Routine völlig überfordert. Außerdem war ich sehr unsicher und hatte Probleme im Umgang mit anderen Menschen. Durch die Therapie habe ich die Gründe für mein damaliges Fühlen und Denken kennengelernt. Ich weiß jetzt, daß es auch anderen Menschen ähnlich geht und daß ich das – mich betreffend – ändern kann. Es ist keine Schicksalsspirale, die sich unaufhörlich weiterdreht, sondern ich kann und werde den Kreis durchbrechen.

In Bezug auf mein Denken habe ich gelernt, alte Gedankenmuster abzulegen und durch neue, eigene und positive zu ersetzen. In Bezug auf mein Handeln bin ich aktiver geworden. Ich arbeite nicht immer nur, sondern belohne mich auch mal – aber in Maßen. Ich bringe mehr Disziplin und Ordnung in mein Leben. Ich bestimme selbst, anstatt es nur geschehen zu lassen. Ich gehe neue Wege, auch wenn ich nicht weiß, wo sie hinführen. In Bezug auf mein Fühlen habe ich gelernt, mich nicht wochenlang zu grämen, über einer einmal geschehenen Sache zu grübeln und mich schlecht zu fühlen, sondern mich notfalls mit Aktivität und Außenkontakten abzulenken. Ich habe keine Angst mehr, denn ich habe das Gefühl, daß die meisten Dinge gar nicht so schlimm sind und ich alles überleben kann. Ich bin aber auch vorsichtig, denn ich kann meinen Gefühlen nicht immer trauen.

Die Gruppe hat mir sehr geholfen, weil hier alle gleich sind. Wir sind auf einer Ebene und es gibt keine autoritäre Person. Es gibt keine Tabus. Wir können über alles sprechen und es wird von den anderen angenommen und kommentiert. Dadurch kann ich meinen eigenen Standpunkt prüfen und lernen. Die Mitglieder sind füreinander da. Durch die Ausgabe von Adressenliste und Telefonnummern kann ich auch in der Woche andere anrufen und um Hilfe bitten. Auch wenn ich das tatsächlich selten tue, so weiß ich doch um die Möglichkeit und das alleine hilft schon sehr und gibt ein Gefühl der Sicherheit. Ich erfahre durch die Gruppe, daß es anderen Menschen geht wie mir, bzw. auch schlechter oder besser und was sie dafür oder dagegen tun. Das nimmt mir das Gefühl des Verlassenseins und gibt durch Beispiele Mut und Kraft für den eigenen Kampf.

Magenschmerzen und kalte Hände und Füße sind völlig verschwunden. Die monatlichen Krämpfe sind nicht mehr so beherrschend. Schwindelgefühle und die Angst, wie die Mutter Panikattacken zu bekommen, sind schwächer geworden.

Früher habe ich mich treiben lassen. Jetzt fühle ich mich der Angst, der Melancholie und der Fernsehsucht nicht mehr so ausgeliefert. Ich weiß, daß diese Dinge krank sind und abgestellt werden müssen und können. Ich suche nach Alternativen und gehe dagegen an.

Bei den ersten Gesprächen hatte ich Schwierigkeiten mit dem Therapeuten. Ich fühlte mich unverstanden und abgelehnt und er paßte in mein früheres Männerfeindbild. Heute suche ich den Sinn dahinter und nehme nicht mehr alles so persönlich. In der Gruppe hatte ich Schwierigkeiten, weil ich nicht genau wußte, was von mir erwartet wurde. Heute mache ich mir darüber keine Gedanken mehr, sondern gehe einfach hin.

Für mich war in der Gruppe am wichtigsten, gleichwertig zu sein und ernstgenommen zu werden. In der Beziehung zum Therapeuten war am wichtigsten, daß er eine Linie verfolgt und sich nicht beeinflussen läßt und daß er einen festen Gegenpol bildet zu dem, was ich von früher her kenne.

Ich bin noch zu leicht beeinflußbar. Ich bin noch unsicher in meinen Entscheidungen. Ich weiß jetzt ungefähr, was ich nicht will, aber nicht, was ich will. Ich brauche mehr Selbstvertrauen. Wenn es ernst wird, gebe ich immer noch nach. Ich stehe noch nicht genug für mich ein. Das möchte ich noch ändern.«

24.14 Ich mag mich leiden

Eine 25jährige Studentin der Ökotrophologie leidet unter Kopfschmerzen, Neurodermitis, Regelschmerzen und Angstzuständen. Nach einem dreiviertel Jahr Gruppentherapie resümiert sie: »Alle psychosomatischen Erkrankungen, wie da waren Neurodermitis, Angstanfälle mit Schwindel und Übelkeit, ständige Blasenentzündung und Kopfschmerzen sind im Laufe der Therapie verschwunden. In Bezug auf die Neurodermitis ist mein Körper symptomfrei. Ich komme ohne Medikamente aus. Durch die Therapie habe ich gelernt, mein Selbstwertgefühl wieder aufzubauen und mich so zu akzeptieren, wie ich wirklich bin und nicht, wie ich mich gerne sehen würde. Ich habe gelernt, mich als Frau zu sehen und meinen weiblichen Körper zu mögen.

Es gibt keine besseren und schlechteren Menschen und ich brauche mich nicht minderwertig fühlen. Ich bin offener geworden. Ich kann jetzt Gefühle wie Ärger oder Enttäuschung zeigen. Ich kann sofort meine Meinung sagen und fresse nicht erst die Gefühle in mich hinein. Ich habe gelernt, mich vor allem von meinen Eltern abzugrenzen und die Lebensregeln selber aufzustellen. Ich habe keine Schuldgefühle mehr und kann ohne zu zögern nein sagen. Ich bekomme dabei kein schlechtes Gewissen. Ich habe keine Angst mehr vor Menschen, Menschenansammlungen, unbekannten Situationen, Autofahren, Prüfungen und dem nächsten Morgen.

Ich vertraue mir wieder und habe die Angewohnheit abgelegt zu sagen: ›Das schaffe ich nie‹. Ich grenze das Negativ-Denken ein und sehe nicht da Probleme, wo keine sind. Ich habe wieder Spaß am Leben und Lust zu leben. Ich kann das Leben wieder genießen. Ich schiebe die Verantwortung nicht auf andere Leute, sondern trage sie selber. Nicht andere Leute bestimmen mein Schicksal, sondern ich. Wenn ich etwas erreichen will, muß ich mich dafür einsetzen und nicht darauf warten, daß andere Menschen es für mich tun.«

24.15 Ich kämpfe

Eine 18jährige Schülerin begibt sich auf Druck ihrer Eltern, die selber Ärzte sind, in meine Therapie. Sie leidet unter Eßanfällen und depressiven Stimmungen. Nach eineinhalb Jahren Therapie berichtet sie:

»Seit Beginn der Therapie bin ich aufgeschlossener, selbständiger und aktiver geworden. Ich habe mich aus einer schweren Krise befreit. In der Therapie werde ich immer wieder daran erinnert, daß ich selbst aktiv werden muß, um meine Störung loszuwerden. Es sind vor allem die Einsicht in die Ursache meiner Probleme und die Lösungsvorschläge, die ich jede Woche bekomme, die mich die Probleme erkennen und anpacken lassen.

In Bezug auf mein Handeln habe ich gelernt, selbständige Entscheidungen zu treffen und aktiv zu werden, wenn es darum geht, mein eigenes, von den Eltern unabhängiges Leben zu regeln. Ich habe gelernt, Auseinandersetzungen auszutragen und nicht davor zu flüchten. Außerdem stelle ich mich jetzt vielen Situationen, wie meiner Angst, vor vielen Menschen zu sprechen, anstatt diese Situationen zu vermeiden.

Auch in Bezug auf mein Fühlen habe ich einiges gelernt, bzw. hat sich etwas verändert. Während ich mich früher gut gefühlt habe, wenn ich vor Problemen den Rückzug angetreten habe oder in Unselbständigkeit und kindliches Verhalten zurückgefallen bin, macht es mir heute ein schlechtes Gewissen, wenn ich so etwas bei mir bemerke. Ich fühle mich besser, wenn ich gegen Depressionen oder Passivität ankämpfe und die Dinge tue, von denen ich weiß, daß sie eigentlich richtig sind. Das ist jedoch auch noch nicht immer so.

Die Eßanfälle treten nur noch alle vier Wochen auf. Allerdings kann ich manchmal nicht recht unterscheiden zwischen viel essen und einem Eßanfall. Es fällt mir auch immer noch schwer, ein echtes Hunger- und Sättigungsgefühl auszumachen, so daß ich mich oft beim Essen reglementieren muß. Depressionen kommen auch nur noch selten vor, meistens verzweifle ich dann an einer Problemsituation, nicht jedoch aus heiterem Himmel.

Bei Depressionen versuche ich, mir klarzumachen, daß kein Grund besteht, am Sinn des Lebens zu zweifeln. Ich versuche dann, Pläne für die Zukunft zu machen oder konkret etwas Schönes zu unternehmen. Leider flüchte ich mich noch in Tagträume, anstatt aktiv etwas für mich zu tun. Wenn ich spüre, daß ich einen Eßanfall haben könnte, bleibe ich ruhig und halte mir vor Augen, daß es krank und kindisch ist, in der bestimmten Situation unbedingt etwas essen zu wollen und daß ich mich hinterher über meine eigene Schwäche ärgern würde. Habe ich mir dann doch einmal Schokolade gekauft, schlinge ich sie nicht herunter, sondern esse langsam und versuche, es zu genießen. Außerdem versuche ich, darauf zu achten, wann ich satt bin.

Abhängig von meinen Eltern fühle ich mich vor allem, wenn ich akute Probleme habe, z. B. im Studium nicht weiterkomme oder irgendeine Angelegenheit geregelt werden muß. Dann brauche ich oft ihren Rat. Ich lasse mir auch von meinem Vater helfen, wenn etwas zu reparieren oder zu erledigen ist. Ein Problem ist auch, daß ich mich oft zu Hause wohler fühle als in meiner Wohnung und auch in vielen Dingen das, was meine Eltern tun, als das Optimum ansehe. Gibt mir meine Mutter einen Rat, befolge ich ihn meistens, was ich vielleicht nicht tun würde, wenn er von jemand anderem käme. Außerdem interessieren sich meine Eltern sehr für mein Studium und fiebern regelrecht mit, da sie ja das Gleiche hinter sich haben. Einerseits ist das oft praktisch, doch habe ich manchmal das Gefühl, ein Abziehbild von ihnen zu werden.

Ich möchte in der Therapie noch erreichen, meine Angst vor Menschen und vor dem Leben überhaupt loszuwerden. Ich möchte mein Selbstbewußtsein weiter aufbauen und so zu einer Unabhängigkeit von meinen Eltern finden. Außerdem möchte ich endlich lernen, Liebe, bzw. Männer an mich heranzulassen. Das Hauptproblem besteht weiterhin in meiner Passivität: Ich weiß, was ich zu tun habe, aber ich verschiebe es auf morgen. Ein großes Problem ist noch mein mangelndes Selbstbewußtsein und mein häufiges Selbstmitleid, was mich eben davon abhält, Aktivität zu entwickeln und ein selbständiges Leben zu führen.«

24.16 Es klappt wieder ohne Angst

Eine 30jährige Pharmazeutin leidet unter Depressionen und seit einigen Wochen unter Prüfungsangst. Sie ist nicht prüfungsfähig, als sie meine Praxis aufsucht. Nach einem Jahr Gruppentherapie berichtet sie:

»Die Therapie hat mich am Anfang innerhalb weniger Wochen aus meiner tiefen Depression herausgeholt. Ich habe mein Examen bestanden. Ich habe mit Hilfe der Therapie den Schritt ins Berufsleben gut geschafft und ich kann den Alltag unbeschwerter leben. Ich wäge nicht mehr ab, ob es meinen Eltern gefällt, was ich tue, sondern ich mache das, was ich für richtig halte. Ich rechtfertige mich auch gedanklich nicht mehr so oft vor meinen Eltern. Ich habe mich schon ein gutes Stück von ihnen gelöst. In Bezug auf mein Handeln bin ich selbstbewußter geworden. Ich kann besser Entscheidungen treffen und drücke mich nicht mehr davor. Es gelingt mir viel besser, meinen Tagesrhythmus einzuteilen. Ich hänge nur noch selten untätig zu Hause, sondern nutze meine Freizeit. Ich habe gelernt, im Alltag viel mehr Freude zu erleben. Ich genieße meine Freizeit meist ohne Schuldgefühle und ich habe auch an der Arbeit oft Spaß. Ich lebe einfach glücklicher.

Die Gruppe hat stark zu diesem Erfolg beigetragen, weil sie mich dazu gezwungen hat, mir meine Ängste und Schuldgefühle bewußt zu machen. Die konstruktive Kritik, die Gespräche und neuen Ansätze durch die Gruppe kann ich im Alltag umsetzen. Sie sind so konkret, daß ich selbst daran arbeiten und mir helfen kann. Außerdem lernen wir uns untereinander in der Gruppe so gut kennen, daß es Spaß macht, abends nach der Gruppe zusammen in die Kneipe zu gehen. Hier habe ich es auch schon besser gelernt, in einer Gruppe selbstbewußt aufzutreten und meine Meinung zu vertreten. Ich hatte von Anfang an das Gefühl, in der Gruppe mein Verhalten üben zu können.

Meine körperlichen Symptome haben sich stark verbessert. Ich hatte eine starke innere Unruhe, weshalb ich ständig feuchte Hände hatte, Fingernägel gekaut habe. Meine Fingernägel wachsen jetzt bis auf seltene Ausnahmen und auch meine Hände sind nur noch während der Gruppe und sonst selten feucht. Die Angst vor dem Händedruck zur Begrüßung konnte ich abbauen. Gelegentlich kratze ich mir noch Schuppen auf der Kopfhaut, wenn ich es mir gönne zu lesen. Hieran muß ich noch arbeiten. Sehr viel besser ist auch mein Problem geworden, essen zu können. Ich habe in der Regel Appetit und habe auch etwas zugenommen im vergangenen Jahr. Meine häufigen Verdauungsprobleme mit fast täglichen Blähungen vor allem abends im Bett und häufigem leichten Durchfall sind viel besser geworden. Ich hatte oft, wenn ich unterwegs war, ein so starkes Gefühl, pinkeln zu müssen, daß ich schnell eine Toilette suchen mußte und den Harn fast nicht halten konnte. Auch das ist nur noch selten. Ich habe oft grippale Infekte gehabt, die bis zu 3 Wochen dauerten und deretwegen ich mehrmals im Jahr ein paar Tage zu Hause und oft auch im Bett bleiben mußte. Jetzt habe ich zwar noch immer ständig leichte Nebenhöhlenentzündungen, aber diese beeinträchtigen mich nicht sehr. Ich konnte im letzten Jahr jeden Tag zur Arbeit gehen, brauchte mich nicht krankschreiben zu lassen. Mir war morgens oft übel, wenn ich an dem Tag etwas Besonderes vorhatte, das ist auch nicht mehr so. Nicht besser geworden sind meine Allergien. Ich habe eher das Gefühl, in den letzten Monaten gegen mehr Nahrungsmittel allergisch zu werden. Mit diesem Thema beschäftige ich mich auch noch zu sehr. Ich überlege z. B. beim Einkaufen, ob Lebensmittel, Kleidung, Haarefärben allergisierend wirken.

Wenn ich wieder zu Angst neige, mache ich mir bewußt, daß ich Schuldgefühle habe und mir nicht gönnen kann, etwas zu genießen, z. B. Skifahren oder Inline-Skaten. Die Angst bekomme ich dann meist nicht ganz weg, aber ich mache dann weiter, überwinde die Angst langsam. Ich kann dann wieder Freude an einem Skitag gewinnen. Spätestens am nächsten Tag klappt es dann ohne Angst. Meist bespreche ich meine Angst auch mit meinem Mann. Früher hätte Angst zu einem Anfall geführt mit Weinen, Schreien und Meckern. Das ist jetzt sehr selten. Meine Eßstörung zeigte sich vor der Therapie immer, wenn ich ins Restaurant oder zu Freunden Essen gehen wollte oder selbst kochen wollte für Bekannte oder Verwandte. Die Störung baute sich langsam auf mit Angst vor der Störung, sobald der Termin feststand. Sie gipfelte dann in totaler Appetitlosigkeit mit starker Angst, Übelkeit, Schwindel, dem Gefühl, gleich vom Stuhl zu kippen. Ich war dagegen machtlos. Heute habe ich bei Freunden dieses Problem meist nicht mehr. Ich steuere es, wenn es auftritt, indem ich mir den Teller nicht so voll lade oder etwas weniger Feistes bestelle. Ich ziehe mich vom Gespräch dann auch bewußt nicht zurück und überwinde meine Angst so. Früher habe ich mich dann zurückgelehnt und mich selbst isoliert. Bei meinen Eltern und Schwiegereltern treten die Eßstörung und die Angst vor der Eßstörung noch auf. Sind wir dann erstmal beim Essen, geht es doch.

Die stärkste unterbewußte Abhängigkeit von meinen Eltern habe ich noch beim Sex. Mich für Sex freizumachen, fallen zu lassen, ihn zu genießen, fällt mir immer noch schwer. Ich neige noch immer dazu, meine Lust zu unterdrücken, statt sie auszuleben und zu genießen. Ansonsten gibt es immer noch Themen, bei denen ich das Gefühl habe, sie meinen Eltern erklären zu müssen: daß mein Mann mit seinem Examen solche Probleme hat oder daß ich mir im September einen Urlaub gönne, für den ich mein Gespartes ausgebe.

Am Anfang hatte ich Schwierigkeiten, über meine Probleme vor oder mit der Gruppe zu sprechen. Heute fällt es mir oft noch schwer, meine Sicht zu verteidigen, auch mit dem Therapeuten zu diskutieren, treffender meine Meinung zu erklären. Ich halte mich noch immer zu schnell zurück. Ich habe auch noch immer Schwierigkeiten, alles und ausführlich zu erzählen, was mich beschäftigt. Ich neige dazu, meine Gedanken nicht wichtig genug zu nehmen. Anfangs fühlte ich mich oft nicht als intelligent genug, um die Träume zu deuten. Das Gefühl habe ich auch jetzt noch manchmal. Auch, wenn ich meine Träume aufschreibe und mir das schriftliche Formulieren schwerfällt.

In der Gruppe war für mich sicher am wichtigsten, daß ich hier üben kann, selbstbewußt aufzutreten und zu argumentieren, meine Meinung zu vertreten. In der Beziehung zum Therapeuten war für mich am wichtigsten, daß er es geschafft hat, mich innerhalb von Tagen und Wochen aus meiner tiefen Depression herauszuholen. Ich weiß, daß sein Konzept für mich der richtige Weg ist, meine Probleme anzugehen.

Ich will in allen Punkten, die ich hier angesprochen habe, noch weiterkommen. Die meisten meiner Schwierigkeiten sind im vergangenen Jahr schon viel besser geworden, aber hier will ich noch weiterarbeiten. Ich habe noch Schwierigkeiten mit meinem Selbstbewußtsein. Mir eine Meinung zu bilden und sie zu vertreten und schriftliches

Formulieren fallen mir noch schwer. Das möchte ich verbessern. Meine Eßstörung möchte ich noch ganz besiegen. Auch meine körperlichen Symptome, besonders die Allergie, will ich noch weiter verbessern. Ich will noch weiter daran arbeiten, mich von meinen Eltern zu lösen.«

24.17 Der Nebel lichtet sich

Ein 29jähriger Jurastudent, der wegen seiner Prüfungsängste und Lernstörungen meine Praxis aufsuchte, faßt nach einem Jahr Therapie seine Erfolge zusammen:
»Dank der Therapie haben sich mein Innenleben und mein Verhalten stark zum Positiven verändert. Nachdem ich den wichtigen Schritt gemacht habe, den Kontakt zu meinen Eltern gegen deren Widerstand stark einzuschränken, ist es mir gelungen, selbstbewußter, offener und vernünftiger zu werden. Mein Hauptproblem, die Lernstörung, habe ich erst nach einigem Kampf ganz gut in den Griff bekommen. Das disziplinierte Lernen bedeutet für mich weiterhin ständige Überwindung, aber es fällt mir immer leichter. Der Nebel im Kopf lichtet sich und ich weiß wieder, daß ich eigentlich gut lernen kann. Auch wenn ich jetzt das Examen unterbrochen habe, gehe ich davon aus, daß ich das Examen schaffen werde. Daran habe ich vor der Therapie, aber auch in deren Verlauf zunächst lange nicht geglaubt. Allgemein gelingt es mir viel besser, meinen Alltag zu organisieren. Frühes Aufstehen und die klare Trennung von Arbeit und Freizeit gelingen mir schon recht gut. Auch lernvermeidende Zwangshandlungen wie Aufräumen, Erledigungen oder den Kauf überflüssiger Dinge habe ich stark reduziert. Das gilt auch für meine Fernsehsucht und mein infantiles, unstrukturiertes Verhalten. Dank der Trennung von Arbeit und Freizeit genieße ich viel mehr. Zum einen kann ich so Kraft fürs Lernen tanken, zum anderen gewinnt die Partnerschaft dadurch. Sie ist harmonischer und erfüllter geworden. Ein Großteil der fast immer neurotisch bedingten Streitereien ist weggefallen. Dafür sind wir jetzt viel aktiver, genießen und gestalten unsere Freizeit. Insgesamt denke ich positiver und handele selbstbewußter und erwachsener.
Ich nehme mich selbst wichtig. Mir gelingt es jetzt besser, negative Gedanken zu einzugrenzen. Beim Lernen sind meine Gedanken jetzt klar, der Stoff bereitet mir inhaltlich keine großen Probleme mehr. Auch entscheide ich mich schneller. Ich versinke beim Denken weniger in Grübelei, bin vielmehr härter und klarer im Denken geworden.
Ich handele selbst und warte nicht darauf, daß andere mich mitziehen. Ich handele strukturierter und entschlossener. Ich stehe früher auf, lege schneller mit dem Lernen los, gehe aktiv zum Sport. Mein Handeln habe ich nur in Bezug auf meine Frau eingeschränkt, der ich stets zu Gefallen sein wollte und die sich auch gerne bedienen ließ. Um meine Frau nicht zu enttäuschen – ein Mittel, mit dem meine Mutter arbeitet –, habe ich immer versucht, es ihr recht zu machen. Auch hier handele ich selbstbewußter und mache mehr mein Ding. Die Abgrenzung gelingt auch hier besser.
Ich war schon immer ein Gefühlsmensch und habe Gefühle zugelassen und auch offen gezeigt. Das tue ich noch. Meine Gefühlswelt ist aber um eine Dimension

bereichert. Ich lasse auch aggressive und harte Gedanken und Gefühle zu. Bei Disharmonien mit anderen Personen fühle ich mich nicht mehr so schlecht und schuldig, sondern bleibe relativ gelassen und grenze mich ab.

Die Gruppe hat großen Anteil am Therapieerfolg. Es fällt viel leichter, unter Gleichgesinnten über schwierige, belastende und auch intime Themen zu reden. Die Gruppe ist auch eine gut funktionierende Kontrollinstanz. Ich weiß stets sehr genau, was ich vor der Gruppe und dem Therapeuten gut vertreten kann und was nicht. Das hilft im Alltag und bei der Neurosebehandlung. Wenn ich dann doch neurotisch handle, pfeifen Therapeut und Gruppe mich zurück. Vor allem der Therapeut stoppt neurotisches Gerede und fadenscheinige Erklärungen. Zudem lerne ich durch die Fehler anderer, die oft auch meine Fehler sind. Und Gruppenmitglieder, die erfolgreich ihre Therapie beenden, zeigen, daß Selbstbewußtsein, Entscheidungsfreude, Lebensfreude, usw. machbar bzw. lernbar sind. Letztlich wächst man auch in der Gruppe; ich habe gelernt, über alles offen zu reden, anstatt es in mich hineinzufressen. Auch trete ich mittlerweile selbstbewußter auf und sage das, was ich mir vorgenommen hatte zu sagen. Das gelang mir anfangs weniger gut. Insofern ist die Gruppe auch ein gutes Übungsfeld für den Alltag.

Früher gab es ein Lernen ohne starke Verspannungen und Rückenschmerzen während des Studiums für mich nicht. Das hat sich stark geändert. Jetzt treten die Verspannungen nur gelegentlich auf. Auch meine ständigen Erkältungen und Grippen gehören der Vergangenheit an. Seit ich die Therapie mache, war ich so gut wie nicht krank. Auch Entzündungen im Mund und am Auge, die ich in stressigen Phasen häufig hatte, habe ich so gut wie nicht mehr. Zudem sind meine Schlafstörungen stark reduziert. Während ich früher oft stundenlang vor Grübelei nicht einschlafen konnte, schlafe ich nun meist schnell ein. Aktuelles Beispiel dafür ist meine erste Examensklausur im zweiten Versuch: Im ersten Versuch habe ich maximal eine Stunde geschlafen, jetzt waren es immerhin über sechs. Neue Symptome sind nicht aufgetreten.

Ich begrenze meine Angst. Überkommen mich Zweifel an meinen Fähigkeiten, meinen Examenschancen sowie Zukunftsangst, versuche ich mir klarzumachen, wie ein vernünftig handelnder Mensch in meiner Situation reagieren würde. Ich frage mich auch, was Therapeut und Gruppe dazu sagen würden. Meist hilft das. Tut es das nicht, durchbreche ich die Angstphase, indem ich jogge oder radfahre. Danach starte ich einen zweiten Lernversuch, der in aller Regel auch gelingt. Auch wende ich mich weit häufiger als früher an meine Frau, die mir dann auch mit einer realistischen und vernünftigen Sichtweise zur Seite steht. Es sei denn, sie befindet sich selbst in einer neurotischen Phase.

Eine äußerliche Abhängigkeit von meinen Eltern besteht nicht mehr. Finanziell sind wir selbständig und haben Unterstützungsangebote meiner Eltern bewußt abgelehnt. Die innerliche Abhängigkeit ist aber noch nicht behoben. Ich setze mich noch viel zu stark mit dem auseinander, was meine Eltern zu meinem Denken und Handeln denken würden. Besonders in Bezug auf mein Examen und die Therapie führe ich regelrecht innere Zwiegespräche mit ihnen. Ich kämpfe allerdings dagegen an. Sie sind aber Ausdruck meiner Schuldgefühle. Da ich aber schon einigen Abstand gewonnen habe und auch bewußt Zeichen gesetzt habe – wie meinen Brief an sie –, die nicht mehr zu revidieren sind, werde ich auch den Rest des Weges gehen. Meine Entscheidungen fälle ich immerhin ganz bewußt elternfrei. Da auch meine Frau Therapie macht, klappt die gegenseitige Kontrolle in Bezug auf die Schwiegereltern jeweils sehr gut.

In der Anfangszeit hatte ich die wohl üblichen Eingewöhnungsschwierigkeiten. Da ich die Ursache für meine Probleme nicht kannte, hielt ich sie für normal. Meine Lernstörung hielt ich für mangelnde Selbstdisziplin. Daß dem eine ganz andere tiefenpsychologische Dimension zugrundeliegt, wurde mir erst nach und nach klar. Insgesamt habe ich aber, auch wegen des Examensdrucks, wenig Probleme in der Therapie. Entweder ich lasse mich ganz darauf ein oder mein Examen klappt nicht, davon bin ich überzeugt. Außerdem hat sich bisher jeder Therapieschritt, auch wenn ich zunächst an manchen nicht glauben wollte, bewahrheitet. Insgesamt weiß ich genau, daß ich das Richtige auf dem Weg zu mehr Selbstbewußtsein, mehr Erfolg und mehr Lebensfreude tue. Mit anderen Gruppenmitgliedern habe ich keine Probleme.

Das Herausgreifen eines einzelnen Aspektes der Gruppentherapie fällt mir schwer, da das Zusammenspiel verschiedener Faktoren den Erfolg bringt. Sehr wichtig ist, in der Gruppe zu sehen, welche Wandlung andere Gruppenmitglieder, die ihre Therapie erfolgreich zum Abschluß bringen, durchgemacht haben, welche Ausstrahlung und welches Selbstbewußtsein sie aufweisen.

In der Beziehung zum Therapeuten war und ist für mich am wichtigsten, daß dieser bei so gut wie allen Punkten, die ich zunächst neurosebedingt nicht annehmen wollte, recht behalten hat. Das hat mich jedes mal ein Stück weitergebracht, weil ich gesehen habe, daß grundlegende Änderungen der Persönlichkeit machbar sind. Letztes Beispiel dafür war das Ausleben von Sexualität auch in der anstrengenden Examensphase, das ich anfangs für zuviel verlangt hielt. Nachdem ich das dennoch praktiziert habe, habe ich sofort gemerkt, wie das mein Selbstbewußtsein gestärkt hat. Außerdem hat es mir wieder klar gemacht, daß ich mich auch kurz vor den Klausuren nicht zwangsweise schlecht fühlen muß, sondern vielmehr zwar hart arbeiten muß, ich mir dann aber Entspannung gönnen darf und auch sollte. Überdies fördert ein erfülltes Sexualleben ohne Frage die Partnerschaft.

In allen oben genannten Beispielen, wo Erfolge zu verzeichnen sind, werde ich noch weiter an mir arbeiten. Mein Nahziel bleibt natürlich mein Examen. Schaffe ich das, wovon ich ausgehe, so erringe ich damit einen großen Sieg über meine Neurose und deren Ausprägung, die Lern- und Arbeitsstörung. Das Examen fordert von mir das Vermeiden von Grübelei und negativen Gedanken, es fordert vor allem eine Abgrenzung von meinen Eltern, speziell meiner Mutter und meiner Schwester, es fordert Selbstbewußtsein, Selbstdisziplin, Entscheidungsfreude sowie gleichzeitig eine aktive Gestaltung der verbleibenden Freizeit und der Partnerschaft. Damit sind die wesentlichen zu verbessernden Punkte angesprochen. Gelingt mir das jetzt, wird es mir im weiteren Verlauf der Therapie auch gelingen. Langfristig müssen vor allem die Mutterbindung und die damit einhergehenden Schuldgefühle beseitigt werden. Immer wenn ich derzeit Kontakt zu meinen Eltern habe, kommen Schuldgefühle auf. Meinen Hexenschuß z. B. hatte ich nicht ohne Grund in der Zeit, als meine Eltern und meine Schwester wegen der Krebsoperation meines Vaters in Kiel waren. Besonders durch mögliches Enttäuschtsein meiner Mutter und auch meiner Schwester, die das gleiche Muster übernommen hat, lasse ich mich immer noch zu sehr unter Druck setzen. In der Partnerschaft wird zum einen das Sexualleben noch verbessert. Zum anderen darf ich mich auch hier nicht durch mögliches Enttäuschtsein unter Druck setzen lassen.

Allgemein werde ich meine männliche Seite im Sinne von Selbstbewußtsein, Entscheidungsstärke und Aktivität weiter ausbauen.«

Inzwischen ist der Prüfungskandidat Volljurist und arbeitet erfolgreich in einem Versicherungsunternehmen.

24.18 Der Horizont erweitert sich

Eine 24jährige Werbefachfrau leidet unter Angst im Fahrstuhl. Außerdem empfindet sie eine störende Eifersucht. Sie berichtet nach zwei Jahren Gruppentherapie:

»Wenn ich mich manchmal nicht so gut fühle, denke ich an Sie und überwinde meinen Unmut, Sex zu haben. Obwohl ich vorher nicht dachte, daß ich ihn genießen könnte, fühle ich mich danach sehr gut. Ich bin stärker und selbstbewußter geworden. Allerdings ist dieser Punkt noch übungsbedürftig. Meine Ängste haben mein früheres Leben sehr eingeschränkt. Nun kann ich unbeschwerter leben, kann alles unternehmen, was ich will und tue es auch. Dies hat auch meiner Beziehung gutgetan. Ich lebe bewußter. Früher habe ich mich selbst belogen, habe mir eingeredet, daß ich keine Lust zum Konzert habe, mir schlecht wird, beim Autofahren auf der Rückbank, ich doch lieber zu Fuß in den 12. Stock stiefele, doch ich hatte ja einfach nur Angst. Heute kann ich auf diese Ängste reagieren. Sollte ich manchmal ein ungutes Gefühl verspüren, weiß ich mit mir umzugehen und meistere die Situation. Auch meine Eifersucht packe ich anders an. Ich habe Taktiken gelernt, die meine Klappe nicht mehr fallen lassen. Ich möchte soweit kommen, daß ich keine Ängste mehr verspüre und auch keine Taktiken mehr anwende, um Eifersüchte zu bekämpfen. Außerdem will ich noch mehr zu mir selbst stehen und mich nicht in den Schatten stellen. Die Deutung der Träume hat mir oft den Weg gewiesen, aber vor allem Ihre Art, einen auf etwas zu stoßen, ohne es ganz direkt zu sagen. Somit schaffen Sie es, einen auch außer der Therapiegruppe zu leiten. Durch die unterschiedlichen Probleme in der Gruppe und manchmal auch anderen Sichtweisen erweitere ich meinen Horizont und bemerke Dinge, die ich bislang nicht gesehen habe.«

24.19 Ich fühle mich als Mann

Ein 23jähriger Student der Medizin kommt auf Anraten seiner Eltern in die Therapie. Er leidet unter depressiven Stimmungen und diffusen Ängsten. Nach eineinhalb Jahren berichtet er:

»Ich bin jetzt viel mehr in der Lage, körperliche und geistige Nähe zuzulassen. Dadurch ist eine Liebesfähigkeit erst richtig möglich. In Bezug auf meine Sexualität stehe ich stark zu ihr in Wort und Tat, auch wenn ich im Moment keine Freundin habe. Ich fühle mich sehr viel mehr als Mann im Vergleich zu vorher und stelle männliche Attribute in den Vordergrund. Ich erfreue mich an meinem Auftreten als Mann.

Meine Durchsetzungsfähigkeit ist besser geworden, sie muß aber noch ausgebaut werden, wobei sie gegenüber den Eltern sehr viel besser ist als gegenüber Freunden und insbesondere meinem Mitbewohner. Meine Lebensfreude ist teilweise riesig, weil ich starke innere Gefühle zulasse und sie mir erlaube. Allerdings wird sie noch oft durch Traurigkeit überschattet, gegen die ich mich besser, aber noch nicht ausreichend wehren kann.

Ich habe mich in vielerlei Hinsicht geändert. Zunächst habe ich mich zu einem großen Teil von meinen Eltern, besonders meiner Mutter gelöst und mich somit ihren schädigenden Einflüssen entzogen. Weiterhin sehe ich im Gegensatz zu früher optimistisch einer guten Zukunft entgegen. Ebenso habe ich meine Persönlichkeit entwickelt und zwar als Mann und Mensch. Es ist für mich sehr befreiend, die Persönlichkeitsanteile auszuleben, die schon immer in mir verborgen waren, welche ich mir aber nicht erlaubt habe und vor denen ich Angst hatte. Wichtig ist mir die Veränderung im Umgang mit anderen Personen. Ich bin nicht mehr so stark von ihren Äußerungen und Taten abhängig. Die narzißtische Kränkbarkeit habe ich größtenteils abgebaut. Ich fühle mich anderen Personen auch oder gerade Fremden gegenüber unabhängig. Weiterhin stehe ich der Passivität nicht mehr ohnmächtig gegenüber, sondern bekämpfe sie aktiv, z. B. durch vermehrtes Ausleben von Interessen. Dem Auftreten psychosomatischer Beschwerden biete ich viel besseren Einhalt als früher. Letztlich ist mein Selbstvertrauen durch alle genannten Veränderungen und den dadurch erzielten Erfolg stark gewachsen, besonders Frauen gegenüber. Hier sollte ich aber noch zielstrebiger werden.

Ich werde mein Durchsetzungsvermögen noch steigern. Mein Denken und Handeln sollte noch offener, spontaner und mutiger werden. Weiterhin werde ich die Umstände, die zu meiner immer noch zu häufigen Traurigkeit und Passivität führen, ändern und jene noch besser bekämpfen.«

Auf die Frage: »Was war für mich in der Therapie am wichtigsten?« antwortet er: »Das offene Ansprechen der Probleme durch den Therapeuten, die Korrektur und das Aufzeigen von Fehlverhalten in regelmäßigen, wöchentlichen Abständen. Weiterhin half mir die Traumanalyse als Mittel, meine Konflikte und Bedürfnisse aufzuzeigen, aber auch Erfolge in der Entwicklung. Schließlich war das Vertrauen in die Person und Kompetenz des Therapeuten sowie eine große Sympathie von fundamentaler Bedeutung.

In der Gruppe hat mir gut die entspannte, freundliche Atmosphäre geholfen. Man erkennt die eigenen Probleme bei anderen Menschen zunächst besser und leichter als bei sich. Man fühlt sich in der Gruppe erleichtert und nicht so alleine. Die Anwesenheit von gutaussehenden Frauen half mir im Zusammenhang mit dem An- und Aussprechen von Sexualität und verwandten Themen.«

24.20 Ich lege Wert auf Sexualität

Eine 39jährige Ärztin hält es in ihrer Ehe kaum noch aus. Sie neigt zu psychosomatischen Beschwerden und depressiven Verstimmungen. Sie hat unter ihrer eifersüchtigen, anklammernden Schwiegermutter und ihrem Ehemann zu leiden. Nach 10 Monaten Therapie verzeichnet sie einige Therapieerfolge:

»In Bezug auf meine Liebesfähigkeit und Sexualität bin ich problembewußter geworden. Ich lasse Sexualität erstmals seit langem wieder zu. In Bezug auf meine Durchsetzungsfähigkeit habe ich gelernt, Wünsche und Bedürfnisse zu formulieren und in ruhigerer Form dann auch durchzusetzen. Ich habe gelernt, mir Freuden in meinem Leben zu gönnen, meine Stimmung ist positiver und optimistischer geworden. Ich versuche nicht mehr, dauernd die Vergangenheit aufzuarbeiten, in Diskussionen bin ich ruhiger geworden. Ich lasse Verletzungen nicht mehr so schnell zu. Ich weise zumindest sofort darauf hin.«

Auf die Frage: »Was hat mir in der Therapie am meisten geholfen?« antwortet sie:

»Das Erlernen der Traumdeutung, da ich dadurch einen Zugang zu mir selbst gefunden habe. Ich war sonst so verunsichert, weil ich zu wenig Kontakt zu mir selbst hatte und damit meiner Wahrnehmung auch nicht traute.«

24.21 Menschen kommen auf mich zu

Ein 29jähriger Physikstudent begibt sich auf Anraten seines Psychotherapeuten aus der Studentenberatung in meine gruppentherapeutische Behandlung. Nach sechs Monaten Therapie berichtet er: »Die Trennung von meiner Freundin und der Tod meines früheren Therapeuten, von dem ich zu dem Zeitpunkt erfuhr, führten mich im Herbst 1988 in eine tiefe Krise, die allerdings lange vorbereitet war. Daraufhin suchte ich Dr. Rank in der Studentenberatung auf, wo ich bis Mitte des vergangenen Jahres blieb. Den Beginn des nächsten Jahres erlebte ich bei diesem Psychotherapeuten als eine Art Ankerplatz. Zunächst wollte ich eigentlich nur aufgehoben sein. Die Geborgenheit dort wich nur langsam der Bereitschaft, etwas zu verändern. Hemmend wirkte, daß ich im Grunde meine Therapiezeit mit dem verstorbenen Arzt dort wiederholen wollte und dementsprechend auch nicht Herrn Dr. Rank als Herrn Dr. Rank erlebte, um mich der Gegenwart zu stellen und mich weiterzuentwickeln. Doch gegen Ende der ersten Jahreshälfte kehrte langsam Leben in mich zurück und ich spürte, daß ich mich aktiven Situationen zuwenden muß. So war ich dann allmählich bereit, mich einer Gruppentherapie bei Dr. Flöttmann zuzuwenden, die Dr. Rank mir schon des öfteren vorschlug, im Juni dann ultimativ. Äußerlich sträubte ich mich zwar, aber innerlich habe ich mich gefreut, zu diesem Schritt quasi gezwungen worden zu sein. So kam ich also in diese Gruppe, erfüllt mit Angst, etwas über mich preisgeben und mich sozialen Kontakten stellen zu müssen. Als sehr positiv erlebte ich die Fahrt aller Gruppen nach Sylt, die wenige Wochen nach meinem Eintritt stattfand. Hier konnte ich erste persönliche Kontakte herstellen. Doch den größten Teil der zweiten

Jahreshälfte verbrachte ich damit, zu beobachten; darauf zu warten, daß gleich eine Katastrophe über mich hereinbrechen wird. Nur langsam komme ich aus meiner Deckung hervor. Daher blieben auch spektakuläre Ereignisse in meiner Entwicklung aus. Das einzige, das man vielleicht als solches zählen könnte, ist meine Diplomprüfung im Dezember. Aber es gab in den letzten Wochen stille Ereignisse. Zögerlich beginne ich meine Situation nicht nur intellektuell zu erfassen, sondern sie endlich auch zu spüren. Zunächst bekam ich stetig mehr Angst, wenngleich sie noch sehr diffus war. Ich begann also, meine Abwehr aufzuweichen. Da diese Abwehr nicht nur darauf gerichtet ist, Einblicke und Eingriffe von außen zu verhindern, sondern auch mir den Blick in mich verstellt, kann ich nun Schritt für Schritt diese diffuse Angst differenzieren. Dabei erlebe ich hauptsächlich Kontakt- bzw. Bindungsangst. Sie bezieht sich nicht unbedingt auf das Kennenlernen anderer Menschen, sondern darauf, persönliche Beziehung zu bekannten Menschen herzustellen. Und hier sehe ich auch das hauptsächliche Ereignis des vergangenen Jahres. Ich spüre, wie ich mich dagegen sträube. Auch wenn äußerlich noch keine eklatante Veränderung passiert ist, scheint sie sich anzubahnen. Denn in den letzten Wochen kommen Menschen auf mich zu, die ich z. T. schon Jahre kenne und sprechen mich auf unsere Beziehung an, fordern quasi von mir, Stellung zu beziehen. Das heißt doch, daß ich die innerliche Bereitschaft dazu signalisiere. Auch wächst in mir das Bedürfnis, auf eine Person zuzugehen und sie anzusprechen, um die Beziehung mit ihr zu definieren. Das impliziert aber auch eine größere Aggressionsbereitschaft. Ich merke, daß ich zunehmend Versuche unternehme, mich zu behaupten und eine eigene Meinung zu vertreten.«

Der Physikstudent hat inzwischen geheiratet, ist Vater zweier Töchter und als Diplom-Physiker in einem Unternehmen für Datenverarbeitung tätig.

Stichwortverzeichnis

A

Abgrenzungskonflikte 154
Abgrund 144, 152, 199
Abhängigkeitskonflikte 147
Ablösungskonflikt 82, 177
Ablösungsprozeß 83, 129, 139, 160
Abschied 70, 120, 212
– Abschiedsbrief 121
Absturz 171
Abwehr(mechanismus) 20, 90, 93
Abwertung 94
Abwertungen 84, 94 f., 107, 109, 197
Adoleszenz 80
Aggressionen 26, 82, 91, 108, 123, 212
– Aggressionstabu 105
– aggressive Phantasie 139
– aggressive Sexualität 141
– orale Aggressivität 76, 78
Agoraphobie 21 f.
aktive Imagination 124
allmächtiges Objekt 90, 174
Allmachts- und Ohnmachtgefühle 95, 100, 172, 174
– Allmachtsanspruch 181, 147
Allmachtsphantasien 95, 173
Allmachtsvorstellungen 100
Ambivalenzkonflikte, orale 82
Ameisen 152
angepaßt 220
Angst 15, 25, 38, 44, 57, 87, 89, 99, 152, 219
– Angst vor Trennung 80
– Angstäquivalent 25, 80, 125
– Angstbindung 27
– Angstneurose 20, 25
– Angstphantasien 126
Anorgasmie 136
Anspruchshaltung 50
antiautoritär 187
Arbeitsstörung 74, 129, 221

archaische Loyalität 210
Ärger 110
Arrhythmie 25
Arzt 202
Atomangst 159, 165
Atombomben 152
Atomkraft 152
– Antikernkraftbewegung 166
Augapfel 31
Ausbruchsschuld 40, 44, 103, 144
Autonomie 84
– Autonomiekonflikte 83

B

Baum 176
Befreiung 185
Behinderung 30
beleidigt 102
Benehmen 100
Benommenheit 17
Bergsteiger 173
Bewußtheit 151, 166
Bewußtsein
– Bewußtseinsstörungen 90
Bewußtwerdung 150
Beziehungsstörungen 44, 74
Bindung 27, 40, 48, 82 f.
– Bindungsmechanismen 40 f., 125
Blähbauch 25
Blähungen 229
Blasenentzündung 227
Blindheit 24
Blitz 152
Blut 210
Borderline 87, 107 f., 112
Böse, das 94
– böse Fee 185
– böse Mutter 165

238

Brechreiz 25
Bruder 189

C

Chaos 185, 198
Charmeur 100
Christus 208, 210
Colitis ulcerosa 26

D

DDR
– innerdeutsche Grenze 152
Depersonalisationserscheinungen 90, 119
Depression 38, 44, 92, 188, 200, 223, 228 f.
– endogene 112
depressive Stimmungen 103
Depressivität 19, 68, 92, 103, 148, 192 f.
Derealisationserscheinungen 119
Diagnose 87
Diarrhöe 25
Don-Juanismus 90
Drache 164, 186
Drachenkampf 160
Dummspielen 117
Dysmorphophobie 21
Dyspareunie 136

E

Eßanfälle 72, 228
Ehe 135, 139, 184
– Zerrüttung der 185
Ehetherapie 186
Eifersucht 101, 234
Einbrecher 152
Einsamkeit 18, 188, 200
Einzelkind 30, 130
Ejaculatio praecox 136, 140
Ekel 135, 137, 151
Elefanten 152
elterliches Gefängnis 98
Eltern
– elterliche Bindung 111
– elterliche Botschaften 116
– Eltern-Ich 40, 107
– Elternfigur 114
– Elternhaus 186
Empathie 105 f.
Entfremdungserlebnisse 90

Enthaltsamkeit 204
Entwicklungsschritt 118
Entwicklungssymptome 119
Erbrechen 81
Erektionsstörungen 136, 140, 222
Erholung 99
Erotik 179
Erröten 21
Ersatzbefriedigung 79
Erschöpfungszustände 225
Erstarrung 201
Ertrinken 171
Erwachsenen-Ich 23, 107
Erwachsenwerden 104
Erythrophobie 21
ewige Ruh 181
Ewiger Jüngling 100

F

Familie 27, 47, 146, 171, 185
– familiäre Gebundenheit 145, 186
– familiäres Gefängnis 55
Fanatismus 64, 174, 207 f.
faul 98
feministisch 187
Feuer 152, 161, 164
Fluß 152
Fluch 185, 199
Flucht 204
Flugzeug 152, 162
Frau 104, 139
Freiheit 204
Fremdes 18, 119
Freude 99
Frieden 182, 188
Friedhof 77
Froschkönig 176
Furie 207

G

Gangunsicherheit 25
Gastritis 26
Geborgenheit 138
Geburt 175
Gefahr 178
gelähmt 200
Gereiztheit 62
Geschlechtsverkehr 140
Gewalt 48, 53, 105
– gewalttätige Liebe 137

239

Stichwortverzeichnis

Gewissen 40, 54
- Gewissensangst 49, 136
Gewölbe 141
Gift 152
Glück 185, 205
Gott 198, 200
Göttin 180
Grab 189, 202
Grandiosität 65, 95
Grenzüberschreitung 53, 111, 151, 154
Großeltern 31
Größen-Selbst 46
Größenphantasien 92, 95
Grübelphantasien 126
Gruppe 219, 226, 230, 232

H

Haß(gefühle) 81, 164, 173, 181, 201, 207 f.
Harmoniebestreben 84
Harndrang 25, 218
Hausaufgaben 128
Hausfrauenarbeit 103
Haut 154
Heißhunger 25, 72, 80
Heiland 210
Heilung 105
Heirat 33
Herpes labialis 26
Herz 17, 202
- Herzbeschwerden 17
- Herzphobie 20
- Herzschmerzen 25
Heteronomie 84
Hexe 156
Hilflosigkeit 148
Hilflosspielen 117
Himmel 184
Hingabestörung 90
Hobel 141
Hochhaus 152
Hoffnung 199
Hoffnungslosigkeit 200
Hyperventilationssyndrom 20, 25
Hypochondrie 19, 90

I

Ich-Bezogenheit 101
Ich-Bindung 44
Ich-Funktion 23
- Ich-Störung 115

- Stärkung der 115
- Störung der 47
Ich-Schwäche 92, 97
Ich-Störung 115
Idealisierung 94
Identifikation 32, 173, 187
Identität 178
- Identitätsstörung 43, 92
Impulskontrolle 93
Individuation 178
- Individuationsprozeß 20, 164, 177
- Individuationsträume 151
infantil 88, 91, 100 f., 116, 127, 145 f., 178, 187
infantil-symbiotische Ausdrucksformen 127
infantile Haltungen 101
infantile Verhaltensmuster 127
Infantilismus 100
Infantilität 88, 100, 178
Insekten 137, 152
Intimität 78
Introjektion 93
Inzesterlebnisse 51
Inzestphantasien 195
inzestuöse Wünsche 52

J

Jähzorn 62

K

Käfer 152
Käfig 98
Kastrationsangst 136, 180
Kastrationsvorstellung 179
Kind 93, 146, 171, 177 f., 187
Kind-Ich 107
Kindererziehung 187
Kinderlosigkeit 44
Kindheit 151, 170
kindisch 100
kindliche Verhaltensweisen 116
Klaustrophobie 21
Kleinkind 152
Kommunikation, fehllaufende 45
Konfrontation 107 f.
- Konfrontationstechnik 106
Kontakt 120, 151, 216
- Kontaktstörungen 19, 82, 120, 148, 237
kontraphobisch 172
Konversionslähmung 202

Konzentrationslager 55
Kopfschmerzen 17, 25
Körpersprache 102
Kotentleerung 152
Krankheit 33, 44
Kränkungen 62, 112, 139, 146
Kreuz 78, 210
Krieg 171, 174
Krise 175
Kühe 152

L

lähmend 200
Lebensfreude 221
Lebensgeschichte 189
Leere 19, 60, 200
Leidensdruck 87
Leitbilder 32
Liebe 36, 130, 134, 137, 146, 165, 180 f., 184 f., 187, 193, 196, 202 f., 206
Liebesabenteuer 181
Lob 99
Logos 200
Loslösungskonflikte 26, 99
Loslösungsprozeß 185
Loyalität 184
Lust 179

M

Macht 139, 151, 181, 184, 199
Magenbeschwerden 25
Männlichkeit 151
- männlich-phallisch 180, 200
Marter 200
Masse 198
Massentod 159
Materie 198, 201
Mattigkeit 25
Medizin 132, 174
Meer 172
Melancholie 200, 204
Menschenansammlungen 227
Migräne 25
Minderwertigkeitsgefühl 74, 82, 98, 123
Minipsychose 87, 92
Mond 37, 152, 156
Mordimpuls 145
Mordphantasien 210
Müdigkeit 25, 43
Muskelverspannungen 25

Mutter 87, 144, 161, 187, 194, 201
- besitzergreifende 142
- destruktive Seite der Großen Mutter 166
- Ersatzmutter 119
- furchtbare 201
- kastrierende 141
- Reich der Mütter 144, 172
- verschlingende 170
Mutterbindung 195
Mutterleib 141
Mutterliebe 194
Mutter-Sohn-Beziehung 201
Mütterlichkeit 105 f.
- das Negativ-Mütterliche 78, 161, 181, 201
Mythologie 160

N

Nadelwald 178
Nähe 38, 81, 84, 95, 137, 164, 197, 234
Narkose 152
Narzißmus 35, 38, 66, 92, 111 f., 177, 182, 189, 193, 204 f.
- narzißtische Kränkbarkeit 91, 235
- narzißtische Störung 208
- narzißtischer Primärzustand 75
Natur 161
Nebel 231
Neologismen 119
Neurodermitis 26, 227
Neurosen 89
Neutralität 108
Niedergeschlagenheit 205
Nirvana 179

O

Objektbeziehungen 93
Objektverlust 75
Objektwelt 67
ödipal 78 f.
Ohnmacht(sgefühle) 76, 84, 95, 159, 201
Omnipotenzgefühle 111
Operation 152
Opfer 84, 171, 208
Orgasmus 139, 179 ff., 222
orgastisch 179

P

Panik 20, 22, 42, 178

Paradies 92, 98
paranoide Symptome 90
Parasiten 137, 151, 154
participation mystique 35
Partnerschaft, monogame 91
Partnerschaftsschwierigkeiten 73
Passivität 51, 57 f., 82, 98, 120, 124, 148, 154, 220, 228, 235
Perversionen 136
Pferd 142
phallische Macht 78, 163
Phantasie 24, 139
Phobie 20, 89, 131
Pilze 152
positives Denken 125
Primärtherapie 124
Primärzustand 192
Projektion 90
– projektive Identifikation 87, 94
Prüfung 33, 152
Prüfungsangst 21, 97, 129, 229, 231
Prügelei 184
Psychoanalyse 88, 107
Psychodrama 107
Psychose 24
Psychotherapeut 105, 212
psychotherapeutischer Prozeß 112
Puer aeternus 176
Pychopharmakotherapie 132

Q

Qualitätssicherung 215

R

Rabeneltern 125
Rache 64, 91, 207, 209
Radioaktivität 160, 164
rational-emotive Therapie 107
Ratten 152
Realitätsprinzip 100
Rebell 189
rebellieren 197
Rebirthing 124
Regression 145, 181, 186, 201
Reifung 103
Reifungssituation 97, 145
Reifungstraum 77
Reise 33
Reisesucht 197
Reizbarkeit 25

Rettungsphantasie 210
Revolutionär 188
rot werden 103

S

Sadismus 173
Scheidung 33, 44, 184
– Scheidungsehen 31
– Scheidungswaisen 31, 125
Schizophrenie 93, 112
Schlachthaus 176
Schlafstörungen 25, 42, 193
Schläge 98
Schlange 160
Schleier 48
Schuld 100
Schuldgefühle 42, 82, 97, 103, 112, 176, 219
Schwangerschaft 33, 78
Schweißausbrüche 17
Schwermut 203
Schwindel 17, 25, 80
Sehnen nach der Stille 144
Sehnsucht 69, 74, 84, 144, 172, 192 f., 197, 205
Sehstörung 18, 24
Selbst 179
Selbst-Objekt 63
Selbstabwertung 72
Selbständigkeit 107
Selbstbeschädigung 171
Selbstbestrafungstendenz 144, 160
Selbstbewußtsein 216
Selbstdestruktivität 91
Selbsterkenntnis 88
Selbstmord 145, 171 f., 175, 188, 205 f.
Selbstvertrauen 99
Selbstwertgefühl 46, 66, 123, 141, 145, 148, 208, 227
Selbstwertzweifel 220, 223
Sex 184, 217 f., 230
Sexualakt 138, 179
Sexualerziehung 52
Sexualität 24, 79, 123, 129, 134, 138, 161, 217
– polymorph-perverse Sexualität 90
Sexualsucht 136
Sexualsymbol 162
sexueller Mißbrauch 51
Sozialisation 47
Sozialphobie 21
Spaltung 67, 87, 92

– Spaltungsmechanismus 93
Spinne 152
Spontanheilung 21
Spott 127
Sprache 200
Staat 187
Stier 176
Stottern 119, 200
Streichelregeln 130
Streit 184, 225
Struktur(losigkeit) 107, 120
– strukturiertes Verhalten 120
Stuhlgang 17
Sucht 74, 138
Suchtverhalten 103
Sühne 171, 196
Sühnungstod 196
Suizid 70, 144, 205
– suizidale Gedanken 123, 145, 179, 207
– Suizidgefährdung 144
– Suizidvertrag 147
Sumpf 78, 152
Sünde 180
Symbiose 27, 35 f., 57, 59, 66 f., 83, 88, 91 f., 98, 101, 174, 177, 186, 221
– Auflösung der 38, 114
– Symbiosekonzept 88

T

Tabu 46
Tachykardie 25
Tagesmutter 31
Tantalusqualen 201
Therapeut 105, 219, 226
therapeutischer Prozeß 215
Therapie
– Abbruch der 44, 131 f.
– Dauer der 130
– Einzeltherapie 130
– -erfolg 215
– Gestalttherapie 107
– Gruppentherapie 124, 130, 219
– Maltherapie 124
Tod 17, 33, 159, 169, 176, 200
– Todesangst 171, 201
– Todesgefahr 195
– Todesgöttin 180
– Todesnähe 179
– Todesschweiß 199
– Todessehnsucht 179, 221
Toleranz 108

Töten 178
Transaktionsanalyse 23, 107, 129
Trauer 48, 53, 61, 70, 80, 181, 189, 192 f., 204, 212
Trauerarbeit 123
Traum 109, 131, 175, 198 f.
– Traumanalyse 83, 109, 150, 236
Trauma 87
träumerischer Blick 60, 100
Trennung 120
– Trennungsangst 34, 75, 81, 136, 177
– Trennungsprozeß 114
Treuebündnis 112
Triebhaftigkeit 177
Triebverschränkung 79
Trotzhaltung 127
Tyrannei 181, 207

U

Über-Ich 212
Überanpassung 61
Überflutungsmethode 125
Überfürsorglichkeit 177
Ulcus duodeni 26
Umweltschäden 159
Unbewußtheit 108, 178
Ungeduld 62
unio mystica 38
Universum 198
Unruhe 25, 61, 74, 193
Unsterblichkeit 199
Unterdrückung 208
Untergang 180, 192
Unterleibsbeschwerden 25
Untreue 185
Urinabgang 17
Uroboros-Inzest 180

V

Vaginismus 136
Vater 79, 87, 141, 163, 187, 200
– Vater-Identifikation 97, 212
– väterliches Prinzip 106, 163
– Vaterliebe 142
Vergangenheit 69, 124, 174
Vergnügen 99
Verhaltenstherapie 83, 107, 125, 146
Verliebtheit 135, 185
vernachlässigt 100
Vernachlässigung 31, 88, 97, 100

Stichwortverzeichnis

verrückt 18 f.
Verschlungenwerden 136
Verschmelzungswünsche 174
Verstandesfunktionen 23
Vertrauen 224
Verwöhnung 48 f.
verzeihen 105
Verzweiflung 182
Vögel 176
Vorbild 112

W

Wasser 145, 152
Weibliche, das 181
– negativer Aspekt des Weiblichen 157
– Verschlingend-Weibliches 173
Wellen 152
Weltall 198, 200

Weltuntergangsphantasien 160
Widerstand 112
Wiedergeburt 175
Wohnung 152
würgen 76
Würmer 152, 155
Wut 61 ff., 91, 111

Z

Zeit 199
Zeiterleben 200
– Störung des Zeiterlebens 200
Zerstörung 76
Zoophobie 21
Zwang 24, 76
– Zwangsgedanken 76, 90
– Zwangssymptome 89
Zweifel 67, 95, 99, 117, 221